Collection Traversées
dirigée par Pascal Dibie

Alfred Métraux,
Les Indiens de l'Amérique du Sud.

Jean-Jacques Rousseau,
Le Botaniste sans maître.

André Leroi-Gourhan,
Les Chasseurs de la préhistoire.

Jean-Marie Gibbal,
Guérisseurs et Magiciens du Sahel.

A.-G. Haudricourt, L. Hedin,
L'Homme et les Plantes cultivées.

A.-G. Haudricourt, et P. Dibie,
Les pieds sur terre.

Rémi Hess,
Henri Lefebre et l'aventure du siècle.

Corneille Jest,
La Turquoise de vie. Un pèlerinage tibétain.

Jacques Meunier,
Les gamins de Bogota.

André Velter, Emmanuel Delloye,
Les Bazars de Kaboul.

Pierre Verger,
Orisha. Les Dieux yorouba en Afrique et dans le Nouveau Monde.

LA VALSE

Du même auteur

Analyse institutionnelle :

La socianalyse, Editions universitaires, Paris, 1975.
El Analysis institucional (en collaboration avec M. Lobrot, R. Lourau et al.), Campo Abierto, Madrid, 1977.
L'analyse institutionnelle (en collaboration avec M. Authier), Presses universitaires de France, « Que sais-je ? », Paris, 1981.
Institutionelle Analyse, Theorie und Praxis, (édition avec G. Weigand et G. Prein), Athenäum Verlag, Frankfurt, 1988.
Perspectives de l'analyse institutionnelle (édition avec A. Savoye), Méridiens Klincksieck, coll. « Analyse institutionnelle », Paris, 1988.

Education :

La pédagogie institutionnelle, aujourd'hui, Paris, Editions universitaires, 1975. Trad. espagnole : Narcea, Madrid, 1976.
Le temps des médiateurs, Anthropos, Paris, 1981.
L'université en transe (en collaboration avec P. Boumard et G. Lapassade), Syros, Paris, 1987.
Le lycée au jour le jour, ethnographie d'un établissement d'éducation, Méridiens Klincksieck, coll. « Analyse institutionnelle », Paris, 1989.

Sociologie :

Les maoïstes français, une dérive institutionnelle, Anthropos, Paris, 1974.
Centre et périphérie, Privat, Toulouse, 1978.
La sociologie d'intervention, Presses universitaires de France, coll. « Le Sociologue », Paris, 1981. Trad. portugaise : Res, Porto, 1983.
Henri Lefebvre et l'aventure du siècle, Anne-Marie Métailié, Paris, 1988.

RÉMI HESS

LA VALSE
Révolution du couple en Europe

Éditions A.M. Métailié
5, rue de Savoie - 75006 PARIS
1989

A Charlotte Hess, tendre valseuse, pour ses dix ans

Entrer dans la danse

> *« Les trois plus belles choses qu'il y ait au monde sont : le cheval au galop, le navire à la voile, la femme à la valse. »*
>
> *E. Giraudet, Aphorisme sur la danse, in* La danse, la tenue, le maintien, l'hygiène et l'éducation, *cinquante-cinquième édition, Paris, 1900, p. 19.*

Un, deux, trois ; Un, deux, trois ; Un, deux... Sur un rythme à trois temps, triste, fier, concentré, un groupe de danseurs tourne de plus en plus vite. Sur le bord de la piste, de vieilles femmes, assises sur des bancs, regardent, envieuses ou critiques, les couples qui évoluent. Il y a aussi des enfants, petits et grands, aux yeux écarquillés. Tous sont comme envoûtés par la musique et le mouvement qu'elle crée. S'échappant du tourbillon, des danseurs viennent accoster la rive. Le couple titube, tentant de retrouver le souffle et l'équilibre, il s'agrippe, s'accroche, se porte, se transporte, afin de se remettre des circonvolutions qu'il vient d'opérer sans vouloir échapper à la révolution dominant le temps et l'espace du bal. La musique s'est emballée sans eux, les couples encore en piste tournoient comme des toupies. On ne distingue plus les danseurs. Hommes et femmes semblent s'être dissous dans cette unité nouvelle : le couple. La musique s'accélère encore. Les couples se fondent en tourbillonnant jusqu'à ne plus toucher terre. Le rythme n'est plus ternaire. La rotation des danseurs n'est plus rythmée que par un martellement : un, deux, un, deux... et ce rythme binaire s'accélère lui-même dans un mouvement paroxystique.

Soudain la musique s'arrête. Le groupe est suspendu. Un cavalier a soulevé sa cavalière très haut. Les danseurs sourient d'aise. Quelques instants, on pourrait croire qu'ils se trouvent dans un état altéré de conscience ou comme sous l'effet d'un quelconque euphorisant. Dans leurs yeux, une sorte de contentement profond et l'expression manifeste d'une reconnaissance à l'égard de leur partenaire. Certains esquissent un salut. D'autres s'embrassent...

L'orchestre s'est tu. Le groupe se dissout enfin. Chacun regagne une place, sa compagne ou son compagnon légitime. La piste de danse un moment désertée n'appartient plus qu'à l'éclairage qui la matérialise. La musique s'annonce à nouveau, l'orchestre s'accorde, la valse va reprendre. Les garçons invitent des filles. La tête tournant encore et le souffle court, certaines refusent. Ils insistent. Elles se donnent. Quelques filles s'invitent entre elles. L'orchestre affirme doucement la mélodie sur un rythme encore à deux temps. Le temps de permettre aux couples de s'installer, au cavalier de marquer le pas avec la cavalière, de se « trouver » et d'entrer dans la danse. On se frôle, le groupe se cherche, trouve sa propre mesure : la valse prend.

Faire une sociologie de la valse, c'est aussi prendre la mesure ou plutôt les mesures nécessaires à la compréhension de cet ordre cosmique qui s'installe devant soi. La valse est l'occasion d'une fusion du groupe social avec le mouvement des planètes. Donner du sens à ce qui est bien une recherche de perte de sens, à ce plaisir infini que donne la valse en altérant physiquement la conscience, oblige, après avoir longuement pratiqué cette danse, à poser ou plutôt à reposer les questions qui entourent cet « événement ».

Le « savoir-valser »

Décrire phénoménologiquement la valse étonnera peut-être les valseurs qui me liront. Souvent, en effet, ils ont intégré totalement ces comportements, au point d'en avoir fait des routines. Ils peuvent imaginer que leurs réflexes sont instinctuels. En fait, ce « savoir-valser » est le produit culturel d'un long apprentissage, d'un long cheminement qui s'est produit à partir de tâtonnements plus ou moins heureux. Ce qui rend l'apprentissage facile et agréable c'est le fait qu'il est interactif. Apprendre, c'est accepter l'autorité de l'autre. Avoir appris, c'est avoir été initié, intégré dans le mouvement par un autre qui vous a fait acquérir d'une manière très particulière ce savoir. La fille dont le père était un valseur invétéré voit souvent son entrée dans la valse comme un moment particulier de son Œdipe. Le garçon, lui, a pu apprendre avec sa mère ou avec des femmes de rencontre alors qu'il était adolescent. Se trouvant seules pour une danse, elles ont invité le jeune homme boutonneux qui portait un regard d'envie sur les couples dansants. Pour lui, la première valse a pu prendre la dimension d'une scène de séduction, elle a été la première occasion de tenir une femme dans ses bras. Il a alors appris à tourner la valse en ayant des vertiges où l'angoisse se mêlait au plaisir.

Mais avant même d'apprendre, il a fallu faire le saut, accepter d'entrer dans la danse. A chaque fête dansante, on trouve un jeune garçon qui vous explique qu'il ne danse pas parce qu'il trouve plus de plaisir à regarder les autres danser qu'à danser lui-même. C'est la résistance. Le refus de danser est souvent habillé des arguments les plus fous. En fait, derrière ces arguments, ce qui se cache, c'est la peur de faire le saut. S'il est issu d'un milieu où l'on refoule quelque peu la sexualité, l'adolescent construit des défenses d'autant plus élaborées. Il peut expliquer dans de longs discours son refus de participer à cette jouissance d'adultes qu'il désire en même temps. Fasciné, il regarde alors les couples danser et quitte la fête profondément déçu de ne pas en être.

Une question de poids

Comment se tenir? Suivant leur taille, leur poids, les danseurs trouvent tout doucement leur manière de s'appareiller. La valse, d'un point de vue physique, est un couple. Le poids de chacun des deux danseurs tirant l'autre vers l'arrière et la vitesse de rotation aidant, le poids de chaque élément du couple est augmenté. Le couple va devenir une masse dont la force et la puissance sont liées à la vitesse. Dans cette constitution du couple, plus l'un des partenaires est « lourd » proportionnellement à l'autre, plus il va se trouver proche du centre de gravité du couple. Il assurera donc sa stabilité. Inversement, le plus léger des deux, en raison de son extériorité par rapport au centre de gravité, pourra donner son mouvement au couple. Dans la « mise en route », le balancement lent sert aux danseurs à se soupeser et à trouver une entente muette, à opèrer un corps à corps contenu.

Contrairement à ce que pourrait croire le non-danseur, ce n'est pas l'homme qui, a priori, a le pouvoir dans la valse. Même si la cavalière peut vouloir faire croire que son cavalier va la guider, entre les danseurs, c'est la gestion réelle de la dynamique du couple qui est recherchée. Et si la cavalière pèse quelques kilos de plus que son cavalier, si en plus elle a une bonne maîtrise technique, elle sait que c'est elle qui sera davantage pivot, pilier du couple. Dans ces premières mesures, en effet, les danseurs s'évaluent aussi techniquement. Pour réussir la révolution à deux, on est obligé de se rendre compte rapidement si l'autre valse bien ou mal. On peut avoir une idée là-dessus en fonction des valses qui ont précédé. Il est rare en effet qu'un bon valseur se révèle mauvais en changeant de partenaire. Mais rien n'est jamais sûr. Tout nouveau couple est une aventure. Il faut trouver une complémentarité. Celle-ci peut s'avérer parfaite entre deux danseurs moyens, et moyenne entre deux excellents danseurs... Le mystère de la valse produit même des miracles puisqu'il arrive que de très mauvais danseurs fassent une paire correcte. Dans les premières mesures, on cherche comment on va devoir s'agencer pour créer ensemble une dynamique à deux qui prenne en compte le style de l'un et de l'autre. L'art de certains bons danseurs peut résider parfois dans le fait de suivre le faux pas de l'autre pour mieux le rattraper. A la question déterminante du poids s'ajoute donc l'évaluation technique. Autant de valseurs, autant de manières de danser.

Se trouver

Chaque nouveau couple va être une invention, une création nouvelle et interactive qui se forme lors de ces premières mesures. Ce que vit chacun de ces couples n'a rien à voir avec ce que voient les spectateurs. Les effets de compensation qui se négocient dans ce premier corps à corps échappent à la perception externe. L'entrée dans la danse suppose aussi que l'on ait trouvé la bonne manière de se tenir, de se maintenir, de s'« agripper » l'un l'autre ! L'importance des bras sera d'autant plus grande que l'un ou l'autre des deux partenaires est moins assuré. Il y a aussi le port de tête. Si les danseurs découvrent lors de cette rencontre qu'ils s'agencent bien, ils pourront choisir de tourner plus vite. Pour cela, ils tourneront leurs têtes dans le sens du mouvement pour accompagner la rotation avec les épaules. Si, au contraire, l'enjeu du couple est de sauver les « dégâts » en donnant seulement l'apparence de l'aisance, difficile à trouver, la cavalière ou le cavalier va avoir tendance à freiner la vitesse de rotation du couple. Alors, leurs têtes et leurs épaules resteront droites, perpendiculaires au sens de la marche, voire à contre-mouvement.

La recherche du point d'appui est d'une extrême importance. Où va-t-on aller chercher son point d'appui avec son pied d'attaque ? Dans la valse, la stabilité du couple suppose que le pied d'attaque s'introduise entre les jambes du partenaire. Aller chercher son point d'appui à l'extérieur des jambes de la cavalière aurait un effet désastreux : le centre de gravité du couple se déplacerait rapidement vers l'extérieur, entraînant inéluctablement la chute. Où dois-je aller chercher mon point d'appui ? Dois-je enfoncer mon pied droit le plus loin possible entre les jambes de ma cavalière ? Là encore, une négociation silencieuse s'opère. Cela dépend beaucoup de la taille des jambes des deux partenaires. Si l'un est beaucoup plus grand que l'autre, il lui faudra faire l'effort de ne pas effectuer de grands pas. Il lui faudra trouver le bon « braquet », le bon agencement qui évitera au partenaire des pas démesurés et donc disgracieux. Il faut aussi négocier la bonne distance par rapport à l'autre. A la cour ou dans les salons bourgeois, une distance réglementaire a pu être proposée. Mais à la campagne ? Les deux danseurs négocient ensemble une proximité. Cette négociation tient autant compte d'éléments techniques que de l'image que le couple va vouloir donner de lui-même dans le contexte où a lieu la danse[1].

La part du plaisir

Danser avec plaisir suppose une négociation pratique de toutes ces dimensions. Danser avec plaisir, c'est parvenir à s'entendre, à produire ensemble une sorte d'autorité qui se concrétise par une bonne entente dans le jeu qui s'opère avec la gravité, avec l'équilibre. Danser avec plaisir, c'est aussi parvenir à faire du couple une entité nouvelle qui apparaisse au regard du tiers comme une identité propre qui dépasse l'identité et l'art individuel de chaque danseur. On prend donc en compte le contexte : le lieu où l'on est, les gens qui regardent, ceux ou celles qui commentent. La valse est un dispositif de mise en scène de soi devant les autres !

1. Techniquement, rien n'empêche les valseurs d'être collés l'un à l'autre comme dans un slow. Il leur suffit alors de se contenter d'esquisser les pas.

Lorsqu'un danseur débute, il profite souvent de ce temps des premières mesures pour confier son incompétence, sa peur. Cette humilité, toujours prise en compte par l'autre, est bien meilleure que l'excès d'assurance. Il n'y a rien de plus désagréable que de danser avec quelqu'un sûr de soi a priori. On ne peut jamais être certain de ce que l'on va produire lorsqu'on n'a jamais dansé ensemble. Car, il faut le répéter, tout nouveau couple de valse est toujours une invention, une création, un accomplissement pratique à produire dans une interaction où les deux acteurs tentent de tirer le meilleur parti du potentiel commun. Il est peu de situations sociales où le « je » sois ainsi l'objet de l'autre, ce qui lui permet davantage d'être lui-même et réciproquement, où l'autre est un objet que « je » dois guider, gérer, surveiller, dompter dans ses élans lorsqu'il risque de faire buter le couple contre un autre couple. Dans la valse, chacun est à la fois totalement sujet et totalement objet de l'autre. Une identité de sujet de couple émerge de cette dialectique.

La valse exige un double mouvement. A la rotation du couple sur lui-même vient se surajouter un mouvement du couple dans le groupe. Chaque couple a à trouver sa place dans un ensemble plus large. Contrairement à d'autres danses où le « surplace » l'emporte sur le mouvement, la valse provoque en plus une dynamique du groupe sur lui-même. C'est sa dimension cosmique. Le couple tourne sur lui-même comme une planète, mais les planètes tournent elles-mêmes dans un mouvement circulaire autour d'un point imaginaire qui est susceptible d'évoluer en permanence en fonction d'une logique de forces produites par les planètes elles-mêmes.

Quand l'orchestre attaque les premières mesures à trois temps, le couple a réussi ce qu'en termes sociologiques nous appelons son « autoévaluation ». Il se tourne alors vers le groupe. Suivant le nombre de couples présents sur la piste, suivant l'espace disponible pour la danse, suivant le genre de la musique — plus ou moins rapide —, le couple doit trouver sa dynamique dans celle plus large du groupe. Les très bons danseurs auront tendance à tourner plus vite que les débutants. Ils devront identifier ceux-ci pour éviter les rencontres, les chocs. Tout couple doit avoir une conscience permanente de l'espace. Le couple doit chercher à s'inscrire dans les endroits du dispositif où il y a de la place. Les bons valseurs se laissent aspirer par le vide. A certains moments, une multitude de couples peuvent se retrouver agglomérés dans un coin de l'espace de danse. On cherche alors les zones libres dans un mouvement qui prend en compte les vitesses de rotation de chaque couple.

Une logique de couple

La logique du couple valsant est de fondre son mouvement dans le mouvement plus large du groupe des danseurs. Pourtant, pour un observateur étranger, cette harmonie ne peut que surprendre, ne peut qu'étonner. Il a fallu des centaines d'années à l'homme pour parvenir à cette sorte de contrôle collectif sur la dynamique d'un bal. Il y a très, très longtemps, les bals où la danse de couple était en train de naître étaient d'immenses chahuts où les couples se choquaient et se cognaient violemment. Il y avait parfois des blessés, des rixes. On ne pouvait pas accepter ces chocs sans réagir. Parfois le bal se transformait en bataille rangée. Les minutes de tribunaux des siècles passés nous décrivent ces fêtes où la valse se cherchait.

Lorsqu'on a la chance, aujourd'hui, de contempler la beauté d'une valse dansée par des dizaines de couples dans un bal, qu'il soit noble ou populaire, il faut s'étonner de cette merveille d'agencements individuels, inter-individuels et de groupe qui semblent inventer, produire un mode de relations à la fois spontanées et totalement domestiquées, civilisées, dans un contexte à chaque fois renouvelé. Souvent les responsables politiques disent qu'il y a trop d'accidents de la route. Personne ne s'étonne du fait qu'ils soient si peu nombreux alors que des milliers et des milliers de voitures sillonnent la ville, se doublent, se croisent dans tous les sens. Une sorte d'immense culture de groupe s'est développée autour de la civilisation automobile. Cette culture suppose de chaque acteur l'évaluation d'une quantité de variables qui sont prises en compte par tous à chaque instant. C'est le même phénomène qui se joue dans la valse. Le bal, contrairement au ballet qui a été mûrement pensé et préparé, est un phénomène qui s'improvise, qui s'invente ici et maintenant avec des acteurs dont la compétence a pu être acquise dans les contextes les plus divers.

La reproduction d'un rituel

Sociologiquement, la beauté de la valse, c'est d'abord la mise en scène de cette société capable de produire et reproduire un rituel qui semble s'inventer de toutes pièces à chaque fois. Le même et l'autre. Chaque matin, l'automobiliste qui prend sa voiture pour aller travailler refait un même parcours. Mais, en même temps, le contexte chaque jour est différent. Il ne rencontre jamais sur le périphérique les mêmes voitures. Chaque jour c'est la même chose, et en même temps tout est différent. Dans un bal, c'est un peu le même mystère humain. Mais, en plus, il y a la découverte possible d'un nouveau partenaire qu'il faut s'approprier à chaque danse. On s'accoutume à sa voiture. Il existe des couples institués. Des gens qui ne dansent qu'ensemble. Mais la beauté du bal, c'est l'ouverture, la multitude des possibles, l'absolue nécessité de devoir tout réinventer à chaque fois. Un couple qui s'invente, c'est un couple qui met en commun toutes ses expériences antérieures, toutes ses émotions déjà ressenties dans d'autres lieux et d'autres contextes. Danser, c'est réactualiser toutes ses émotions vécues antérieurement.

Peut-être la valse a-t-elle cela de spécifique que le valseur en participant à ce moment de danse a une conscience intuitive de l'épaisseur culturelle de l'événement. La valse est pétrie de culture : culture du corps, culture du couple, culture construite sur une dialectique entre interdit et transgression, entre loi et péché, entre ordre et désordre, entre organisation et désorganisation. La dimension symbolique de la valse n'est pas la moindre. La valse aujourd'hui n'a plus le même sens qu'hier. Le code (le rythme, la musique) s'est apuré. Mais le poids culturel s'est densifié. Même si elle est fixée maintenant depuis longtemps, la valse évolue du fait même des significations symboliques qui font que danser une valse aujourd'hui à Paris n'a plus le même sens que danser une valse en 1789. Aujourd'hui, la valse a un actif, mais aussi un passif symboliques qu'il faut assumer. En 1789, cette danse était porteuse d'une nouvelle société. Elle était le symbole de la liquidation du menuet, et avec lui d'une morale sociale et de valeurs d'une noblesse dont la décadence était totale.

Bourgeoise ou satanique ?

Aujourd'hui, pour beaucoup, la valse a le sens que pouvait avoir le menuet d'il y a deux siècles. La danse révolutionnaire que les sans-culottes dansaient dans les monastères a été domestiquée, domptée et appropriée par la bourgeoisie du XIXe siècle. La classe dominante européenne a cristallisé le rythme à trois temps dans une musique, celle de Strauss, qui n'a plus rien de populaire. La valse a gagné le ballet, le cinéma, la grande musique. La valse est devenue une forme culturelle qui a refoulé profondément ses origines de danse interdite par l'Eglise et par l'Etat. La falsification est telle qu'aujourd'hui à Vienne la jeunesse perçoit dans le bal annuel de l'Opéra le symbole de l'étalage de la richesse du grand capital qu'il faut détruire militairement. Depuis 1987, en effet, Vienne connait chaque année des affrontements entre la police et des « gauchistes » qui veulent empêcher la grand messe de la valse. Ce symbole de danse bourgeoise explique le rejet de cette danse par une jeunesse qui n'y voit que le signe de décadence d'une société.

Et pourtant, la valse n'est pas que « bourgeoise ». Le peuple continue à danser sur des rythmes à trois temps. Le musette, même s'il peut apparaître un peu vieillot à la génération rock, est le signe d'un enracinement populaire européen de la valse qui dépasse le symbole d'appartenance de classe qu'a voulu en faire la bourgeoisie. Dans toute valse, il reste le souffle de la volta, cette valse si bien décrite par Thoinot Arbeau[2] en 1589 et que certains théologiens condamnèrent comme danse satanique ! A travers la valse, ce qui se joue aussi, c'est l'histoire de l'Europe, l'histoire des peuples, l'histoire des croyances, du péché, de la révolte. Le couple qui esquisse une valse n'a-t-il pas conscience de l'épaisseur sociale de cette pratique de danse ? Si cette danse, malgré son lourd passif, continue à bien résister aux assauts du deux temps, c'est probablement parce qu'elle est profondément enracinée dans notre culture européenne.

Revisiter ici l'histoire de la valse n'est donc pas neutre. Nous sommes dans une période marquée à la fois par la commémoration de la Révolution française et par l'attente plus ou moins active d'une future intégration européenne. Tenter de montrer certains des grands enjeux dont la valse comme pratique corporelle a été

2. Thoinot Arbeau, *Orchésographie*, Langres, 1589.

l'objet, c'est aussi questionner une des dimensions les plus refoulées de notre culture européenne.

Le livre plutôt que la valse ?

Malgré ces arguments, peut-être certains critiques continueront-ils à juger paradoxal qu'en 1989 un enseignant-chercheur de sciences de l'éducation s'interroge sur une pratique corporelle et sociale qui apparaît à beaucoup de contemporains comme quelque peu désuète. Dans la France d'aujourd'hui, il est beaucoup plus sérieux de s'interroger sur la lecture, l'écriture et leur transmission culturelle par l'école que sur la danse de couple et son apprentissage social. Pourtant, comme celui de la lecture et de l'écriture, l'apprentissage de la danse de couple ne va pas de soi. Valser est un « vrai » savoir qui partage la société, voire les sociétés, en deux groupes. Il y a celles et ceux qui valsent et celles et ceux qui ne valsent pas, comme il y a ceux qui savent écrire et ceux qui ne savent pas. Si apprendre à lire et à écrire s'est institutionnalisé depuis un siècle dans toutes les sociétés comme un des apprentissages fondamentaux, apprendre à danser ne s'inscrit pas dans les programmes éducatifs de tous les pays. Si certains pays ont mesuré l'enjeu qu'il pouvait y avoir à continuer à transmettre ces savoirs, d'autres n'en saisissent pas encore l'importance.

En Europe, nous sommes très partagés sur ce terrain. Certains pays voient comme central ce type de pratiques corporelles, d'autres non. En Pologne, la valse est transmise à l'école, comme d'autres danses « nationales », par les enseignants d'éducation physique. Dans ce pays, il est impossible de devenir professeur d'éducation physique sans avoir passé un examen de « danses nationales ». En France, à l'autre extrême, les enseignants en général ne savent guère danser. Ils valorisent la culture livresque. Souvent malhabiles de leur propre corps, ils n'ont guère conscience de l'enjeu de la transmission des pratiques sociales et culturelles anciennes dans lesquelles le corps a la place principale. Comme l'a bien montré Jean-Marie Brohm[3], l'éducation physique s'inscrit alors dans une logique exclusivement sportive. La mondialisation des pratiques

3. Jean-Marie Brohm, *Sociologie politique du sport,* Delarge, Paris, 1976.

sportives codées marginalise les cultures corporelles locales ou régionales, même lorsqu'elles portent en elles l'histoire d'une culture ou d'une civilisation.

Concrètement, pour le sujet qui nous occupe, choisir de ne pas transmettre la valse et la danse de couple aux jeunes générations, c'est, pour notre société, choisir de refouler une expérience individuelle, inter-individuelle, groupale et sociale chargée d'une lourde histoire européenne que nous voudrions tenter de retracer dans cet ouvrage. Les jeunes ont tendance à danser aujourd'hui sur des rythmes binaires, et de manière totalement atomisés. Chez eux, on observe une tendance à la dissolution de la danse de couple. Le bal des siècles et décennies passés, lieu unique, voyait se mêler les sexes, les classes sociales et les générations. Il est menacé. Il semble sur le point de disparaître. C'est une des plus importantes institutions où se produisait le tissu social qui se dissout. A l'occasion du 14 juillet 1989, cependant, la France a redansé. Des milliers et des milliers de bals ont marqué cet anniversaire. Que ce soit dans les grandes villes ou les villages, ces bals ont souvent fait alterner disco et musette. On a pu voir à cette occasion que des centaines de milliers de Français dansent encore la valse. Lors du défilé des Champs-Elysées, quatorze valseuses (hautes de trois mètres cinquante) portaient des enfants de tous les pays du monde... Ce symbole de la mondialisation de la Révolution ne doit pas nous faire oublier que la valse est essentiellement européenne. On pourrait la danser aussi à l'occasion de la nouvelle fondation de l'Europe. 1992 pourrait être l'occasion d'un « revival » collectif d'un des éléments les plus riches de notre patrimoine européen.

Cet ouvrage voudrait tenter de questionner notre présent, à partir d'une expérience sociale encore présente bien que marginale. En même temps qu'une exploration des fondements historiques de la danse à trois temps, ce livre pourrait donc se lire comme un manifeste culturel européen, comme un appel aux Européens à revisiter collectivement leur histoire, mais aussi les musiques et les danses qui sont à la base de la structuration d'une identité culturelle européenne.

La question des origines

> *« La valse que nous avons reprise des Allemands en 1795 était depuis quatre cents ans une danse française. »*
> *Castil Blaze,* L'académie de musique, *n° XVIII, tome 2, p. 71.*

Lorsqu'il se penche sur les ouvrages de danse populaire, l'anthropologue est frappé par leur tonalité « nationaliste ». Pour la plupart des auteurs, que la danse soit « nationale » est un allant-de-soi. Friedrich Zorn explique par exemple dans sa *Grammaire de la danse* que lorsque l'on parle de « valse », on pense toujours à la « danse de société nationale allemande[1] ». La seule implication de beaucoup d'historiens de la danse semble être de montrer l'appartenance nationale d'une danse. Cette posture est aujourd'hui surprenante pour celui qui peut avoir à la fois une expérience de l'interculturel et une expérience de la danse. En effet, la danse, comme la musique, d'essence non verbale, passe beaucoup mieux les frontières que n'importe quelle autre production culturelle. D'autre part il est rare qu'une danse fasse la cohérence d'une nation. La danse est le fait, à certains moments, de certaines classes sociales, de certaines régions. Elle n'envahit vraiment tout un pays que lorsque, déjà, elle a passé les frontières depuis longtemps. Malgré cela, les auteurs ont souvent cherché à prouver la nature nationale d'une danse plus que son appartenance à une classe ou à un groupe social déterminés. Assez curieusement, depuis le siècle dernier, on s'aperçoit que les histoires de la danse les plus engagées, les plus documentées aussi, sont celles qui sont écrites dans des contextes où le nationalisme est un enjeu dans l'histoire d'un pays comme la France après la défaite de 1870 ou l'Allemagne des années 1930 et 1940.

1. Friedrich A. Zorn, *Grammar of the Art of Dancing,* 1905, § 779. Proposition discutable puisque, aujourd'hui encore, beaucoup de Français ou d'Italiens associent la valse au musette.

Une histoire difficile à construire

Une difficulté de l'étude de la danse qui explique peut-être le réductionnisme nationaliste de l'histoire vient du fait que les traces historiques lointaines n'existent pratiquement pas en ce qui concerne la culture populaire. Il y a six ou huit siècles, les auteurs concentraient leur attention sur la carrière des princes. L'histoire sociale de la danse est donc difficile à construire à partir des données dont nous pouvons disposer. Et si lors de certaines périodes historiques il peut y avoir osmose entre danses populaires et danses de cour, très souvent il y a une contradiction entre la danse du peuple et la danse de l'aristocratie.

Une illustration exemplaire des lectures nationales des danses se trouve dans la construction des origines de la danse de couple fermé à trois temps. Cette danse, aujourd'hui appelée « valse », semble avoir été un enjeu national tout à fait important. Les histoires successives de la volta et de la valse illustrent parfaitement cette implication nationaliste des historiens de la danse.

On notera que les ouvrages récents s'intéressent à la question de l'origine nationale de la volta. Dans un ouvrage paru en 1983, Luciana Porte-Marrou écrit que « La Provence est la patrie de la volta ou vouta. C'est une affirmation maintenant admise au terme d'une polémique qui opposa longtemps la thèse de l'origine provençale à celle de l'origine italienne[2] ».

Dans le *Handbooks of European National Dances*, un article sur les « danses en France » précise que « Les italiens proclament que la volta est au nombre des danses créées par eux[3] comme la gaillarde ou romanesca, la sissaye, la forlana, etc, mais ce peuple amoureux de la danse aimait aussi 'dansar a la provenzalesçale'. L'opinion la plus couramment admise reste pourtant que la volta est provençale », comme le souligne Marcelle Mourgues[4]. Elle cite à l'appui de sa revendication le *Dictionnaire* de Desrat et *l'Encyclopédie* de Chas d'Albert[5]. Puis elle aborde la question de la filiation de la valse,

2. L. Porte-Marrou, *Dançar au Paï s, danses occitanes en Provence*, Avignon, 1983, p. 173.
3. *Dances of France*, vol 2, « Provence and Alsace », Handbooks of European National Dances, edited by Violet Alford.
4. M. Mourgues, *La danse provençale, ses origines, ses symboles*, Editions Culture provençale et méridionale-Marcel Petit, Raphèle-lès-Arles, 1985, p. 160.
5. Chas d'Albert, *The Encyclopaedia of Dancing*, Londres, p. 141.

qu'elle revendique à son tour comme provençale. Marcelle Mourgues écrit : « En Allemagne, si l'origine provençale de la volta est admise (elle cite Curt Sachs), il est soutenu que la valse dérive non de la volta mais d'une très ancienne danse champêtre, l'allemande. L'étude comparative du pas de volta, qui, décomposé par Thoinot Arbeau, offre une analogie parfaite avec le pas de valse et de l'allemande décrite par cet auteur ne laisse aucun doute à ce sujet[6]. »

Thoinot Arbeau dit en effet de l'allemande : « Vous la pourrés dancer en compaignie : car ayant une damoiselle en main, plusieurs autres se pourront planter derrier vous, chacun tenant la sienne et dancerez tous ensemble, en marchant en avant, et quand on veut en rétrogradant, par mesure binaire, trois pas et une greue, ou pied en l'air sans sault et quand vous aurés marché jusques au bout de la salle, pourrés danser en tornant, sans lacher votre damoiselle. Les autres suivront de mesure et quand les joueurs d'instruments cesseront cette première partie, chacun s'arrestera et devisera avec sa demoiselle et recommencerés comme auparavant pour la deuxième partie ; la troisième, vous la dancerés par la mesure binaire, plus legiere et concitée, en y ajoutant de petits saults comme à la courante[7]. »

S'appuyant sur cette citation, Marcelle Mourgues poursuit son raisonnement : « En 1565, l'allemande était dansée par un homme et deux femmes : le cavalier laissait passer une dame sous son bras et passait sous le bras de sa dame, ils avançaient, reculaient, puis le danseur répétait ces tours de mains avec l'autre dame. Les figures de ce branle se transformèrent, les descriptions qui en sont donné en Allemagne et en Suisse montrent des couples faisant une ronde en tournant à droite puis à gauche, ils se lâchent les mains, les hommes restent sur place et les dames tournent sous le bras levé des hommes. Dans l'allemande moderne, seules les dames font le moulinet et les cavaliers font tourner les dames sous le bras droit et sous le bras gauche. »

Concluant sa démonstration, elle dit en substance : « Au regard de l'allemande, simple danse collective à moulinets, où la danse de couple demeure ouverte, il apparaît que c'est bien la volta qui a, pour la première fois, fait enlacer le couple dans un balancement

6. Marcelle Mourgues, *op. cit.*, p. 162.
7. Th. Arbeau, *Orchésographie,* 1589, p. 67.

charmeur du rythme à trois temps, dans l'ivresse du tourbillonnement propre à la valse[8].

Klingenbeck, dans un livre déjà ancien mais toujours en vente à Vienne, va jusqu'à affirmer la paternité allemande de la volta. « On donne plusieurs explications à l'histoire de la chorégraphie de la valse, écrit-il. Ou bien la volta peut être vue comme la première danse de couple, elle serait alors la matrice de la valse, ou bien alors l'achèvement d'un développement partant de la gaillarde. Une chose est sûre : la volta résulte de l'envie de tourner qui survient pour la première fois dans une danse. Au départ, c'était assez rustique, assez primaire. On fait remonter l'origine de cette volta à plusieurs pays : l'Italie, la France, mais aussi l'Allemagne. Et bien que beaucoup refusent de voir une similarité entre la volta et la valse, d'autres y voit une grande ressemblance[9]. »

Marcelle Mourgues, qui connaît bien l'histoire de la volta, n'a jamais entendu parler de la revendication allemande concernant l'origine de cette danse. Pour elle, c'est bien la Provence qui est à l'origine de la valse : « Il est glorieux pour l'art chorégraphique provençal d'être à l'origine de ce rythme langoureux et prenant de la valse, qui a charmé des générations et continue à plonger dans l'extase ses fidèles adeptes[10]. »

Dispute franco-allemande pour la paternité.

Si on lit les auteurs français du XIXe et de la première moitié du XXe siècle, la valse est d'origine française. Ainsi Desrat au mot « volta » de son *Dictionnaire de la danse* écrit : « Le *Dictionnaire de Trévoux* et l'*Orchésographie* nous ont laissé des documents pleins d'intérêt sur la volta d'où nous avons fait notre valse nationale, documents qui nous permettent de réfuter l'origine allemande trop généralement accréditée... » Plus loin, au mot « valse » : « Je ne reviendrai pas sur l'origine française de la valse. Je passerai sous silence les articles du *Dictionnaire de la conversation,* de Bouillet, de Larousse, qui semblent copiés l'un sur l'autre et propagent une

8. M. Mourgues, *op. cit.*, p. 162.
9. Klingenbeck, *Das Walzerbuch,* 1952, p. 49.
10. M. Mourgues, *op. cit.*, p. 167.

erreur contraire à la vérité historique ; ces ouvrages ont été rédigés en traitant légèrement les questions touchant à la danse, et les articles la concernant sont loin d'émaner de spécialistes. Je pourrais renvoyer les auteurs de ces articles au journal *La Patrie* du 17 janvier 1882, où ils pourront lire que la volta ou valse fut dansée dès l'an 1178[11]. »

Georges Desrat indique une date erronée. Il s'agit en fait du numéro du 11 janvier 1882 de *La Patrie*, dans lequel on peut lire : « Un érudit vient de détruire la légende qui attribuait aux Allemands l'invention de la valse. L'origine de cette danse (...) serait française... La valse vint de Provence à Paris, fut à la mode pendant tout le XVIe siècle et fit les délices de la cour des Valois. Les Allemands l'adoptèrent ensuite et la volta devint la Waltzer germanique. » Desrat commente : « Dès lors, si la Provence est en Allemagne, je partage l'avis de mes contradicteurs[12]. »

En 1900, les auteurs français optent pour la filiation avec la volta. Pour Félicien de Ménil, « la valse n'est pas d'origine allemande[13] ». Eugène Giraudet, après avoir exposé la version historique de Desrat, semble plus nuancé : « Il ne me déplaît pas d'être certain que la valse, reine des danses, est française. Pour être juste, cependant, il convient de dire que l'Allemagne a fourni d'illustres compositeurs de valses... Les rois contemporains de la valse sont les Strauss, Gungl, Labitzky et Métra[14]. »

La liste des auteurs français reprenant le point de vue de Desrat est longue. Ne citons que l'un d'eux : « Quant à la volta, c'est tout simplement, et sans aucune modification, la valse, la bonne vieille valse à trois temps de nos grand'mères, que nous avons si longtemps crue originaire d'Allemagne, mais qui venait de Provence et qui déchaîna à la cour des Valois un tel enthousiasme, après que Henri III l'eût dansée[15]. »

Pour les auteurs allemands, il ne fait aucun doute que la valse est

11. Desrat, *Dictionnaire de la danse*, 1895, p. 370 et 373.

12. *Ibid.* p. 374.

13. Félicien de Ménil, *Histoire de la danse à travers les âges*, p. 191.

14. E. Giraudet, *La danse, la tenue, le maintien, l'hygiène et l'éducation*, Paris, 1900, p. 96.

15. Francis de Miomandre, *Danse*, Paris, Flammarion, 1947, p. 28. C'est également le point de vue de Jacques Baril dans son *Dictionnaire de la danse*, Paris, Editions du Seuil, 1964, p. 48.

allemande, pour les Autrichiens, viennoise. Quant aux Polonais, la valse est bien entendu une danse nationale polonaise... La solution consiste-t-elle à lire des auteurs venant de pays « neutres », qui ne revendiquent pas l'invention de cette danse ?

Adolfo Salazar, historien mexicain de la danse, auteur de nombreux ouvrages, cite la volta, la dreher et la ländler comme sources de la valse[16].

En Angleterre, Thomas Wilson parle en 1816 de la valse comme d'une danse « allemande et française ». Mais, en même temps, il affirme que la valse est une sorte de danse qui trouve son origine chez les Allemands, ayant été introduite en Souabie, une des neuf régions d'Allemagne[17]. En 1830, Charles Blasis présente la « walse » dans son *Manuel de danse.* Pour lui, elle vient de Suisse. « Elle a été modifiée et embellie par des passes et des groupes, afin d'y introduire de la variété et d'en bannir la monotonie[18]. » Philippe Richardson perçoit la valse « dans sa forme allemande », qui se caractérise par l'enlacement des bras et par une prise fermée des deux partenaires[19]. Cet auteur rappelle qu'il y a plus de cent ans, beaucoup d'auteurs français, suivis par Castil-Blaze, prétendaient qu'il y avait une descendance probable de la gaillarde et plus probablement encore de la volta. Il signale l'origine provençale de la volta et mentionne Thoinot Arbeau. Il rappelle que la reine Elisabeth Ier et Marie, reine d'Ecosse, en étaient des praticiennes enthousiastes... Malgré la revendication française, Richardson dit qu'il « est maintenant généralement admis que l'ancêtre immédiat de notre valse moderne doit être trouvé parmi les danses qui dominaient alors en Allemagne (la dreher, venant de Bavière, la ländler, venant d'une région située entre l'ouest de l'Autriche, la Suisse et l'Alsace) ».

Richardson cite Edwin Evans qui, dans son livre *Music and the Dance,* dit qu'au départ à Vienne la valse n'était dansée que par le peuple, les gens éduqués s'en abstenant significativement, et qu'elle

16. Adolfo Salazar, *La danza y el ballet,* Fondo de cultura economica, Mexico, 1949, 2e édition 1950, pp. 95 et 96. Il cite dans sa bibliographie Th. Arbeau et C. Sachs (trad. américaine).

17. Thomas Wilson, *A Description of the Correct Method of Waltzing* : « Waltzing is a species of dancing that owes its origin to the Germans, having been introduced in Swabia, one of the nine circles of Germany. »

18. Voir Ch. Blasis, *Manuel complet de la danse,* pp. 366 à 369.

19. Ph. J. S. Richardson, *The Social Dances of the Nineteenth Century,* p. 42.

fut beaucoup plus pratiquée à Prague jusqu'à ce qu'un édit impérial de 1785 vienne l'interdire. Pour Evans, Vienne est le vrai lieu de naissance de la valse comme danse urbaine. Mais il précise qu'alors elle était dansée sous le nom d'allemande : « Vienne développa la première la musique de valse et fut durant un siècle la source de ses meilleurs exemples. » Il indique que Mozart fut recruté et appointé par l'empereur en 1787 et qu'il n'a pas composé de valse, ce qui n'est pas exact. Mozart a écrit cinquante allemandes et six ländlers. Ces danses, bien que n'en ayant pas encore le nom, ont le rythme de la valse. En 1795, Beethoven à son tour composa douze allemandes pour la Redoutensaal[20].

Richardson est partisan de l'idée selon laquelle la première apparition de la valse au théâtre fut l'opéra de Vincent Martin à Vienne en 1787, et que la première fois qu'un ballet intègre la valse date de 1800 (Gardel, dans « La dansomanie »). Il conclut sa démonstration sur l'origine de la valse en disant qu'au début, seul le bas peuple dansait cette danse, et avec un telle indélicatesse que cela entraîna son interdiction dans de nombreux pays. Cette version historique n'est pas sans faille.

Des problèmes de traduction

Mais voyons le raisonnement du musicologue allemand Curt Sachs concernant la danse de couple. Dans son ouvrage de 1933, il récuse la volta comme première ancêtre de la valse : « Mais encore plus étrange, écrit-il, est son apparition précoce en Allemagne. Quand le frère aîné de Thomas Platter, Félix, étudiait en 1553 la médecine à Montpellier, il écrivait à sa famille de Bâle comme si elle leur était familière. Déjà, en 1538, le graveur de Westphalie Heinrich Aldegrever a dessiné de manière indubitable dans sa série de danses de mariage l'empoignade caractéristique sous la poitrine. Cependant, régulièrement, les auteurs français revendiquent l'origine française de la valse. La volta en serait sa mère. Le saut de la dame, cependant, peut être trouvé plusieurs siècles plus tôt en Allemagne. La rotation de couple fermée, comme nous le verrons plus tard, étonna l'essayiste français Montaigne, quand il la vit en

20. Richardson, *op. cit.*, p. 44.

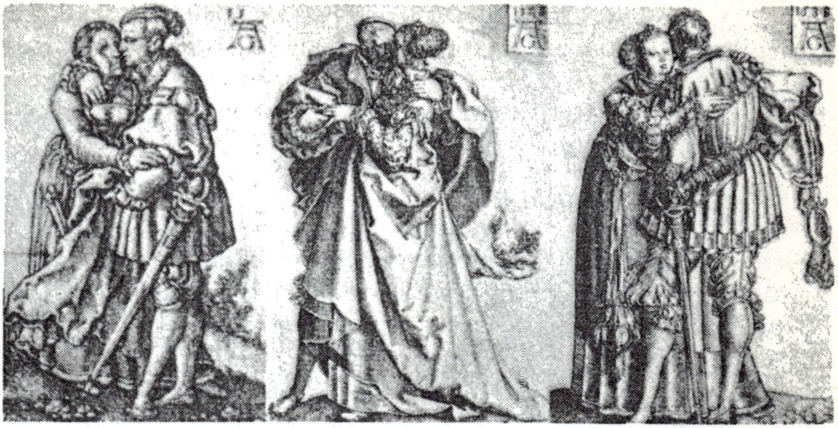

Allemagne, comme quelque chose sortant de l'ordinaire ; et l'enlacement qui ne se retrouve pas seulement dans la valse et la ländler était peinte en Westphalie plusieurs décades avant que la volta ne trouve sa voie de la Provence vers Paris, et personne ne peut attribuer à la Westphalie aucune inclination particulière pour les coutumes provençales. Que reste-t-il de tout cela ? Pour notre part, en réponse, nous ne claironnerons pas l'origine allemande : les racines de toutes les danses tournées se perdent dans le crépuscule des cultes de la végétation du néolithique. La volta elle-même ne vécut pas assez longtemps pour voir la descendance dont on la crédite. Mersenne la mentionne pour la dernière fois en 1636. Elle a dû décéder très peu de temps après cela[21]. »

Ce passage de Curt Sachs qui termine son exposé de la « volta » et ouvre son paragraphe sur les « danses en couples fermées » est passionnant pour plusieurs raisons. D'abord, *parce qu'il ne figure pas dans la traduction française* faite par L. Kerr en 1938 chez Gallimard du livre de l'auteur allemand. Lorsque l'on compare l'édition allemande, l'édition anglaise et l'édition française, on constate d'abord

21. Curt Sachs, *World History of the Dance,* Northon Library, 1963, p. 376 et 377.

que le traducteur français a « sauté » tous les passages sur la musique sans aucune explication faite au lecteur. Pourquoi ? Peut-être n'était-il pas musicien et ne comprenait-il pas l'original ? Mais beaucoup plus surprenant et beaucoup plus problématique d'un point de vue idéologique, est sa décision de « sauter » tous les passages de C. Sachs à résonance « nationaliste ». L. Kerr donne au lecteur français une version de l'auteur allemand qui peut faire croire que Curt Sachs accepte l'origine provençale de la volta, alors qu'il va jusqu'à la contester. De plus, il supprime tout le débat sur les origines de la valse[22]. Cette omission du paragraphe que j'ai moi-même traduit correspond donc à un projet théorique de falsification du texte original par le traducteur (en a-t-il discuté avec l'auteur ?). Ce choix va avoir des prolongements quant à la présentation des danses allemandes.

Cette traduction falsifiée va avoir des conséquences considérables sur le devenir de la recherche en France. En effet, si ces passages particulièrement engagés de Curt Sachs, « autorité » scientifique reconnue dans le monde des historiens de la musique et de la danse depuis plus de cinquante ans[23], sont connus du monde entier (la version anglaise de cet ouvrage a eu plusieurs éditions), le public français les ignore. L'historien français, qui croit avoir une connaissance de Curt Sachs à travers la traduction falsifiée de L. Kerr, est piégé depuis cinquante ans (cf M. Mourgues, *supra*). Il ignore le nœud de discussion de la thèse française bien établie depuis Desrat ! Entre 1938 et 1989, aucun Français n'a eu l'idée d'y aller voir de plus près, et donc de rouvrir le dossier de cette question des « origines » de la valse que Curt Sachs avait annoncé comme définitivement fermé.

22. Depuis une vingtaine d'années, la théorie de la traduction a fait de gros progrès. Sur cette question, on se reportera utilement à Jean-René Ladmiral, *Traduire* : théorèmes pour la traduction, Paris, Payot, p. 233 et suivantes, ou aux chapitres qu'il consacre à la traduction dans *La communication interculturelle*, « Bibliothèque européenne des sciences de l'éducation », Armand Colin, 1989. Pourtant, du point de vue du lecteur, même pour un ouvrage d'avant 1940, il est difficile d'accepter de la part du traducteur la coupe non signalée de passages entiers d'un ouvrage.

23. Dans la bibliographie raisonnée de son livre *Social Dance, a Short History*, p. 196, A. H. Franks écrit par exemple à propos de ce livre de Sachs : « Ouvrage le plus complet et profond sur les danses de nombreux pays à travers l'histoire. Quelques rares affirmations fausses ont induit en erreur certains, amenant à questionner l'autorité incontestée de cet auteur. Cet ouvrage est indispensable à toute personne souhaitant étudier sérieusement l'histoire et l'ethnologie de la danse. »

Une thèse discutable

Pourtant, dans cette argumentation de C. Sachs, beaucoup de points font problème. D'abord, Curt Sachs dit « les Français clament que la volta a été à l'origine de la valse ». A cette revendication, il répond trois choses :

— d'une part, il commence l'histoire de la volta en 1553 (avec le témoignage de Platter, un « Germain » pour qui cette danse était familière alors qu'elle ne l'était pas pour un Montaigne en 1580), insistant bien sur le fait que la volta n'est entrée à la cour qu'en 1556. Il fait donc semblant d'ignorer que la thèse « française » de la fin du XIXe s'appuie sur des traces écrites de la volta remontant à 1178. Faisant fi de cette référence, et s'appuyant sur la gravure de Aldegrever, il laisse entendre que la danse tournée existe déjà en Allemagne en 1538, c'est-à-dire plusieurs décennies « avant que la volta ne se soit fait son chemin vers Paris ».

— d'autre part, Curt Sachs, habituellement présenté comme sérieux, déclare ne pas emboucher les trompettes allemandes tout en affirmant que les racines de la danse tournante sont à chercher dans le néolithique.

— enfin que la volta a disparu très vite après Mersenne (c'est-à-dire dans les années 1650), donc qu'il manque un lien entre la volta et la valse qui ne surgit que dans les années 1750-1760.

Or, si l'on reprend tout l'enchaînement du raisonnement, le discours de Sachs ne semble pas « satisfaisant ». D'abord, parce qu'il accepte la volta. Et il ne peut aucunement réfuter le texte de Thoinot Arbeau qu'il cite abondamment par ailleurs : ce texte reste la principale source de cette époque pour toute l'histoire de la danse. Cette acceptation de la volta doit l'amener en tant qu'historien à nous en dire davantage sur sa naissance. Il dissimule le fait que la volta est dansée depuis longtemps lorsqu'elle revient à la cour de France en 1556.

Deuxièmement, la gravure d'Aldegrever que publie C. Sachs, passionnante pour l'histoire de la danse de couple fermé, ne nous assure en rien que cette danse de mariage ait été à trois temps (ce qu'était la volta) ni même qu'elle ait été tournée. La gravure pourrait bien représenter ce que l'on nomme aujourd'hui un « slow » ou une « marche », pourquoi pas un moment de « paso » !

Sur les « origines » néolithiques de la danse tournée, on tient là l'une des dimensions « idéologiques » les plus intéressantes — du point de vue théorique — du discours de Curt Sachs. Il sous-entend que les « racines » de la valse existent dans le néolithique ! C'est une spéculation qui ne repose sur aucun document. L'historien devient philosophe. Sachs montre là un questionnement philosophique identique à celui que l'on trouve chez un Heidegger, à la même époque, concernant la recherche des origines. Or cette question des origines est-elle intéressante ? On ne peut pas dire grand-chose des origines. Curt Sachs quitte la description historique pour le discours ontologique.

Du côté de la recherche française, la base de la recherche historique n'est pas tant la question de l'« origine » que la question de la naissance. Faire une enquête sur le passé n'est intéressant, pour un Français, que pour penser le présent[24]. La recherche française de la fin du XIXe ne s'intéresse pas au mythe de l'origine, mais à la *naissance,* c'est-à-dire au moment où l'on commence à avoir des traces.

Toutes les danses tournées ne sont pas des danses de couples fermés à trois temps. Ce qu'est la volta. Le problème du lien de parenté entre la volta et la valse serait dans le saut, qui disparaît dans la valse. Or, même sur ce terrain, Curt Sachs revendique l'existence de ce saut en Allemagne ! Son discours est donc totalement engagé dans une logique « anti-française ». Il ne supporte pas l'idée que beaucoup d'éléments de la valse se trouvent déjà dans la volta. Ce qui s'impose à toute personne qui lit attentivement les témoignages concernant cette danse (Arbeau, mais aussi toutes les autres références que nous serons amené à présenter dans cet ouvrage).

Le dernier élément du raisonnement de Curt Sachs est l'idée que la volta aurait complètement disparue après Mersenne, et donc que le trois temps, volté en France et en Europe entre le XIIe et le XVIe siècle, aurait été totalement absent durant un siècle. La valse émergerait comme une danse nouvelle que l'on tenterait par ailleurs de rattacher à d'autres danses de couples. La thèse de Curt Sachs pose problème. La disparition de la volta ne va pas de soi. En histoire de la danse, il semble plus facile d'être assuré à une époque donnée qu'une danse existe parce qu'on en a des traces, que de dire, parce qu'on n'en a pas de traces sous les yeux au moment où l'on écrit, qu'une danse n'a pas existée.

24. Cf R. Hess, *Henri Lefebvre et l'aventure du siècle,* p. 193 et suivantes.

Les Nazis s'emparent de la valse

Par rapport à la logique de l'histoire de la valse, on pourrait dire, si l'on se place d'un point de vue structuraliste, que l'important est l'émergence de la structure, de la logique, de l'institution de la valse avant même son hégémonie au XIXe siècle. L'idée que la volta a disparu ne serait pas un argument pour refuser à la volta une place dans la genèse de la danse. Dans l'état actuel de la recherche, les traces de la danse de couple à trois temps sont rares entre 1650 et 1750. Cependant, on peut faire l'hypothèse que la danse de couple fermée à trois temps n'a jamais vraiment disparu. Cette hypothèse semble d'autant plus plausible qu'à cette époque cette danse est persécutée. Ceux qui la dansent sont menacés du bûcher. Durant un siècle, cette danse est probablement devenue clandestine, mais elle a continué à se transmettre en se transformant. Nous en avons trouvé des traces. Si l'on réexamine les sources dont disposait Curt Sachs, on ne perd la trace de la danse de couple à trois temps que durant quelques décennies.

Vraisemblablement, la volta s'est réfugiée à la périphérie du système social. Elle retourne dans les classes dont elle est issue. Un gros travail de dépouillement d'archives mettrait peut-être à jour des traces de ce travail social. La plupart des auteurs (allemands, anglais et même français !) se sont contentés — souvent en en aggravant les bases réflexives — de recopier le discours de Curt Sachs. En m'appuyant sur quelques traces nouvelles, je fais l'hypothèse que *la danse de couple fermé tournée à trois temps* (définition de la valse) n'a pas disparu en Europe, qu'elle s'est maintenue sous des formes variées. On voit d'ailleurs apparaître le mot « valse » en français très tôt[25]. Qu'une danse ait perdu sa qualité de « danse dominante » à une époque déterminée ne peut pas être équivalent au fait qu'elle soit inexistante. Nous retrouvons là la nécessité de prendre en compte « les contextes », comme dirait Henri Lefebvre[26].

Pourquoi, en 1933 (date de l'édition allemande de Curt Sachs), un historien allemand a-t-il besoin de « prouver » que la valse ne doit absolument rien à la tradition latine (qu'elle soit présentée

25. Justement au moment où il devient difficile de suivre les traces de la volta.

26. H. Lefebvre, *La somme et le reste*, 1959, réédition Méridiens Klincksieck, coll. « Analyse institutionnelle », 1989.

comme provençale, italienne ou française) ? Le contexte du national-socialisme n'a-t-il pas pesé ici sur le travail de Curt Sachs, bien que ce dernier semble avoir été auparavant un chercheur exceptionnel ? Le devenir du discours sachsien peut difficilement en effet se dégager du fait qu'il ait bénéficié d'une large diffusion par le national-socialisme comme « histoire culturelle officielle ». L'ouvrage de Fritz Klingenbeck, publié à Vienne en 1940 et réédité en 1943 sous le titre : *Unsterblicher Walzer, die geschichte des deutschen Nationaltanzes* (La valse immortelle, histoire de la danse nationale allemande), en témoigne. Nous aurons l'occasion de le lire de près. Citons ici sa position sur la question de l'origine[27].

« L'histoire de la valse est l'une des plus belles histoires de l'art de la danse », écrit Klingenbeck dans son livre de 1943. Il explique pourquoi : « Même si beaucoup de rapports sur la naissance de cette danse sont de pures suppositions, il n'en reste pas moins des témoignages selon lesquels la valse, en tant que danse nationale allemande, est née chez nous et nous appartient au même titre qu'un vieux chant populaire. Tout comme pour le chant populaire, la véritable origine est introuvable et *ce n'est pas important car c'est dans son essence même que la valse est allemande.* C'est dans notre propre sensibilité que nous voulons retrouver les traces perdues de son origine[28]. »

Ce discours souvent présent dans les textes d'origine germanique pose évidemment problème à l'historien. Les éléments donnés à l'appui de ce sentiment profond selon lequel la valse est allemande posent le même type de problème. Du côté de la tradition de la volta, les éléments matériels concernant la naissance de la danse sont plus nombreux. Pourtant, Klingenbeck ne juge pas utile de réfuter la tradition latine de l'origine de cette danse. Il se contente de dire : « Il est faux d'affirmer que la valse est née des danses françaises à trois temps : la vraie valse n'a pénétré en France qu'après avoir été largement répandue en Allemagne et les maîtres à danser français qui lancaient les modes à l'époque ne lui firent pas du tout bon accueil. L'engouement qui saisit tout le monde par la suite fut révélateur du refus de danser à la française, refus d'une attitude rigide qui dominait à l'époque[29]. »

27. Ce livre diffère sensiblement de la version de 1952 citée plus haut.

28. Fritz Klingenbeck, *Unsterblicher Walzer, die Geschichte des deutschen Nationaltanzes,* Wilhelm Frick Verlag, Wien, 1940, 2e édit. 1943, p. 12.

29. *Ibid.*, p. 12.

L'édition de 1952 ne modifie pas son point de vue : « En tout cas il n'est pas vrai que l'origine de la valse remonte à la danse à trois temps française. L'origine de cette erreur remonte au fait que, juste après qu'elle ait été répandue en Allemagne, elle a été reprise en France par les maîtres de danse français qui l'ont diffusée mais sans que l'accueil ait été très amical... L'enthousiasme avec lequel tout le monde s'adonna à la valse est en même temps un refus du style rigide français jusque-là dominant[30]. »

Dans le même registre, Klingenbeck insiste : « La sensibilité populaire était suffisamment forte pour se libérer des pas et des figures devenues figées (du menuet), et pour mettre à la place cette danse libératoire, la valse en cercles rapides. *Les maîtres à danser ont bien été obligés de prendre congé de l'étranger*, ne serait-ce que pour la marche de leurs affaires, et se rendre à l'évidence que *la valse est bien plus proche de la mentalité allemande* et qu'elle valait la peine d'être prise en considération. Après être passée de la place du village sous les tilleuls aux spendides salles de bal, elle y affirmait là sa place à cor et à cri. Nous savons que la valse avait une grande place dans les bals car chaque danse était consignée dans les registres de l'époque et une danse sur deux était une valse. Nous sommes nous-mêmes effrayés par l'incroyable longueur de chaque valse. *La frénésie de la valse passa bientôt les frontières de l'Allemagne vers l'étranger*, où cette danse libératoire trouva rapidement des adeptes fervents. Certes, on s'éleva violemment à l'étranger contre l'indécence de cette danse tumultueuse et dangereuse. La France protesta dans le monde entier au moyen de tracts satiriques contre l'invasion de la valse en la démolisant totalement. En Angleterre, où la valse est apparue tardivement (...) le poète Lord Byron l'a sévèrement condamnée (...) dans un véritable pamphlet où il reproche à *la valse allemande* d'être, en tant qu'œuvre du diable, à l'origine de tous les maux (...). La raideur, autrefois de mise, était passée de mode et devait céder la place au nouveau style de la valse allemande, vivant et trépidant[31]. »

La thèse de Klingenbeck est simple. L'Allemagne a été entrainée dans l'esclavage du menuet, signe de la domination étrangère. L'Allemagne, détentrice depuis (presque) toujours de la valse, en a

30. F. Klingenbeck, 1952, p. 42.
31. F. Klingenbeck, 1943, *op. cit.*, p. 33.

fait une arme de libération des peuples. Les étrangers réactionnaires tentent d'y résister. Mais il n'y pourront rien. L'auteur organise ici tout son discours autour du menuet « français ». Il oublie qu'une bonne partie du peuple de France refusait la danse de la noblesse et que, dans le même temps, certaines parties de la noblesse germanique et la plus grande partie de la corporation des professeurs de danse allemands continuaient à refuser la valse !

L'historien viennois de la « valse comme danse nationale allemande » poursuit : « Une autre interprétation tend à situer l'origine de la valse en Souabe. Mais les indications les plus communément admises désignent l'Allemagne du Sud comme berceau de la valse. C'est à la ville de Vienne en particulier que l'on attribue le plus d'affinités avec la valse. De vieux documents sur l'histoire de la valse en constituent la preuve[32]. »

Nous aurons l'occasion de lire de près ces « vieux documents ». Mais plus curieux est le fait que les auteurs anglais jusqu'à aujourd'hui, semblant ignorer ce contexte particulier des années 1933-1943, aient repris sans le questionner ce discours (cette idéologie) qui leur fut transmis par des auteurs, de langue anglaise certes, mais « sous influence » — comme Mosco Carner, chef d'orchestre à Vienne avant de venir s'installer à Londres, ou Nettl, lui-même auteur allemand avant de devenir professeur américain —, et dont la lecture sur la question qui nous intéresse nous montre que, sous leurs signatures, ils ne font en fait que traduire en anglais ou du Sachs ou du Klingenbeck. Le livre de Sachs lui-même ayant été traduit en anglais dès 1937 ne fait que renforcer cet allant-de-soi que l'on trouve souvent sous la plume des Anglais (Richardson, déjà cité) : « Malgré la revendication française, il est *maintenant généralement admis* que l'ancêtre immédiat de notre valse moderne doit être trouvé parmi les danses qui dominaient alors en Allemagne (la dreher, venant de Bavière, la ländler, venant d'une région située entre l'ouest de l'Autriche, la Suisse et l'Alsace)[33]. »

32. *Ibid.*, p. 12-13.
33. Richardson, Ph. J. S., *The Social Dances of the Nineteenth Century*, p. 42.

Le doute comme problématique

Le premier Anglais à se poser des questions et à questionner ces allants-de-soi est Arthur Franks en 1963. Après avoir signalé qu'une première forme de valse a été dansée par les paysans allemands et autrichiens, il écrit : « Durant un temps, il semble qu'il y ait eu quelque chose comme une bataille entre les Français et les Allemands concernant les origines de la valse. A cette époque, les Français proclamaient que la valse descendait de la volta tandis que les Allemands maintenaient que la valse venait de la dreher, danse tournante dans laquelle les couples, dansant en face à face, se tenaient les mains. *Ce qui est étrange, à la vue de cette controverse, c'est que la plupart des dictionnaires français d'aujourd'hui, y compris le Larousse, ne se réfèrent plus qu'aux origines allemandes de cette danse*[34]. »

Franks a donc bien vu qu'il y avait un problème. Il ne pouvait pas savoir que la fin du débat venait d'une question de traduction falsifiée. Un autre facteur qui a pu empêcher les chercheurs français de pousser plus loin la discussion est l'erreur de date de Desrat concernant l'article qu'il cite de *La Patrie*. Ayant moi-même été consulter ce journal à la Bibliothèque nationale de Paris, je me suis trouvé longtemps désappointé en imaginant que Desrat avait « inventé » de toutes pièces cet article. Constatant que la collection de janvier 1882 de ce journal était quelque peu abîmée, j'ai fait l'hypothèse que je n'étais pas le premier à vivre ce doute. Il me fallut plusieurs mois pour me persuader que le *Dictionnaire* de Desrat contenait une coquille et qu'il fallait relire toute la collection de janvier 1882.

La lecture de la formulation de la position de Franks m'oblige donc à tenter aujourd'hui de réorganiser les éléments d'un réseau de données extrêmement complexes dont l'enjeu n'est pas tant « nationaliste » qu'interculturel et international. Mon objectif ne sera pas de démontrer la paternité française de la valse, mais plutôt de montrer les apports multiples qui ont été nécessaires pour qu'une nouvelle socialité de couple surgisse en Europe lors de la Révolution de 1789, qui éclate en France mais se trouve aussi préparée par un mouvement qui traverse toute l'Europe. La danse de

34. A. H. Franks, *Social Dance, a Short History*, p. 128.

couple à trois temps s'élabore en effet dans un mouvement européen durant quatre siècles. Le repli de l'Allemagne sur elle-même au cours des XVIe et XVIIe siècles a probablement permis à une forme sociale de danse particulièrement persécutée en France de se conserver en se modifiant. Ma question sera plutôt : est-il possible de penser la danse de couple fermé à trois temps comme une composante du patrimoine européen tout court ? J'adhère à la posture que définit Eugène Enriquez lorsqu'il écrit : « Comment reconnaître en même temps l'autre et nous-mêmes, comment situer nos places, nos rôles, nos relations, comment envisager et vivre nos rapports de violence comme nos rapports amoureux[35] ? » C'est dans cette démarche de reconnaissance de l'altérité que se situe ce travail. Il implique aussi une acceptation que le travail ne peut atteindre la vérité ultime dans la mesure où le chercheur est impliqué dans l'objet qu'il construit. De là une sorte de posture « situationniste » complexe, où « compétence et appétence vont de pair[36] ». « Un terrain mouvant nécessite une démarche qui soit en conséquence, et il n'est donc pas honteux de faire du surf sur les vagues de la socialité[37]. »

Relire les ouvrages sur la valse ne peut plus procéder aujourd'hui que d'une démarche qui prenne en compte le fait que tout discours porte en lui son « horizon d'interprétation interne et externe[38] ».

35. E. Enriquez, *De la horde à l'Etat*, Gallimard, p. 182.
36. Michel Maffesoli, *Le temps des tribus*, Méridiens-Klincksieck, Paris, 1988, p. 16.
37. *Ibid.* p. 17.
38. A. Schutz, *Le chercheur et le quotidien*, *op. cit.*, p. 9.

PREMIERE PARTIE

Révélation de la danse de couple fermé

CHAPITRE 1

La volta

« Les êtres primitifs étaient nés androgynes; Jupiter, épouvanté de leurs formes monstrueuses, sépara les deux sexes. Ainsi dédoublés, l'homme et la femme dépérirent. Vénus prit pitié d'eux et leur enseigna la volta qui réunit de nouveau les deux êtres »

Amadis Jamyn, La volta, *1580.*

Bien qu'il n'y ait pas de preuves tangibles que la valse soit directement liée ou issue de la volta, il ne me parait pourtant pas possible de dissocier l'une de l'autre, ne serait-ce qu'au regard de l'histoire de la danse de couple fermé qu'en définitive je tente de faire à travers cet essai sur la valse. La « volta » ou « volte » en français que les Provençaux appellent aussi la « vouta », les Allemands « Wolte », les italiens « rivolta », « voltatonda » ou « mezza volta » et les Anglais « volta » comme nous; la volta donc, ainsi que je vais le montrer dans ce chapitre, est incontestablement une grande étape dans l'invention de la danse de couple fermé.

Dans son *Histoire mondiale de la danse,* Curt Sachs note que « parmi les danses de cour romanes, la volta occupe une position toute spéciale ». Avant d'entrer à la cour, la volta est dansée à la campagne. S'inspirant de l'ouvrage magistral de Thoinot Arbeau paru au XVIe siècle, Curt Sachs précise : « Les danseurs ne se tiennent pas côte à côte ou l'un en face de l'autre, s'effleurant à peine en une figuration pâle, esquissée seulement de l'accouplement, avec quelques pas en avant et en arrière, à gauche et à droite ; étroitement enlacés, ils tournent sans cesse sur eux-mêmes, exécutent ensemble et sans desserrer l'étreinte de véritables sauts et font passer dans l'atmosphère calme et distinguée des salles de bal un souffle inconnu jusqu'alors de vigueur et de naturel, de franche verdeur, de gaillardise méridionale, de fraîcheur convaincue et consciente[1]. » Il ajoute : « Tandis qu'ils jettent

1. Curt Sachs, *Histoire de la danse,* Gallimard, 1938, p. 174.

haut le pied droit, les danseurs sautillent sur le pied gauche en tournant de quatre-vingt-dix degrés, faisaient ensuite un pas long, tournaient encore d'un quart de cercle, puis sautent en exécutant un troisième quart de tour. Ainsi pour un tour de danse, la rotation effective comporte trois quarts de cercle, de sorte que les danseurs ne se retrouvent dans la direction du départ qu'après quatre tours[2]. »

J'aurai l'occasion d'aborder la description technique de cette danse. Je souligne seulement ici l'invention d'une *danse de couple fermé tournée.* Le mouvement de rotation « rend impossible le côte à côte des partenaires, qui doivent au contraire se fondre en une seule personne. Sinon, la danseuse serait contrainte de prendre tous ses mouvements en arrière[3] ». C'est pourquoi la danseuse pose la main droite sur le col de son cavalier, et de la gauche tient les plis de sa robe pour éviter de montrer ses dessous. Quant au danseur, « bras gauche à la hanche droite de la partenaire, la jambe gauche pressant comme un gouvernail sur la jambe droite de la danseuse ; la main droite, pour soutenir cette dernière dans les sauts, doit se placer sous son busc[4] ».

Une danse sportive

Si l'on ajoute qu'elle se danse ou à droite ou à gauche, on voit (mis à part le saut) la proximité de la volta avec notre valse. « Par quel instinct les Provençaux trouvèrent-ils ce bercement de valse correspondant aux notes de la mesure à trois temps ? Ce mouvement impulsif dérive-t-il du branle bas-alpin, le tambourin, qui présente des balancements de pied d'arrière en avant et des moulinets ? » s'interroge Marcelle Mourgues. Elle répond : « Les prouesses des volteurs prouvent, en tout cas, que dans l'art difficile de la danse, les Provençaux furent toujours stimulés par les obstacles à vaincre. Dans la volta déjà rapide et animée par les tournoiements vertigineux de la danseuse, l'homme ajoutait encore des entrechats, ce qui faisait dire aux Italiens, parlant de la volta, le titre de l'air de gaillarde connu : 'La traditora my fa morire !'[5]. »

2. *Ibid.*, p. 174.
3. *Ibid.*, p. 174.
4. *Ibid.*, p. 174.
5. Marcelle Mourgues, *La danse provençale, ses origines, ses symboles,* Editions Culture provençale et méridionale-Marcel Petit, Raphèle-lès-Arles, 1985, p. 167.

Lorsqu'il aborde les caractéristiques générales de la danse, Curt Sachs explique que dans certaines danses, une « incitation est donnée aux danseurs de se sentir le point de mire de l'assistance et surtout de l'autre sexe, et de perfectionner leurs exploits chorégraphiques indépendamment de toute signification magique. L'exploit corporel, c'est la force, l'endurance, l'adresse. Ces éléments font, de nos jours encore, partie intégrante de l'idéal chorégraphique des gars des campagnes européennes ; ils se sont manifestés dans nos salles de bal par la volta et la nizzarde. » Et il explique : « Sans doute les danses de force sont-elles à l'origine soumises à des fins cultuelles ; il n'en reste pas moins que pour l'homme jeune, vigoureux et qui de sa force même tire une joie profonde, ces danses prennent peu à peu une valeur sportive et une finalité suffisantes en elles-mêmes[6]. »

Etymologiquement, il y a un rapport entre « volte » et « voltiger ». Le Dr Pansier trouve le mot en Provence en 1411 dans l'expression *« si a prez a la volta »*, qui signifie « il a fait un demi-tour »[7]. Volter signifie donc tourner, faire un tour. Mais en provençal, on utilise aussi *« vouta »*. La racine est la même que celle que l'on trouve dans « envoûtement ».

Pour Desrat, la trace la plus ancienne de la volta remonte à 1178 : « Un manuscrit retrouvé par un érudit du XIXe siècle, cité dans *La Patrie* du 17 janvier 1882, permet d'apprendre que la volta fut dansée à Paris pour la première fois le 9 novembre 1178. La volta était alors déjà connue en Provence ; le chant qui l'accompagnait était désigné par le titre de pallada. « Elle vint de Provence à Paris, fut à la mode pendant tout le XVIe siècle et fit les délices de la cour des Valois », nous dit-il. Il s'agit en fait d'articles de Bouillet et Larousse[8]. Cette genèse est reprise dans l'ouvrage du directeur du Musée de la danse et conservateur des Archives internationales de la

6. Curt Sachs, *op. cit.*, trad. fr., p. 110.

7. Dr P. Pansier, *Histoire de la langue provençale* à Avignon du XIIe au XIXe siècle, tome 3, p. 178.

8. Référence qui sert de point de départ au raisonnement de Desrat, in *Dictionnaire de la danse*, article « Walse et valse », p. 373, que l'on ne trouve jamais citée ou discutée dans aucun ouvrage d'origine germanique. La musique de cette valse du 9 novembre 1178 a été recopiée à la main par E. Giraudet, qui en a vendu la partition sous le titre de « La valce » au prix de 2 francs en 1898 (cf. son catalogue in E. Giraudet, *Traité de la danse*, 1900, p. 612).

danse, Pierre Tugal, qui accepte la date de 1178 comme première référence connue à la volta[9].

En Italie, le document cité qui semble le plus ancien date de 1465. Il s'agit du *Traité sur l'art de la danse* d'Antonio Cornazano, qui effectivement mentionne la « voltatonda » (volte tonde) et la « meçovolte » (meza volte)[10].

La danse de couple tournée (« *duorum in gyrum saltatio* ») n'est pas nouvelle. Les Grecs et les Latins l'ont pratiquée. Si la volta est alors à la mode, c'est qu'elle est un moyen de s'opposer à la basse-danse, dans laquelle le danseur avec la cape et l'épée, la danseuse en longue robe à traîne se tiennent du bout de leurs doigts gantées pour exécuter pompeusement une promenade agrémentée de glissades lentes et mesurées ; entrecoupées de révérences. La volta est donc un moyen de réagir contre cette monotonie et cette rigidité de tenue. On sait que les Italiens enlèvent cape et épée pour danser la volta. Ils mettent de légers escarpins blancs, et souvent la dame ôte ses chaussures[11]. L'innovation de la volta consiste dans l'enlacement des deux danseurs qui doivent faire des mouvements synchronisés pour tournoyer ensemble, la difficulté de la danse résidant notamment dans le saut qui demande agilité et force. Le saut est une réelle performance qui stimule la jeunesse, bien entrainée à cette époque à toutes sortes d'exercices. « L'homme fait plusieurs fois tourner la dame, puis lui aide à faire un saut », comme l'explique Brossard[12].

Le maniérisme italien

La Renaissance joue un grand rôle dans le renouveau de la danse. Comme dans tous les autres domaines de la culture, explique Max von Boehn, le XVIe siècle apporte à la danse de grands changements. Le style de la société se transforme, devient autre, et exprime

9. Pierre Tugal, *La danse et les danseurs,* Paris, Fernand Nathan, coll. « Petite histoire de l'art et des artistes », sans date, mais plusieurs éditions dans les années 1950.

10. A. Cornazano, *The Book on the Art of Dancing,* trad. anglaise de Madeleine Inglehearn et Peggy Forsyth, Dance Books Ltd, Londres, 1981, p. 21 (pagination correspondant au manuscrit original). Voir aussi Anton Giulio Bragaglia, *Danze popolare italiane,* p. 112.

11. Marcelle Mourgues, *op. cit.,* p. 159.

12. Cité par M. Mourgues, *op. cit.,* p. 159.

d'autres formes de pensée et de manières de sentir. On date ce changement du xve siècle, c'est-à-dire du début de la Renaissance. Ce changement trouve son origine en Italie. Avec la même vitesse qui voit l'art, la culture, la langue italienne passer les Alpes en direction du nord et de l'ouest, une nouvelle culture corporelle se répand chez les barbares. Dans les cours des petits tyrans de l'Italie du Nord et de l'Italie centrale, on aime tout ce qui apporte à la vie une séduction et une beauté alors à la mode. On aime également l'art des mouvements[13]. Le pouvoir politique des Visconti, Médicis, Este, Gonzagues n'est pas très grand, mais en revanche leur influence culturelle est énorme. Dans les bals que le bon roi René organise à Nancy au milieu du xve siècle, on introduit beaucoup de danses italiennes. Même sans le mariage de Catherine de Médicis avec Henri II, l'influence italienne sur les salles de bal aurait été déterminante.

La particularité du style italien est de manièrer la danse, une bonne chose pour atténuer « la crudité des mœurs et la brutalité de l'attitude masculine alors en vogue », dit Boehn. Ce maniérisme apprend aux dames et à leurs cavaliers à se conduire de façon plus fine entre eux, notamment en maîtrisant leur corps. Le livre de danse de Fabricio Carrozo paru à Venise en 1581 illustre bien cette idée. Carrozo explique de façon très précise au cavalier comment il doit tenir sa toque. Il ne doit pas la garder tout le temps sur la tête mais la tenir également à la main. Le cavalier doit par exemple faire très attention que l'intérieur de la toque ne soit pas présenté vers l'extérieur mais contre le corps. Cette habitude a perduré jusqu'à aujourd'hui à travers les siècles.

La danse de la bonne société continue à être une « promenade », dit Oskar Bie[14], accompagnée de salutations et de toutes sortes de compliments. Les cavaliers et cavalières font de petits pas, et ils doivent tout le temps se saluer en se faisant des courbettes. Ils se rapprochent l'un de l'autre, ils se saluent, ils s'éloignent, se promènent à nouveau. Les révérences n'ont pas de fin. Le cavalier enlève sa toque de la main gauche et fait une révérence avec la jambe gauche pour signifier à la cavalière qu'il la salue à côté du cœur. Le couple se touche le bras, la main, puis les deux mains, croise les mains, s'embrasse et tout est soigneusement réglé.

13. Max von Boehn, *Der Tanz*, 1925, p. 74 et 75.
14. Oskar Bie, *Der Tanz*, Berlin, 1906, 2e éd., 1919.

De plus, les danses italiennes s'agrémentent d'une multitude de baisers. Il existe des danses pendant lesquelles les hommes embrassent toutes les cavalières les unes après les autres, et réciproquement chaque cavalière embrasse tous les cavaliers. Cette façon de faire a beaucoup de succès en France et traverse la Manche. Shakespeare fait dire à Henri VIII s'adressant à Anne de Boleyn: « Invraisemblable serait de vous inviter à danser et de ne point vous embrasser. »

Le succès de la volta

Le succès de la volta au moment de la Renaissance — elle se répand alors dans toute l'Europe — est donc une réaction contre le mépris où étaient tenues la beauté et la force corporelle durant tout le Moyen Age. La volta remplace les mouvements étroits de la basse danse par des mouvements amples. Les danseurs entrent dans une plus grande intimité. Ils se donnent la main nue, ils allègent les costumes. Les couples dansent de manière vive. Les sauts se font à droite puis à gauche pour laisser apparaître les deux jambes. On trouve déjà deux éléments qui caractériseront la valse : d'une part, c'est une danse à trois temps ; d'autre part, comme le signale Thoinot Arbeau, on l'exécute alternativement dans un sens puis dans l'autre, non seulement pour montrer les jambes de la cavalière, mais encore pour retrouver son équilibre lorsque le vertige est trop grand. En Angleterre, la volta est connue par le célèbre saut de Elisabeth Ier (1533-1603), reine de 1558 à 1603, une souveraine intelligente et cultivée qui, bien que se montrant très attentive aux problèmes de son royaume, n'en est pas moins une passionnée de danse. Elle est d'ailleurs elle-même excellente danseuse. Comme le fait remarquer Melusine Wood, Elisabeth Ier est aussi exigeante pour son entourage que pour elle-même dans tous les domaines. Si une demoiselle d'honneur danse mal, elle le fait remarquer devant toute la cour. Selon Wedel[15], Elisabeth fait ouvrir le bal par une pavane pour permettre aux « personnes éminentes, mais qui ne sont plus vraiment très jeunes de danser ». Puis on se met aux gaillardes.

15. Von Wedel, 1589, in *Queen Elisabeth and some Foreigners*, édité par Victor von Kearwill.

Queen Elizabeth dancing *lavolta* with the Earl of Leicester.

Elisabeth danse certaines danses avec des femmes, mais exécute voltes et gaillardes avec des hommes, compte tenu de la forçe nécessaire pour ce type d'exercice[16].

La volta apparaît ainsi comme la première danse de couple fermé, à trois temps, basée sur une révolution du couple sur lui-même (à droite et à gauche). De plus, si l'on se place du point de vue de la dynamique du groupe, la volta est une révolution des différents couples dans l'espace de danse. Par tous ces éléments, la volta annonce vraiment la valse.

La gravure de Theodore de Bry de 1538 montre une danse de couple fermé qui semble encore loin de la volta[17].

Traces de la volta

On suit facilement la trace de la volta à partir de 1538, date où son histoire recoupe celle des princes. Cette année-là, elle est dansée le 20 mai à Brignoles en l'honneur de François Ier , de la reine de Navarre et de leur nombreuse suite. Le roi est accueilli aux cris de « Vivo Franço ! » Pour qu'ils reçoivent les aubades de tous les tam-

16. Melusine Wood, *Historical Dances*, p. 94.
17. Elle est reproduite dans Curt Sachs, op. cité, trad. fr., p. 200.

bourinaires accourus de Bras, Six-Fours, Signes, Aups, les fustiers du pays doivent confectionner en hâte des tambourins[18]. C'est une première « légitimation », une première « reconnaissance » par le pouvoir politique alors que le pouvoir religieux se bat contre[19]. Henri II, roi de France de 1547 à 1559, tolère la volta[20].

En 1549, le moraliste italien Zuccolo parle de la volta dans un ouvrage publié à Padoue : « Jusqu'alors, l'usage voulait qu'en dansant l'homme et la femme ne se prennent pas par la main... Aujourd'hui les femmes, non seulement tendent aux hommes leurs mains dénudées mais aussi leurs bras jusqu'aux épaules, et offrant même la poitrine et tous les autres membres que n'exhibent que les courtisanes... A cause du trouble qu'elles provoquent, ces amantes lascives sont tout le temps invitées à danser. On les tire, on les lance, on les pousse, on les renverse, on les balance dans tous les sens[21]. »

En 1553, si l'on en croit Felix Platter, un étudiant en médecine de Montpellier originaire de Bâle, la volta est alors la danse la plus répandue à côté des branles, des gaillardes et des courantes[22]. Felix Platter parle de la volta à sa famille en 1553 comme d'une pratique qui leur est familière[23]. Dans *A Montpellier*, Thomas Platter décrit un bal donné à Marseille : « On dansait à l'Hôtel du Viguier. Inutile de décrire la richesse des costumes et l'excellence de la musique dans une ville si opulente et chez un prince non marié. Les danseurs n'étaient jamais plus de six à la fois, se relèvent tour à tour, embrassent leur danseuse et s'asseyent avec force révérences. Leur manière de volter est singulière. Après avoir sauté en rond pendant un

18. Dr A. Jaubert, *Brignoles*, cité par les auteurs provençaux.

19. Comme le montre plus bas l'ordonnance de 1541 de l'évêque de Troie, coadjuteur de l'évêque de Marseille.

20. Si l'on en croit Jacques Bense, *Les danses en vogue*, tome 1, Paris, Bornemann, 1978, p. 92.

21. « Già si solea ballando non prenderzi per la mani l'huomo et la donna... Hoggi le donne non solamente porgono agli huomini lo lor mani tutte ignude ma le braccia appresso le spalle, il petto e tutte l'altre membra loro cortegianesche... da tanta turba di lascivi amanti à garra richieste à ballare et poi tirate schizzate spinte *travolte* e dimenate in ogni lato. » Zuccolo, *La pazzia del ballo*, Padova, 1549.

22. Felix et Thomas Platter, *Zur Sittengeschichte des XVI. Jahrhunderts*, p. 219, Leipzig, 1878.

23. Curt Sachs, *World History of the Dance*, Northon Library, 1963, p. 376, passage non traduit dans l'édition française.

moment avec un dame, ils ne la quittent pas et continuent à danser en recommençant plusieurs fois avec la même[24]. »

D'après Varloix, secrétaire de Vieilleville, la volta n'est introduite à la cour qu'en 1556 par le comte de Sault. Diane de Poitiers la danse à un bal masqué sur un air de « De profundis »[25].

Charles IX, qui l'a vue à Brignoles, la met en honneur. En effet, le 25 novembre 1564, la volta et la martegale sont présentées à Charles IX sur la place Caramy de Brignoles où loge le roi. Les danses sont exécutées « par des jeunes filles venues de Collobrières, habillées de taffetas vert et blanc, à quoy Sa Magesté prend beaucoup de plaisir ». On danse de dix heures du matin à cinq heures du soir. Le roi fait « distribuer aux jeunes danseuses un régal en fruits, confitures et rafraîchissements[26] ». En 1565, les Provençaux dansent à nouveau la volta pour Catherine de Médicis, alors régente, au rassemblement des provinces françaises à Bayonne, accompagnés de cymbales et d'olivettes. Des groupes venus des provinces françaises se produisent pendant le repas, chacun « dansant à la façon de son païs : les Poitevines avec la cornemuse ; les Provençales, la volta avec les cimballes ; les Bourguignones et Champenoises avec le petit haut-boys, les dessus de violon, et tabourins du village ; les Bretonnes dansant leurs passe-pieds et branles-gais... » Prennent part à cette fête la fille de la reine de Navarre, épouse du roi Philippe II d'Espagne, et le duc d'Albe, gouverneur des Pays-Bas... D'après Bonnet, ces fêtes sont l'occasion de tractations politiques importantes : on y aurait organisé le massacre de la Saint-Barthélemy. C'est un moyen de diffusion des danses, chaque province ramenant chez elle ce qu'elle a vu danser par d'autres groupes[27].

Henri III (1551-1589) aime passionnément la volta et le célèbre récit d'un mariage à la cour de France le 14 août 1572 nous montre combien cette passion était partagée par les dames nobles de cette époque[28]. Nettl mentionne également le bal qui est donné en l'hon-

24. Thomas Platter, *A Montpellier*, Montpellier, 1892, pp. 219 et 259.

25. Document sur la volte produit par Roudelet Felibren dou Pichoun Bousquet, Marseille (sans date), cité par Vindicien de Saint-Aubert, *in* « Les groupes folkloriques de La Ciotat et Ceyreste », mémoire de maîtrise d'ethnologie, Aix-en-Provence.

26. Bouche, cité par Lambert, *Bull. soc. acad. du Var*, 1869, p. 75.

27. Cette fête a été décrite, à partir des *Mémoires de la reine de Navarre* par M. Bonnet, dans *Histoire générale de la danse sacrée et profane*, p. 122 à 126. Citée par C. Sachs.

28. Paul Nettl, *The Story of Danse Music*, p.110-111.

neur de la double célébration du mariage du prince de Condé avec Marie de Clèves et du roi de Navarre avec Marguerite de Valois et, la future Reine Margot. Marie danse la volta avec tant d'ardeur que Catherine de Médicis l'emmène dans un cabinet particulier pour lui faire changer de chemise. Quelques instants plus tard, Henri, alors duc d'Anjou, tout échauffé par les mouvements de la volta, pénètre à son tour dans le cabinet pour réparer le désordre de ses cheveux. Avisant un linge sur une chaise, il en éponge son visage — c'est la chemise de Marie de Clèves. On sait que la danse passe pour jeter un sort, et ainsi il advint que le futur roi, au contact de ce vêtement d'une mariée éprise comme lui de la volta, ne put s'arracher à l'ardente passion qu'il éprouvait pour sa sœur[29].

Le bal est masqué. Marie de Clèves personnifie ce jour-là la Charité. Sa technique de la volta a acquis une telle célébrité qu'elle « passait pour la danseuse la plus accomplie de l'Europe[30] ». Don Juan d'Autriche, vice-roi des Pays-Bas, alors en poste à Bruxelles, fait le voyage ce jour-là pour la regarder danser. Il se présente « incognito », c'est-à-dire « enveloppé d'un manteau » (Bonnet), signe qu'il est là pour voir et non pour danser. Cavalière exceptionnelle, Marie de Clèves transforme la volta, danse de société, en spectacle. Ronsard en est témoin :

> « Comme une femme elle ne marchait pas
> Mais enroulant divinement le pas,
> D'un pied glissant coulait la cadence,
> Le Roi dançant la Volte provençale
> Faisait sauter la Charité sa sœur,
> Elle suivait d'une grande douceur,
> A bonds légers volait parmi la salle ».

Ces vers nous indiquent que Marie glisse son pas de base. Elle alterne pas glissés (pas de base de la valse) et sauts (caractéristiques de la volta). L'attouchement à « un endroit discret », « l'envol indiscret des jupes » rendent la danse terriblement provocante pour l'époque. Brantôme, chroniqueur des immoralités de la cour française vers 1570, s'en délecte. Il nous dit son enthousiasme pour la volta : « La volta, en faisant volleter la robbe, monstroit tousjours

29. Paul Nettl, *Histoire de la danse et de la musique de ballet*, p. 64.
30. M. Bonnet, *Histoire générale de la danse*, 1724, p. 119.

quelque chose agréable à la veue, dont j'en ay veu plusieurs s'y perdre et s'en ravir entre eux-mêmes[31]. » Si l'estampe de Th. de Bry ne nous assure pas de la rotation du couple, dans un tableau de Herman van der Mast (datant approximativement de 1570) et appartenant au Musée de Rennes, on peut voir un couple de danseurs, en costume de parade à la cour des Valois, et surtout le large saut tournant qui ornait la volta. Deux autres peintures flamandes, appartenant à la collection Jeanne Chasles et publiées dans le numéro de Noël, de la revue *Musica,* nous montrent également les figures de la volta.

La Pléiade et la volta

Amadis Jamyn, un des poètes de la Pléiade, mouvement poétique fondé par Ronsard en 1556, intitule l'un de ses écrits *La volta.* Champenois né à Chaource, près de Troie, probablement en 1541 Jamyn, après avoir été secrétaire de Ronsard et avoir fait une belle carrière à la cour de Charles IX et de Henri III, retourne à Chaource en 1580 où il meurt en 1593[32]. Inspiré par la volta, Amadis Jamyn en donne une origine mythique : « Les êtres primitifs étaient nés androgynes ; Jupiter, épouvanté de leurs formes monstrueuses, sépara les deux sexes. Ainsi dédoublés, l'homme et la femme dépérirent. Vénus prit pitié d'eux et leur enseigna la volta qui réunit de nouveau les deux êtres[33]. » Dans son *Dictionnaire de la danse,* Desrat ajoute à cela que le poète « s'efforce d'imiter, dans son rythme, le tournoiement des valseurs[34] » :

> « Lors de bouquets effleura ses cheveux,
> Et ordonna la volte de Provence,
> Qui est encore le lien malheureux
> De l'Androgyne, une douce souffrance.

31. Brantôme, *Les danses galantes* (1570), Paris, 1864, repris dans Brantôme, *Vie des dames galantes,* Discours III, cité par Curt Sachs, *Histoire de la danse,* p. 175, et par E. Reeser, *De Geschiedenis van de Wals,* Amsterdam, 1940, p. 3.

32. Sur Jamyn, voir M.-M. Fontaine, *in* J. P. de Beaumarchais *et al., Dictionnaire des littératures de langue française,* Paris, Bordas, 1984, tome 2, p. 1102 et 1103.

33. On retrouve là une hypothèse sur la bisexualité de l'homme, classique dans la littérature grecque, comme en témoigne Platon dans *Le banquet.*

34. Desrat, *Dictionnaire de la danse,* p. 374.

Mars, flanc à flanc, premier elle embrassa;
Luy, tout ravi d'amour qu'elle lui porta,
Sans se lasser, tout un soir la dansa,
Tournant, voltant d'une divine sorte. »

Dans ce même poème, Amadis Jamyn nous donne encore des précisions sur la forme de cette danse: « La volta où l'homme et la femme embrassée tournoyent à bonds[35] », et nous apprend que de son temps la volta prit le nom de « provençale » :

« L'amour de Chypre l'advança
De la Provence à Vénus agréable
Où chaque amant s'y exerça
Que se leur nom se nomma provençale. »

Balthasar de Beaujoyeux à qui Catherine de Médicis confia le soin d'organiser les réjouissances de la cour note dans un ouvrage de 1582 qu'en ces lieux, « même les ballets se terminent en bal »[36]. Voulait-il dire qu'on y dansait la volta?

Si l'on en croit Thomas Platter, de Bâle, le jeune frère de Felix, en 1595 volta, courante et gaillarde sont encore « danses étrangères » dans les pays germains[37]. En 1596, Thomas Platter participe à Montpellier à un carnaval où des couples dansent seulement une figure tournée aux trois quarts par mesure, pendant que d'autres restent immobiles, attendant que les premiers s'arrêtent pour les relayer. Curt Sachs commente: « La volta était si exténuante qu'il était impossible de la tourner de manière continue[38]. »

A Londres, il semble qu'en cette fin de siècle la volta soit très

35. Cité par La Curne de Sainte-Palaye, *Dictionnaire historique de l'ancien langage françois,* vol. 9-10, 1881.

36. Balthasar de Beaujoyeux était le nom français pris par Baltazarini di Belgiojoso, Italien venu à Paris avec un orchestre de violonistes. Il fut le valet de Catherine de Médicis. Il publia à Paris en 1582 son livre *Ballet comique de la Royne,* ouvrage commenté par Mary-Jean Cowell dans Selma Jeanne Cohen, *Dance as Theatre Art,* Dance Books Ltd, Londres, 1974, 2e édition 1977, pp. 19 et suivantes.

37. Felix et Thomas Platter, *Zur Sittengeschichte des XVI. Jahrhunderts,* p. 285, Leipzig, 1878 auxquels se refère Curt Sachs. Personnellement, autant j'accorde de crédit aux témoignages de choses vues, autant je me méfie des affirmations du genre « ces danses n'existaient pas dans tel pays à telle époque ».

38. Curt Sachs, *World History of the Dance,* Northon Library, 1963, p. 376, passage non traduit en français.

vivante. Sir John Davis, jurisconsulte, diplomate et poète anglais, décrit en 1596 la volta en ces termes :

> « Un couple enlacé
> Tournant en rond,
> De leurs pieds ils rythment un anapeste[39]. »

De son côté, Shakespeare fait dire à Bourbon :

> « Ils nous invitent dans leurs écoles de danse anglaises
> Et ils enseignent la volta sautée et la courante agile
> En disant que notre distinction ne se trouve que dans nos talons
> Et que nous désertons dans les vapes[40]. »

C'est une invitation railleuse faite par les femmes françaises aux chevaliers français défaits lors de la bataille d'Azincourt (1415) d'aller enseigner les danses françaises (volta et courantes) alors en vogue dans les écoles de danse anglaises plutôt que de poursuivre leurs intentions belliqueuses.

Chantée par la Pléiade, la volta se répand donc dans toute l'Europe. Les gravures ou peintures qui nous restent de cette époque nous permettent d'avancer l'idée que la volta est probablement l'une des toutes premières danses populaires à pénétrer dans la haute société en venant des classes paysannes. Les danseurs s'étreignent l'un l'autre en tournant, l'une des figures consistant à faire tournoyer haut dans l'air la cavalière. Cette figure est exécutée tout en continuant à sauter et à tourner. Pour éviter de tomber lors de cette confusion, l'homme empoigne sa cavalière fermement et la maintient soulevée au-dessus de sa tête.

Depuis Jamyn, on trouve des descriptions de la volta sous le nom de « provençale » ou de « nissarde » (volta venant de Nice). Une lettre du 17 décembre 1600, conservée à la Bibliothèque de

39. Sir John Davies (1569-1626) « Poem of Orchestra », in *Orchestra* : a Poem of Dancing, 1596, réédité par E. W. M. Tillyard, Londres, Chatto et Windus, 1945.

40. La version originale de Shakespeare, *Henri* V (acte III, scène 5), pièce datant de 1598-1599 est :

> « They bid us to their English dancing-schools
> And teach lavoltas high and swift corantos ;
> Saying our grace is only in our heels,
> And that we are most lofty runaways »

Modène[41], dit que la volta est précédée de « branles » ou « nizzarda » : un cavalier et sa dame se tenant par la main font le tour de la salle, puis recommençent suivis des autres couples. A la fin de la ritournelle, ils se plaçent en queue, le couple suivant mène la danse et ainsi de suite[42]. Selon Negri, ce branle n'a pas de règles précises[43].

La volta dans des suites de danse

Dans la suite de danse, la volta est souvent précédée par des pas de gaillarde. Les Provençaux connaissent la gaillarde, comme en témoigne un Noël de Notre-Dame-des-Doms :

> « Nautre deven ben
> *Dansa uno Gailhardo*[44]. »

Rossi, dans son *Glossario medioevale Ligure,* décrit une « nissarde », dansée en 1606 à la cour de Charles-Emmanuel Ier . Cette description montre qu'il y a alors confusion entre la volta et la nissarde, qui sert au départ à « reposer » les volteurs et est donc intercalée entre deux voltas. Voici la description de Rossi : « Le cavalier se présente pour inviter la danseuse avec cette civilité que la cour enseigne aux courtisans. Il la prend par la main et, suivant la musique, commence à faire la courante (...). Le cavalier, après ces trois tours de piste, enlace sa partenaire. Il pose à cet effet sa main gauche à son dos, de la droite il s'empare vigoureusement du bras et de la main de la dame qu'il serre contre lui en la soulevant. En même temps qu'un tour sur elle-même, il lui fait exécuter six ou dix sauts à travers la salle. Celle qui sait le mieux faciliter ces tours et ces sauts est la plus gaie et la plus charmante des danseuses ; celui qui commande les sauts les plus hauts et les plus perpendiculaires est le plus vaillant et le plus fort des cavaliers. A la fin, celui-ci se surpasse à force de bras. Avec l'aide de son propre genou et celui de la dame, il soulève celle-ci si haut qu'elle dépasse la tête du cavalier de la moitié du corps. Il est alors bienséant qu'elle se laisse ravir un

41. Publiée par d'Ancone, *Mélanges offerts,* Ed. E. Picot, 1913.
42. Anton Giulio Bragaglia, *Danze popolari italiane,* Ed. Enal, p. 34.
43. Negri, *Nuove invenzioni di ballo,* 1604.
44. J. Clamon et P. Pansier, *Les Noëls provençaux de Notre-Dame-des-Doms* (1570-1610), Ed. Aubanel, Avignon, 1925.

baiser[45]. » Pour Marcelle Mourgues, ce texte prouve que la volta provençale, sous le nom d'un branle niçois, se répand en Italie par la médiation du Comté de Nice. Rodochanachi nous dit que la nissarde est alors connue dans l'Italie du Nord[46].

On trouve dans « Adonis », poème en vingt chants de Gaiambattista Marino publié à Paris en 1623, une description en « italien » de la volta. Ce poème, sorte de parodie de *La divine comédie*, a une structure complexe. Il tente de décrire l'itinéraire que Vénus trace à travers cinq jardins symbolisant les cinq sens. Lorsque l'auteur montre la progression des plaisirs sensuels, il écrit :

> « Se soutenant sur le pied gauche, de manière nouvelle
> Le corps agile tourne très vite sur lui-même
> Et avec une hâte moindre volte et bouge
> Avec une grâce jamais vue auparavant,
> Le changeant sabot tourne avec aisance
> Et avec élégance pour revenir à son point de départ
> Il s'élève, il est suspendu, et rebondissant vers le haut,
> Il brise l'air au milieu et découpe le saut[47] ».

On danse la nissarde aux fêtes de la Primavera à Florence, sous les yeux de Sandro Botticelli et de Benozzo Gossoli[47 bis]. Selon le dicton, qui ne sait danser la nissarde n'est ni un homme, ni un gentilhomme, ni un vrai piémontais *« ne signore, ne gentiluome, ne piemontese vero »*.

45. Cité par Marcelle Mourgues, *op. cit.*, p. 161.
46. Rodochanachi, *La femme italienne*, Paris, 1917.
47. Gaiambattista Marino, « Adonis », Paris, 1623 :

> *« Sul sinistro sostiensi, in forme nove*
> *L'agil corpo si ratto aggira in torno,*
> *Che con fretta minor si volge* e move
> *Il volubil paleo, l'agevol torno,*
> *Con gracia poi non piu veduta altrove*
> *Fa gentilmente, onde parti ritorno.*
> *Si erge,* e sospende, e ribalzando in alto
> *Rompe l'aria per mezzo,* e trincia il salto ».

47 bis. Cf. *Le Temps* du 15 février 1914.

L'apport de Thoinot Arbeau

On doit à Thoinot Arbeau la description technique la plus précise de la volta. Son *Orchésographie* écrit en 1588 et publié en 1589 marque une grande étape technique dans la notation des danses. Il tente en effet de restituer les danses de l'époque en se mettant à la place de personnes n'ayant aucun éléments pour reconstituer la danse. Il note donc en relation avec la musique le détail des pas de façon hyperminutieuse. En 1566, avant lui, Guillaume Paradin s'y était essayé, mais son hostilité à la danse l'empêchait de l'observer vraiment[48].

L'*Orchésographie* est un ouvrage construit sous forme de dialogue. Arbeau explique les danses de son époque à Capriol, une sorte d'élève qui lui pose des questions et l'amène ainsi à préciser sans cesse son exposé. Arbeau consacre cinq pages à la volta. Citons-en les passages les plus importants. Pour Arbeau, c'est un manque de goût si une jeune fille se lance dans les très grands pas qu'exige la volta car elle court ainsi le risque d'être prise par le vertige. Comment Arbeau décrit-il la volta ? « La volta est une espèce de gaillarde familière aux Provencaux, laquelle se dance comme le tordion par mesure ternaire. Les mouvements et pas de ceste danse se font en tornant le corps, et consistent en deux pas, un soupir pour le sault maïeur et une assiette de piés ioncts, et enfin deux soupirs et une pause. Pour entêdre ce que dessus, soiez par ypothèse de front devant moy à pieds ioncts ; faictes pour le premier pas un plié en l'air assez court en saultât sur vostre pié gaulche, et, en ce faisant, me montrerez vostre dos. Puis faictes le sault maïeur en tornât vostre corps et tombez à piés ioncts ; quoy faisant me montrerez vostre épaule droicte. Ainsi aurez accompli le premier tour[49]. » « Qui tornerait tout le corps ou se retreuverait comme au commencement et ne bougerait-on quasy d'une place. Après ce premier tour qui est de trois quartiers de corps, vous ferés au second

48. Guillaume Paradin, *Le blason des dances,* « où se voient les malheurs et ruines venant des dances dont jamais homme ne revient plus sage, ni femme plus pudique », Beaujeu, 1566, 1 vol., in-16. On peut regretter que le quatrième centenaire de l'*Orchésographie,* op. cit., n'ait pas fait l'objet d'une célébration particulière. En 1888, l'Opéra de Paris au contraire avait organisé une grande fête en son honneur. C'est un signe du retard pris en France sur les questions du patrimoine en matière de danse.

49. Thoinot Arbeau, *op. cit.*, p. 64-1.

tour un plié en l'air pour le premier pas assez court comme auparavant en saultât sur vostre pié gaulche, et ce faisant me montrerez vostre estomac ; puis ferés le deuxième pas assez long sur vostre pié droict sans saulter, et ce faisât, me montrerez vostre épaule gauche ; puis ferés le sault maïeur en tornant vostre corps et tomberés en piés ioncts, quoy faisant me montrerez le doz. Pour le troisième tour et cadance ferés plié en l'air pour un premier pas assez court en saultât sur vostre pié gauche et ce faisât me montrerez le costé droict. Puis ferés le deuxième pas assez long sur vostre pied droict, sans saulter, en ce faisant me montrerez l'estomac. Puis ferés le sault maïeur en tornât vostre corps et tomberés en piés ioncts, quoy faisant me montrerez vostre espaule gaulche. Pour le quatrième tour et cadance, ferés pié en l'air pour le premier pas assez court en saultant sur vostre pié gaulche, et ce faisant me montrerez vostre doz ; puis ferés le deuxième pas assez long sur le pié droict, sans saulter, ce faisât me montrerez l'espaule droicte. Puis ferés le sault maïeur en tornant vostre corps et tomberés les piés ioncts, quoy faisant me montrerez l'estomac comme vous estiez planté au commencement[50]. »

Et plus loin : « Quand vouldrez torner, laissés libre la main gaulche de la demoiselle et gettés vostre bras gaulche sur son doz en la prenant et serrant de vostre main gaulche par le faulx du corps au-dessus de la hanche droicte, et en mesme instant getterés vostre main droicte au-dessous de son busc pour l'aider à saulter quand la pousserez devant vous avec vostre cuisse gauche. Elle, de sa part, mestra sa main droite sur vostre doz ou sur vostre collet, et mestra sa main gaulche sur sa cuisse pour tenir ferme sa cotte ou sa robe, affin que, cueillant le vent, elle ne monstre sa chemise ou sa cuisse nue. Ce faict, vous ferés par ensemble les tours de la volta comme ci-dessus a été dict : et après avoir tournoyé par tant de cadances qu'il vous plaira, restituez la damoiselle en sa place où elle sentira (quelque bonne contenance qu'elle face) son cerveau esbranlé, plein de vertiges, de tournoyements de teste ; et vous n'en aurez peult-être pas moins. Ie vous laisse à penser si c'est chose bien séante à une jeune fille de faire grands pas et ouvertures de iambes, et si en ceste volta, l'honneur et la santé n'y sont point hasardez et inté-

50. Thoinot Arbeau, *op. cit.*, p. 64-2.

ressez. Ie vous en ay desia dit mon opinion[51]. » L'importance de la prise des partenaires est soulignée par Arbeau qui parle d'« empoigner et serrer contre vous la demoiselle[52] ».

Musique de la volta

Le chant du Moyen Age qui accompagne la danse est nommé *cantilena* par les auteurs de l'époque. Cela consiste en l'alternance de versets, nommés *versus* ou *pes* et d'un refrain nommé *responsorium, refractorium, ripresa* ou *volta.* Il faut noter que *volta* signifie tourner, et *pes* (ou *vers*) le pas tourné, ce qui montre que ces concepts modernes de la poésie ont leur origine dans la danse. Le refrain est laissé au groupe des danseurs, les *pedes* sont l'affaire de l'animateur de la danse ou du chant[53].

A ses débuts, la volta est simplement accompagnée d'un chant appelé *pallada* ou *pablada,* ponctué de bruits de cymbales. On adapte sa mélodie pour mettre en musique les psaumes de Clément Marot. La volta est une danse à trois temps. Le trois temps a des racines anciennes dans la chanson française[54]. Paul Nettl signale la parenté musicale de la gaillarde et de la volta et restitue « La volta du roy », notée par Michael Praetorius. C'est l'une des voltas dansées avec tellement d'ardeur par le roi de France et qui l'enchante tant. En 1577, Bernhard Schmid l'Ancien l'imprime dans son livre d'orgue en 2/8. Mais nous savons, explique Nettl, qu'il est fréquent de passer du trois temps au deux temps, tout spécialement lorsqu'un tempo rapide est recherché[55].

51. Thoinot Arbeau, *op. cit.*, p. 65-1 et 2.

52. Thoinot Arbeau, *op. cit.*, p. 66-1.

53. Curt Sachs, *World History of the Dance,* Northon Library, 1963, p. 288. Curieusement, ce passage fait partie de cinq pages non traduites en français. Par contre, cette information est reprise par Paul Nettl, *The Story of Dance Music,* p. 57.

54. Ainsi « Merci Clamant », chanson du chatêlain de Coucy (1180) ; « Pour mal temps, ni pour gelée », chanson de Thibaut de Champagne (1235) ; « Robins m'aime », rondel d'Adam de la Halle (1285) ; « Douce dame jolie », chanson de Guillaume de Machault (1350) ; « Dieu qu'il fait bon regarder », chanson de Charles, duc d'Orléans (1415), etc., transcriptions par Werkerlin, dans *Echos du temps passé,* Paris, Flaxland (ouvrage paru vraisemblablement en 1860). Parmi ces chansons, certaines ont peut-être été dansées en volte.

55. Paul Nettl, *The Story of Danse Music,* p. 112.

Thoinot Arbeau nous donne également la mélodie de la volta, mais en trois temps (voir illustration). Dans *Le trésor d'Orphée* paru en 1600 du luthiste Francisque, on trouve de nombreuses voltas. J. N. Clamon transcrit et arrange ces airs de volta de Francisque pour permettre à l'Académie provençale de reconstituer cette danse[56]. Sur le thème ancien de la volta 63, adapté pour le flutet provençal, l'Académie provençale donne à l'opéra de Marseille, en 1933, une reconstitution exacte de la volta ancienne avec ses bonds prodigieux par la princesse de S... et Georges Rieu[57].

Dans une suite de danses de Monteverdi datant de 1607 qui paraît dans *Scherzi Musicali* sous le titre de « Balletto », on trouve, après une introduction écrite pour instruments, une suite de danses chantées : une pavane, une gaillarde, une courante et une volta, une allemande et une gigue[58].

L'Anglais Thomas Simpson publie en 1611 à Francfort-sur-le-Main un gros ouvrage de musiques de danse : *Opus neuer Pavanen, Gaillarden, Intraden, Canzonen, Ricercaren, Fantasien, Balleten, Allemanden, Couranten, Volten und Passamezzen.* Sans observer de règles strictes, il combine des danses ayant la même clef en suites. Cet auteur publie d'ailleurs d'autres ouvrages[59].

On trouve encore de nombreuses voltas dans le « Troisième livre d'airs de cour de différents auteurs », publié en 1619 (F° 58) dans *La tablature de Mandore* de Chancy[60].

Enfin, dans la musique pour épinette (instrument domestique) depuis l'époque élisabethaine, on trouve en Angleterre de nombreuses partitions conservées de danses (pavanes, gaillardes, courantes, gigues et voltas). Contrairement à la tradition allemande où toutes ces danses sont mêlées en suites (comme chez Bach et Händel), et jouées à l'orgue devant des assemblées nombreuses, les danses domestiques anglaises sont des pièces séparées jouées partout dans la campagne où chacun fait de sa maison un château : « Every man's home is his castle[61]. »

56. Marcelle Mourgues, *op. cit.*, p. 165
57. *Ibid.*, p. 167.
58. Note de Hugo Rieman, dans son *Handbuch der Musikgeschichte.*
59. Paul Nettl, *op. cit.*, p. 130.
60. Paris, Ballard, 1629.
61. Paul Nettl, *op. cit.*, p. 199.

Air d'vne volte.

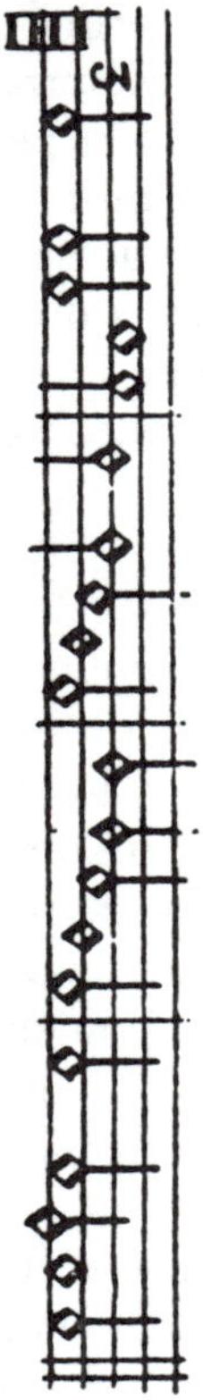

Mouuements que les Danceurs doibuent faire en dançant la volte.

Petit pas en ſaultant ſur le gaulche pour faire pied en l'air droict.
Plus grand pas du droict.
Sault majeur.
Poſture en pieds ioincts.
Petit pas en ſaultant ſur le gaulche pour faire pied en l'air droict.
Plus grand pas du droict.
Sault majeur.
Poſture en pieds ioincts.
Petit pas en ſaultant ſur le gaulche pour faire pied en l'air droict.
Plus grand pas du droict.
Sault majeur.
Poſture en pieds ioincts.
Petit pas en ſaultant ſur le gaulche pour faire pied en l'air droict.
Plus grand pas du droict.
Sault majeur.
Poſture en pieds ioincts.

R.

Une danse de sorcier

La plupart des historiens de la danse du xxe siècle, citant les ouvrages du xve, xvie ou xviie siècle, insistent sur le côté inconvenant de la volta. Considérée par beaucoup de contemporains comme lascive et immorale, les invectives contre elle ne manquent pas.

D'un point de vue symbolique, le « sault majeur de la volta vient de la stylisation du mouvement d'élévation maximum imprimé au personnage figurant la Nature dans les jeux de Mort et de Résurrection, si répandus en Europe[62] ». M. Mourgues ajoute : « On peut supposer que, le rite s'étiolant, la danse évolua vers la mimique amoureuse et qu'en Provence ce perfectionnement se serait opéré sous forme de la pirouette volante. Ces bases communes à divers peuples facilitèrent des interpénétrations et le saut tournant des volteuses provençales se retrouve par exemple, dans toute son ampleur, à Piave de Cadore, en Italie[63]. »

Ce que les auteurs contemporains n'évoquent guère, c'est la dimension « satanique » de la volta. Pourtant, provoquant une transe individuelle et collective, la volta se trouve devenir, pour certains clercs et juristes du xvie siècle, une danse de sorciers[64], un symbole de l'accouplement avec Satan. Un combat acharné s'amorce très tôt entre les partisans de la volta et l'Eglise, souvent soutenue par le pouvoir séculier. Le fait que la volta entre à la cour de France, c'est-à-dire soit avalisée par le pouvoir politique, amène l'Eglise, force institutionnelle qui se situe en dehors des pouvoirs politiques locaux, à entreprendre une campagne contre elle en la classant comme « danse satanique », « danse sexuelle », « danse de transe » pratiquée dans les sabats.

Jusqu'à cette époque, la position de l'Eglise sur la danse n'était pas encore vraiment explicite. Certains auteurs pensent même que l'Eglise est alors assez souvent prête, derrière un discours relativement dur, à des compromis, notamment financiers, avec les dan-

62. Marcelle Mourgues, *op. cit.*, p. 163.

63. *Ibid.*, p. 163.

64. Signalé tout de même dans un document sur la volte produit par Roudelet Felibren dou Pichoun Bousquet, Marseille (sans date), cité par Vindicien de Saint-Aubert, *in* « Les groupes folkloriques de La Ciotat et Ceyreste », mémoire de maîtrise d'ethnologie, Aix-en-Provence.

seurs. En témoigne le texte suivant que je traduis de l'occitan : « On informe ledit seigneur l'évêque, en visite, qu'il y a des fêtes le dimanche, lorsque l'on dit le divin office, et que se tiennent des danses et également qu'en dansant on agit contre toute honnêteté. Il se pratique une danse appelée la volta dans laquelle s'embrasse l'homme et la femme, ce qui est une chose contraire aux bonnes mœurs. L'évêque a défendu et défend à ses paroissiens, hommes et femmes, qu'ils entendent et osent avoir l'intention de danser dans aucune danse qui provoque des embrassements. Et ceci sous peine d'excommunication. Et défense est faite aux joueurs de tambourin et autres musiciens de jouer pareils danses et ceci sous ladite peine. Amende de 25 sous couronnes donnée à ladite Eglise, exigée par susdits ou syndics de l'Eglise présents et à venir[65]. »

Ce texte est un extrait d'une ordonnance du 16 mars 1541 donnée par l'évêque de Troie, coadjuteur de l'évêque de Marseille. Cette interdiction semble avoir pour but de trouver les moyens financiers pour continuer la construction de l'église paroissiale. La répression de la musique et de la danse permet donc de recueillir des fonds en menaçant musiciens et danseurs d'excommunication, sanction extrêmement sévère mais que l'on n'applique pas puisqu'il s'agit d'abord de trouver de l'argent. La passion est telle, en ce temps-là, pour les deux activités, qu'elle est devenue une source sûre de revenus pour les pouvoirs, comme le remarque L. Porte-Marrou. La lecture de cette ordonnance nous montre une sorte de détournement de l'interdiction morale à visée financière. Mais dans d'autres diocèses, l'intégrisme religieux est beaucoup plus « dur ». L'évêque croit vraiment à la nécessité de combattre et d'éradiquer ces danses de couples.

En témoigne, cinq ans avant l'ordonnance de La Ciotat, l'ostracisme du clergé de Sospel devant la danse de couple. L'évêque de Vintimille, Mgr Garibaldi, vient en personne à Sospel le 31 août 1536 pour lever l'excommunication pesant sur la jeunesse du pays qui a, malgré les interdictions, « dansé à la niçoise ». Les pécheurs

65. Ordonnance conservée aux Archives municipales de La Ciotat, près de Marseille (dossier GG 122). L. Porte-Marrou, dans *Dançar au Païs, danses occitanes en Provence*, Avignon, 1983, p. 175, cite la version provençale de ce texte. D'un point de vue historique, il est curieux de noter que l'occitan reste langue administrative deux ans après l'édit de Villers-Cotterêts (août 1539). Cet édit de François Ier imposait notamment le français (au lieu du latin) dans les actes judiciaires et notariés.

doivent faire le « tour de la ville » pieds nus, les filles avec les cheveux répandus sur les épaules. Ainsi humiliés, rangés devant la cathédrale, les contrevenants implorent l'absolution du prélat.

Juste après la publication du livre de Thoinot Arbeau, on voit surgir une campagne « européenne » où s'allient clercs et juristes contre la volta. L'idée d'excommunication n'est plus seulement une menace. On organise systématiquement la répression contre la danse de couple. L'effort de normalisation tente d'empêcher toute manifestation de « transe » sociale. Concernant la danse, ce travail consiste d'abord à assimiler la volta à une danse démoniaque[66].

Jean Bodin l'Angevin (1530-1596), savant juriste du XVIe siècle, auteur d'un célèbre ouvrage, *Les six livres de la république* (1576), connaît les pièces de nombreux procès intentés en Allemagne, en France, en Italie et en Espagne. Il remarque dans son ouvrage que, chez les sorciers, « il ne se faict point d'assemblée où l'on ne danse[67] ». Les cas et les documents qu'il cite confirment cette assertion. Il décrit longuement certaines danses où l'on tourne[68] et qui semblent particulièrement visées par les exorcistes. Au départ pratiquées dans les églises, ces danses tournantes sont assimilées à la rencontre avec Satan. Progressivement, en effet, l'Eglise refuse que l'on continue à danser dans les églises et les cimetières. On se rappelle cette longue traditions de transes liées à la danse.

Bodin constate que quels qu'aient été leurs mouvements, leurs pas, leurs attitudes, tous ceux qu'on incrimine pour sorcellerie s'accordent à confesser que, dans les cérémonies auxquels ils ont assisté, ils ont dansé autour du Prince des ténèbres, après lui avoir rendu hommage. Des sorcières, même, n'ont pas craint d'avouer qu'« elles disoyent en dansant har, har, diable, diable, saute icy,

66. Jean Bodin l'Angevin, *De la démonomanie des sorciers*, Anvers, de l'imprimerie d'Arnould Coninx, 1593, p. 178 et suivantes.

67. *Ibid.*, p. 178.

68. M. Mourgues explique que dans le comté de Nice, « vouta » (autre orthographe et synonyme de volta) désigne encore aujourd'hui l'encerclement de l'église par les pèlerins lorsqu'ils arrivent au sanctuaire qu'ils ont choisi pour but. « A Notre-Dame de Laghet, par exemple, 'faire li vouta', veut dire faire des tours, généralement au nombre de neuf (en commémoration des neuf voyages de la Vierge) que font les confréries dans la galerie remplie d'ex-votos qui entoure l'église, où les pèlerins demandent les grâces et les guérisons. » Voir Marcelle Mourgues, *La danse provençale, ses origines, ses symboles*, Editions Culture provençale et méridionale-Marcel Petit, Raphèle-lès-Arles, 1985, p. 159.

saute là, ioue icy, ioue là. Et les autres disoyent Sabath, Sabath, c'est-à-dire la feste et jour de repos, en haussant les mains et ballets en haut, pour testifier et donner un certain tesmoignage d'allégresse, et que de bon cœur ils servent et adorent le diable, et aussi pour contrefaire l'adoration qui est deuë à Dieu[69] ».

Aujourd'hui, on peut s'étonner de la naïveté de l'auteur de *La république.* L'assimilation de la danse tournante à la possession diabolique ne peut que nous étonner[70]. Mais Jean Bodin a compris que cette transe est communicative. Il en constate la contagion : « Faict bien à noter, écrit-il, qu'il ne faut qu'un sorcier pour en faire cinq cens[71]. »

La distinction proposée par Jean Bodin entre les « bonnes » danses, celles qui rendent grâce à Dieu, et celles qui participent au culte de Satan laissera plus tard la place à une réflexion sur « l'entre-deux ». Bodin est manichéen. Il classe évidemment la volta parmi les danses sataniques. Lire Jean Bodin permet de comprendre l'enjeu du combat que mène l'Eglise contre la volta : « Les anciens Hebrieux aportans leurs obligations au Temple quand ilz approchoyent de l'autel, ilz dansoyent (...) David pour un grand signe d'allégresse dansoit (...) et sonnoit de la harpe devant l'arche. Et en cas pareil, nous lisons que Samuel adressa Saül à la troupe des Prophètes, qui dansoyent en louant Dieu avecques instrumens de musique (...), mais le mouvement du corps estoit tel qu'il ny avoit rien d'insolent, ains le doux mouvement du corps elevoit le cœur au ciel, qui est la chose la plus aggreable à Dieu. Car il ne se peut faire que celuy qui chante louange à Dieu de telle allegresse, qu'il ne soit ravy d'amour et de zele à l'honneur de son Créateur (...) Les processions qu'on faict monstrent encores, comme il semble, la marque des danses anciennes. Aussi, tous les peuples en usoyent en leurs sacrifices et festes solennelles. Et Moyse Maymon escript que les filles persanes adorans le Soleil dansoyent toutes nues et chantoyent avec instrumens. Mais *les danses des Sorciers rendent les*

69. J. Bodin, p. 168-169-170, p. 172-173.

70. Dans *La transe,* Presses universitaires de France, 1989, Georges Lapassade distingue danses de possession et danses extatiques. Dans le cas de la volta, il ne s'agit pas d'une possession. L'esprit n'habite pas le danseur comme dans les rituels gnaouas, par exemple. Il s'agit d'une danse extatique. La plupart des grands auteurs (Rouget, par exemple) ont assimilés ces deux formes de danse.

71. J. Bodin, *op. cit.*, p. 165.

hommes furieux, et font avorter les femmes, comme on peut dire que la volte, que les Sorciers ont amenée d'Italie en France, outre les mouvemens insolens, et impudiques, a cela de malheur, qu'une infinité d'homicides et advortemens en adviennent. Qui est une chose des plus considerables en la Republique, et qu'on devroit defendre le plus rigoureusement[72]. »

Faut-il brûler les volteurs ?

Défendre « le plus rigoureusement », en matière de sorcellerie, cela signifie alors pour l'Inquisition le bûcher. Des femmes ont-elles été brûlées pour avoir dansé la volta ? Jean Bodin, d'abord réformé avant de se ranger en 1589 du côté catholique, le propose. Il engage la ville de Laon, où il est procureur du roi, dans le parti de la Ligue. Toute son action concerne les mœurs. Elle est d'une grande rigueur. Son livre est d'ailleurs une référence des exorcistes et des clercs. La campagne est lancée. L'année suivante, elle se poursuit et ne cesse pas dans les décennies et siècles qui suivent, ce qui montre le combat complexe qui se joue et dans lequel s'affrontent l'Eglise, le désir populaire et le pouvoir politique.

Philippe de Félice montre qu'un combat se dessine dans lequel l'Eglise s'organise contre les danses et « les danses contre l'Eglise ». Danser devient en effet une sorte de contestation, une subversion contre le pouvoir religieux[73].

L'assimilation de la volta, danse de couple à trois temps tournée, avec la possession diabolique est nettement affirmée chez Jean Bodin. Pour Guillaume Bouchet, sieur de Brocourt, qui a vécu toute sa vie à Poitiers (1513-1594) où il est juge-consul des marchands et libraire-imprimeur de renom, la volta est une danse de sorcellerie : « La volta, la courante, la fissaye, que les sorciers ont amenées d'Italie en France, outre les mouvements insolens et impudiques, ont cela de malheur qu'une infinité d'homicides et avorte-

72. *Ibid.*, p. 178-179.

73. Philippe de Félice, *L'enchantement des danses et la magie du verbe*, 3e volume de *Essai sur quelques formes inférieures de la mystique*, Paris, Editions Albin Michel, 1957, p. 247 à 265. Voir également le tome 2 : *Foule en délire, extases collectives*, chez le même éditeur.

mens en adviennent, faisant mourir et tuant tous ceux qui ne sont point en vie[74]. »

L'historien de la volta trouve aussi ses sources descriptives dans les écrits théologiques. Par exemple, Johann von Münster, haut fonctionnaire et procureur du roi en pays badois à Pforzheim, écrit *Un pieux traité au sujet d'une danse impie* dans lequel il parle longuement de la volta, danse « à esprit athée ». Il raconte qu'il a assisté avec terreur à une volta en 1582 à la cour du roi Henri III. Et il s'étonne, avec d'autres gens bien pensants, qu'une autorisation officielle soit ainsi donnée et qu'une danse si grossière et impudique soit pratiquée glorieusement et que le roi lui-même se trouve être le conducteur du bal[75].

Johann von Münster décrit ainsi « cette danse grossière appelée la volta : une danse dans laquelle les danseurs volent dans un tourbillon à l'entour. » Il explique : « Dans cette danse le cavalier s'approche de la jeune vierge qui, elle aussi, se rapproche de son cavalier dans un saut très haut, entraînée par la musique. Et pire, l'homme prend sa danseuse à un endroit inconvenant où elle s'est mis un objet de bois ou d'autre matériau, puis il jette la jeune vierge et lui avec, et ceci très souvent et très artificiellement bien au-dessus de la terre. Ceux qui regardent ne peuvent que penser que le danseur avec la danseuse ne parviendra jamais à retomber sur terre et qu'ils auront, tous les deux, cous et jambes cassés[76]. »

74. G. Bouchet, *Serées* (publié en 1584, réédition en 1608), p. 136. Cité par Curt Sachs, *Histoire de la danse,* Gallimard, 1938, p. 174. Sachs se trompe sur les dates de naissance et de mort de G. Bouchet (1526-1606).

75. Johann von Münster, *Ein Gottseliger Tractat von dem ungottseligen Tanz,* 1594 : « Ich hab diesen Tantz an Königs Henrici des III königlichem Hoffe offtmal mit schrecken Anno 1582 angesehen und mich vil-mal / neben andern redlichen Leuten / Verwundert / über der offentlichen Zulassung, und rümliche Gebrauch eines so unfletigen und unkeuschen Tantzes, in welchem Tantz der König hochgedachter selbst der oberst Meister und Führgenger war. »

76. *Ibid.,* suite : « Unfletiger Tanz, la volte geheissen in einen wirbel herumb fliegen. In diesem Tanzt nimpt der täntzer mit eine Sprung der Jungfrau — die auch mit einem hohe Sprung / Auss an leytug der Musik / heran komt — wahr und greiffet sie an eine ungebürlichen ort da sie etwas von holtze oder anderer Materien hat mache lassen / un wirft die Jungkfrau selbst / und sich met ir / etlich vil mal sehr künstlich und hoch uber die Erden herumb also auch / dass der Zuseher bissweilen meynen sol / dass der Täntzer mit den Täntzerinnen nicht wider zur Erden kommen könne : sie haben dann beyde ihre Hälse und Beine zubrochen. » Ma traduction reste très près de la version originale, quitte à donner une version française peu élégante de ce texte en vieil alle-

S'attaquer à la volta n'est pas gagné d'avance. Celle-ci a tout envahi. Selon Michael Praetorius, il existe trois cents professeurs de danse à Paris au début du XVIIe siècle, et les plus appréciés font de véritables fortunes. On danse alors à Paris la volta, mais aussi nombre de danses italiennes. Les professeurs de danse raffinent les danses populaires françaises pour qu'on puisse les danser dans les salons. Cet exemple est suivi en Allemagne[77].

Mais l'action de l'Eglise contre la volta finit par marquer des points, même si certains clercs, tel Dom Agechia, secrétaire du cardinal Aldobrandi, qui trouve en 1601 la nissarde « vraiment gracieuse », sont plus indulgents. Le pouvoir politique parisien qui, dans un premier temps, se démarque pratiquement des injonctions des clercs, se rallie progressivement. Le contexte évolue de manière paradoxale. En même temps que l'on assiste à une christianisation de masse, on constate une « déchristianisation » critique des magistrats au XVIIe siècle. Leur valeur intellectuelle ne leur permet plus d'accepter l'accusation de sorcellerie qui frappe les danseurs. Une sorte de statu quo s'installe. La danse ne sera plus punie de mort, mais, en même temps, elle doit se cacher pour éviter d'être poursuivie[78].

Richardson affirme à la suite de Curt Sachs que la volta a été bannie de la cour de France aux environs de 1650. De cette assertion, les auteurs tirent souvent la conclusion hative que la danse a totalement disparue. La persistance des discours moralistes montre qu'au contraire elle reste présente. On peut même la suivre à la trace.

Johannes Praetorius, dans son livre *Pratiques de sorcellerie,* parle d'une nouvelle « volta gaillarde » ou « gaillarde voltée », une danse

---

mand, très peu « littéraire ». Mais le lecteur français ne disposait que d'une phrase de Münster, par la seule traduction de Nettl : « Plus particulièrement, il existe une danse très grossière appelée la volta dont le nom trouve son origine dans le français 'voltiger'. Le danseur saisit la jeune fille à un endroit inconvenant (sous le corsage), où elle s'est fait mettre un objet en bois ou quelque autre matière, pour la lancer et lui avec elle plusieurs fois au-dessus du sol. »

77. Michael Praetorius, *Syntagma Musicum,* vol. III, Wolfenbüttel, 1619, cité par Max von Boehn, 1925, p. 82.

78. Sur ce double mouvement, voir Robert Mandrou, *Magistrats et sorciers en France au* XVIIe siècle, une analyse de psychologie historique, Paris, Plon, 583 pages, et Michel de Certeau, *L'absent de l'histoire,* Paris, Mame, 1973, le chapitre sur « La magistrature devant la sorcellerie au XVIIe siècle », pp. 13 à 39.

welche où l'on se prend « à des endroits honteux pour tourner comme des pots qui roulent en s'affolant ». J. Praetorius écrit encore : « Cette danse qui a été apportée par des sorciers d'Italie en France. » Il insiste sur le fait que dans cette danse les partenaires se touchent l'un l'autre dans des attitudes scandaleuses et tournoient l'un avec l'autre comme une toupie. Et, plus loin, il se plaint aussi que « le grand malheur de cette danse se trouve dans les moult meurtres et fausse-couches qu'elle a entrainé[79] ».

On retrouve là encore, soixante-dix ans plus tard, les principaux arguments développés par les auteurs hostiles à cette danse à la suite de Bodin.

La volta entre en clandestinité

Dans son combat contre la volta, l'Eglise trouve en Louis XIII, roi à l'humeur chagrine, un sérieux allié. En effet celui-ci est puritain. A la mort de son père (1610), Louis XIII n'a que neuf ans. Cela donne un répit. Mais, à partir de 1620, Louis XIII s'impose, et avec lui ses valeurs. En danse, comme le montre Curt Sachs, un nouveau mouvement se dessine où « toute violence, toute expansion, toute rudesse sont bannies (...) Toute l'attitude a de la grandeur, du calme, de la plénitude ; point d'agitation, point de saccades ; la silhouette garde sa fermeté et sa précision. Les danses à mouvements amples, la volta et la canarie perdent du terrain (...) le mouvement étroit s'est installé d'une manière absolue et la *douce manier*, pour employer l'expression des maîtres à danser allemands, devient après 1650 la loi dominante de toute danse[80] ».

79. J. Praetorius, *Blocksberg Verrichtungen* (1668) : « Neuen Gaillardischen Volta, einem welschen Tanze, da man einander an schamigen Orten fasset und wie ein getriebener Topf herunterhaspet und wirbelt und welcher durch die Zauberer aus Italien nach Frankreich ist gebracht worden (...) Wirbeltanz voller schändlicher unflätiger Geberden und unzüchtiger Bewegungen auch das Unglück auf sich trage, dass unzählig viel Morde und Missgeburten daraus entstehen. » En allemand « welche » signifie « étrangère », mais avec une connotation romane pour ne pas dire française. E. Reeder, *De Geschiedenis van de Wals*, fait référence à cet auteur p. 5 ; ainsi que P. Nettl, *The Story of Danse Music*, p. 111 et *Histoire de la danse et de la musique de ballet*, p. 64. Par contre, Sachs ne le cite pas puisque cette référence montre que la volte continue après Mersenne.

80. Curt Sachs, *Histoire de la danse*, trad. fr., p. 167.

Pourtant, au niveau rythmique, l'émergence du trois temps qui a caractérisé la période de la volta s'étend à de nombreuses danses. Au XVe et XVIe siècle, on ne trouvait le trois temps que dans le tourdion, la gaillarde et la volta alors que le quatre temps était la règle dans les autres danses (basse-danse, pavane, passamezzo, canarie, courante, bouffons et la plupart des branles). A la fin du XVIe siècle, la situation se renverse : la courante change pour le 6/4, le passepied pour le 3/8. Padovane, menuet et sarabande sont écrits en 3/4. Même l'intrada et la polonaise, en dépit de leur style marché, suivent la pente générale et sont écrites en trois temps. « Seules la bourrée, la gigue, le rigaudon et quelques branles gardent le rythme 2/4 ou 4/4 », remarque Curt Sachs[81]. On remarque d'ailleurs que si la bourrée de cour se danse en 2/4, la bourrée auvergnate, à la campagne, se danse en 3/4.

L'influence du trois temps sur le devenir de la danse n'est pas négligeable. L'Eglise s'est battue contre la danse de couple fermé, et d'une certaine manière elle a réussi. Cependant, la volta imprime sa mesure par la suite à de très nombreuses danses. Peut-on dire que la volta disparaisse totalement lorsque monte en France le classicisme qui trouvera dans le menuet sa danse de prédilection ?

En 1704, le *Dictionnaire de Trévoux* donne une définition de la volta : « Danse dans laquelle l'homme fait tourner plusieurs fois sa dame et lui aide à faire un saut ou une cabriole en l'air. *Duorum in gyrum saltatio.* C'est une espèce de gaillarde qui se dansait comme le tordion par une mesure ternaire et en tournant le corps. » Cette définition emploie tour à tour le présent et l'imparfait, pouvant laisser entendre qu'en 1700 elle n'est plus dansée.

Pourtant, malgré son recul, notamment à la cour, la volta est encore présente. En 1724, M. Bonnet s'y réfère comme danse actuelle[82]. Il présente le cordace, une danse bacchique de l'Antiquité, en ces termes : « Le cordace répond à nos gaillardes, voltas, passepieds et gavottes. » Quand il publie son livre, Bonnet approche alors des quatre-vingts ans. Son ouvrage vaut davantage, dans le monde des spécialistes[83], pour les descriptions de son vécu d'obser-

81. Curt Sachs, *World History of the Dance*, 1963, p. 352 (passage absent de la traduction française).

82. Jacques Bonnet, *Histoire générale de la danse sacrée et prophane, ses progrès et ses révolutions, depuis son origine jusqu'à présent*, p. 16.

83. Voir le Grove, édition de 1980, notamment.

vateur de la danse que pour l'intérêt de ses analyses concernant les danses antiques... D'ailleurs, l'idée que la volta est encore présente en France, bien qu'en retrait par rapport aux danses en faveur à la cour, est présente chez le spécialiste extrêmement sérieux qu'est Conté. On peut se reporter à son tableau historique des danses[84].

La provençale fait fureur

Cependant, à partir de Louis XIII, le genre de la cour, le style s'alourdissent. Les costumes du temps empêchent les courtisans d'exécuter les pas sautés. Ainsi sont-ils obligés de privilégier les mouvements étroits des courantes et des pavanes. La volta, pour survivre, doit s'adapter, réduire son côté sportif. Par rapport à la description qu'en donne Thoinot Arbeau, la volta connaît de nombreuses variantes allant dans un sens plus collectif (danse de groupe). Elle est également intégrée à des séries de danses. Si l'on en croit Berenger-Feraud[85], qui décrit très bien la volta classique, celle-ci est suivie notamment du rigaudon. De plus, assez souvent, depuis l'époque de Amadis Jamyn, la volta est nommée « provençale ». Une provençale (mais est-ce cette danse à trois temps qui nous intéresse ? Rien n'est moins sûr) fait fureur à la cour et à la ville après la conquête de la forteresse de Mahon par Richelieu en 1757. Un médecin qui n'aime pas les drogues se contente d'ordonner à ses malades des spectacles comprenant la « provençale » et le « rigodon »[86] !

Desrat présente la « provençale » comme une contredanse de Provence, « gaie et entrainante, dansée par autant de personnes que l'on désire[87] ». Il ne nous dit rien des pas. Cette « provençale » a rendu Vestris célèbre. Elle est dansée sous la Révolution. D'après Millin, « la provençale est une espèce de boléro ou de danse mimique par laquelle on cherche à exprimer l'attrait et le charme de l'amour. En Provence, le danseur et la danseuse ne pensent qu'à montrer la

84. P. Conté, *Danses anciennes de cour et de théâtre en France. Eléments de composition*, Dessain et Tolra, Paris, 1974, p. 25 à 38.

85. Berenger-Feraud, *Traditions de Provence*, Paris, 1885, reprint Laffitte, Marseille, 1983.

86. Cité par Marcelle Mourgues, *op. cit.*, p. 163.

87. Desrat, *Dictionnaire*, p. 302.

force des hanches et l'agilité des pieds, et souvent ils font des pas surprenants[88] ».

Parmi les étapes qui marquent le travail de transformation de la volta vers la valse sous la pression des interdits et des nouvelles valeurs de cour, il y a une trace iconographique intéressante. C'est une peinture du Parisien Nicolas Lancret (1690-1743) : *La danse dans un pavillon,* qui se trouve au Musée de Potsdam. Cette toile montre très bien une mutation possible de la danse de couple pendant cette période. Les danseurs sont face à face. Ils ne sont plus enlacés, mais se tiennent par les mains, bras tendus, les pieds prenant des points d'appui très proches l'un de l'autre alors que les bustes sont rejetés en arrière. Compte tenu de la posture des danseurs, il ne fait aucun doute qu'ils tournent. S'il est difficile de se prononcer sur le mouvement des pieds de la cavalière (cachés par sa robe), par contre, concernant le cavalier, on retrouve une posture de valse : le cavalier va chercher son point d'appui à la fois devant et vers la droite (il a son appui sur la jambe gauche). On peut même risquer l'hypothèse qu'il s'agit d'une danse à trois temps, car il faut au cavalier ramener sa jambe gauche près de sa jambe droite pour assurer son équilibre (deuxième temps, appui sur la jambe droite), puis rééquilibrer les appuis (troisième temps, pieds joints). Pour permettre de poursuivre la rotation, la suite du pas de valse s'imposera techniquement.

Si mon hypothèse est juste, on trouve dans cette toile une illustration intéressante de l'évolution du sauté vers le glissé. Dans *La danse dans un pavillon,* la pose des danseurs est langoureuse. Ils ne sont plus agités. En même temps qu'ils respectent la bonne distance que peuvent exiger et l'Eglise et les nouvelles normes de la cour, les danseurs forment réellement un couple fermé, même si, d'une certaine manière, la distance qu'ils construisent entre eux est maximale. Et ils gardent la rotation caractéristique de la volta, qui va bientôt devenir la valse.

Les transformations de la danse de couple fermé sont multiples et vont dans des directions variées. Compte tenu de la répression qui s'abat sur ce type de pratique, il n'est pas étonnant que les traces ne soient pas trop nombreuses. Concernant la volta, cependant, il est tout à fait possible de faire l'hypothèse qu'en Provence, un de ses

88. Cité par M. Mourgues, p. 163.

principaux foyers d'élection, la volta n'a jamais complètement disparue. Une recherche systématique reste à mener. Au XVIIIe siècle, danser y est un combat de tous les jours opposant le peuple aux seigneurs, comme en témoigne un procès dont l'affaire commence en 1735 et qui n'est jugée en première instance qu'en 1782. Elle oppose paysans, artisans et bourgeois de Seillans à une famille de seigneurs qui veulent leur interdire de danser. Le procès ne nous dit rien de la volta précisément. Les minutes du procès nous expliquent cependant que, presque tous les jours, les habitant organisent, durant certaines périodes de l'année, des bals « avec des danses singulières »[89]. L'étude de cette affaire montre la vitalité de la danse populaire en Provence durant toute la période où elle est pourchassée par l'Eglise et l'Etat. Elle montre aussi les désordres liés aux bals populaires (bruits, chahuts, etc.), qui sont alors des transgressions d'une vie difficile (le blé manque souvent).

En Provence, les rythmes à trois temps restent toujours très présents, comme en témoigne des partitions de « tournées »[90]. En Provence, encore, la valse est entrée assez vite à part entière dans les bals et fêtes patronales. La Sinse en témoigne en décrivant un bal dans son chapitre sur la fête patronale au village[91]. Mais simultanément, la volta continue à être dansée même à l'époque de l'hégémonie de la valse (XIXe siècle). D'après E. Savournin, la pirouette en l'air de la volta s'est considérablement assagie vers 1830 dans la région dracénoise, et elle ne consiste plus, chez les jeunes artisanes, qu'en « une demi-pirouette par laquelle, comme dans la 'vuelta' du boléro espagnol, les danseurs, pivotant sur le pied droit, intervertissent leurs positions[92] ». Certaines danses folkloriques régionales (je l'ai constaté dans la valse de Champagne, par exemple) intègrent à la fois le pas de base à trois temps, le sauté (projetion de la cavalière par le cavalier vers le haut) et des figures collectives, comme dans la

89. A. Jacques Parès, archiviste de la ville de Toulon, « Les danses publiques à Seillans, échos d'un procès », brochure non datée, 7 pages (Centre d'études des sociétés méditerranéennes, université d'Aix-en-Provence). Document communiqué par Claire Laurent.

90. Voir notamment la « tournée » notée pour le Galoubet, en 1834 et exposée au Museon Arlaten, Arles, dont j'ai recopié les huit premières mesures, mais qui est composée de 3 x 8 mesures.

91. La Sinse, *La vie provençale, scène populaire,* préface de Louis Jourdan, Toulon, 1874, p. 126 et 127.

92. Mentionné par M. Mourgues, p. 164.

par le cavalier vers le haut) et des figures collectives, comme dans la volta. Une parenté entre la volta et la valse de Champagne peut donc être observée[93].

La présence du sauté existe aussi dans la tradition germanique. Au Festival européen de danses folkloriques qui a eu lieu à Salzbourg en 1966, j'ai vu valser des paysans autrichiens, grands et forts, projetant leurs cavalières à bout de bras vers le haut. Les Champenoises qui dansèrent avec eux en cette occasion en ont gardé un vivant souvenir. Ce spectacle m'a toujours persuadé que le saut de la volta n'est pas en soi suffisant pour disqualifier cette danse comme matrice possible de la valse. Certaines formes de valse populaire ont conservé ce saut.

93. Sur le devenir de la volta (notamment au niveau technique), voir L. Porte-Marrou, *Dançar au païs, danses occitanes en Provence,* Avignon, 1983, p. 172 à 192.

CHAPITRE 2

Genèse germanique de la valse

« La valse est originaire d'Allemagne... »
Fétis, art. « *Valse* », *Dictionnaire de musique.*

« Il semble difficile de faire dériver le nom de la valse de celui de la vieille volte. La valse, en tant que danse tournée à trois temps, tirerait son origine des Tanzlieder des XVIe et XVIIe siècles, des Ländler populaires et d'un certain type d'allemande à trois temps. »
B. Weigl, *Geschichte des Walzer,* 1910.

« *Larum ! Es Walze, wer Ohren hat*
Und ein gesundes Pedal ! » (« Et hop ! Que tous ceux qui ont des oreilles et une bonne pédale se mettent à valser »).
Haug, Walzlied, *Neuer Tanz — und Ball-Kalender auf das Jahr 1801.*

Pour la majorité des auteurs de la tradition allemande, même lorsqu'ils en évoquent l'existence, la valse ne trouve pas son origine dans la volta. Les historiens allemands de la danse font en effet de la valse une généalogie plutôt germanique qui s'enracine dans la nuit des temps. L'histoire « germanique » n'est d'ailleurs pas homogène. Pour ne citer que des références du XXe siècle, il y a des contradictions entre Boehn, Sachs, auteurs allemands, et Klingenbeck, auteur autrichien, d'une part ; entre Boehn et Sachs, d'autre part, du fait qu'ils écrivent à des périodes différentes. L'histoire de la danse de couple fermé allemande me paraît parfois quelque peu « mythique ». Mais ce mythe est lui-même revendiqué. A travers cette histoire germanique de la valse, on construit l'identité de l'Allemagne. Plutôt que de mêler cette histoire aux sources françaises pour tenter, d'entrée, une « histoire européenne », j'ai préféré faire coexister ces deux traditions — en fait surtout linguistiques.

Voici donc l'histoire germanique telle que l'on peut la reconstituer à travers la lecture des principaux historiens allemands de la danse.

Pour Klingenbeck, nous l'avons vu plus haut, l'origine allemande de la valse se trouve d'abord dans ce « sentiment de tout allemand que cette danse est allemande ». Mais cet auteur développe d'autres arguments. Sur quels types de documents s'appuie-t-il ? Klingenbeck trouve le rythme de la valse dans les chansons de danse de Neithart von Reuenthal, qui vit à la cour de Vienne au XIIIe siècle. Il écrit : « Une des plus anciennes traces de la valse conduit au centre de l'Allemagne du Sud, à Vienne. C'est dans les chansons de danse du troubadour (*Minnesänger*) Neithart von Reuenthal à la cour de Frédéric que retentit pour la première fois le rythme de la valse. » Klingenbeck nous apprend que « Monsieur Neithart », le créateur de la « poésie rurale de cour », est « issu de la petite noblesse bavaroise et que son nom de Reuenthal provient d'une petite propriété près de Landshut héritée par sa mère ». La première mention de son nom date de 1216. De 1217 à 1219, il prend part à une croisade de Léopold VII d'Autriche. Frédéric II lui fait don d'un fief. Il meurt vraisemblablement en 1245.

Klingenbeck cite les chroniques de l'époque, selon lesquelles « Neithart jouissait d'un prestige dans les milieux de la danse et spécialement auprès des jeunes filles, prestige analogue à celui que devait connaître six cents ans plus tard Lanner et Strauss sur le même terrain. Comme il avait une admiration enthousiaste pour son pays et la forêt viennoise, il devint leur chantre le plus important. Ses chansons sont rythmées de telle manière qu'elles annoncent déjà la valse[1] ».

Dans les années 1920, Max von Boehn accepte l'idée que la valse soit très ancienne : « Elle est tellement ancienne que l'on en perd la trace dans la nuit des temps. » Boehme, auteur du XIXe siècle, la fait déjà remonter au XIIe et XIIIe siècle, et il voit aussi l'origine de la valse dans les danses sautées des troubadours[2]. « Comme on ne sait plus comment ces danses étaient dansées, on ne peut pas le contredire », commente Boehn[3].

1. Fritz Klingenbeck, *Unsterblicher Walzer, die Geschichte des deutschen Nationaltanzes,* Wilhelm Frick Verlag, Wien, 2e édit. 1943, p. 14.

2. Franz M. Böhme, *Geschichte des Tanzes in Deutschland,* 1 und 2 Teil, in-8e, Druck und Verlag von Breitkopf und Härtel, Leipzig, 1886.

3. Max von Boehn, *Der Tanz,* 1925, p. 110.

La question est de savoir si les troubadours allemands dansaient la valse ?

> « Rangez chaises et tabourets
> Dansons jusqu'à l'épuisement
> Ouvrez les portes, que l'air frais entre
> Que le vent souffle un peu sur les corsages légers... »

Klingenbeck trouve dans ces vers une invitation à danser qui annonce déjà le rythme de la valse : « A côté des chants de troubadours de ses amis, le style et le rythme des chansons de danse de Neithart représentent quelque chose de tout à fait nouveau. C'est ce que les danseurs pensent, car ses mélodies engagent à danser plus gaiement et plus vivement que jamais[4]. »

Il est difficile de suivre Klingenbeck dans ses conclusions. Certes, ce poème nous indique une tradition de danse, mais que pouvons-nous dire de la nature de la danse à partir de ces lignes ? Même l'idée de danse de couple n'y est pas présente. Quant au trois temps, il ne me semble pas se dégager a priori des paroles.

Klingenbeck poursuit : « Si la danse possède suffisamment d'éléments autonomes pour la faire considérer comme art indépendant, la musique a toujours été une composante de la muse Terpsichore et l'on n'a pas toujours pu définir avec exactitude quelle partie a le plus influencé l'autre. Quand la musique de danse est un but en soi, on pense que la danse est absolument dépendante de la musique. C'est surtout dans le peu de moyens des danseurs et danseuses des villages mais aussi des cours que l'on peut voir la subordination de la musique à la danse[5] ».

A l'époque, un fifre et un tambour suffisent à donner le ton et quand la musique s'arrête les danseurs s'accompagnent eux-mêmes. Klingenbeck cite des textes de chansons :

> « Les cavaliers dansaient et sautaient
> Avec leurs cavalières et en dansant
> On chantait beaucoup de belles chansons. »

Il explique que la chanson est entonnée par le premier danseur, qui est en l'occurrence aussi le premier chanteur, puis reprise en

4. F. Klingenbeck, *op. cit.*, p. 14.
5. *Ibid.*, p. 26.

refrain par la foule. Il arrive aussi que certains danseurs se relayent pour diriger les chœurs. Même la haute noblesse, qui a favorisé l'extension du *Minnesang*, met quelquefois son art au service de l'accompagnement chanté. Léopold VII d'Autriche — si l'on en croit Neithart von Reuenthal — aime cette fonction de premier chanteur. Après sa mort, les Viennois chantent :

> « Qui, à présent à Vienne,
> Donnera le ton au chœur
> Comme il avait coutume de le faire ?
> Qui formera la ronde,
> A l'automne ou en mai » ?

Klingenbeck cite un vieil historien de la valse, un Viennois dont il ne donne pas le nom, qui décrit ainsi le plaisir de danser sur des chants très simples : « On glisse en sautillant et à chaque instant on pense s'échapper par une petite porte et s'envoler vers le ciel. Amusantes pensées d'éternels enfants naïfs ! Pourtant, au ciel, on aurait refusé l'entrée aux musiciens (...) bien que leur terrible musique fasse du bruit jusqu'au ciel. » Klingenbeck constate que nous n'avons pas de trace de cette musique tant appréciée. Peut-être n'a-t-elle pas été écrite ? Par contre, explique Klingenbeck, les Autrichiens ont conservé beaucoup de chansons à danser qu'on peut considérer comme l'« âme des danses d'autrefois »[6].

Au XVIe siècle : une danse sous haute surveillance

Max von Boehn, quant à lui, préfère s'intéresser aux traces connues de la danse. Il insiste sur l'influence de la Renaissance italienne sur la danse en Allemagne. Concernant la danse de couple, après avoir présenté la volta française, il écrit : « Les Allemands reprennent eux aussi cette façon de danser. » Et il cite Hans von Schweinichen, de Ausburg : « La coutume veut que deux personnes portant de longues robes rouges avec une manche blanche dansent en se pressant l'un l'autre. Lorsqu'ils tournent, ces danseurs se pressent cœur contre cœur, et pour qu'il puisse serrer souvent sa danseuse contre son cœur, il arrive très souvent qu'un jeune homme sou-

6. Cité par Klingenbeck, p. 26.

doye, corrompe sa partenaire en lui donnant un demi-taler. Ainsi peut-il se serrer contre sa danseuse pendant toute la danse[7]. » Il poursuit : « La danse de société allemande est dépendante de la réforme qu'il y a en France. Lors du mariage de Wilhelms von Rosenberg à Krummau en 1555, on danse de nombreuses 'Wälsche Tanz'. Il est difficile de préciser à quel point on suit exactement en Allemagne les exemples français et italiens[8]. » Boehn explique qu'en Allemagne, tout comme en France, on se tient l'un contre l'autre en dansant. Les danses, affirme-t-il, étaient faites pour permettre de vérifier si les amants sont en bonne santé et si leurs membres sont utilisables. A la fin, ajoute-t-il, il était permis au cavalier d'embrasser sa cavalière, occasion pour les danseurs de respirer mutuellement leurs odeurs de façon discrète et de découvrir ainsi si l'autre a une haleine agréable ou au contraire « s'il pue » ! On reconnaît là une coutume déjà décrite par Thoinot Arbeau. « En tout cas, cette pratique, acceptée pour la jeunesse, est prohibée pour les générations anciennes. Se toucher et tourner entre vieux est très choquant et les autorités administratives sont toujours prêtes à intervenir et à punir. Andréas Osiander écrit en 1550 à Hieron. Il explique qu'au mariage de sa fille, ceux qui dansent en tournant doivent payer des amendes[9]. »

Les initiateurs de la Réforme sont libéraux en matière de danse. Luther s'est toujours exprimé de façon très compréhensive et avec modération à propos de la danse. Il déclare en 1540 : « Les danses ont été conçues pour que les jeunes gens apprennent comment se conduire les uns envers les autres. » Dans un de ses sermons, Luther écrit : « Si tu restes réservé et modéré, ni la foi ni l'amour ne seront souillés lorsque tu pratiques la danse. Les jeunes enfants dansent sans pécher et celui qui danse comme un enfant, la danse ne lui fera aucun mal. Si pour l'enfant la danse est un péché, il faut aussi l'interdire aux enfants. » Comme Luther, Melanchton[10] danse lui-même avec beaucoup de plaisir malgré les reproches qu'il récolte de certaines personnes.

7. Max von Boehn, *op. cit.*, p. 77.

8. *Ibid.*, p. 78.

9. *Ibid.*, p. 82.

10. Philipp Schwarzerd, connu sous le nom de Melanchton (1497-1560), est l'un des principaux réformateurs. Il devient le principal chef du luthérianisme à la mort de Luther (1546).

Mais la plupart de ceux qui poursuivent l'œuvre de Luther sont plus sévères dans leurs jugements. Boehn s'interroge : « Le relâchement des mœurs a-t-il alors pris de l'ampleur, qui peut le savoir[11] ? » Le fait est que la spiritualité protestante honnit la danse pendant deux cents ans. Des théologiens protestants démontrent que dans la Bible la danse est dénoncée comme étant un péché, et qu'elle conduit aux enfers ; d'autres se tiennent à ce qu'ils prétendent avoir vu de leurs propres yeux. Selon Boehn, le contexte doit justifier l'attitude des théologiens et expliquer leurs discours prévenant les chrétiens contre la danse.

Les sermons n'empêchent pas le peuple de danser. Mais ils influencent le jugement des autorités. Les responsables politiques qui occupent des postes d'autorité et de pouvoir sont à l'époque des hommes d'un âge avancé. Ils n'ont plus beaucoup de sympathie pour la jeunesse ni pour les pratiques corporelles. Boehn n'est pas étonné qu'ils soient choqués par une certaine joie de vivre légèrement bruyante et quelque peu agitée de la jeunesse. Les autorités font le maximum pour mettre des bâtons dans les roues des aspirations de la jeunesse et rendre la danse impossible. « Les interdictions se multiplient et se développent au cours des années grâce au relais de la bureaucratie des juristes. De nombreuses coutumes et habitudes sont réprimées sans compensation. Les pulsions populaires doivent être gouvernées (*regiert*) à n'importe quel prix[12]. »

Klingenbeck note également la vague de protestations qu'à la campagne le passage du couple libre au couple enlacé a soulevé parmi les autorités religieuses et civiles. A Nuremberg, on ne tolère pas que la danseuse soit enlacée dans ces *Geschlechtertänzen* (danses du sexe). Dans les écrits des théologiens ou des juristes, entre autres dénominations, on trouve aussi celle de « danse à vomir ». Toujours à Nuremberg, les vieux n'ont pas le droit d'avoir ces pratiques de danse. Par contre, on les tolère pour la jeunesse.

En 1555, Aloisius Orelli édicte une interdiction totale de danser, alors que c'est le divertissement le plus apprécié par tous. On est autorisé à danser uniquement lors des mariages, à condition d'arrêter le soir. Le plaisir est donc rare. Il en est d'autant plus apprécié. Les jeunes gens mettent un point d'honneur à sauter le

11. Max von Boehn, *op. cit.*, p. 86.
12. *Ibid.*, p. 87.

plus haut possible, et il n'est pas rare de voir tomber l'un ou l'autre en entraînant sa cavalière. L'éclat de rire général que provoque cette pose guère convenable n'est pas sans nuire à la réputation de la jeune femme. Il est donc interdit de se renverser (!) mais dans le feu de l'action on oublie l'interdiction. Lorsqu'un danseur en renverse un autre, c'est une vraie avalanche, car on cherche à se venger par un petit tour adroit. Pour mettre fin à ces mauvaises habitudes, les autorités envoyent des censeurs qui ont pour mission de faire cesser la musique au moindre incident provoqué. Mais le plaisir de danser est toujours plus fort, et les autorités doivent assouplir leurs interdits trop stricts. Dans beaucoup de villes, faire tourner la danseuse, même « en toute bonne foi », reste interdit. « On cherche à calmer les ardeurs en déléguant un couple modèle qui ouvre le bal et montre les mouvements autorisés. Mais comme certains se laissent soudoyer, on établit des régles officielles[13]. »

En terre catholique, même combat. Du haut de toutes les chaires, on prêche contre la danse, en la maudissant. On menace de refuser l'absolution. Les employés municipaux ont fort à faire pour obtenir le respect des interdits. Ainsi, celui de la ville de Belgern, datant de 1572 : « Les femmes et les jeunes filles doivent faire preuve de vertu et de respectabilité en dansant, et les hommes doivent s'abstenir de frivolités telles que de faire tourner par exemple. Quiconque contourne cette loi ou les mises en garde de l'employé sera immédiatement emprisonné et puni d'une amende de vingt Groschen[14]. »

Klingenbeck remarque que les interdits portent toujours sur la danse « en cercle » ou « tournante », et suppose, sans doute à juste titre, que ces interdits n'ont été établis qu'au moment où l'on a commencé à tourner. Il écrit : « Mais à quoi servent toutes ces interdictions, ces menaces, ces punitions dans une société où la règle masculine admet qu'on peut 'tabasser' une femme ou une jeune fille qui refusent une danse à un homme respectable. Dans ce contexte, ceux qui sont pris en flagrant délit de 'danse nouvelle et irrespectueuse' acceptent tranquillement les amendes et n'en ont que davantage le désir de tourner[15]. »

13. Fritz Klingenbeck, *op. cit.*, p. 22.
14. *Ibid.*, p. 23.
15. *Ibid.*, p. 23

XVIIe siècle : le droit de l'homme sur la femme

En 1594, Johann von Münster a décrit de façon vivante l'art et la manière de danser en Allemagne : « Les formes de danse allemandes sont faites pour que le cavalier puisse choisir sa cavalière selon son attirance. En principe, la cavalière accepte. A moins que le cavalier ne soit un vaurien ou un âne. La fille peut également refuser si elle est en deuil ou si elle est enceinte, ou encore si elle fait partie de l'aristocratie et que le prétendant appartienne à une autre classe sociale. Dans ces cas, le cavalier comprend tout à fait le refus. Si le cavalier est particulièrement décidé et veut quand même danser, la fille doit se soumettre, mais elle aura alors droit de ne pas rire pendant la danse, de ne pas sauter joyeusement. Elle pourra même pleurer ou avoir l'air en colère ou triste. Alors, le cavalier ne pouvant pas la quitter, la tient par la main, essayant de l'entraîner à la danse. Cela donne un spectacle comique. Il l'entraîne à la danse comme on entraîne un bélier à l'abattoir. Les gens rient de ce spectacle ou rient en regardant ce spectacle, mais ceux qui font partie de la famille de la cavalière réagissent. Ils ont le droit d'intervenir pour arrêter la danse. Mais si l'invitée déteste la danse pour raison religieuse, et refuse la danse au danseur, ou à cause de sa morale ou même pour d'autres raisons, l'œuf est cassé. Cela ne se fait pas. C'est un cas limite. Le cavalier met les pieds dans le plat. Il commence une enquête. Il envoie ses amis vers la cavalière pour lui demander ses véritables raisons de refuser la danse. Ne serait-il pas assez bien pour elle ? Il n'attend pas toujours d'avoir vraiment la réponse de la jeune fille ou de la jeune femme pour devenir agressif. La guerre est déclarée. Il peut la frapper (*schlagen*). Beaucoup donnent raison à l'homme et le défendent en disant : 'On ne peut refuser une danse à un honnête homme.' C'est un affront. D'autres trouvent ce comportement tellement tyrannique et si peu intelligent que cela vaut le coup que toute la société exclue et punisse ce comportement. Mais cela sans verser de sang.

Si la cavalière est d'accord et accepte de danser avec le cavalier, ils gagnent l'espace réservé à la danse. Ils se donnent la main, se tiennent par le bras et s'embrassent à la manière du pays, parfois sur la bouche. Ainsi se prouvent-ils, se démontrent-ils à force de mots et de gestes l'affection qu'ils avaient envie de se montrer depuis un temps plus ou moins long. Ensuite, avant même de commencer la danse proprement dite, ils pratiquent une danse préliminaire avec beaucoup de gravité durant laquelle ils peuvent causer. La danse elle-même perd de sa gravité. Elle est vive. On saute. »

Si Johann von Münster est très précis sur les préliminaires, sa description de la danse est un peu confuse : « Ces deux danses, explique-t-il, ont en commun que les danseurs lorsqu'ils se retrouvent au bout de la salle se retournent et ensuite se tournent des deux côtés à droite et à gauche, avancent et suivent, jusqu'au moment où le siffleur arrête de jouer, leur signifiant que la danse préliminaire est terminée. Ils se reposent un court moment. S'ils sont de bons amis, ils échangent quelques mots ; sinon, ils se taisent et attendent que le siffleur les invitent à reprendre le pas pour la danse elle-même. La danse en elle-même est très sauvage et frénétique. On y court, on y saute, on y crie, on se presse les mains, on se pousse et l'on fait d'autres choses encore qu'il vaut mieux passer sous silence jusqu'à ce que le siffleur ordonne de s'arrêter. La danse s'arrête très souvent avec une bordée d'injures adressées au siffleur du fait qu'il ait osé arrêter si tôt la danse ou au contraire qu'il ait laissé danser trop longtemps. En effet, dans certains cas, les danseurs, même s'ils en ont l'envie, auraient honte de s'arrêter avant que le siffleur ne l'ordonne. On définit l'amende ainsi : il doit pour le même argent de nouveau siffler. Et alors après la danse recommence. Mais lorsque la danse est terminée, le danseur raccompagne sa cavalière à sa place en lui faisant des révérences, prend congé d'elle ou bien il reste près d'elle et lui parle. Car il trouve dans la danse l'occasion la meilleure de se rapprocher d'une fille qu'il souhaite rencontrer[16]. » Dans son commentaire de ce texte, Boehn rappelle que Münster est un ennemi de la danse. Il trouve quelques exagérations dans ces descriptions[17]. Personnellement, je trouve ces pages magnifiques. Elles sont une véritable description phénoménologique du bal de campagne que l'on pouvait encore connaître en France dans les années 1950 et qui existe encore dans certaines régions de l'Italie aujourd'hui. L'observation est minutieuse. Il est paradoxal que des gens hostiles à la danse nous en laissent des descriptions d'une telle qualité.

16. Extraits de Johann von Münster, *Ein gottseliger Tractat von dem ungottseligen Tantz*, Hanau, 1594, 2e édition, 1602, cité par Boehn, *op. cit.*, p. 85.
17. Max von Boehn, *op. cit.*, p. 85.

Le pasteur Melchior Ambach, à Francfort-sur-le-Main, se révolte lui aussi contre les danses « aristocratiques, sauvages, polissonnes, indécentes[18] ». « Quand on pense qu'en Italie, pour inviter une dame à danser, écrit Boehn, un homme pose ses lèvres sur une fleur et la lui donne, que Montaigne donne un bal à Lucca pendant lequel une dame danse en portant une coupe d'eau sur sa tête sans en renverser une seule goutte, alors on se rend compte qu'en Allemagne les mœurs sont beaucoup plus rustes et sauvages[19]. »

La chronique de Zimmer prétend qu'à Strasbourg un Français, après avoir assisté à la danse, est persuadé que les danseurs sont fous, ont perdu la raison et sont possédés. Cependant, malgré toutes les critiques et les condamnations, le peuple continue à danser comme il en a l'habitude. Et lorsque Dürer, Beham ou d'autres peintres allemands représentent les paysans dansants, on reconnaît bien les danses accompagnées de sauts divers en vogue à cette époque. Ce n'est pas toujours élégant, mais on a l'air de s'y amuser.

Rien ne change au XVIIe siècle. Teniers, Ostade et d'autres ont pris goût à la vie et aux mœurs rustiques. Ils se sont mis à représenter la danse avec ses chamailleries. Dans leurs œuvres, on voit toujours les mêmes danses. « Finalement, les autorités durent s'habituer et se contenter de n'intervenir qu'en cas de trop grande exubérance. Il est vrai que la manière de danser, un peu rude, s'est raffinée. Mais, tout compte fait, ces ancêtres 'inconvenants' de la valse sont restés vainqueurs dans ce combat inégal[20]. » A cette époque, on danse encore à l'ancienne mode, avec le secours d'un chanteur soliste et d'un chœur pour le refrain.

18. M. Ambach, *Von Tantzen*, Francfort, 1543.

19. Max von Boehn, *op. cit.*, p. 86. Sur ce point, j'ai pu faire des observations contradictoires en Italie durant l'été 1989. En Ligurie, on trouve encore cette coutume où une femme danse une valse lente, par exemple, avec une bouteille de vin blanc des *Cinque Terre* sur la tête. Mais dans ce même bal populaire — musette — du 15 août à Volastra, j'ai pu voir des gens avoir des pratiques brutales, encore que non méchantes, proches de celles décrites par M. Ambach. Tout cela pour dire que peut coexister en un même endroit le plaisir de la distinction en danse et celui, plus grossier mais tout aussi ludique, du choc des couples dansants.

20. Klingenbeck, *op. cit.*, p. 23.

Une période incertaine

Ce n'est qu'à la fin du XVIIe siècle que l'accompagnement musical cesse. Les horreurs de la guerre de Trente Ans scellent la gorge du peuple allemand et lui imposent l'idée que ce qui vient de l'étranger est enviable. La connaissance de la danse populaire que l'on a de cette période se limite pratiquement à des noms. Fischart, dans sa traduction du *Gargantua* de Rabelais, nomme parmi les danses favorites de l'époque les Scharrer, Zäuner, Kotzendantz (« danse qui donne envie de vomir »), Moriskendantz, Schwarze Knabe, Todtentanz, Tuteley, Sprisinger, Firlefey (faire des bêtises), Hüfelrei (danse sautée), dont certaines sont déjà plus anciennes. Boehn pense que l'imagination débordante de Fischart l'a aidé à trouver de nouveaux noms de danse et qu'il a souhaité amuser ses lecteurs avec des noms complètement inventés par lui. Ce dont on est sûr, c'est que l'on aime encore danser en toute occasion. Les attaques du clergé et les interdictions des autorités administratives nous en donnent la preuve, mais nous « ne savons pas vraiment en quoi consiste la danse[21] », explique Boehn.

La base reste l'ancienne façon de danser en sautant, mais on observe des variations régionales. Très peu de chroniqueurs se sont donnés la peine de laisser des descriptions précises. Une exception pourtant, le pasteur Johan Adolf Köster, appelé Neocorus. Il tient une chronique de la région de Dithmarschen entre 1590 et 1600 dans laquelle il décrit les danses de ses compatriotes : la Trimmenkentanz, sorte de pantomine, et la Springeltanz (une danse sautée). Toutes les deux sont accompagnées de chants. Le chanteur entame le chant. Vers après vers, il est repris par l'assemblée des danseurs. Chacun son tour, on tient le rôle du chanteur.

Dans la seconde moitié du XVIIe siècle, apparaît en Schleswig la danse de couple. Le pasteur de Frisonie Cadovius Müller nous a fait parvenir le texte d'une chanson de danse frisonne dans laquelle on découvre les Frisons dansant leur unique danse. Progressivement, cette danse est devenue très difficile. En 1691, date d'un ouvrage sur la langue frisonne, cette danse a, semble-t-il, disparue. Les danses populaires sont le Jungbrunnen qui renouvelle la danse de société, le menuet, l'allemande, la valse, dont la forme s'élabore

21. Max von Boehn, *op. cit.*, p. 89.

depuis trois siècles. La source de ces danses se trouve dans le peuple. Le peuple conçoit des danses qui sont ensuite adoptées par la « bonne société ». En Allemagne, « à partir de la seconde moitié du XVIIe siècle jusqu'à la fin du XVIIIe siècle, le menuet s'est imposé dans la danse de cour[22] ».

Lieber Augustin donne l'air

Nous avons vu que Klingenbeck, dans sa genèse de la danse, fait remonter la musique de valse aux chansons des troubadours. Il saute ensuite les quatre cents ans que nous a fait découvrir Boehn pour trouver encore chez un chanteur viennois la première chanson de danse, rythmée sur un trois temps, typique de la valse.

Il écrit : « Le premier chanteur de rue — Marx Augustin — joueur de cornemuse est sans aucun doute l'un des précurseurs de la valse. On le surnomme partout 'le cher Augustin'. Comme le prince de la valse Johann Strauss, il est fils d'aubergistes viennois, né en 1643. Digne fils de sa patrie, il ne fait que chanter et jouer de la musique en traînant de taverne en taverne comme par exemple 'A l'Agneau', 'Au Coq rouge', 'Au Chapon d'or' ou 'Aux Trois Lièvres'. Il sombre rapidement dans l'alcool et dans la misère. On raconte à son sujet une anecdote du temps de la peste à Vienne. Ivre mort, il tombe un soir dans la fosse des pestiférés morts et s'y endort pour ne se réveiller que le lendemain. Il n'en est tiré qu'après s'être fait remarquer par ses cris[23]. »

Klingenbeck rapporte une autre version de cette histoire : « Augustin est découvert endormi sur la route. On le prend pour mort. On le jette dans la fosse des pestiférés sans qu'il ait conscience

22. *Ibid.*, p. 90.
23. Fritz Klingenbeck, *op. cit.*, p. 14.

de quoi que ce soit avant le lendemain matin. Le chroniqueur de 1694 commente : 'Cet épisode nocturne ne lui a procuré aucun mal'. Augustin tire une ballade de cette aventure qu'il chante dans les tavernes, pour la plus grande joie de son public. Mort le 10 octobre 1705, il est enterré au cimetière Nicolas à côté de son confrère Georg Stabern, le danseur musicien le plus aimé de son époque. »

Quelle conclusion Klingenbeck tire-t-il de la présentation de ce chanteur ? « Pour l'histoire de la valse, écrit-il, l'importance de cette unique chanson de Marx Augustin est dans son rythme et dans sa mélodie qui ne laissent subsister aucun doute quant à son utilisation comme accompagnement de danse : une danse en cercle (*Dreher*), qui annonce déjà la valse. Il est vrai que certains attribuent l'origine de la chanson d'Augustin à une vieille chanson populaire bohème, mais on ne peut plus le vérifier aujourd'hui bien que l'hypothèse soit plausible. De toute façon, l'air est devenu célèbre avec les paroles du 'Lieber Augustin' et pour nous il fait partie de l'héritage viennois. Le texte originel a subi des modifications par la suite[24]. »

Klingenbeck donne le texte de la chanson et constate : « La postérité ne nous a pas légué d'autres chansons de ce premier chanteur populaire. Mais cette seule chanson suffit pour faire d'Augustin le mythe du prototype viennois et de voir en lui un homme sensible à la valse (*Walzerempfinden* : inspiré par la sensibilité à la valse). Les Viennois ont édifié un monument à sa mémoire, qui le montre bien tel que nous l'imaginons : éternellement assoiffé, il regarde, étonné et ravi à la fois, de l'eau s'écouler d'une fontaine. Dans toute sa personne, on voit cet air de résignation, drôle cependant, à l'image de sa chanson. *Il donne l'impression que s'il voulait danser, ce serait sur un rythme à trois temps*[25]. » Ce commentaire ne s'impose pas. En regardant ce monument, je ne suis pas parvenu à partager l'impression de Klingenbeck.

L'allemande

En fait, cet auteur fait porter son effort de chercheur sur une généalogie musicale de la valse. Il lui faut cependant aborder la

24. *Ibid.*, p. 14.
25. *Ibid.*, p. 14.

question technique de la valse. A ce propos, il écrit : « Les opinions divergent sur l'histoire du développement chorégraphique de la valse : doit-on considérer la volta (de *voltare* ou *vertere* : retour) en tant que première danse par couples comme étant l'antécédent de la valse, ou simplement une dernière conséquence de la gaillarde ? » Klingenbeck accepte l'idée que « le désir de « rotation », donc de tourner, est né avec la volta[26].

Cependant, il poursuit : « On attribue cette apparition datant du XVIe siècle aux pays les plus divers : la France et l'Italie, mais l'Allemagne aussi est souvent évoquée. » J'avoue que j'ai été étonné en lisant ce passage. Avant cet ouvrage, je n'avais jamais vu évoquer l'origine allemande de la volta ! Klingenbeck doit sentir la fragilité de son argumentation. Il revient à une autre logique : « Bien que l'on s'accorde généralement à nier la parenté entre volta et valse, certains y trouvent cependant une ressemblance » (!). Et là, Klingenbeck conclut son analyse : « Plus communément, on reconnaît l'allemande comme ancêtre directe de la valse. Le nom d''allemande' fut donné par les Français à une danse populaire découverte en Allemagne. Par cette appellation, on reconnaît ainsi l'origine allemande de la danse dite 'tournante' ou 'pas coulé'. Les soldats français ont importé cette danse de l'Alsace allemande pendant la guerre de Sept Ans et on lui fit un accueil empressé. A l'origine, *l'allemande était d'un rythme binaire* et on la dansait en tournant lentement. Plus tard, elle fut dansée en couple et sur un rythme à trois temps bien plus vif. Le charme particulier était dû à l'enlacement qui donnait la légèreté au pas, jusque-là suraccentué[27]. »

L'allemande, est adoptée par la bonne société comme la contredanse. Pendant la guerre de Sept Ans, des armées françaises occupent le sol allemand en tant qu'alliées d'Allemands qui luttent contre d'autres Allemands ! Ils découvrent l'allemande, danse gaie et calme, et la ramènent en France. Le nom de cette danse était connu en France depuis Thoinot Arbeau, mais la manière de danser était différente. Parmi les danses nommées par Fischart, on trouve aussi une « allemande d'amour ». Ce même nom désigne donc plusieurs sortes de danses, que l'on nomme « allemandes » et qui sont

26. *Ibid.*, p. 15.
27. *Ibid.*, p. 19.

toujours des danses populaires très simples qui s'opposent à la pavane[28].

Dans les bals de cour des XVIIe et XVIIIe siècles, on ne danse pas comme on veut. On ne choisit plus sa cavalière. Normalement, le couple ne peut danser que lorsqu'il y est invité par l'ordonnateur du bal qui indique au cavalier la personne avec laquelle il va danser. Lorsqu'un couple termine sa danse, le couple suivant prend place et tous les autres les regardent[29].

Cette description de l'allemande par Klingenbeck ou Boehn n'offre aucune certitude concernant la structure de la danse qui permettrait d'affirmer qu'une danse plus élaborée que la volta fut dansée en Allemagne entre 1550 et 1700. Certes, la danse de couple existe. Elle est bien vivante dans le peuple qui se bat concrètement contre les religieux et contre les juristes avec plus d'ardeur encore qu'en France. La chance de la danse de couple allemande vient du fait que l'Allemagne n'existe pas encore et que, à l'Etat centralisé qui exerce son contrôle sur tout le territoire français à partir de Louis XIII, les pays germaniques opposent une dispersion politique qui permet à la danse de se réfugier dans tel ou tel lieu plus tolérant suivant les époques.

« De vieilles gravures du XVIIIe siècle nous donnent une idée intéressante de cette manière de danser », nous explique encore Klingenbeck. « Les figures particulières portent de jolis noms pittoresques tels que : jeu de vagues, arcades, arc de triomphe, chute, fenêtre, miroir. Dans ses manières raffinées et sous son nom français, cette danse, allemande à l'origine, s'est répandue à travers tous les pays et principalement en Allemagne où elle fut à nouveau très appréciée. Dans le balancement léger et gracieux des couples tournoyant on a pu voir la première ébauche de l'actuelle valse[30]. »

Le ländler

La tradition allemande de l'histoire de la danse incrit donc l'allemande comme ancêtre de la valse. Mais Klingenbeck propose

28. Max von Boehn, *op. cit.*, p. 91
29. *Ibid.*, p. 93
30. Fritz Klingenbeck, *op. cit.*, p. 19.

encore une autre filiation : « Il est tout à fait possible que la valse dérive également et parallèlement du ländler, ce qui se justifierait surtout pour Vienne et pour l'Autriche ». Dans les régions alpines, le ländler (ou landerer) était — et est encore aujourd'hui — à l'honneur. Klingenbeck en vient à la conclusion que la valse s'est développée, d'une part à partir de l'allemande dans les sociétés de danse des villes, et d'autre part à partir du ländler à la campagne.

Le ländler, authentique danse allemande à trois temps ou à trois/huit, est d'un mouvement assez rapide. Comme dans l'allemande, mais de manière moins raffinée, les bras sont enlacés. A travers toutes ces indications, on imagine la valse comme issue d'autres danses de couple fermé tournées avant même l'époque de la valse véritable. On trouve beaucoup de traces de ces couples enlacés tournant plus ou moins gracieusement soit en rythme binaire, soit en rythme ternaire. Ainsi en est-il du « Hoppaldei », première danse par couples, la plus ancienne à laquelle on puisse comparer la valse en Autriche. Mais il y a aussi le « Dreher » (*drehen* = tourner) ou le « Schleifer » (*Schleife* = volte, boucle ; *schleifen* = glisser) ou encore le « Deutschen », nom que Schubert et Lanner donnent à leurs premières valses. En relation directe avec la valse, on trouve le « Langaus » (l'accent tonique de ce mot et sur la deuxième syllabe), dansé jusqu'à l'excès à Vienne sur un rythme endiablé à deux pas et trois temps. Cette danse provoquait des tuberculoses et des embolies pulmonaires. Le « Langaus », dansé dans toute l'Allemagne mais aussi en France et en Russie, est donc le dernier maillon entrant dans la généalogie de la valse, au rythme plus lent[31].

Et la valse vint

Même si, à la fin du XVIIIe siècle, le terme même de « Walzer » est encore peu usité en langue allemande pour désigner la danse elle-même, le mot existe depuis un moment. En témoigne la comédie de Josep Kurz de 1754 où le terme apparaît dans la chanson de Bernardon (sur une musique en trois/huit) :

31. *Ibid.*, p. 20.

« Et tu chantes et tu sautes,
Et tu bois et tu bouffes,
Et tu joues et tu danses
A la styrienne, à la souabe,
A la hongroise, à la slovaque,
Et tu valses ça et là
Et tu claques tes cuisses, hop et là[32]. »

Les généalogies germaniques de la valse ne sont pas plus « probantes » que la généalogie provençale. Une seule chose est sûre, l'invention de la danse de couple se fait simultanément dans plusieurs parties de l'Europe. Elle suscite partout le même rejet de la part des forces sociales dominantes (Eglise, pouvoirs politiques). Dans les pays germaniques comme en France, pour les autorités civiles l'interdiction de danser représente d'abord un moyen d'empêcher le peuple d'exprimer son mécontentement par des chansons, alors que pour les autorités religieuses cette danse de couple est longtemps perçue comme l'action du diable. On cite saint Augustin : « La danse est un cercle dont le centre est le diable. »

Au début de la seconde moitié du XVIIIe siècle, il existe encore en Bavière des interdictions touchant le « Schleifer » à une époque où le jeune Goethe, alors étudiant à Strasbourg, se doit d'apprendre la valse pour être admis dans la société. Il décrit la valse et les dan-

32. Josef Kurz, *Der auf das neue begeisterte und belebte Bernardon*, acte II, scène 5, 1754 :

« Bald Singen, bald Springen,
Bald sauffen, bald ranzen,
Bald spielen, bald tanzen,
Bald steyrisch, bald schwäbish,
Hanakish, schlowakish
Bald *walzen* umatum
Heisza rum-rum. »

seurs comme « des sphères tournant les unes dans les autres ». A l'époque, nous rappelle Klingenbeck, on chante encore en dansant : *« Lieber Augustin », « Als der Grossvater die Grossmutter nahm », « Lott' ist tot, Jule liegt im Sterben »*, etc.[33].

Quelques décennies plus tard, dans un contexte de plus grande liberté politique, les mœurs se relâchent. Tout le monde se laisse prendre dans le tourbillon de la valse. De nouveaux ennemis apparaissent. Les conservateurs ne peuvent tolérer le côté vivant, voire passionnel, qu'exprime cette danse. Ces moralistes ont intégré l'idée de la négation de la vie qui leur a été transmise comme une valeur et ils défendent le contrôle social, même dans la danse. Voir toutes ces barrières tomber les déconcerte. D'autres tentent d'avoir un jugement plus nuancé. Ainsi, l'écrivain allemand Weber ne nie pas le côté sensuel de la valse : « Un couple étroitement enlacé : lorsque ces corps se touchent, les yeux dans les yeux, la main de la jeune fille sur l'épaule du jeune homme et celle du jeune homme sur les hanches rebondies de la jeune fille, lorsque le souffle chaud de la belle l'effleure et qu'on sent la chaleur des joues et le cœur battre, comment ne pas réveiller les phantasmes[34] ? »

Ceux qui pensent encore pouvoir évacuer la valse par de grands moyens n'ont pas compris le tournant de l'époque. En fait, c'est l'émergence sociale du couple qu'ils affrontent. Ils ne comprennent pas le ravissement de cette valse qui conduit les danseurs jusqu'à l'extase et qui dure plus longtemps que toutes les autres danses rigides et étriquées !

La valse est-elle devenue danse de société au moment où elle apparaît dans *Una cosa rara*, opéra de Vincent Martin monté en 1787 au Theater an der Wien et qui détrône le *Figaro* de Mozart ? Klingenbeck répond par la négative. Dans cet opéra apparaît une valse dans le finale du deuxième acte. Pour Klingenbeck, le succès de cet opéra est dû à l'éclat des costumes rose et noir des personnages principaux : Lubia, Tita, Chita et Lilla. Pourtant c'est la première fois qu'une valse est jouée sur une scène viennoise. Klingenbeck refuse que l'on attribue à cet opéra, composé par un Espagnol, l'« invention » de la valse. « La valse, telle que nous la connaissons de nos jours, écrit-il, comme danse allemande nationale et telle

33. F. Klingenbeck, *op. cit.*, p. 24
34. Cité par Klingenbeck, *op. cit.*, p. 25.

qu'elle parvint à son plein épanouissement au siècle dernier, ne peut être considérée comme inventée. Elle était depuis longtemps préparée, et c'est le peuple lui-même qui lui a donné son développement par des emprunts d'autres formes de danses populaires. La valse a été aussi peu 'inventée' que n'importe quelle autre danse populaire. Elle s'est plutôt frayée son propre chemin en écartant les obstacles qui lui ont permis d'éveiller la frénésie qu'elle a provoquée. Et c'est un hasard — sinon un habile détournement — si l'une des premières vagues d'enthousiasme coïncide avec la première représentation de l'opéra *Una cosa rara.* Les enthousiastes de l'époque n'avaient que peu à faire de *Una cosa rara* si toutefois ils en connaissaient l'existence[35]. »

Le peuple viennois ne tient aucun compte des avertissements concernant les dangers de la valse. Les danseurs ne lisent pas *Sur la preuve que la valse est la cause principale de la faiblesse du corps et de l'esprit de notre génération actuelle (instamment recommandé aux fils et aux filles d'Allemagne).* Aucune menace, jouant sur la peur de la mort, ne parvient alors à arrêter la progression de la valse qui emporte tout comme un principe libérateur. « Quand on sait danser la valse, tout va bien », dit-on alors. C'est le grand enthousiasme, la « grande mode ». « Personne ne peut prévoir si la danse va 'rester au tableau', mais chacun sent au fond de lui-même la force magique qui en découle. La valse est l'expression durable et immortelle d'un désir inextinguible, ancré au plus profond de l'homme : celui de danser. Vus de l'extérieur, les couples tournent en rond et les robes des jeunes filles virevoltent comme des vagues. Mais plus encore, la révolution est intérieure à soi : ces vieilles et belles manières, ce comportement 'civilisé', cette rigidité interne de la rigueur, de la réserve et du bon ton se libère soudain. Et la danse s'épanouit librement à la manière d'un bourgeon trop longtemps enfermé. Un souffle de vie passe à travers le corps des danseurs avec d'autant plus de force que l'on tourne sur soi-même et autour de la salle. S'y ajoute le plaisir de danser avec le partenaire de son choix. Les couples évoluent ainsi librement en traçant la figure la plus parfaite du monde. C'est la vie, le bonheur, la béatitude infinie[36]. » Mais, déjà, nous sommes entrés dans ce mouvement révolutionnaire qui fracture l'Europe de cette fin du XVIIIe siècle.

35. F. Klingenbeck, *op. cit.*, p. 29.
36. *Ibid.*, p. 30.

DEUXIEME PARTIE

La valsomanie

CHAPITRE 3

Révolution de la valse

> *« La force de pénétration de la valse a une relation directe avec les répercussions sociologiques de la Révolution française et de la restructuration socio-historique du* XIX*e siècle. »*
>
> *Hugo Rieman,* Musiklexikon, *article « Walzer », p. 1061.*

> *« La valse, rien que la valse. C'est maintenant si mode qu'il est impossible de voir autre chose quand on danse. Il suffit de connaître la valse et tout va pour le mieux. »*
>
> Journal des Luxus und der Moden, *Berlin, mars 1792.*

Toutes les conduites d'interactions sociales s'instaurent à partir d'une certaine définition mutuellement acceptée de ce qu'il est convenable de faire. Les différents interlocuteurs savent ce qu'ils peuvent attendre les uns des autres, même si cette étiquette « n'implique pas tant que l'on s'accorde sur le réel, que sur la question de savoir qui est en droit de parler sur quoi[1] ». Une étiquette corporelle est de mise, qui varie selon le statut de l'interlocuteur, le degré de parenté ou de familiarité, le cadre de l'échange, etc. « Toute conduite échappant à cette définition est guettée par l'inconvenance ; elle risque de susciter la honte de celui qui prend conscience d'avoir rompu un cadre établi et la gêne de celui qui est confronté à cet écart, fût-il minime[2]. » Pourtant, dans certains situations sociales, on se trouve devant un conflit violent de normes. L'aventure de la Révolution française est d'abord ce conflit de normes qui éclate tout à coup comme révolution mais qui, comme l'a bien

1. Erving Goffman, *La mise en scène de la vie quotidienne,* tome 1, Paris, Ed. de Minuit, 1973, p. 18.
2. David Lebreton, *Corps et sociétés,* Paris, Méridiens-Klincksieck, 1985, p. 131.

montré Tocqueville, était déjà là avant même que n'éclate le 14 juillet[3]. En matière de danse, pour évaluer le changement, la rupture violente qui s'opèrent au moment de 1789, il faut se représenter, comme nous y invite Richardson[4], l'opposition entre le menuet, qui se caractérise par une froideur linéaire, et la valse, qui se caractérise par une chaleur tournoyante.

La mort du menuet

Avant la Révolution, à la cour de Louis XVI et de Marie-Antoinette, lors des bals magnifiques qu'ils donnent à Versailles ou ailleurs, le menuet est au centre de toutes les festivités. Le menuet remonte à plus d'une centaine d'années et rien ne laisse présager qu'il va mourir aussi vite. Le menuet est pourtant devenu le symbole de la politesse artificielle que masque la richesse des costumes de la cour des Bourbons. Il ne laisse aucune place à l'influence romantique qui commence à naître au sein des bourgeoisies européennes. Le menuet se danse sur des chansons d'inspiration paysanne. Des danses plus vivantes, plus sociables et plus chaudes, telles les contredanses que le peuple danse déjà dans les maisons bourgeoises, envahissent la cour[5]. Le « style » rigoureux de la noblesse française a eu beaucoup de succès dans les cours d'Europe où Vestris, le maître de danse français, a exporté sa maîtrise.

Dans *La danse ou la guerre des dieux de l'opéra,* où il décrit sous la forme d'un conte épique de cent cinquante pages en vers l'affrontement entre l'héritage de Vestris et la montée de Duport, une nouvelle idole, Berchoux choisit de magnifier Vestris qui a tant donné au prestige de la danse française. Il en fait le héros de la grandeur française :

> « L'Europe maintenant confesse sans effort...
> Que dis-je ! L'univers est aujourd'hui d'accord

3. Tocqueville, *L'Ancien Régime et la Révolution,* Paris, Gallimard, Idées.
4. Richardson, Ph. J. S., *The Social Dances of the Nineteenth Century,* p. 41.
5. Marie-Antoinette excelle dans le menuet. Elle met la gavotte à la mode, comme le signale Paul Agnel dans *La passion du jour,* coll. de la *Revue des indépendants,* Paris, 1927, p. 34. Bien que venant d'Autriche en France (1770), n'ayant pas de relation avec le peuple, il ne semble pas que la reine ait connue la valse.

Qu'il n'a pas existé peut-être sur la terre
De nation plus leste et surtout plus légère.
Le Français, né volage et fait pour le plaisir,
Semble tenir du sylphe ou plutôt du zéphir. »

Dans ce passage d'un nationalisme exalté, Berchoux oppose à l'art français défendu par Vestris la gaucherie britannique :

« A votre Majesté j'en demande pardon ;
Mais ces hommes si forts en marine, en finance,
Sont à faire pitié dans une contredanse...[6] »

La grandeur du style « français » des années 1760 s'oppose à celui des habitants du nord, aux Suisses, aux Germains, qui « sont encore aujourd'hui les plus lourds des humains ». Mais ce style ne résiste pas à la montée des danses tournantes. Et ce n'est pas au théâtre, sur la scène, que le combat décisif a lieu. C'est lors d'un bal que Duport, le jeune danseur, « en trente tours rapides et pressés », terrasse Vestris-Ulysse et sort victorieux de ce combat inégal sous les yeux de Vénus[7]. Le poème montre clairement qu'à cette époque les danseurs de l'Opéra ne dédaignent pas de se présenter dans les bals et d'y briller (ce qui se passe également à Londres une dizaine d'années plus tard). D'autre part, concernant l'histoire de la valse, le poème montre encore que le combat entre l'ancienne et la nouvelle danse traverse tout Paris. Deux écoles, deux styles, deux formes de danses s'affrontent.

Incontestablement, la contredanse est une transition pour permettre à l'aristocratie de se réapproprier la valse, danse qui réintroduit l'intimité de couple découverte au temps de la volta mais que les Eglises étaient parvenues à faire refouler à la marge de la société européenne comme le symbole du plus grand péché. L'aristocratie française a réussi à exporter son « style ». Pourtant toute la France ne danse pas le menuet. La contredanse est bien implantée dans les couches moyennes. Quant au peuple, il s'est déjà réapproprié la danse de couple. Il est toujours dangereux de réduire les pratiques sociales d'un peuple (et parmi elles, la danse) à ce qui se passe à la cour. En effet, le peuple n'a pas les moyens d'organiser de somp-

6. J. Berchoux, *La danse ou la guerre des dieux de l'opéra* (1806), réédité chez L. G. Michaud, Paris, 1829, p. 68.
7. *Ibid.*, p. 146 à 150.

tueuses fêtes. Souvent, pour lui, la danse, c'est un rassemblement d'amis qui ramassent un joueur de vielle dans la rue, négocient avec un cabaretier et organisent une petite fête dans le coin de cour qui leur est concédé[8]. La fête populaire est donc le plus souvent improvisée. C'est dans ces fêtes que renaît la valse.

L'émergence de la valse

Avant même que n'éclate la Révolution française, on voit apparaître sous la plume de professeurs de danse institués dans l'aristocratie des critiques s'élevant contre les pratiques de danses « vulgaires » qui semblent s'être répandues. La valse fait à Paris l'objet de critiques dès 1767 : ce qui montre alors sa vitalité[9]. La société française est minée de l'intérieur. Depuis longtemps déjà, les vêtements se sont transformés. L'habit simple et sans prétention du bourgeois gagne chaque jour de l'importance. Et cela a des répercussions sur les mœurs et les manières. « La salle de bal peut être le baromètre de cette évolution, écrit Max von Boehn. Les formes maniérées des danses de cour ne correspondent plus à l'époque qui respire la révolution ('Sturm und Drang'). Personne n'a plus envie de regarder comment les autres dansent. Chacun veut le faire lui-même. Conséquence naturelle de ce désir : la danse prend la forme voulu par le danseur. Puisque tout d'un coup beaucoup de gens veulent danser tous en même temps, il faut que les pas de danse soient plus simples et que le choix du partenaire puisse se faire librement. On n'a plus le temps d'apprendre des danses compliquées, et l'on n'en a plus l'envie[10]. » C'est ce qui explique le succès de la valse. Le mouvement dépasse d'ailleurs les frontières nationales. Ainsi à Strasbourg en 1772, année où il rencontre Charlotte Buff à l'âge de vingt-trois ans, Goethe découvre la valse. Dans *Les souffrances du jeune Werther* (1774), son roman d'apprentissage avec Charlotte, Goethe nous rapporte le contexte d'un bal où cohabitent encore menuet et valse. Goethe nous y montre la place de la valse dans le

8. M. H. de Rivière de la Mure, « Le cabaret parisien à la veille de la Révolution », dans *Positions des thèses de l'école des Chartes*, Paris, 1979.

9. Chavanne, dans ses *Principes du menuet* (1767), défend l'idée que la valse n'a rien à voir avec la « bonne danse ».

10. Max von Boehn, *Der Tanz*, 1925, p. 110.

bal de l'époque. Comment situer la scène ? Werther est invité à un bal à la campagne. Pour y aller, il loue une voiture. Il se rend au bal avec deux jeunes filles, dont Charlotte. C'est la première fois qu'il la voit. Werther raconte :

« La conversation tomba sur le plaisir de la danse.

— Même si cette passion est un défaut, dit Lotte, je vous avouerai volontiers que pour moi danser l'emporte sur tout le reste. Et lorsque j'ai quelques ennuis en tête, il me suffit de tapoter sur mon clavecin désaccordé une contredanse pour que, de nouveau, tout aille bien.

Comme je dévorais du regard ses yeux noirs durant tout cet entretien ! Comme elles attiraient toute mon âme, ses lèvres vivantes et ses joues fraîches et animées ! Et que de fois, absorbé par son discours, dont le sens me paraissait merveilleux, je n'entendais même pas les paroles dont elle se servait ! Tout cela tu peux te le représenter, parce que tu me connais. Bref, je descendis de voiture comme en rêve ; lorsque nous nous arrêtâmes devant la maison où la fête avait lieu, et au milieu d'un monde crépusculaire, j'étais à ce point perdu dans mes rêveries que je fis à peine attention à la musique dont les sons, venus de la grande salle illuminée, descendaient jusqu'à nous.

Les deux hommes, M. Audran et un certain X. Y. (comment retenir tous ces noms !), qui étaient les cavaliers de la cousine et de Lotte, nous accueillirent à la portière, s'emparèrent de leurs danseuses et je conduisis la mienne au premier étage.

Nous voilà, évoluant en des menuets dont les figures s'entrelaçaient. J'invitai une dame après l'autre, et c'étaient précisément les plus désagréables qui ne pouvaient se décider ni à vous donner la main, ni à en finir. Lotte et son cavalier commencèrent une anglaise, et ce que fut mon bonheur, quand vint son tour de faire une figure avec nous, tu peux le ressentir. C'est à la danse qu'il faut la voir ! Vois-tu, elle s'y donne tellement, de tout son cœur, de toute son âme ; tout son corps est alors un ensemble si harmonieux, si insouciant et si naturel qu'on dirait qu'au fond danser est tout pour elle, qu'elle n'a plus d'autres pensées, d'autres sentiments ; à cet instant-là certainement tout ce qui n'est pas danse disparaît à ses yeux.

Je lui demandai de m'accorder la seconde contredanse : elle me promit la troisième et, avec la plus aimable franchise du monde, elle m'assura qu'elle dansait l'allemande de grand cœur.

— C'est la mode ici, poursuivit-elle, que pour l'allemande chaque couple qui s'accorde ne se sépare pas ; or mon cavalier valse mal et me sera reconnaissant de lui épargner cette corvée. Votre cavalière ne connaît pas la valse, ne l'aime pas, et j'ai vu, en dansant l'anglaise, que vous valsiez bien ; si donc vous voulez être avec moi pour l'allemande, allez me demander à mon cavalier et moi je vais trouver votre dame.

Je lui touchai la main en signe d'accord et il fut convenu que pendant ce temps-là son partenaire tiendrait compagnie à ma cavalière.

Alors on commença et nous primes un instant plaisir à varier les passes de bras. Quel charme, quelle légèreté dans ses mouvements ! Quand on en vint à valser, quand telles les sphères célestes, les couples tournoyèrent les uns autour des autres, il y eut certes au début quelque confusion parmi eux, car la plupart ne s'y entendaient pas. Nous eûmes la sagesse d'attendre que leur fougue se fût épuisée ; puis, lorsque les plus maladroits eurent quitté la place, nous nous lançâmes et, avec un autre couple, Audran et sa cavalière, nous tînmes vaillamment jusqu'au bout. Jamais je n'ai évolué avec autant de légèreté. Je n'étais plus un être humain[11]. »

Ainsi, ce bal de campagne décrit par Goethe nous montre-t-il l'enchaînement de quatre danses : un menuet, une contredanse anglaise, une allemande avec des mouvements de bras, puis une valse.

Une danse révolutionnaire

Si l'Ancien Régime parvient à maintenir le menuet, le mouvement social qui prend ses racines avant même le 14 juillet 1789 va porter un coup fatal au menuet et autres danses de cour. Leurs mesures imposantes se trouvent balayées par les cris de chansons comme « ça ira » ou « La carmagnole », mais aussi le soir par des musiques à trois temps, des « airs à valser » qu'un certain nombre de

11. Goethe, *Les souffrances du jeune Werther*, tr. française de Josef François Angelloz, GF Flammarion, p. 62-63. La note 48 de la page 172 de cette édition est erronée. A la lecture de ce passage, le traducteur confond l'allemande et la valse ! Par contre, il signale un roman de l'époque du livre de Goethe, *Die Geschichte des Fräuleins von Sternheim* dans lequel un grand seigneur séducteur détourne une jeune fille en l'enlaçant à l'occasion d'une valse. Je n'ai pas retrouvé cet ouvrage.

musiciens jouent depuis quelques années déjà[12]. « Le XIXe siècle sera celui de la démocratie, écrit Max von Boehn. Alors que l'absolutisme n'est encore nulle part ébranlé, celui qui a des yeux pour voir et des oreilles pour entendre a pu remarquer depuis longtemps qu'au moment où retentissent les premiers coups de canons de la Révolution française une autre époque a déjà commencé[13]. » La danse tournante sort donc des catacombes et reprend le haut du pavé parisien. A bas le cryptisme ! Vive l'agorisme ! L'exubérance, la gaieté de la valse paraissent divertissantes à des gens qui n'ont connu avant elle que les pas nobles et gracieux, mais mesurés, savants, toute la chorégraphie paisible et compliqué de l'Ancien Régime, comme l'explique dans un autre langage Boulenger[14].

Assez curieusement, les historiens n'ont guère travaillé cette dimension de la Révolution française. Beaucoup d'historiens de la danse (notamment des hagiographes de la valse de Vienne) imaginent que, le menuet français renversé, l'initiative du renouveau ne peut pas se trouver à Paris. Or il me semble que la valse qui s'est façonnée par des interactions nombreuses dans toute l'Europe des années 1600-1789 (la plupart du temps dans des milieux ruraux ou pauvres, à la périphérie du système et souvent contre les institutions établies) trouve dans la Révolution française une caisse de résonance qui en légitime et en généralise la pratique. La diffusion européenne de la valse est très liée au mouvement révolutionnaire. Georges Lefebvre explique l'émergence du mouvement révolutionnaire à travers les révoltes paysannes qui se sont répandues dans toute la France en 1788 et 1789. Il souligne le lieu stratégique de fermentation que constituent en Provence, puis en Dauphiné, en avril 1788, « les fêtes votives et baladoires[15] ».

Les spécialistes de la Révolution se sont penchés sur la fête révolutionnaire, mais ne se sont guère intéressés à la danse. Mona Ozouf, par exemple, se contente de remarquer que, « en cherchant

12. En 1784, André E. M. Grétry intitule l'une de ses pièces en trois temps « Air pour valser ».

13. Max von Boehn, *op. cit.*, p. 109.

14. J. Boulenger, *De la walse au tango*, 1920, p. 3.

15. Georges Lefebvre, *La grande peur de 1789*, suivi de *Les foules révolutionnaires*, Paris, Armand Colin, 1988. Voir aussi J.Y. Ribault « Divertissement populaire et turbulence sociale : les fêtes baladoires dans la région de Thaumiers au XVIIIe siècle », *Cahiers archéologiques et historiques du Bercy*, 1967.

bien, on trouverait aussi des fêtes nocturnes, où les torches qui accompagnent le cercueil de la royauté trouvent leur effet dramatique, où le feu de joie prend tout son éclat, où le bal dure jusqu'à deux heures de l'après-minuit; des fêtes où la foule franchit les frontières spatiales, tente des sorties hors de l'espace communal, et s'approprie des lieux insolites, comme l'église dont elle use pour danser et pour manger[16]. »

« *Ici on danse* »

Roman Vlad, dans son *Histoire de la valse*, explique que le 14 juillet 1789 le peuple qui prit la Bastille planta un écriteau sur lequel on pouvait lire « Ici on danse »[17]. L'historien Jacques Marseille a publié récemment une estampe appartenant à une collection privée montrant que l'on dansait dès le 10 juillet *Les canoniers dansent avec les femmes au Palais-Royal*[18].

Ce qui est sûr, c'est que l'on a dansé durant toute la Révolution. Quand on connaît l'histoire du combat que l'Eglise a mené contre la volta et autres danses de couple ou tournantes (en fait, contre toutes les danses extatiques) tout au long des siècles précédents, et en même temps le combat que les danseurs de volta ont mené pour résister à l'Eglise, on imagine bien, à partir de 1789, l'occupation des églises par le peuple des héritiers de ces « sorciers » et « sorcières », danseurs de la volta satanique que l'Inquisition avait brûlés en place publique. Raoul Charbonnel raconte la transformation des monastères vidés de leur population par les guillotines de la Révolution. Ils ont été pillés. On les aménage en salles de bal. On danse dans la cour de Saint-Sulpice au milieu des tombeaux. « A Saint-Eustache, la pâque est préparée sur l'autel tout chargé d'andouilles et de jambons, où les attablés ont pour entremets le décor sylvain et champêtre du fond de l'église, et les praticables craquant sous les pas des satyres ivres poursuivant les femmes. » Ces crapuleuses orgies, saturnales plébéiennes, n'eurent qu'un temps. Mais on continua à danser de plus belle.

16. Mona Ozouf, *La fête révolutionnaire 1789-1799*, Paris, Gallimard, 1976, p. 102-103.

17. Roman Vlad, *Storia del valzer*, 1989, p. 31. Si l'on en croit Raoul Charbonnel, *La danse*, p. 225, cette inscription daterait du 14 juillet 1790.

18. *in* J. Marseille et D. Margairaz, *1789, aujourd'hui*, Albin Michel, 1988, p. 116.

Aussitôt après la Terreur, selon de nombreux témoignages, les femmes s'habillent à la grecque ou à la sauvage. Ce qui signifie qu'elles sont pratiquement dévêtues pour aller danser. Charbonnel rapporte le témoignage de M. Chaussard qui décrit la valse révolutionnaire comme relevant d'un érotisme antique : « Une femme presque nue, coiffée comme Flore ou Vénus, habillée, ou plutôt déshabillée comme Psyché, laissant pour ainsi dire tout voir et tout presser, jambe fine, pied fripon, corsage élégant, main errante, gorge d'Armide, formes de Callipyge, s'appuie sur un jeune homme, à la tête d'Adonis, aux reins d'Hercule, déployant avec grâce un jarret infatigable, une cuisse bien tendue dont le souple nankin dessine parfaitement les contours. Ils s'enlacent, ils tournent sur eux-mêmes, avec mollesse et rapidité. La vigne amoureuse ne serpente pas d'une plus douce étreinte autour de l'ormeau. » R. Charbonnel rapporte un témoignage convergent sur la manière de se vêtir. Moins d'un an après le 10 thermidor, date où elle devait comparaître devant le tribunal révolutionnaire, la vicomtesse de Beauharnais écrit à Madame Tallien : « Il est question d'une magnifique soirée à Thélusson (...) Je ne sais si les danseuses chérissent les formes républicaines des gouvernements de la Grèce, mais elles ont modelé la forme de leur parure sur celle d'Aspasie : les bras nus, le sein découvert, les pieds chaussés avec des sandales, les cheveux tournés en nattes autour de la tête (...) Devinez où sont les poches de ces danseuses. Elles n'en ont point. Elles enfoncent leur éventail dans leur ceinture, elles logent dans leur sein une mince bourse de maroquin (...), le corset en tricot de soie couleur chair, qui colle sur la taille, ne laisse plus deviner, mais apercevoir tous les charmes secrets. Voilà ce qu'on appelle être vêtue à la 'sauvage'[19]. »

On accepte à l'Hôtel Richelieu, au « Bal des victimes », un événement très aristocratique, ceux qui ont perdu leurs parents ou leurs frères et sœurs sous le couperet de la guillotine. Ceux qui ne peuvent justifier au nombre de leurs défunts que d'un oncle ou d'une tante sont refusés. Il ne semble pas que l'on ait dansé la valse dans ce bal. Dans son *Histoire des salons de Paris*, Madame Junot, qui devint plus tard la duchesse d'Abrantès, témoigne que dans ce bal « on

19. Cité par R. Charbonnel, *op. cit.*, p. 242 et p. 234-235. Cet ouvrage consacre plus de vingt pages à la danse sous la Révolution (p. 221-244). Il rapporte des témoignages passionnants. Il montre notamment que les frères Goncourt n'ont pas sous-estimé la place de la danse sous la Révolution.

avait soin de former la contredanse de cette manière : on mettait ensemble les orphelins les plus élevés en infortune, et celui qui n'était mort qu'en prison ne trouvait pas dans cette nouvelle loi assez de protection pour que son fils ou sa fille eût une première place. Ce n'était pourtant pas la faute du père ou de la mère s'ils n'étaient morts qu'en prison...[20] ».

De nombreux auteurs affirment que, en 1789, il y a pour la seule ville de Paris sept cents endroits où l'on danse la valse[21]. Certains sont d'ailleurs de vastes espaces que l'on aménage parfois de manière nouvelle. Par exemple, c'est à ce moment que l'on invente le parquet. La manière de danser évolue alors très rapidement.

La valse égalitaire

L'abolition des privilèges laisse à une foule d'établissements la licence — c'est le cas d'employer ce terme — de se fonder. A Paris, on en compte un nombre invraisemblable. *L'Almanach des spectacles* de 1791 porte leur chiffre à plus de quatre cents. Cette rage s'apaise pendant la Terreur pour reprendre avec le Directoire. L'an 1795 voit se créer les Folies de Chartres, au parc Monceau, L'Elysée du jardin Bourbon, Paphos, Idalie (jardin Marbeuf), le Pavillon de Hanovre, le Jardin Beaujon, le Bal de Sceaux-Penthièvre, le Bal du Palais-Royal, Tivoli, les Jardins de Biron, sans compter tous les bals organisés chez les particuliers[22].

Dans une estampe de 1793 montrant clairement des « révolutionnaires » français « waltzant au mouchoir », le caricaturiste (qui ne doit pas être un grand admirateur de la nouvelle danse si l'on en juge par l'acidité des traits de ses personnages) nous montre la nouvelle danse populaire à la mode. Ce dessin, malgré sa vulgarité, est passionnant parce qu'il nous montre une valse extrêmement proche de celle que nous connaissons encore aujourd'hui dans le musette. Contrairement à la valse noble que construiront les Strauss, il y a dans cette valse toute une mystique de l'égalitarisme. Le couple s'impose au-delà des formes et images individuelles. Cette

20. Raoul Charbonnel, in *La danse*, p. 229-232, décrit l'origine et l'ambiance de ce Bal des victimes, à partir du témoignage de la duchesse d'Abrantès.

21. A. H. Franks, *Social Dance, a Short History*, notamment p. 130.

22. F. de Ménil, *Histoire de la danse* à travers les âges, p. 206.

Waltzer au Mouchoir.

grosse femme que le cavalier ne peut entourer qu'aidé d'un mouchoir nous montre bien le rapport de forces que crée le poids dans cette danse où la relation homme/femme est beaucoup moins machiste que dans toutes les autres danses de couple. La dimension « égalitaire » de la valse a d'ailleurs été soulignée par Ruth Katz, qui situe la différence entre le menuet et la valse dans l'expression profonde du contraste au niveau des attitudes sociales et politiques que reflètent les deux manières de danser[23].

A l'occasion d'un ouvrage consacré à la « vie quotidienne » à l'époque de la Révolution, au chapitre intitulé « la liberté en fête », J.-P. Bertaud consacre une page aux « bals du 14 juillet ». Il écrit : « On a multiplié les salles de bal dans la ville afin que la foule ne soit pas trop considérable en chaque endroit. Aux Champs-Elysées, la police a fait la chasse aux filles et aux duellistes car ces derniers ont pris l'habitude de venir y vider des querelles souvent politiques[24]. » Le marquis de Ferrières, député à l'Assemblée, écrit à sa femme que, pendant une semaine, les réjouissances se sont succédé dans Paris, tout cela « avec beaucoup d'ordre et de décence », en dépit de quelques chansons malsonnantes pour l'oreille d'un aristocrate[25].

Un voyageur allemand, Ernst Moritz Arndt, parle du succès de la valse à Paris dans les années 1790 : « On aime passionnément ces valses ou encore ces Schleifer — car le plus souvent on glisse très doucement et on alterne régulièrement avec les quadrilles et maintenant encore on ne s'en lasse pas. 'Une Walse ! Encore une walse !', entend-on à chaque instant. Cet engouement pour la valse et l'appropriation nationale de cette danse allemande sont tout à fait récents. Depuis cette dernière guerre, la valse est devenue aussi courante que le tabac ou d'autres modes devenues habituelles[26]. »

23. Ruth Katz, « The Egalitarian Waltz », 1973, repris dans Roger Copeland and Marshall Cohen, eds., *What is Dance* ?, New York, Oxford University Press, 1983, cité par Francis Sparshott, *Off the Ground, First Steps to a Philosophical Consideration of the Dance*, Princeton University Press, Princeton, 1988.

24. Jean-Paul Bertaud, *La France au temps de la Révolution*, Paris, Hachette, 1983.

25. *Correspondance* du marquis de Ferrières, publié par H. Carré, Paris, 1932.

26. Arndt, E. M., *Reisen durch einen Teil Teutschlands, Ungarns, Italiens und Frankreich*, Leipzig, 1804. L'observation du titre de cet ouvrage permet de remarquer qu'à l'époque l'« Allemagne » se disait Teutschland pour Deutschland. Une danse de couple à trois temps, proche de la ländler fut nommé la « Teutsch ».

CHAPITRE 4

L'empire de la valse

« La valse est une danse précise, mécanique et militaire, comme le montre son histoire. La valse ne prend pas toute sa signification sans uniformes militaires. 'Il y avait un bruit de fête dans la nuit', écrivait Lord Byron d'un bal donné la veille de Waterloo. Pour le XVIIIe siècle et le temps de Napoléon, les armées de citoyens apparaissaient comme une libération individuelle des cadres féodaux et de la hiérarchie de la noblesse. »

Marshall McLuhan, Pour comprendre les médias, *Paris, Mame-Seuil, 1968, p. 306.*

Pour comprendre l'histoire de la valse, il faut se rappeler que l'armée a opté pour la Révolution. Il y a peu de nation où l'armée ait été « à gauche ». En France, « l'armée des citoyens », pour reprendre l'expression de McLuhan, est à la fois le vecteur de la Révolution et de la valse. A l'intérieur de l'armée, la pression pour la nouvelle danse est si forte au lendemain de 1789 que la Convention doit créer une école de danse dans toutes les casernes[1]. Le Directoire, puis l'Empire vont donc être des périodes propices au développement de la nouvelle danse. A Paris, on dénombre deux cent soixante-sept bals sous le Directoire. Les plus huppés : le bal de Mousseaux, au parc Monceau ; ceux de Bagatelle, de l'Elysée-Bourbon à Chantilly, de Tivoli sur l'emplacement actuel de l'église de la Trinité. « On danse aux Carmes, où l'on égorgeait ; on danse au noviciat des jésuites ; on danse au Séminaire Saint-Sulpice, aux Filles de Sainte-Marie, on danse dans les trois églises ruinées de ma section[2] », écrit Mercia.

1. E. Giraudet, *La danse, la tenue, le maintien*, 1900, p. 10.
2. *In Le nouveau Paris*, cité dans la *Nouvelle histoire de France*, tome 23, p. 2828, « La crise de la République, l'ascension de Bonaparte, 1795-1804 ».

La dansomanie

Si l'on en croit les observateurs, les bals sont extrêmement attrayants à Paris. Le Frascati, le parc Monceaux, le Jardin Biron, l'Hôtel de Richelieu, le Jardin Beaujon, l'Hôtel Marbeuf, le Jardin du Delta ou le Tivoli sont les établissements parisiens qui se partagent l'enthousiasme des danseurs. L'immense parc de Tivoli occupe à peu près l'espace compris aujourd'hui entre la rue Saint-Lazare et la rue de Berlin. En 1802, on y trouve toutes les « attractions » à la mode de ce temps : ombres chinoises, tours de force, feux d'artifice, automates présentés par le citoyen Préjean, des « expériences du mélange du feu et de l'eau » faites par le citoyen Lolive, mécanicien, et même *La chasse,* de Méhul, avec accompagnement de bombes, explosions et bouquets lumineux ; et au milieu de tout cela, commençant à conquérir ses lettres de noblesse, la valse que l'on danse sur un vaste plancher. Sir John Dean Paul, qui visite Paris en août 1802, ne manque pas de se rendre à Tivoli, l'attraction de l'époque, et d'assister à la nouvelle danse qui s'est totalement emparée de Paris. Il décrit ainsi la « walse » : « Deux cents couples environ y prennent part, accompagnés d'une musique très lente, tournant ensemble autour de la plate-forme. Les attitudes des femmes sont agréables et entraînantes, pour ne pas en dire plus. » Et Sir John Dean Paul ajoute : « Cette danse, très amusante pour les spectateurs et sans nul doute aussi pour ceux qui s'y livrent, ne sera jamais, je pense, à la mode en Angleterre[3]. »

L'importante iconographie de l'époque montre que la valse continue à être dansée de manière très diverse. Elle est souvent dansée en couple, mais on continue à la danser avec de nombreuses variantes dans lesquelles les couples s'ouvrent pour faire des figures avec les bras, comme dans l'allemande. En 1801, la revue *Le Bon Genre* nous donne à voir, sur la même estampe et sous le titre de « La Walse », un couple fermé et un couple ouvert. En 1805, *Le Bon Genre* publie le dessin d'une contredanse : « La trénis ». En 1806, dans la même revue, on peut voir « La sauteuse », qui représente deux couples de danseurs dont l'un a bien le style de la valse (couple fermé, engagement du pied droit de la cavalière entre les pieds du cavalier). Les deux danseurs ont une pose très décontractée (le cavalier tient la cavalière par la taille) que l'on retrouvera beaucoup plus tard dans la java.

L'aristocratie n'est pas épargnée par la dansomanie. Le baron de Frénilly dit que c'est, sous le Directoire, par le salon de Madame d'Esquelbecq que la valse ose pénétrer dans Paris. Peut-être le baron veut-il dire par là qu'il faut attendre le Directoire pour que la valse gagne un salon bourgeois ? Berchoux décrit de manière « épique » le bal Champêtre Elysée :

> « ...Parmi des arbrisseaux se distinguent à peine,
> Toujours prêts à rentrer dans le sein de la plaine ;
> Quelques toits imitant les toits du laboureur,
> Cachent des citadins sous leur chaume menteur :
> La foule y cherche en vain des plaisirs solitaires,
> L'innocence des champs et la paix des chaumières.
> Ces lieux offrent partout des groupes de danseurs,
> Se couvrant à l'envie de poudre et de sueurs[4]. »

3. Cité par J. Boulenger, *De la walse au tango*, 1920, p. 2.

4. J. Berchoux, *La danse ou la guerre des dieux de l'opéra* (1806), réédité chez L. G. Michaud, Paris, 1829, p. 126.

Mais ces endroits campagnards, à proximité de la ville, ne sont pas les seuls endroits où l'on danse. Les bals publics existent en France comme en Angleterre dès la seconde moitié du XVIIIe siècle. Ils se développent énormément, au point que le législateur se sent obligé d'intervenir. A cette époque, « tous les murs se sont couverts d'affiches annonçant des bals de toutes les couleurs, et quelques-uns si bon marché que la servante peut y atteindre[5] ». C'est un produit du mouvement révolutionnaire. Comme le note François Gasnault, tous les endroits où se sont déroulées les dernières fêtes de la monarchie abritent les bals de la République thermidorienne[6]. Les événements ont mis quantité d'hôtels et de superbes jardins à la disposition de ceux qui veulent en tirer parti par spéculation. « Chaque année vit alors s'ouvrir et souvent fermer de nouvelles entreprises et fêtes publiques[7]. »

On commence à parler de « guinguette » non plus dans le sens des débits de boisson installés aux barrières de la capitale où l'on venait boire le vin nouveau, mais dans le sens d'endroit pour danser. Les ouvriers vont danser dans ces guinguettes de la banlieue, mais les marchands de vin organisent aussi des bastingues à l'intérieur de Paris[8].

Aux premiers temps de la Révolution, le mouvement social est parvenu à supprimer l'interdiction de danser qui restait très présente sur tout le territoire sous une forme ou sous une autre mais qui, de toute manière, était soumise à une taxe, le « droit des pauvres » (il s'agissait de taxer les distractions au profit des indigents). Ce droit des pauvres existait en France depuis le XVe siècle. Son abolition ne dure guère. Les comptables du Directoire, face à la montée des fêtes et bals, font voter une loi le 7 frimaire an V, qui impose les usagers des danses publiques. Dans le cas de Paris, cet impôt est versé à la caisse des Hospices civils. En étudiant les archives de ces Hospices, Gasnault trouve la matière de son livre sur les bals de Paris... En 1806, le décret du 21 août décide qu'un

5. Sébastien Mercier, *Le tableau de Paris,* tome 1, p. 381.

6. François Gasnault, *Guinguettes et lorettes, bals publics* à Paris au XIXe siècle, Paris, Aubier, 1986, p. 14.

7. Claude Ruggiéri, *Précis historique sur les fêtes, les spectacles et les réjouissances publiques jusqu'au sacre de Charles* X, Paris, 1830, p. 77 à 107.

8. *La Nouvelle histoire de France,* tome 23, p. 2828, « La crise de la République, l'ascension de Bonaparte 1795-1804 ».

quart des recettes brutes sera prélevé sur « toutes les danses et fêtes publiques où l'on est admis en payant les rétributions exigées, ou par la voie de cachets, ou par billet ou par abonnement[9] ».

Une valse lente

Le rythme de la valse est plus lent que celui que nous connaissons aujourd'hui (tempo de soixante au métronome, le même que celui de la volta). Il faudra attendre 1819 avec Weber, puis 1840 avec Johann, le fils Strauss, pour que ce rythme s'accélère sensiblement. Toujours est-il qu'entre 1780 et 1810, en France, on danse sur un rythme de valse assez lente et sous le nom même de valse deux danses : l'une est la danse populaire de couple fermé qui se trouve être dans le stricte prolongement de la volta, du weller, ou du ländler, l'autre est cette valse mondaine qui est synonyme d'allemande, qui apparaît fréquemment dans les estampes de l'époque et que continuent à prôner les maîtres de danse (l'Angleterre intégrera officiellement cette valse à partir de 1815). Cette danse, bien que nommée « valse », est encore une allemande ayant des pas et des attitudes plus variées que la valse populaire : les cavaliers et les dames se tiennent tantôt par les deux mains, tantôt par la taille, et parcourent le terrain sans guère tourner. Elle ne se danse pas même sur le rythme auquel nous sommes accoutumés puisque la musique en comporte deux parties de huit mesures, comme l'explique J. Boulenger en commentant ces estampes. Toujours est-il que ces deux sortes de danses coexistent durant tout le premier Empire. On continue à danser de manière compliquée, on garde « entrechats et jetés-battus » dans les quadrilles, sortes de « petits ballets qui ne pouvaient être exécutés que par plusieurs couples, manœuvrant d'accord[10] ».

La renaissance de la danse de couple fermé provoque chez les prudes les mêmes réactions que la volta parmi la population puritaine à l'époque de Henri III. La valse donne maintenant à chaque

9. F. Worms, *Le droit des pauvres sur les spectacles, théâtres...* : législation, doctrine, jurisprudence, Paris, 1900, cité par Gasnault, p. 20. E. Giraudet, dans son *Traité de danse*, signale qu'en 1898 cet impôt est encore perçu et représente 9 % des recettes des bals.

10. J. Boulenger, *op. cit.*, p. 3.

couple une indépendance et une liberté d'action totalement nouvelle. En effet, même sur un rythme lent, rien n'empêche un couple de tourner rapidement. Il suffit, au lieu de faire une rotation complète en quatre mesures, de la faire en trois mesures. Les bons valseurs savent que le cavalier, en allant chercher son point d'appui du temps d'attaque entre les jambes de la cavalière, peut amorçer une rotation rapide en terminant son mouvement par une orientation très à droite du pied droit (en valse à l'endroit). Le pied gauche, alors ramené, peut relancer à son tour le mouvement de rotation par une extériorisation du talon au moment du rapprochement des pieds. Le couple, quelle que soit la vitesse de la musique, prend alors une vitesse de rotation plus grande. Au contraire, rien n'empêche un couple débutant (ou un couple dans lequel l'un des deux partenaires a la tête qui tourne) de ralentir le mouvement de rotation (on fait un tour sur six mesures, par exemple). Ce genre de modulation par couple donne effectivement une liberté et une indépendance totale à chaque couple.

De plus, la subversion de la valse réside dans la volupté déjà expérimentée grâce à la volta. Volupté si troublante que, longtemps, seules les femmes mariées, et à condition de n'être point trop prudes, osent s'y hasarder. Frénilly rapporte que « Mademoiselle Titon, sœur de la marquise de Marconnay, était la seule fille qui la dansât », mais, ajoute-t-il, « celle-ci était censée mariée ». Boulenger, qui le cite, commente : « Ce n'est assurément point d'elle que le chevalier de Ségur dit un soir ce joli mot 'Elle a son pucelage, moins la valse'[11]. »

Jean-Michel Guilcher ne comprend pas cette révolution de la valse lorsqu'il ne voit dans ces danses de couple qu'un repli sur soi : « La valse et la polka n'ont aucune prétention à exprimer quoi que ce soit. Refermé sur lui-même, le couple danse pour lui tout seul. Le bal ne manifeste plus un accord unanime, il juxtapose des solitudes[12]. » Guilcher ne voit pas dans ce phénomène la double dimension du vécu des danseurs : il y a la formation et la dynamique du couple lui-même, certes, mais il y a encore la gestion du couple parmi le grand groupe des danseurs. Chaque couple dispose de

11. *Ibid.*, p. 3.

12. J.-M. Guilcher, *La contredanse et les renouvellements de la danse française*, Paris-La Haye, 1967, p. 174.

dynamiques propres dont il faut négocier l'articulation avec l'environnement. Cette harmonie au niveau de la dynamique du grand groupe est difficile à trouver, et cela d'autant plus que dansent dans l'assemblée beaucoup de gens qui ne savent pas danser. La valse se transforme en chahut. Les couples se cognent. La gestion du couple suffit à mobiliser toute son attention et c'est encore trop souvent malgré ces précautions la collision, les chutes, le désordre, les rixes. La force publique craint au dessus de tout ces pratiques au point que l'on reparle de « danse prohibée ».

Une autre dimension, présente dans la « vouta », et que l'on retrouve dans la valse dansée en couple fermé de l'Empire, c'est la transe. La valse a un effet d'attraction qui amène les adeptes à être comme des envoûtés. C'est un phénomène à la fois individuel et collectif. Ainsi, le poète Charles-Hubert Millevoye (1782-1816), mort de phtisie à trente-trois ans, nous parle-t-il déjà sous l'Empire de la souffrance des jeunes enfants oubliés par leurs mères « prises », happées par les tourbillons de la valsomanie :

> « Ce jeune enfant... Il souffre ; on ne plaint point son mal.
> Il appelle sa mère... et sa mère est au bal.
> Mère ! elle ne l'est plus ! voluptueuse, ardente,
> Voyez-la tout entière à la walse ennivrante[13]... »

L'Empire valse

Lors de la Révolution, la danse est le fait du peuple. La vie « mondaine » a pratiquement disparu. Sous Napoléon Ier, la succession des guerres n'empêche pas le retour des grands bals. Comme le climat est à la fête dans le peuple, le Premier Consul souhaite voir renaître la vie mondaine. De plus, il n'ignore pas que le luxe fait marcher le commerce. Il dote donc largement ses maréchaux et dignitaires. Mais en échange, il entend que ceux-ci soient prodigues en fêtes. En 1804, l'Europe est donc entrée dans cette période que les historiens nomment l'Empire. Cette époque ne dépasse guère dix ans. Pourtant sa carrière de comète marque profondément tous

13. Ch.-H. Millevoye, *Œuvres*, publié par P. L. Jacob, 3 vol., Paris, A. Quantin, 1880.

ses contemporains. Avec l'Empire, les mécènes princiers du XVIIIe siècle abandonnent leurs privilèges. Désormais, c'est la bourgeoisie qui patronne les arts, la musique et la danse. La nouvelle bourgeoisie napoléonienne qui doit tout à Napoléon est la bureaucratie militaire de Paris. Toutefois cette caste est déjà talonnée par une nouvelle classe sociale, les industriels ou, comme on dit alors, les fabricants. La noblesse toute fraîche créée par l'empereur se recrute parmi les fils de bourgeois, avocats ou artisans, des hommes qui s'appellent Murat, Berthier, Bernadotte. Comme les nouveaux princes et ducs ramassent rapidement d'immenses fortunes, leur auréole militaire se double d'une auréole financière, et le dynamisme de ces bourgeois anoblis se communique à toutes les bourgeoisies européennes. Ce rayonnement de la nouvelle classe passe par la fête.

La duchesse d'Abrantès raconte dans ses *Mémoires* comment le Premier Consul l'engage à recevoir régulièrement. Le 1er janvier 1803, on recommence, sur son ordre, à fêter le Jour de l'an, supprimé comme contraire au civisme. Le Carnaval reprend et avec lui les plaisirs du parterre :

> « La pirouette avant moi se bornait à trois tours ;
> Elle n'a plus de borne : on tournerait toujours,
> Et rien n'arrêterait cette ardeur circulaire,
> S'il fallait borner les plaisirs du parterre [14]. »

Le 20 avril 1806 a lieu aux Tuileries le premier grand bal de l'Empire. On y danse la valse [15]. Deux mille cinq cents invitations ont été lancées ; pour éviter le désordre, on décide qu'il y aura deux bals à la fois. Le bal est divisé en deux parties. D'abord, les quadrilles, ensuite la danse libre. Pour la première partie, des courtisans et des dames dansent des quadrilles soigneusement appris et répétés à l'avance. Il s'agit de sortes de ballets comprenant des pas fort savants : jetés-battus, entrechats, garguillades, flic-flacs, queues du chat... Il y a seize couples par quadrille. La reine Hortense conduit le premier, Madame Murat le deuxième. Napoléon assiste au premier quadrille du premier bal, puis au second quadrille du deuxième bal. Après quoi, il s'en va. Les 2500 invités ont la permis-

14. J. Berchoux, *op. cit.*, p. 83.
15. « La valse à Paris en 1806 », *The Graphic*, numéro du 24 juin 1899.

sion de valser ! Pour donner une idée du luxe enfin revenu, il faut citer le menu digne de Gargantua : « 16 jambons, 16 daubes, 16 pâtés, 16 longes de veau ; 9 biscuits de Savoie, 9 brioches, 9 babas, 9 gâteaux de Compiègne ; 12 entrées de chapons au riz, 12 de salmis de perdreaux, 12 de salades de perdreaux, etc. (en tout 60 entrées) ; 60 rôts : poulardes, poulets, campines ; 200 entremets : blancs-mangers, gelées d'orange et de citron, crèmes, pâtisseries ; 72 assiettes de bonbons ; 100 de poires, pommes et oranges ; 3000 glaces ; 1000 bouteilles de vin de Beaune ; 100 de vin de Champagne, autant de vin de Bordeaux, autant de vin de dessert, 20 de rhum ; de la limonade, du punch, de l'orgeat et de l'orangeade[16]. »

Après les quadrilles, viennent les valses, contredanses, gavottes. Ces bals ont leurs vedettes. « Quel succès lorsque Vestris II, le grand homme, consentait à danser ! Mais quoique simple amateur, Trénis le remplaçait bien. Il fallait le supplier longuement pour qu'il prît part à un quadrille ; mais en ce cas on se pressait aux portes pour admirer ses *ronds de jambes*[17]. » Ces danseurs de quadrille apprécient la valse, la vraie, celle du couple enlacée : « Elle exige l'amalgame des deux danseurs, et elle doit couler comme l'huile sur le marbre poli[18] », dit même Trénis, le célèbre danseur.

Dans son « poème épique » déjà cité où il mêle la mythologie à la description des pratiques de danse de son temps en faisant le portrait des grands danseurs de son époque, Berchoux décrit le succès que rencontre alors Trénis et surtout sa fatuité lorsqu'il voit le monde se presser pour le regarder danser et des femmes monter sur des chaises pour mieux le voir :

> « Trénis s'est fait un nom brillant et respecté.
> Il disait aux beautés sur ses traces pressés :
> Mesdames, pour me voir, étiez-vous bien placées ?
> Avez-vous remarqué mon mollet sémillant,
> Ma jambe libertine et mon pied agaçant[19] ? »

16. J. Boulenger, *op. cit., p. 6 et 7.*
17. *Ibid.*, p. 8.
18. Cité par J. Boulenger, *op. cit.*, p. 8.
19. J. Berchoux, *op. cit.*, p. 87.

Les guerres diffusent la valse

Avec les guerres napoléoniennes, la valse s'étend à toute l'Europe. Elle vainc toutes les résistances. En 1810, on danse dans les bals munichois jusqu'à neuf valses au cours d'une soirée. La danse de couple « convient parfaitement à cette époque qui n'en a jamais assez de s'amuser, explique Max von Boehn. Cette frénésie de danse représentée dans des caricatures mordantes a été diffusée et communiquée à toute l'Europe par les armées françaises[20]. » Max von Boehn donne un certain nombre d'anecdotes sur ce qui se passe alors en Allemagne.

Friedrich von Raumer organise des bals en 1806 à Königswursterhaussen ; les hôteliers chargés d'approvisionner les armées d'occupation y envoient la nourriture, tandis que les Français paient la boisson et la musique. En décembre 1806, à peine trois mois après la bataille de Iéna qui a fait vaciller l'Etat prussien de façon si malheureuse, Scharnhorst écrit à sa famille de Königsberg im Preslau que les bals se succèdent, et que les filles des officiers et des pasteurs sont les reines des bals. « Cela ne nous étonne même plus, commente Boehn, puisque l'on a fait nous-mêmes l'expérience qu'après n'importe quel effondrement une frénésie de plaisirs s'ensuit[21]. »

Le fait le plus étonnant de l'époque est l'entrée des enfants dans les bals des adultes. Madame Tallien pleure d'émotion lorsqu'elle voit danser sa fille de douze ans, et Madame von Humbolt fait de même lorsqu'elle constate que ses filles âgées de huit et dix ans sont partout les danseuses les plus recherchées. Dans les bals parisiens, il faut attendre un âge plus mûr pour participer[22].

A Francfort, en 1807, on double le prix d'entrée des bals masqués et publics afin de diminuer le nombre des occupants ennemis. « Depuis que je connais Brunschwig, écrit Friedrich Karl von Stromberg, il n'y a jamais eu de temps plus glorieux que pendant l'occupation française. Les bals succèdent aux bals. Les dames bril-

20. Max von Boehn, *op. cit.*, p. 112.

21. *Ibid.*, p. 113.

22. J'ai eu l'occasion d'animer des séances d'initiation à la valse en classe de CM1. On trouve encore aujourd'hui parmi les enfants de dix ans, des valseurs remarquables.

lent de leurs plus beaux habits et ne semblent pas voir des ennemis chez les Français[23]. »

« Les jeunes gens, remarque encore Justus Gruner à Münster, aiment passionnément la danse. Des heures durant ils valsent, emportés par une sorte de transe. Ils dansent frénétiquement, emportés par un rythme d'enfer[24]. »

A. H. von Lang rapporte encore que le maréchal Davout, vécu par les Allemands comme le « bourreau de Hambourg », avait un commandement auparavant à Ansbach. Lang écrit : « C'était un petit homme qui n'en avait jamais assez de valser[25] »...

A chacun sa valse

Poussés par l'immense succès de la valse et sans doute pris eux-mêmes par le tumulte de la valse, beaucoup de gens qui n'auraient peut-être jamais pensé à composer se mettent à faire des valses. C'est l'occasion d'écrire des déclarations d'amour, de les faire imprimer et de s'adresser ainsi publiquement à sa bien-aimée. Sentiments et pensées sont réglés sur le trois temps — et lorsque l'amour en est le thème, selon l'inspiration et l'humeur de l'auteur, on le met en musique pour orchestre, ou pour piano... voire même pour guitare. Beaucoup de compositions sans grand intérêt sont nées ainsi et prouvent à quel point la valse a remué les esprits. Cette rage de composition a fait paraître d'étranges productions. Peut-être une opération commerciale ? Rellstab, éditeur à Berlin publie une *Méthode pour composer autant de valses que l'on veut au moyen de dés sans connaître la musique ni la composition.*

Voici comment Rellstab explique sa méthode : « Kirnberger a édité il y a fort longtemps un manuel de composition de menuets et de polonaises à l'usage de ceux qui ne connaissent pas la musique. On s'est amusé longtemps avec cette prouesse. Après cela, il y en a eu un autre édité par Wiedeburg qui permettait de composer des préludes d'orgue, ce qui rendait bien service à des organistes inexpérimentés. En 1787 parut un manuel identique pour les menuets et

23. Cité par Max von Boehn, *op. cit.*, p. 113.
24. Max von Boehn, *op. cit.*, p. 113.
25. Cité par Max von Boehn, *op. cit.*, p. 112.

puisque personne ne l'a encore trouvé, nous éditons celui-ci pour les valses. En voici le mode d'emploi :

1 — Les lettres majuscules de A à H, se trouvant sur les huit colonnes du tableau chiffré, indiquent les 8 mesures de chaque partie de la valse. Par exemple : A la première, B la seconde, C la troisième, etc., et les chiffres des colonnes indiquent le numéro de la mesure dans les notes.

2 — Les chiffres de 2 à 12 indiquent la somme totale que l'on peut obtenir en lancant les deux dés.

3 — On obtient par exemple 6 pour la première mesure de la première partie de la valse. On se reporte au 6 de la colonne A et on trouve 148 dans le tableau. On écrit cette mesure et on a le début de la valse. Puis on relance les dés et l'on obtient par exemple 9. On se reporte au 9 de la colonne B et on lit 84 au tableau de musique. On écrit cette mesure à côté de l'autre, et ainsi huit fois de suite pour avoir la première partie de la valse. On note bis, puis on passe à la seconde partie. Si l'on veut obtenir une valse plus longue on recommence encore une fois le tout depuis le début et ainsi de suite[26]... »

Les bals sont réglementés

Les règlements de bals de l'époque sont intéressants et révélateurs à ce sujet. Certains paragraphes mettent en garde contre le manque de discipline. On demande toujours de limiter la durée de la valse à quinze minutes, suivies de dix minutes de pause après deux danses. La règle veut qu'après chaque valse, ou au maximum après deux valses, on joue une autre danse. Cette coutume est alors valable dans tous les pays d'Europe. Klingenbeck cite une série de ces danses. En alternance à la valse, on joue écossaise, quadrille, douze, seize, conversation, triolet, tempête, kreuz-écossaise, danse des dames ou autres.

Les règlements prévoient encore que les spectateurs ne doivent pas gêner les danseurs. Ces derniers ne doivent pas provoquer de désagrément aux spectateurs. Bien entendu, la musique ne doit pas être trop rapide et personne, en dehors du premier danseur, ne peut décider de l'ouverture ou de la fermeture du bal en frappant

26. Cité par Klingenbeck, 1943, *op. cit.*, p. 32.

dans ses mains. Un paragraphe stipulant que « les éventuels incidents doivent être réglés non pas dans la salle mais en dehors » permet de déduire que des querelles, voire même des rixes, éclatent. On ne peut être en bottes pour danser, mais on doit avoir les mains gantées, et il est rappelé à tous les danseurs de respecter le règlement[27].

On se trouve devant le curieux paradoxe que les malheurs de la guerre n'empêchent pas les réjouissances. La valse s'impose partout. « Il n'est pas étonnant que les moralistes aient fait la moue devant cette véritable folie de fêtes », écrit Elzbieta Kowecka. Elle cite à l'appui de cette remarque quelques vers du poète Kajetan Kormian, écrits en 1813 :

« Oh ! toi le beau sexe, tu n'as pas de raison d'être triste,
Toutes les nations aiment la danse
Le Moscovite ou l'Allemand compte posséder notre terre,
Détruire notre langue et nos droits, mais on continue à valser,
Je ne puis m'empêcher de soupirer, lorsque je vois parmi les Polonaises,
Des enfants danser alors que leur mère patrie est en train d'agoniser[28]. »

Quelques années après ces vers, Kazimierz remarquait avec cynisme que les Polonais aimaient danser sur leur tombe. Elzbieta Kowecka rapporte encore que ce mouvement s'est poursuivi après 1815. Elle présente le témoignage de Ksawery Prele selon lequel, dans les années 1820, à Putawy, il y a presque chaque jour ou un bal ordinaire ou un bal costumé. Ces bals sont agrémentés de pantomimes, de charades, voire de pièces de théâtre. A Cracovie, le chroniqueur Artur Potocki explique qu'il ne peut rendre compte que

27. Klingenbeck, *op. cit.*, p. 39.

28. Elzbieta Kowecka, *Wsalonie,* Iwkuchni, Opowiesc o kulturze materialnej palacow i dworow polskich w XIX w., p. 172, cite ces quelques vers du poète Kajetan Kormian :

« Nie masz, plci piekna, zadnych do smutku powodow,
Taniec ma swoja wzietosc u wszystkich narodow
I czy Moskal, czy Niemec te ziemie posiedzie,
Zniszczy jezyk i prawa, lecz walcowac bedzie.
Ja nie moge nie westchnac, ze wsrod Polek grona
Widze dzieci skaczace, kiedy matka kona. »

des bals exceptionnels. Les décrire tous lui serait impossible tellement il y en a[29].

A Paris, dans la première décenie du XIXe siècle, on a tellement oublié les anciennes danses marchées (menuets, etc.) qu'il faut, au grand étonnement de Reichhardts, réapprendre ces figures dont personne ne se souvient[30]. Le dernier grand bal parisien de l'Empire est celui du Carnaval de 1813. En 1814 et 1815, « les dames ne songent pas à la valse » (Boulenger), occupées qu'elles sont à soutenir l'effort de guerre. A ce moment-là déjà, le centre de gravité de la valse s'est déplacé vers Vienne.

29. *Ibid.*, p. 171.
30. Max von Boehn, *op. cit.*, p. 113.

CHAPITRE 5

Vienne et son congrès

> *« Le congrès danse mais n'avance pas. »*
> *Talleyrand.*

> *« Six heures de bal sont quelquefois préférables à six campagnes pour conquérir ses grades ou ses titres. »*
> *Napoléon Ier, cité par E. Giraudet,* La danse, *1900, p. 19.*

Si la valse n'a pas été inventée à Vienne, le rôle de cette ville dans l'histoire de la valse est considérable. Lorsque la valse gagne Vienne, cette petite ville du centre de l'Europe vit depuis longtemps déjà dans un rapport étroit avec la musique et la danse. Durant des siècles, les souverains Habsbourg, qui ont maintenu une société strictement hiérarchisée, font figure de protecteurs traditionnels des arts. Le théâtre est encouragé par la cour, pourvu qu'il se contente de distraire et ne devienne pas le tremplin d'idées subversives. Il en est de même pour la peinture de paysages, la sculpture, l'architecture, et par-dessus tout pour la musique. La politique intérieure des Habsbourg se condense dans un principe : la beauté engendre le plaisir, qui engendre la quiétude. Toutes les grandes cités de l'Empire autrichien (Vienne, Prague, Salzbourg, Budapest) vivent selon cette politique : la beauté engendre la tranquillité de la cité. On ressent encore aujourd'hui l'héritage de ce climat en Autriche. Musique et valse ont encore souvent réponse à tout, même si l'équilibre social de la première moitié du XIXe siècle est aujourd'hui miné par la pensée critique.

Alors que la valse s'impose comme révolutionnaire en France et en Allemagne, ayant — pour ce faire — à combattre le pouvoir des Eglises catholique et protestantes ainsi que le pouvoir politique, à Vienne, fait paradoxal, l'intégration de la danse de couple se fait avec la complicité de l'Eglise catholique et surtout du pouvoir politique. Ailleurs, l'aristocratie se bat contre cette danse indécente. Le journal de la princesse Louise Radziwill raconte comment deux princesses du Mecklembourg (celle qui allait devenir la reine Louise et sa sœur) ont osé danser la valse le soir de Noël 1794 à un bal au château de Berlin en présence du couple royal. Au grand ravissement du roi, il est vrai, mais à la grande indignation de la reine qui interdit à ses filles d'imiter leurs belles-sœurs. De ce jour la valse est interdite à Berlin, et le sera encore du temps de Guillaume II. Les valseurs sont exclus des bals de cour. De même, à la cour de Saint-Pétersbourg, la valse n'a pu avoir sa place qu'après la mort de Catherine Ire. C'est en 1798 que la princesse Anna Lapuchin, la maîtresse de Paul Ier introduit la danse interdite[1].

Douce Vienne

A Vienne, par contre, au seuil du XIXe siècle, la musique est partout. Eduard Bauernfeld, un observateur de l'époque, note : « Chaque coin est plein de musiciens qui jouent pour le peuple. Personne ne veut manger son Bratl à l'auberge s'il n'y a pas en même temps de la musique[2]. » Chaque dimanche, les églises résonnent de nouveaux « opéras pour les anges » (Mozart). Les musiques de Haydn, Schubert et Mozart sont jouées aussi bien à l'intérieur qu'à l'extérieur des églises. Le clergé ne s'oppose jamais à ce mélange de dévotion et de plaisir profane. Les monastères sont propriétaires des vignobles les plus estimés et abritent des tavernes pour vendre leurs productions. Cela explique peut-être que le catholicisme autrichien soit épargné par la notion puritaine de péché ou par les excès de la Réforme et de la Contre-Réforme. Vienne est l'un des seuls endroits où la religion n'entre jamais en conflit avec le vin, les femmes et la chanson. Par contre, le Viennois est peu porté sur la philosophie et les idées abstraites. Il vit cette « Gemütlichkeit » si caractéristique de la bonhomie viennoise.

Ce climat social repose sur un équilibre dû à une certaine aisance de la ville, qui a ses pauvres, certes, mais pas de misère extrême. Ce qui se passe à Paris à partir de 1789 n'a aucun écho à Vienne parce

1. Max von Boehn, *Der Tanz*, 1925, p. 112.
2. Cité par Hans Fantel, *Les Strauss, rois de la valse*, 1973, p. 17.

que chacun peut manger, boire de la bière ou du vin et écouter de la musique. Tout naturellement, la valse conquiert les Viennois. En 1787, ceux-ci délaissent *Le Figaro* de Mozart pour aller applaudir *Una cosa rara*, l'opéra de l'Espagnol Vincent, dans lequel on danse une valse. Les Viennois entrent donc de plain-pied dans la danse de couple à trois temps sans remettre en cause leur héritage culturel. Le ländler y est d'ailleurs en vogue depuis lontemps. Dansé à l'origine en plein air ou sur le sol rude de l'auberge de village, le trois temps du ländler est l'équivalent du rythme de la valse. Mais, en faisant son entrée dans les salles de danse, celle-ci subit une légère modification qui en fit tout son charme : une légère exagération de la première mesure au détriment de la seconde donna une toute nouvelle harmonie qui permettait d'exprimer ce sentiment de ravissement. Ce léger déplacement fut le point de départ de mélodies plus douces. Le rythme devenant plus rapide, la valse acquit cet élan qui, en 1800, fit écrire à un inconnu : « J'imagine deux amoureux dans l'ivresse du bonheur[3]. » Dans ce contexte, l'institutionnalisation de Vienne comme « capitale européenne » de la valse repose sur la conjonction de plusieurs facteurs : un climat politique et religieux favorable, un développement de salles de danse à une échelle entrepreneuriale, et enfin un contexte musical qui permet l'émergence de la « dynastie » Strauss[4].

Avec le nouveau siècle, en effet, la bourgeoisie viennoise a subi une profonde transformation, « transformation qui, comme beaucoup d'autres changements dans son existence, a son point de départ à Paris[5] ». Comme le remarque H. E. Jacob, Strauss naît l'année où l'Europe est entrée dans cette période que les historiens nomment l'Empire. Ces dix ans marquent les contemporains, même s'ils habitent loin de Paris. Au moment où Strauss, âgé de quatorze ans, commence à jouer dans l'orchestre Pramer, les

3. Cité par Klingenbeck, 1943, p. 41.

4. Pour ce qui est des documents concernant Vienne et la dynastie Strauss, j'ai consulté, à Vienne notamment, une longue bibliographie (voir en fin de volume). Mais j'ai construit mon texte à partir de trois principaux ouvrages : Mosco Carner, *The Waltz* (1947) ; Hans Fantel, *Les Strauss, rois de la valse* (1973) et surtout Heinrich Eduard Jacob, *Les Strauss et l'histoire de la valse* (1955). Pour éviter d'alourdir le texte, je ne signale donc mes références que lorsqu'elles sont spécifiques. On trouve en effet quantité d'anecdotes chez tous les auteurs.

5. H. E. Jacob, *op. cit.*, p. 13.

mécènes princiers du XVIIIe siècle commencent à abandonner leurs privilèges. Désormais, c'est la bourgeoisie qui va patronner les arts et la musique. La nouvelle bourgeoisie napoléonienne déteint sur la bourgeoisie viennoise[6].

Le parquet français

En 1805, l'Autriche est en très mauvais termes avec la France. Ses armées viennent d'être battues à Ulm et Austerlitz. Vienne a même été occupée. Pourtant, quelques mois plus tard, les Viennois sont d'excellente humeur. Ils ont réussi à négocier un traité de paix. La guerre, si peu populaire à Vienne, est donc évitée. C'est dans ce contexte que les Viennois s'abandonnent à la fringale de plaisirs qui leur permet d'oublier l'amertume de la défaite. Les petites salles enfumées dans lesquelles on dansait à l'époque de Joseph II se révèlent trop petites et trop tristes. Et comme la bourgeoisie s'est enrichie, pour ne pas dire engraissée, des spéculateurs audacieux créent des bals monstres, véritables usines à plaisir : des établissements typiquement viennois, mais qui imitent visiblement le luxe nouveau de Paris. Dès 1805, en effet, Jean Beaucousin, un traiteur lyonnais qui s'installe à Vienne, transforme la Salle du Clair de Lune pour la mettre au goût parisien. L'année d'après, un autre Français, Pierre Meunier, ouvre le Bal du Nouveau Monde. Ce véritable palais, éclairé a giorno par des lustres et des appliques murales, a un sol recouvert de parquets. Ces parquets représentent une innovation sensationnelle : jusqu'alors on a dansé à Vienne la valse en sautillant. C'est-à-dire à la manière paysanne. A présent, sur cette patinoire brillante, on va pouvoir la danser en glissant[7].

A cette époque émerge la troisième grande salle viennoise : la brasserie Sperl, qui conquiert sa notoriété quelque temps plus tard avec l'orchestre Pramer où Johann Strauss fait ses débuts. Mais le passage du rural à l'urbain, en matière de danse, à Vienne, c'est la splendeur fastueuse de l'Apollon. L'établissement est créé par Sigmund Wolfsohn, né à Londres en 1767. Ce médecin anglais, arrivé à Vienne en 1797, a fondé un atelier de prothèses. Dans ce temps de

6. *Ibid.*, p. 14.
7. *Ibid.*, p. 15.

guerre, sa production de « membres articulés » lui permet de faire fortune. Il place son argent dans l'Apollon, qui devient un temple de la danse. Ce temple s'organise autour d'une salle à manger d'un luxe inouï (où toute la vaisselle est en argent) et qui compte plus d'une centaine de tables, un jardin d'agrément possédant divers pavillons et surtout une immense salle de bal. Les bourgeois viennois, jusqu'alors habitués aux mœurs patriarcales de Marie-Thérèse, éberlués, font la queue pour admirer ces merveilles. Même Paris ne possède pas une telle attraction. Vienne ne vit plus désormais que pour s'amuser.

En 1809 Napoléon envahit l'Autriche et, après la victoire de Wagram, vient cantonner aux portes de Vienne. Le correspondant d'un journal allemand calcule que, chaque soir, quelque cinquante mille personnes envahissent les innombrables bals dont la gamme va de l'Apollon aux plus humbles guinguettes des faubourgs. Vienne ne compte que deux cent mille habitants ; cela signifie qu'un Viennois sur quatre est en train de danser ! Dans le désastre, les Viennois gardent leur entrain. Ils font bon accueil à l'« Ogre corse », le reçoivent comme un invité. En échange, l'empereur se montre plein d'égards pour les Viennois, qu'il sait séduire par son goût pour la musique[8]. Il a fait poster une garde d'honneur devant chez Haydn, alors âgé de quatre-vingts ans.

En 1811, une dévaluation brutale liée aux dépenses de guerre entraîne la faillite de l'Apollon et de plusieurs autres établissements. Mais les expériences de Beaucousin, Meunier, Wolfsohn et les autres vont permettre de développer l'esprit d'entreprise et de faire entrer le capitalisme dans le monde de la musique et de la danse. Désormais, « le propriétaire d'une salle de danse est aussi propriétaire de sa clientèle, ce qui lui permet de dicter ses ordres aux chefs d'orchestre et même aux compositeurs, tout comme le prince du XVIIIe siècle commandait à ses musiciens[9] ». L'œuvre de Strauss, l'histoire de sa vie ne deviennent compréhensibles que lorsque l'on évalue à sa juste mesure la portée de ce phénomène.

8. Napoléon se remarie en 1810 avec Marie-Louise, archiduchesse d'Autriche.
9. H. E. Jacob, *op. cit.*, p. 18.

Des airs très romantiques

Pendant les cinq mois que dure le congrès de Vienne, la ville retrouve son éclat perdu lors de la dévaluation de 1811. Fiers de participer au triomphe remporté sur Napoléon, plus de cent mille étrangers envahissent la capitale autrichienne. Une succession ininterrompue de banquets, de défilés militaires, de fêtes populaires ponctuent le congrès. Pourtant, le petit peuple doit se serrer la ceinture car la présence de tant d'empereurs, de rois, de grands seigneurs provoque une hausse des prix bien connue aujourd'hui dans les villes touristiques.

Le congrès partage son temps entre la redistribution de l'Europe et la danse. « Le congrès ne marche pas, il danse », dit-on. Mais malgré leurs discours, toutes ces têtes couronnées ne rétablissent pas les normes prérévolutionnaires qu'elles se proposaient de restaurer. Le congrès de 1815 est même d'une certaine manière l'institutionnalisation européenne de valeurs révolutionnaires déjà transformées par le philtre napoléonien. L'analyseur de cette évolution est la danse elle-même. Le congrès ne rétablit pas le menuet. Il adopte la nouvelle danse bourgeoise, issue elle-même des pratiques corporelles contestataires et provocatrices du bas peuple européen, la valse que les armées napoléoniennes ont répandue dans toute l'Europe. Les nobles les plus réfractaires à la nouvelle danse s'y mettent. Ainsi, le ministre des Affaires étrangères anglais, Lord Caslereagh, s'aperçoit qu'il ne peut pas ne pas danser cette danse et prend des leçons. Sa femme continuant à refuser de danser, Lord Caslereagh apprend à tourner avec une chaise[10].

D'un point de vue musical, on ne garde guère de trace aujourd'hui de la musique qui se joue alors. La danse, semble-t-il, l'emporte sur la musique. Les morceaux que l'on joue sont d'« une platitude à toute épreuve, dépourvus d'idées nouvelles, emprisonnés dans une banalité pesante[11] ». Mais avec son éclat et son luxe, et même s'il n'a rien créé dans le domaine musical, le congrès valse toute la journée. Le rythme à trois temps est devenu une rengaine avec des mesures toujours identiques et une première note accen-

10. Susan Mary Alsop, *The Congress Dances*, cité par Carol Mc D. Wallace, *Dance, a very Social History*, The Metropolitan Museum of Art, Rizzoli, New York, 1986, p. 22.
11. H.E. Jacob, *op. cit.*, p. 27.

tuée alors que les deux autres sont affaiblies. « Boum, teuf-teuf, Boum, teuf-teuf. » C'est répétitif. Les Hofrichter, Preissinger, Diabellis qui composent ces morceaux donnent d'abord une rythmique aux danseurs. Comme à Paris, et malgré la tradition viennoise, la musique de valse à l'époque du congrès de Vienne est d'abord populaire, un peu vulgaire, en rupture de style avec les merveilles de menuets qu'ont composés des Gluck, Rameau, Lulli, Mozart, Haydn ou Beethoven. Des grands compositeurs viennois, aucun ne s'est risqué à composer de vraies valses. Excepté Schubert. Le musicien classique viennois appelle le plus souvent ses danses des « Deutsch », mais aussi et plus timidement il a donné le nom de valse à certaines en les baptisant de noms français : « Valses sentimentales », « Hommages aux belles Viennoises », « Valses nobles », comme le rappelle Klingenbeck[12]. Le compositeur viennois donne-t-il ainsi des noms français à ses danses à cause de l'origine de la danse elle-même ? Quoi qu'il en soit, elles suggèrent plus une ambiance romantique qu'elles n'invitent à la danse. Certes, ces valses sont adorables et à Vienne, tout le monde les fredonne. Les connaisseurs s'extasient devant leurs changements capricieux de majeur en mineur, et vice versa, souvent dans la même mesure. Mais, pour valser, ces mélodies gardent trop de réserve. Elles sont trop marquées par l'art grave de la musique pour faire une bonne musique de danse. « Dans leur mélancolie poétique, leurs frissons d'automne, leurs teintes délicates de forêt enchantée, les valses de Schubert incitent à la rêverie, et non aux mouvements tournoyant[13]. »

Le congrès valse

A l'époque du congrès de Vienne, l'essentiel est de danser. La noblesse européenne est résolue à reprendre au peuple toutes les libertés qu'il a conquises depuis 1789. Mais en même temps, en dansant la valse, elle prend un certain plaisir à transgresser son appartenance de classe. On donne une façade démocratique qui semble abolir les distinctions de classe. Le peuple européen s'émer-

12. Klingenbeck, *Das Walzerbuch*, 1952, p. 74.
13. H.E. Jacob, *op. cit.*, p. 27.

veille et applaudit à tout rompre. L'aristocratie européenne vit Vienne sur le mode bourgeois. Le roi Maximilien Joseph de Bavière, dînant dans une grande brasserie avec des amis, constate qu'il a oublié sa bourse. A la grande joie des clients installés aux tables voisines, gêné, il fait attendre le maître d'hotel qui lui présente l'addition... Le tsar et le roi du Danemark sont bousculés par la foule comme de simples bourgeois lorsqu'ils se rendent à l'Apollon. Ils ne protestent pas. Dans les auberges et les salles de bal, se côtoyent souverains, journalistes, banquiers, espions, vieux nobles et intrigants. L'unification de ce monde disparate se fait grâce à la valse. Une fois, on tente de jouer un menuet. Le comte de La Garde, un Français, veut faire revivre à l'aristocratie « les beautés sévères de cette danse digne de nos vieilles traditions ». Il danse avec une princesse allemande. Il est regardé, applaudi, mais pas suivi. Manifestement, le menuet ne correspond plus au temps.

Le comte de La Garde nous a d'ailleurs laissé de très belles pages sur la valse lors du congrès de Vienne. Il raconte une soirée au palais impérial : « Après le départ des souverains, les orchestres se mirent à exécuter des valses. Aussitôt, une commotion électrique parut se communiquer à cette immense assemblée (...) Dès que les premières mesures se sont fait entendre, les physionomies s'épanouissent, les yeux s'animent, un frémissement court de proche en proche. Les gracieux tourbillons s'organisent, se mettent en mouvement, se croisent, se devancent, tandis que les spectateurs que l'âge réduit à l'immobilité marquent la mesure et le rythme, s'unissant par la pensée et le souvenir au plaisir qui leur est refusé. Il fallait voir ces femmes ravissantes, toutes éclatantes de fleurs et de diamants, emportées par cette irrésistible harmonie, penchées sur le bras de leurs valseurs, et semblables à de brillants météores ; il fallait voir la soie brillante, la gaze légère de leurs vêtements obéir à l'impulsion et dessiner de gracieuses ondulations ; il fallait voir enfin cette sorte de bonheur extatique respirant sur leurs charmants visages lorsque la fatigue les obligeait de quitter les régions aériennes et de venir demander à la terre de nouvelles forces[14]. »

Le soir du 7 mars 1815, au beau milieu d'une valse effrénée, un courrier apporte la nouvelle de l'évasion de Napoléon. Le bal a lieu

14. Comte de La Garde, « Fêtes et souvenirs du congrès de Vienne », extraits de *Les fêtes en Europe*, choix de textes, Albin Michel, Paris, 1963, p. 169 et 170.

au palais Metternich. L'annonce frappe les danseurs comme la foudre. « Il est rentré en France ! » L'orchestre essaie de continuer à jouer. L'esprit n'y est plus. Les couples s'immobilisent. Le tsar s'approche de Talleyrand : « Je vous avais bien dit, n'est-ce pas, que tout cela ne durerait guère ? » L'ambassadeur de France s'incline. Le roi de Prusse sort avec Wellington, puis le tsar, l'empereur d'Autriche, Metternich... Napoléon vit ses Cent Jours. Mais déjà, à des centaines de lieues de là, dans la plaine sanglante de Waterloo, le tonnerre de mille bouches de feu rythme cette dernière valse du congrès de Vienne. Napoléon se fait écraser par l'Angleterre. L'Empire est bien fini.

Le congrès de Vienne ponctue ainsi un nouveau découpage de l'Europe. Il est aussi une sorte d'immense stage de danse de cinq mois. Il institutionnalise la valse dans toute l'Europe. Après cette sorte de grand messe européenne de la danse, il devient vraiment *up to date* de refuser l'entrée de cette danse populaire dans les milieux les plus aristocratiques. Les participants du congrès de Vienne sont incontestablement les nouveaux vecteurs du virus. Ils vont propager la valse et accélérer sa progression.

Strauss contre Lanner

Dans cette Vienne à la politique intérieure bercée par la musique et les bals, et jouant un rôle déterminant en politique internationale, commence alors l'épopée d'une famille dont le nom est lié à l'histoire même de la valse : les Strauss. Né le 14 mars 1804, Johann Strauss a un père cabaretier dans un faubourg de Vienne qui sert de la bière aux mariniers et au petit peuple viennois. Son père disparaît dans le Danube alors qu'il n'a qu'un an. Accident ? Suicide ? La veuve se remarie rapidement avec un nouveau cabaretier. L'enfant grandit dans cette ambiance populaire qu'il n'oubliera pas. A cinq ans, il obtient de son beau-père un violon de Berchtesgaden, un instrument bon marché sur lequel il joue rapidement toutes les rengaines populaires, marches et tyroliennes. Il ne vit que pour la musique. Ses maîtres ont du mal à l'intéresser aux études. Le directeur de son école le surprend un jour en train de jouer une valse. Il est persuadé de son talent, en parle aux parents de Johann. Pourtant, ceux-ci ne sont pas favorables à ce que le jeune garçon prenne cette voie. Ils voient dans leur Bon Pasteur passer des violoneux loqueteux qui en échange d'un plat de viande, jouent tout un après-midi dans l'estaminet. Ils ne peuvent souhaiter cette carrière pour Johann. Golder, le beau-père de Johann, met Johann en apprentissage chez un de ses amis, le relieur Lichtscheild. L'enfant se met à détester l'odeur de la colle. Un beau matin, il se sauve avec son violon. Il fait une fugue sur le mont Chauve, où il s'endort dans l'herbe. Le lendemain, le hasard veut qu'il soit découvert par Polischansky, un musicien qui connaît bien son père. Son intervention permet à Johann de s'adonner exclusivement au violon.

Il prend des leçons de Polischansky et réussit à se faire recruter dans l'orchestre de Pramer, un ivrogne coléreux qui a le génie de la musique de danse. Un jour, Pramer annonce que l'orchestre quitte la Poire d'or où il jouait pour aller chez Sperl, la brasserie renommée que fréquente la bourgeoisie. Dans l'orchestre de Pramer, il y a un certain Lanner qui devient l'ami de Johann. Mais Lanner quitte l'orchestre en 1818, excédé par les colères de Pramer. Il fonde son propre orchestre avec les frères Drahanek qui sont tchèques. En 1819, les trois violonistes rencontrent Johann qui désire à son tour quitter Pramer. Ils lui proposent de se joindre à eux. Johann commence donc sa carrière dans le quatuor, en faisant la quête après chaque morceau joué par le nouvel orchestre de Lanner. Les quatre musiciens vivent pour la musique. Ils ne songent pas à amasser de l'argent, contrairement au virtuose Hummel, compositeur attitré de l'Apollon qui laisse un bel héritage. Strauss et Lanner vivent au jour le jour.

Ils jouent dans différents cabarets : la Taverne flamande, le Cerf rouge, le Rendez-Vous du pont suspendu. Lanner et Strauss partagent la même chambre. En 1821, ils ont acquis une certaine popularité. Ils songent à s'agrandir. Lanner fonde un orchestre de douze exécutants. Strauss, son premier violon, devient chef suppléant. Ils ont un premier engagement au Coq flamboyant, fréquenté par la bonne société, notamment les officiers de la garde hongroise. La qualité de la musique s'améliore. Le public est en effet habitué à la musique de Mozart, Schubert et Beethoven. Il ne faut pas le décevoir. Et pourtant, ni Lanner ni Strauss n'ont appris les règles de la composition. Ils n'ont qu'un sens inné de ce qu'il faut faire. Lanner veut écrire une musique qui reflète tout ce qu'aiment les Viennois : le vin, les jolies filles, les nuages blanc dans le ciel bleu. S'inspirant d'un motif de la Symphonie pastorale de Beethoven, il compose sa première valse.

Lanner trouve en Weber un maître. En 1819, en effet, le directeur de l'opéra de Dresde écrit sa célèbre « Invitation à la valse ». Il s'agit d'une musique révolutionnaire dans la mesure où elle intègre le rythme de la valse dans une vraie symphonie pour piano qui rend bien compte de l'âme même des danseurs. Pour la première fois, la valse est promue au rang d'œuvre d'art. L'originalité profonde, l'inspiration débordante de Weber ne peuvent que faire école. Lanner ne manque pas d'idées. Enfant des faubourgs, il fait passer dans sa musique les chansons des faubourgs. Il est sentimental. Strauss, par contre, est plus tonique. Il a imposé son attaque brusque, son coup d'archet à la fois violent et sensuel. A la sollicitation caressante de Lanner répond le rythme impérieux de Strauss. Lanner a un grand succès auprès des éditeurs, ce dont ses prédécesseurs n'ont pas bénéficié. Les premières valses de Lanner paraissent chez Diabelli, les suivantes chez Haslinger.

Cette inscription dans l'édition accélère la diffusion des valses de Lanner, qui ne peut répondre à toutes les offres. Il doit se résoudre à diviser son orchestre. Strauss prend la direction du deuxième orchestre. Lanner continue à composer pour les deux orchestres jusqu'au jour où, souffrant, il demande à Strauss de lui écrire une valse. A cette époque, il est fréquent que les affiches annonçant la nouvelle valse de Lanner précèdent l'écriture de la musique elle-même. Les musiciens travaillent à orchestrer le thème alors que celui-ci n'est pas encore terminé ! Simultanément, les copistes recopient les partitions. L'orchestre de Lanner est donc devenu une petite industrie. Ce soir-là, l'orchestre joue une « valse de Lanner » écrite par Strauss ! La situation se reproduit dans les mois suivants. Cela entraîne un malentendu, puis une brouille entre les deux amis. En 1825, la rupture éclate à la fin d'un bal. Lanner et Strauss échangent des mots, les musiciens prennent partie pour l'un ou pour l'autre. On se bat à coups d'instruments. Rentré chez lui, éprouvé affectivement, Lanner compose la « Valse de la séparation ».

Strauss entraîne avec lui quatorze des meilleurs musiciens de Lanner. Au-delà des tensions avec Lanner, Strauss crée son propre orchestre pour des questions d'argent. Il veut épouser Anna Steim, la fille de l'aubergiste du Coq flamboyant, et a besoin d'argent.

Anna attend déjà un enfant. Elle a des ascendants espagnols, joue de la guitare, a une imagination romantique. Elle est aussi brune que Johann. Celui-ci devient père à vingt et un ans. Il compose valse sur valse pour subvenir aux besoins du ménage. Lanner reste un moment plus populaire que lui. Strauss écrit des valses dans lesquels il donne toujours le rôle essentiel au premier violon. Sa musique est une émanation du quatuor à cordes et est en rupture avec celle jouée en France à l'époque de la Révolution. Epoque où l'on trouve surtout des instruments à vent (cors) ou même de la musique des tyroliennes autrichiennes du XVIIIe jouées par des hautbois et des cornemuses! Le violon s'harmonise mieux avec le glissé sur parquet que les instruments à vent dont le son lourd correspond davantage à une valse plus saccadée, dansée sur terre battue. Les sautés ne sont pas abandonnés totalement. On les retrouve dans les bals champêtres en Autriche ou en France. Dans ces bals se retrouvent également des orchestres à vent qui traverseront tout le XIXe siècle.

Mais il y a chez Strauss une tradition tzigane, celle des bateliers du Danube. Sur les bateaux, c'est du violon que l'on joue. Strauss trouve facilement le succès. Les éditeurs, le public, les entrepreneurs de bals s'arrachent ses compositions. Le meilleur critique de l'époque, Edouard Hanslick, est conscient du risque qu'il y a pour un jeune compositeur à composer ainsi valse sur valse : « Une danse complète exige, en plus de l'introduction et de la finale, cinq valses, c'est-à-dire cinq thèmes nouveaux. L'inspiration la plus féconde ne saurait résister indéfiniment à une ponction pareille[15]. »

Pour échapper au danger, Strauss apprend la composition, l'orchestration et le contrepoint avec un ami de Beethoven. Il comble ainsi ses insuffisances théoriques. Ce qui l'amène à sortir la valse du modèle hérité de Lanner qui a dominé jusqu'alors, et qui consiste à répéter deux thèmes de huit mesures avec deux mesures de liaisons. Strauss donne à chaque valse sa physionomie propre. S'il conserve la mesure à trois temps, il dissimule cette répétition derrière des fantaisies d'écriture: il introduit des trilles à des endroits imprévus, des syncopes empruntées à la grande musique, des pizzicati et des arpèges qui permettent une plus grande expressivité à sa musique. S'inspirant de Weber, il fait alterner phrases et

15. E. Hanslick, *Musikalisches Skizzenbuch: Kritiken und Schilderungen*, Berlin, 1896.

résolutions. Il veut refouler l'ennui, la monotonie du rythme ternaire. Ce travail a deux résultats : il fait sortir la valse du répétitif, donc de la transe (la transe se trouve souvent dans le côté répétitif de la musique) ; en même temps, il institutionnalise la valse dans la grande musique. Strauss comme Lanner font preuve d'une fécondité énorme et leur rivalité fait de Vienne un lieu privilégié de l'institutionnalisation musicale de la valse.

Le roi Strauss

En 1829, Lanner joue tous les soirs de la semaine en public, sans parler des réceptions privées. Si l'on en croit Fritz Lange, son biographe, il boit énormément. Strauss par contre est de la plus grande sobriété. Vienne se partage entre les deux musiciens. La presse participe à l'affrontement. Si Strauss est aujourd'hui le plus connu, Lanner garde de son vivant des partisans d'une fidélité à toute épreuve. En 1830, Strauss a deux cents musiciens sous ses ordres. Il compose avec ces virtuoses les orchestres qu'on peut lui commander. Il livre à Lanner des combats sur plusieurs terrains à la fois. Puisque Lanner a la « Redoute » de l'empereur, Strauss s'installe au Sperl. Les Viennois se partagent. Heinrich Laube, chroniqueur allemand en visite à Vienne, nous donne une description enthousiaste, longue mais précise, du génie de Strauss dans son *Reise durch das Biedermeier.* On la retrouve citée dans les nombreuses biographies de Strauss. Je me permets de la reprendre car elle montre bien la vie quotidienne viennoise au moment même où en France va éclater la Révolution de 1830 :

C'est un pouvoir inquiétant que détient cet artiste noiraud : il peut s'estimer heureux d'être 'seulement' un musicien. Dans la musique, on peut trouver ce que l'on aime, la censure pointilleuse est impuissante contre la valse qui fait appel aux sentiments par des moyens directs et non par le détour de la pensée. En somme, Strauss bénéficie de cette parole bizarre d'après laquelle un homme peut être en même temps un génie de la musique et un parfait imbécile. Ce qui, dans mon esprit, n'est pas une insulte mais, au contraire, une félicitation. J'ignore si, en dehors de la musique, Strauss connaît quoi que ce soit, mais je sais qu'il pourrait amener une catastrophe si, par exemple, il voulait prôner les idées de Jean-Jacques Rousseau : les Viennois réaliseraient, en une seule soirée, l'ensemble du Contrat social...

Ceci dit, n'oublions pas que la sensualité autrichienne n'est jamais vulgaire ; elle est naïve et ne commet guère de péchés. A Vienne, le désir ne va pas jusqu'à la chute ; on regarde la pomme défendue, mais on ne la croque pas.

Dans la foule bigarrée, les filles, rieuses et provocantes, s'amusent à bousculer les garçons. Leur souffle chaud joue autour de l'étranger solennel que je suis, j'ai l'impression de respirer le parfum ensorceleur des fleurs du Sud. Tiré, poussé, malmené, je me retrouve au milieu de la cohue. Ici, personne ne songe à s'excuser ; chez Sperl, on ne demande pas pardon.

Voilà que commencent les préparatifs de la danse proprement dite. Pour maintenir le public dans des limites raisonnables, des employés tendent une corde destinée à séparer le centre de la salle des danseurs qui vont évoluer en cercle. Séparation incertaine et élastique ; c'est seulement par le tournoiement régulier des têtes que l'on distingue le courant des danseurs. Lancés dans la bacchanale, les couples emportent dans leur ruée frénétique tous les obstacles que le hasard a pu placer sur leur chemin. Rien ne peut les arrêter, même pas la chaleur mouvante dont les lourdes vagues semblent descendre du haut de l'estrade.

C'est surtout le début de la danse qui est caractéristique. Strauss entame son prélude frémissant, ardent, tragique comme un bonheur encore empreint des douleurs de l'enfantement. Le Viennois enlace sa danseuse, la place au creux de son bras, et le couple, se berçant sur place, s'intègre peu à peu au rythme de la valse. Pendant plusieurs mesures, on entend encore comme un chant mélodieux et captivant. Puis, soudain, jaillit le trille triomphant. La valse commence, déferle à une allure vertigineuse qui emporte tout sur son passage. Les couples enfin libérés se précipitent dans le tourbillon...

Pas une seule fois je n'ai assisté à des excès. C'est que, dans cette ville joyeuse, on ignore l'eau-de-vie, cette malédiction des pays nordiques. On n'y connaît que l'ivresse de la danse, une ivresse qui n'a rien d'avilissant. Le vin léger des vignobles autrichiens stimule seulement les sens, sans les exaspérer — et les Viennois, s'ils ont l'estomac solide, ont le gosier plutôt étroit.

La fête dure jusqu'à l'aube. Ensuite, Johann Strauss, le héros autrichien, prend son violon sous le bras et rentre chez lui, d'abord pour dormir quelques heures, puis pour dresser de nouveaux plans de bataille, pour inventer de nouveaux thèmes de valse. Et les couples encore échauffés par la danse retrouvent en sortant l'air frais et vif du matin... »

H. E. Jacob remarque que cette description s'inspire des *Impressions de voyage* d'Henri Heine. Strauss a maintenant fait oublier aux Autrichiens les grands noms de la musique classique disparus depuis peu. Il occupe toute la place. Il a pour amis Schumann et Mendelssohn. Wagner lui-même, qui fait la connaissance de Strauss en 1832, est conquis. Alors que Vienne est atteinte par le choléra, la ville ne cesse de danser. Wagner est stupéfait de voir cette « foule littéralement enflammée par Strauss ». Il fournit un témoignage qui permet d'imaginer le mouvement que Strauss a imprimé à la valse, la faisant glisser de la transe vers la musique. Il voit en effet chez Strauss « une émotion qui, à chaque morceau, naît par un acte de volonté délibérée pour atteindre au paroxysme. Ce démon de la musique populaire viennoise tremble au début d'une nouvelle valse comme s'il entrait en transe. Le véritable hennissement que pousse l'auditoire, enivré par la musique plutôt que par la boisson, porte cette passion du virtuose Strauss à un degré angoissant [16] ».

A Vienne, à partir de 1830, J. Strauss occupe toute la scène musicale, faisant oublier aussi bien Mozart que Beethoven. Il est pourtant encore entre deux cultures : la populaire et la classique. La classique parce qu'il élève sans cesse le niveau de sa musique. La populaire parce qu'il garde de ses origines un plaisir à organiser dans ses bals des animations, il fait tirer des feux d'artifice à tous ses bals, et propose des attractions allant parfois jusqu'au vulgaire. Il a recruté un imitateur de cantatrices...

Wagner est davantage surpris par le phénomène social que suscite Strauss que par sa musique. Strauss en effet peut communiquer la transe à toute la plaine, comme le montre un témoignage d'un observateur de la fête du soir de la Sainte-Brigitte à laquelle participent quarante mille personnes : « Sous la lune énorme, des guirlandes de lampions reliaient d'immenses tentes de branchages. Un vaste mouvement giratoire semblait entraîner le paysage entier. Le tourbillon ne se limitait pas aux planches des pistes de danse, aux tentes, aux baraques ; il franchissait les vallons et les collines, entrai-

16. Wagner, cité par Jacob, *op. cit.*, p. 49.

naît dans sa valse folle les buissons et les arbres. Une fête hallucinante — une fête de Peaux-Rouges ! »

La valse viennoise gagne l'Europe

Fin 1934, Strauss, dont les partitions sont maintenant connues dans l'Europe entière, est invité à Berlin. Berlin entretient toujours une certaine rivalité avec Vienne. Johann Strauss a donc quelques appréhensions. Jusqu'à ce jour, mis à part un voyage à Budapest, il est toujours resté à Vienne. Son voyage à Berlin est un succès. Au retour, il joue à Leipzig, Dresde et Prague, où il découvre la polka. Dans toutes ces villes il reçoit un très bon accueil.

Cela le pousse, en 1835, à concevoir une tournée dans le sud et l'ouest de l'Allemagne. Il joue à Munich, Augsbourg, Stuttgart, Wiesbaden, Heidelberg, Francfort. Partout, il rencontre le succès. En 1836, il joue à Leipzig, Magdebourg, Brunswick, Hanovre, Hambourg, Brême, Amsterdam, La Haye, Liège et Bruxelles. L'Allemagne est maintenant totalement gagnée à la valse. Strauss en est l'apôtre. Si la valse est beaucoup dansée dans les années 1830-1840, c'est qu'elle apparaît comme à fois bourgeoise et romantique. L'époque romantique est marquée par une aspiration à l'infini. L'infini, en mathématiques, est représenté par un huit couché. C'est une double boucle qui revient sur elle-même et en elle-même. Quelle meilleur symbole pour la valse qui est une variation permanente autour du cercle, du cylindre, de la sphère... Le mouvement de la valse est infini. Le vertige qu'entraîne cette rotation et qui a pu faire condamner cette danse par la « bonne société » participe maintenant de l'ivresse romantique. Mais, en même temps, la valse est une danse où le couple émerge comme sujet contre l'irrationnel, contre l'infini. La montée des valeurs bourgeoises trouve dans ce mouvement d'un homme s'appuyant sur une femme et d'une femme s'appuyant sur un homme, dans un combat commun contre le déséquilibre, le symbole du combat que mène l'époque pour garder un cap dans les turbulences du développement du capitalisme. La valse est à la fois l'ivresse et sa maîtrise par une nouvelle identité sociale : le couple.

A Vienne, la valse a trouvé un maître. L'Allemagne l'a rencontré. Il faut maintenant conquérir l'Europe où la valse continue sa progression.

CHAPITRE 6

L'impossible restauration

« La valse n'est point dans nos mœurs. Elle annonce de la part de la femme un abandon trop exclusif, contraire à nos idées de politesse, de convenance, et à ce principe d'urbanité qu'il ne faut jamais oublier. »

Elise Voiart, Essai sur la danse antique et moderne, *1823.*

Au début du XIXe siècle, les classes sociales se séparent ; leurs différences s'accentuent. L'aristocratie relève la tête au moment de la Restauration. La bourgeoisie prépare dans l'ombre sa revanche politique ; elle tend à faire bande à part. Cependant, idéologiquement, l'ensemble du peuple (paysans, ouvriers, petits bourgeois et bourgeoisie) a retrouvé une certaine unité dans les souvenirs de la Révolution, du patriotisme jacobin, de la gloire impériale. Emergent deux groupes sociaux qui se manifestent : l'intelligentsia et la jeunesse. Au moment où le bourgeois travaille patiemment et s'enrichit lentement, l'intellectuel, bourgeois ou non d'origine, s'élance dans le rêve. La classe au pouvoir en France n'a pas conscience de cette réalité. Elle veut revenir à ses fêtes passées. Le peuple résiste et affirme sa joie de danser les nouvelles danses. Il finira, à coups de révolutions par l'emporter.

Les bals rétro de la vieille aristocratie

On ne peut pas dire que la vieille aristocratie au pouvoir ne danse pas. Mais elle résiste encore à la valse. Sous Charles X, la duchesse de Berry anime de grands bals. Plusieurs fois par mois, elle organise des soirées au pavillon de Marsan. Par rapport à l'acceptation de la valse et à son intégration, par rapport au mouvement social, ces bals sont plutôt le signe d'un repli. Madame de Boigne nous apprend en effet qu'en 1820 la valse est loin d'être admise à la cour.

Aux bals de la duchesse de Berry, le prince l'interdit. « Il aurait fait beau voir une princesse de sang 'enivrée' tourner au bras d'un jeune homme », commente Boulenger[1]. Cette attitude s'explique par le fait que la valse est encore trop marquée en France par sa dimension populiste et révolutionnaire. L'aristocratie traditionnelle a du mal à partager les valeurs de la bourgeoisie napoléonienne qui se réfugie dans les bals publics.

Pourtant, en ville, les bals se multiplient. Boulenger cite le bal qu'offre M. James de Rothschild le 3 mars 1821 dans son hôtel de la rue d'Artois qui appartenait auparavant au duc de Rovigo. Trois mille invitations ont été lancées... N'étant pas encore consul d'Autriche, James de Rothschild n'est pas assuré du succès. Pourtant, il gagne son pari. Ministres, ambassadeurs, grands seigneurs, fonctionnaires, gens du monde, artistes se succèdent. Il y a même tellement de monde qu'on ne danse guère. A cette époque, le climat de la cour déteint sur la société parisienne. La valse reste l'apanage des femmes mariées, des « femmes de trente-cinq ans ». Les jeunes personnes doivent se contenter des contredanses (inspirées souvent des country dances anglaises), écossaises ou autres danses à figures qui restent décentes et convenables (par exemple « la chaîne anglaise » ou « pantalon », inventée en 1786 par Vincent, le répétiteur de Taglioni). Ces bals parisiens sont assez ennuyeux jusqu'à la réinvention du cotillon (1820), introduit à la cour en 1827.

Les bals se succèdent pourtant jusqu'en 1830, année où l'hiver fut rigoureux. On organise des bals pour les pauvres dans tous les salons. Le duc d'Orléans offre un grand bal à l'occasion de la venue à Paris des souverains des Deux-Siciles. Ce sera le dernier de la Restauration. Cela manque mal tourner. Le duc d'Orléans, soucieux de sa popularité, a ouvert au peuple l'entrée du jardin, et une mer humaine s'agite entre les murs du palais illuminé. Charles X paraît. Il est applaudi. Mais peu après, le peuple devient houleux. Des cris, « A bas les habits galonnés ! A bas les aristocrates ! » se font entendre. Un feu s'allume. Un homme commence à haranguer le peuple. On envoie des gendarmes. Ils sont bousculés, frappés, emportés. Les flammes du bûcher qu'on alimente avec les chaises du jardin s'élèvent à la hauteur des combles... Les cris aigus des femmes effrayées fusent au milieu du tumulte... La troupe appelée déblaie le jardin.

1. J. Boulenger, *De la walse au tango*, p. 20.

La duchesse de Berry reste pour danser encore un cotillon avec le prince de Salerne ! Un mois plus tard, le duc d'Orléans devient Louis-Philippe, roi des Français.

Pendant son règne, on ne danse plus à Paris que la contredanse. La valse a tout de même réussi à opérer son retour ; on la danse ainsi que le cotillon et surtout le galop, « cette danse à l'allure emportée qui jette dans le bal une diversion si vive ». La valse continue cependant à être mal vue. Comme ne manque pas de le noter Klingenbeck, en 1835, encore, la préceptrice de la reine de France, la comtesse de Genlis, décrit la valse en termes méprisants : « Une jeune personne, légèrement drapée, se jetant dans les bras d'un jeune homme qui la presse contre son sein et qui l'entraîne avec une telle impétuosité que bientôt elle éprouve un violent battement de cœur, et qu'éperdue la tête lui tourne ! Voilà ce que c'est qu'une walse[2]. »

Pourtant, Louis-Philippe donne de magnifiques fêtes aux Tuileries. Les journaux d'opposition font mille railleries de ces bals du « Château » : au buffet, assurent-ils, on offre des tartines beurrées, avec du jambon et de l'eau rougie. En réalité, nous explique Boulenger[3], l'avarice bourgeoise de Louis-Philippe est une légende inventée par le monde légitimiste. La maison du roi est simple, mais le roi sait tenir son rang. Chaque hiver, aux Tuileries, il y a quatre grands bals, deux petits bals de la reine, et, après le mariage du duc d'Orléans, un bal chez lui. Aux petits bals, on invite six cents personnes, trois mille à quatre mille pour les grands bals. Le duc d'Orléans tente de revenir aux traditions en exigeant le port de la culotte, mais Louis-Philippe y vient en pantalon. « Mon fils, dit-il un jour, excusez-moi de me présenter chez vous en pantalon, mais je suis sans culotte. » Par contre les officiers étrangers, le comte Apponyi, son fils et son cousin, vêtus en magnats hongrois, le général Coletti, ministre de Grèce, et sa jupe de Palikare, les Turcs en turbans et en pantalons bouffants, les Ecossais dans leurs costumes nationaux font sensation. Il n'y a pas de costume de cour pour les femmes ; elles se mettent en robe de bal. Mr Sanderson, un Américain de passage à Paris, assiste à l'un de ces bals en 1836 et le

2. Cité par Klingenbeck, 1943, p. 21. Mais aussi par E. Reeser, *De Geschiedenis van de Wals, op. cit.*, p. 28.
3. J. Boulenger, *op. cit.*, p. 29.

décrit comme « la plus belle chose du monde ». Il y a aussi au Chateau des bals travestis. Celui de février 1841 est l'un des plus réussis. Le Moyen Age y triomphe, mais aussi la Ligue et la Fronde, « époques fort bien vues des romantiques[4] ».

Aux bals de l'Hôtel de Ville, le buffet est modeste, mais les gens s'y pressent (deux mille personnes en janvier 1836 y dansent dans la même salle). Les légitimistes boudent ces fêtes officielles. Ils organisent de leur côté au faubourg Saint-Germain des bals de charité au profit des pensionnaires de l'ancienne liste civile de Charles X. Ces bals ont lieu tantôt dans un hôtel de la rue des Capucines, tantôt au Casino Paganini, ou dans les jardins de Tivoli, ou à la salle Ventadour. On y verra Dufresne et Strauss diriger l'orchestre. Ces bals ont un succès considérable[5].

Les bals d'ambassade

Au XIXe siècle, parmi les grands bals officiels, il faut mentionner ceux des ambassades. Pendant la monarchie de Juillet, ceux de l'ambassade d'Angleterre sont célèbres. Chaque année, en l'honneur de l'anniversaire de la naissance de la reine Victoria, le bel hôtel du faubourg Saint-Honoré s'illumine et de longues files de voitures s'allongent d'un bout à l'autre de la rue... Lord et Lady Granville donnent aussi souvent des bals ordinaires où il est facile d'être admis. Ces bals ne sont pas très animés, si l'on en croit le chroniqueur Arsène Houssaye qui dit qu'on y « sentait toujours le froid des brumes de la Tamise ».

A l'ambassade d'Autriche, les bals sont plus animés. Mais l'ambassadeur et la comtesse Apponyi, sa femme, se montrent très peu accommodants sur le choix de leurs hôtes. Depuis 1826, ces bals sont l'occasion pour la noblesse la plus traditionnelle, même sous Louis-Philippe, de se retrouver. On y rencontre souvent les ducs d'Orléans et de Nemours, les notabilités orléanistes, des hommes de lettres comme Balzac et Eugène Sue, des financiers comme les Rothschild, les Thorn, les Hope, triés sur le volet. Outre les deux grands bals annuels que donne l'ambassadrice, celle-

4. *Ibid.*, p. 31.
5. *Ibid.*, p. 33.

ci a lancé avec succès la mode des déjeuners dansants. Ils commencent à midi et se terminent à neuf heures. Les autres ambassades, surtout celle des Deux-Siciles, place Bauveau, donnent aussi de belles fêtes.

Les bals publics

Analyste fidèle des mondanités de la monarchie de Juillet, Madame Girardin nous a laissé aussi une description des bals donnés dans quelque belle propriété champêtre où l'on va entre deux contredanses visiter la basse-cour et l'étable — une étable munie, bien entendu, de confortables canapés. On donne à manger aux cygnes du petit lac, on visite le joli chalet suisse importé tout droit de l'Oberland et meublé de deux jeunes et authentiques Suissesses... des Batignolles. On rencontre sur la pelouse une gracieuse et simple bergère coiffée d'un modeste chapeau de paille, avec rubans flottants, et fichu de gaze négligemment noué autour du cou, à la paysanne. On danse : « Sur un frais gazon, à l'ombre de ces grands arbres qui deviennent si rares (...) et toutes ces femmes si jolies, parées de robes de toutes couleurs, coiffées de légères capotes de crêpe, d'élégants chapeaux de paille, tournant, valsant, passant et repassant à travers ces touffes de fleurs » semblent un feérique ballet d'Opéra, mais « sans rouge et sans danses académiques ». A la fin du jour, Edouard, le célèbre coiffeur de Paris, spécialement commandé, répare le désordre des chevelures, et tout se termine dans la nuit par des danses et des feux de Bengale. « Dix heures de plaisir !... Il faut s'amuser beaucoup, conclut Madame de Girardin, pour s'amuser si longtemps[6] ! »

Sous la Restauration, le bal public est bien vivant. Après 1815 se sont ouverts les bals d'été du Tivoli, rue de Clichy, des Montagnes de Belleville, de la Grande Chaumière, du Prado, du Salon de Mars, rue du Bac, du Tivoli d'hiver, tandis que le Colisée, le Bal d'Italie, passage de l'Opéra, continuent à faire florès. On y danse toutes sortes de danses : la gavotte, la contredanse, le quadrille, la fricassée poissarde, célèbre pendant la Révolution, et la valse, évidemment.

6. Citée par M. Bouteron, *Danse et musique romantique*, pp. 129-130.

Le galop fait son apparition à la fin des quadrilles. Il prélude par sa course insensée aux frénésies du chahut. Vers 1830, on peut parler de fièvre du bal public. La Closerie des lilas, le Bal Vivienne, la Chartreuse, le Salon de Flore, le Bal Dourlans, le Jardin turc, la Salle Montesquieu, le Casino Paganini accueillent la jeune génération du Pays latin qui s'y précipite « bon jeu, bon argent[7] ». Ces bals ne suffisent pas. On danse l'hiver dans les théâtres de la Renaissance, de la Porte-Saint-Martin, des Variétés, de l'Opéra comique, tout autant qu'à l'Opéra.

Après la Révolution de 1830, le bal de l'Opéra devient un événement. Son nouveau directeur, le docteur Véron, réussit en quatre années de direction, de 1831 à 1835, à transformer l'Opéra déficitaire des Bourbons en une bonne affaire commerciale. Il ne fait pas du premier coup accepter au public ces bals costumés et joyeux qui acquièrent par la suite une célébrité mondiale. Mira, l'imprésario, s'ingénie à séduire le public tantôt par des loteries, tantôt par des divertissements, puis en 1834 par l'engagement de danseurs espagnols.

Le temps de Musard

L'année 1834 est avant tout marquée par l'avènement de Musard. Le fameux Musard est chef d'orchestre aux Variétés où il a obtenu une telle célébrité par sa verve endiablée que l'Opéra se décide un beau jour à lui confier la direction de ses bals.

Au temps de Musard, les bals de l'Opéra se donnent tous les samedis pendant le Carnaval et, le dernier, le jeudi de la mi-carême. Rien n'est épargné pour ces nuits de liesse dont vingt-quatre violons, altos et contrebasses en proportion, quatorze cornets à piston, douze trombones composent le formidable orchestre ; sans omettre, pour scander la mesure, le fracas de la chaise cassée, ou celui des pistolets que Musard, mégalomane, remplace finalement par un mortier à la voix de tonnerre. Et dans une apothéose, le galop final, le galop échevelé sous la baguette frénétique de Musard acclamé, puis porté en triomphe, au milieu du tourbillon des danseurs en folie. Si le travesti est banni du bal de l'Opéra sous la Res-

7. F. de Ménil, *Histoire de la danse,* Alcide Picard éd., p. 208.

tauration, il prend une fière revanche sous Louis-Philippe : les chicards et les débardeurs de Gavarni sont là pour nous le rappeler[8].

La venue de Musard marque dans les fastes du bal de l'Opéra un tel changement que Fétis lui-même, directeur de la docte *Revue musicale,* se croit obligé de le signaler à ses lecteurs : « La danse n'est qu'à demi du domaine de la musique : cependant, telle est la nouvelle composition des bals qu'annonce l'Académie royale de musique, que nous avons cru qu'il ne serait pas déplacé de donner à nos lecteurs connaissance du petit programme, imprimé en forme de livret, qu'a fait distribuer l'administration de ce théâtre, et de faire suivre nos réflexions[9]. »

Dans le programme du bal, on peut lire notamment : « Il était du devoir de la nouvelle administration de l'Opéra de chercher à régénérer les bals masqués qui furent autrefois une des gloires de l'Académie royale de musique ; cette uniformité du domino, cette musique monotone jouant des contredanses pour la foule indifférente, n'était plus, il faut le dire, un attrait suffisant pour la société actuelle. L'administration de l'Opéra, pour reproduire les bals sous une autre forme et les rendre dignes de l'époque d'art et d'élégance dans laquelle nous nous trouvons, a dû rechercher avec soin quels pouvaient être, en fait de plaisirs du Carnaval, ceux qui satisferaient à toutes les exigences. Elle a pensé qu'il fallait offrir avec les recherches du luxe, du goût et du confortable, dans l'acception la plus étendue de ce mot, des amusements que le public ne pût trouver qu'aux bals masqués de l'Opéra. »

Suit une description de la salle, de l'orchestre de soixante-dix musiciens. Puis il est précisé : « On supprimera cette année l'usage suranné des contredanses qui perdent tout leur charme dans les grandes réunions. D'après les demandes nombreuses qui lui ont été adressées et les observations qui lui ont été faites, l'administration de l'Opéra a cherché à remplacer les contredanses par des danses plus à la mode, plus convenables, et qui ne peuvent être exécutées, avec tous leurs agréments, que dans un très vaste local tel que la salle de l'Opéra. L'orchestre n'exécutera que des walses, des polonaises, des mazourques et surtout ces galops qui, depuis un an, sont devenus un des caprices de l'époque (...) Ces danses ont le grand

8. Marcel Bouteron, *op. cit.*, p. 58-59.
9. *Revue Musicale* du 28 décembre 1833.

avantage de satisfaire aux convenances qu'on ne saurait trop respecter dans un bal public; elles permettent aux cavaliers de ne jamais quitter la main de leurs dames, et ne les obligent pas à les livrer à des mains étrangères au gré des combinaisons des figures de la contredanse. »

Il faut souligner la subtilité du passage. Véron fait passer la contredanse pour « incorrecte » alors que la danse de couple, elle, « satisfait aux convenances »! On peut encore lire dans ce programme : « La salle sera disposée de manière à laisser aux walses et aux galops une vaste place que les danseurs chercheraient en vain dans les plus beaux salons de Paris (...) L'administration a pensé qu'il convenait qu'à l'Opéra il ne fut exécuté que de la musique nouvelle et des airs de danse composés exprès pour ses bals; elle a confié ce soin aux maîtres les plus distingués et à quelques amateurs qui jouissent, dans ce genre, d'une brillante réputation. Ce sont MM. Auber, Adam, le comte de Bongars, Boïeldieu père et fils, Caraffa, Madame C. Delavigne, MM. Gide, Halévy, H. Herz, Labarre, Leborne, Meyerbeer, le prince de la Moskowa, Musard, Alphée de Régny, Rossini, Schneitzhoeffer et Troupenas. » Le programme parle ensuite des costumes et de la participation de grands danseurs espagnols...

Qui se souvient aujourd'hui que la France possédait en 1834 vingt grands compositeurs de valse ? Si un certain nombre des noms cités nous sont encore connus, nous avons oublié leurs valses. Fétis critique d'ailleurs le choix de ces musiciens. Pour lui, le thème historique des costumes aurait dû amener à danser sur de « vieux airs » : « Ne sera-ce pas un lourd anachronisme que de voir des personnages de Charles IX ou de François Ier danser sur la musique de Rossini et de Meyerbeer[10] ? » Fétis regrette donc l'entrée de la walse et du galop au bal de l'Opéra. La *Revue musicale* publie en effet des « vieux airs ». Fétis y défend les vieilles danses contre les nouvelles.

Les bals champêtres

Partout en France, on danse dans les villages. Ce n'est pas toujours facile. A la demande de certains curés, le préfet interdit qu'on

10. Fétis, cité par M. Bouteron, *op. cit.*, p. 66.

danse sur la place du village. Pourtant, il est une tradition qui veut que les habitants des villages proches se reçoivent tour à tour. Dans une « Pétition pour des villageois que l'on empêche de danser », datant du 15 juillet 1822, Paul-Louis Courier nous apprend que l'on danse chaque dimanche en Touraine, les jours d'été : « Nous dansons au son du violon ; mais ce n'est que depuis une certaine époque. Le violon était réservé jadis aux bals des honnêtes gens ; car d'abord il fut rare en France. Le grand roi fit venir des violons d'Italie, et en eut une compagnie pour faire danser sa cour gravement... Le peuple dansait peu, quelquefois au son de la musette ou cornemuse, témoin ce refrain : 'Voici le pèlerin jouant de sa musette : danse, Guillot ; saute, Perrette.' Nous les neveux de ces Guillots et ces Perrettes, quittant les façons de nos pères, nous dansons au son des violons (...) Outre ces danses ordinaires les dimanches et fêtes, il y a ce qu'on nomme l'assemblée une fois l'an, dans chaque commune, qui reçoit à son tour les autres. Grande affluence ce jour-là, grande joie pour les jeunes gens. Les violons n'y font faute, comme vous pouvez le croire. Au premier coup d'archet, on se place, et chacun mène sa prétendue[11].

La place de village semble faite exprès pour la danse et pour le marché : « Située au centre de la commune, en terrain battu, non pavé, par là propre à toutes sortes de jeux et d'exercices ; entourée de boutiques, à portée des hêtelleries, des cabarets ; car peu de marchés se font sans boire, peu de contredanses se terminent sans vider quelques pots de bière. Nul désordre, jamais l'ombre d'une querelle. C'est l'admiration des Anglais, qui nous viennent voir quelquefois, et ne peuvent quasi comprendre que nos fêtes populaires se passent avec tant de tranquillité, sans coups de poing comme chez eux, sans meurtres comme en Italie, sans ivres-morts comme en Allemagne[12]. » Pourtant, le pouvoir politique intervient. Il envoie les gendarmes : « Les gendarmes se sont multipliés en France, bien plus encore que les violons, quoique moins nécessaires pour la danse. Nous nous en passerions aux fêtes du village et à dire vrai ce n'est pas nous qui les demandons : mais le gouvernement est partout aujourd'hui, et cette ubiquité s'étend jusqu'à nos danses,

11. Paul-Louis Courier, *Œuvres complètes*, Gallimard, La Pléiade, p. 135 et 136.
12. *Ibid.*, p. 136.

où il ne se fait pas un pas dont le préfet ne veuille être informé pour en rendre compte au ministre[13]. »

En Thiérache, la danse a aussi sa place dans la fête de village durant laquelle on mange énormément : « A la nuit tombante la jeunesse accompagnée de musiciens, se rendait chez le maire pour une visite de politesse et le bal commençait... Une charrette dissimulée par des branchages formait une estrade pour les musiciens. La place publique n'était éclairée que par quelques lampions de papier multicolore et par les maigres lumichons de la boutique de toile du marchand de sucre dont les gosses pouilleux servaient les bonbons de leurs doigts crasseux. Les commères debout autour du bal exerçaient leur droit de critique, échafaudaient des mariage et lumaient avec leur lanterne les couples qui passaient, ce qui n'allait pas sans représailles de la part des jeunes gens. Le lundi matin, à l'issue de la messe pour les défunts, un second bal réjouissait la jeunesse (...) Le soir, un dernier bal clôturait la fête. Cependant, quand la saison était clémente, que l'année avait été bonne et que les jeunes gens se sentaient encore quelque argent de poche, ils cherchaient un musicien aux prétentions modestes, souvent un accordéoniste, et offraient un nouveau bal aux habitants. C'était 'la fête des cocus'. Il n'y avait plus d'étrangers mais tout le village y participait sans grands frais de toilette. On voyait danser des couples d'âge mur qui n'auraient osé s'exhiber en public dans les jours précédents et tout le monde s'amusait follement. A quelques semaines de là, une dernière étape avant les sombres jours d'hiver, le requet de la fête (refait de la fête, piote fête, réchaud, suivant les régions), apportait une note de gaieté. Cela ne durait qu'une journée et il y avait souvent foule sur la place au moment du bal[14]. »

13. *Ibid.*, p. 135.
14. Société archéologique de Vervins et de la Thiérarche, *La Thiérarche*, p. 170.

CHAPITRE 7

La valse dans le mouvement romantique

> *« Une valse rapide, dans un salon éclairé de mille bougies, jette dans les jeunes cœurs une ivresse qui éclipse la timidité, augmente la conscience des forces et leur donne enfin l'audace d'aimer. »*
> *Stendhal,* De l'amour, *1822.*

Le renouveau de la valse, en France, est très lié au romantisme. Pourquoi les romantiques sont-ils entrés dans la valse ? Au moment où l'histoire se précipite et relativise idées et « valeurs », le romantique s'installe dans la philosophie de l'Absolu... Et alors que l'amour, dans la société bourgeoise, devient vénal, comme toute chose et toute idée, l'intellectuel prône un idéal désintéressé, il affirme son goût pour la pureté ! L'idéal, il le découvre surtout chez les femmes, celles qui restent en dehors de la vie sociale active, chez ces jeunes filles charmantes et anonymes. La danse est le lieu privilégié de rencontre, rencontre à la fois de l'individu et du social, rencontre avec les femmes, aussi. Et puisque la jeunesse veut envers et contre tout le bonheur, l'épanouissement, elle cherche du neuf et se heurte aux générations précédentes dans une société où l'horizon semble bouché. Les romantiques surgissent donc au moment de la Restauration, dans un contexte de contradictions larvées.

Une exaltation romantique

L'aristocratie ne parvient plus à maintenir, contre les pulsions de l'époque, une danse maniérée ; la valse apparaît comme neuve aux romantiques français. Ils entrent dedans totalement. Il y a une inter-action étroite entre la montée du romantisme comme mouvement social (une pensée, une manière d'être) et l'ascension de la valse comme danse sociale et mondaine. De plus, les romantiques français cherchent leur inspiration ailleurs. Pour faire du neuf, il faut voyager. Ils trouvent donc bon d'associer cette danse à l'Allemagne. Ils sont éperdument germanophiles[1]. A leurs yeux, la « bonne », la « douce » Allemagne, patrie de Werther et de Charlotte, de la philosophie, de la bière, des burgraves, des fiancées aux longues nattes, des contes d'Hoffmann, de la poésie, des pipes en porcelaine et de la walse, est réputée romantique par excellence, gothique et délicieuse. Il n'est donc pas un auteur de l'époque qui ne magnifie la valse, qui ne soit saisi par son vertige. De plus, chez ces poètes et écrivains, la rencontre provoquée par cette danse vient stimuler une émotivité à fleur de peau. Pour eux, le moindre souper devient une « orgie dont on sort pâle à jamais », dit Boulenger, non sans quelque ironie.

Cette sensibilité leur donne les mots qui font entrer la valse dans la littérature. Gasnault pense que, entre 1815 et 1850, on ne danse que peu la valse. Cette danse « restait d'abord goûtée comme genre mélodique ; on la pratiquait assez peu dans les bals où elle avait toujours paru insolite, d'une exécution difficile, au total gênante par l'intimité si étroite qu'elle établissait entre ses exécutants. Les préventions que le tempérament français, ardent mais pudibond, élevait contre cette expression sans complexe de la *sensibilité allemande* ne se dissipaient que lentement, sous l'influence du romantisme[2]. » Je ne suis pas Gasnault dans son analyse parce qu'il pose comme hypothèse que la danse passe de l'aristocratie à la bourgeoisie, et de la bourgeoisie au peuple. Or le mouvement d'institutionnalisation de la valse est beaucoup plus complexe. La puribonderie française touche peut-être la noblesse, mais pas le peuple. Les paysans n'ont jamais eu peur de danser en couple. A la périphérie des villes, les nouveaux ouvriers issus des campagnes non plus.

Après la Restauration, la valse n'est pas danse dominante dans l'aristocratie parce qu'elle rappelle encore trop les heures douloureuses de la Révolution. Le retour au pouvoir d'une classe « réactionnaire » s'accompagne d'une tentative de rétablir les valeurs et les coutumes culturelles de l'Ancien Régime. Mais la valse est

1. Cf. A. de Musset : « Nous crûmes jusqu'en 1830 que le romantisme était l'imitation des Allemands », *Lettres à Dupuis et Cotonet,* première lettre, citée dans H. Lefebvre, *Musset,* Paris, L'Arche, 1970.

2. François Gasnault, *Guinguettes et lorettes, bals publics à Paris au XIXe siècle,* Paris, Aubier, 1986, p. 185.

vivante dans le peuple, qui s'est battu pour pouvoir la danser. Les traces écrites témoignent d'ailleurs de la présence de la valse à cette époque. Le fait que le bal de l'Opéra lui-même abandonne la contredanse en 1834 est un signe de l'évolution inéluctable des mœurs.

C'est auprès du peuple que les écrivains et musiciens romantiques puisent leur exaltation politique. La question que l'on peut se poser, lorsqu'on lit ce qu'ils écrivent sur la valse, c'est leur oubli de cet héritage. Car les romantiques en dansant la valse ont surtout l'impression de danser « allemand ». Ils cherchent là encore, en Goethe, leur précurseur. Déjà, comme nous l'avons vu, le jeune Werther a lié la valse à l'amour romantique, en disant bien l'émotion que provoque cette danse. La suite du passage cité précédemment est explicite : « Tenir dans ses bras la plus aimable des créatures ! Voler avec elle comme le tourbillon qui annonce la tempête ! Voir tout passer, tout s'éclipser autour de soi ! Sentir ! Ah ! Wilhelm, pour être franc, je fis alors le serment qu'une fille que j'aimerais, sur laquelle j'aurais des droits, ne valserait jamais avec un autre homme, dussè-je cent fois périr ! Tu me comprends ! »

Dans ces paroles du jeune Werther se trouvent réunis deux des thèmes qui sont développés par les romantiques français. Le premier, c'est l'enchantement, la jouissance de l'expérience de la valse qui se résume dans le « Sentir ! » de Werther. L'expérience de la valse est bien cette émotion qui associe, dans un « tourbillon qui annonce la tempête », deux êtres qui voient tout passer et tout s'éclipser autour d'eux. Mais, dans le même mouvement, on craint que l'être aimée puisse vivre cette expérience avec un autre que soi ! Tous les maris, tous les amoureux du début du XIXe siècle comprennent alors l'amant de Charlotte.

Musset se pâme

On trouve en 1818, sous la plume d'Alfred de Vigny, la description du transport, de l'ivresse de la valse :

> « La harpe tremble encore et la flûte soupire,
> Car la walse bondit dans son sphérique empire ;
> Des couples passagers éblouissent les yeux,
> Volent entrelacés en cercles gracieux,
> Suspendent des repos balancés en mesure,
> Aux reflets d'une glace admirent leur parure,

Repartent ; puis, troublés par leur groupe riant,
Dans leurs tours moins adroits se heurtent en criant.
La danseuse, enivrée aux transports de la fête,
Sème et foule en passant les bouquets de sa tête,
Au bras qui la soutient se livre, et, pâlissant,
Tourne, les yeux baissés sur un sein frémissant. »

Dans ces vers, Alfred de Vigny décrit la valse avec précision. On y trouve bien la musique, l'enlacement des cercles gracieux, les jeux de glaces, les heurts, l'enivrement, l'abandon de la cavalière, pâlissant, « les yeux baissés sur le sein frémissant ». Mais cette description reste « de l'extérieur ». Vigny rapporte l'expérience du bal sans y être impliqué personnellement comme danseur.

Alfred de Musset va plus loin dans *La confession d'un enfant du siècle* (1836). Il est peut-être le poète romantique qui a le mieux décrit, de l'intérieur, cette jouissance spécifique et fragile de l'expérience de la valse. Le jeune auteur (il est né en 1810) écrit : « Cet exercice vraiment délicieux m'a toujours été cher, je n'en connais pas de plus noble, ni qui soit plus digne en tout d'une belle femme et d'un joli garçon ; toutes les danses, au prix de celle-là, ne sont que les conventions insipides ou des prétextes pour les entretiens les plus insignifiants[3]. C'est véritablement posséder en quelque sorte une femme que de la tenir une demi-heure dans ses bras, et de l'entraîner ainsi, palpitante malgré elle, et non sans quelque risque, de telle sorte qu'on ne pourrait dire si on la protège ou si on la force. Quelques-unes se livrent alors avec une si voluptueuse pudeur, avec un si doux et pur abandon, qu'on ne sait si ce qu'on ressent près d'elles est du désir ou de la crainte et si, en les serrant sur son cœur, on se pâmerait ou on les briserait comme des roseaux. » Quel que soit l'endroit où il a rencontré la valse, que ce soit dans un salon ou une fête populaire, ces lignes parlent au lecteur.

Mieux que quiconque, Musset décrit cet « exercice délicieux » de l'intérieur. Mieux que quiconque, il dit l'émotion qu'éprouve le cavalier à chaque tour de valse, dans ce rapport si particulier qu'il entretient à sa danseuse. Dans cette description du moment de la

3. Musset écrit ses lignes entre 1834 et 1836, époque de sa relation tumultueuse avec George Sand (1804-1976) qui a par ailleurs décrit longuement la stupidité des cours de danse auxquels elle était soumise, comme petite fille, sous l'Empire.

valse, on retrouve l'analyse du rapport homme/femme caractéristique de l'amour romantique qu'un Henri Lefebvre a défini comme tension entre l'attitude érotique et l'attitude éthique. Dans l'amour, les deux se contredisent et en même temps sont indispensables. La valse romantique n'est-elle pas cette médiation entre le respect pour la femme et l'audace amoureuse ? La valse n'est-elle pas une tentative sociale pour unir la confiance de l'amitié et la ruse de la séduction ? Dans ce que décrit Musset, il y a quelque chose de ce passage entre le rapport protégé par l'éthique au rapport de pouvoir et de possession que veut l'amour sur l'objet aimé[4].

Car le « moment de la valse » a quelque chose à voir avec « l'amour naissant » dont parle le sociologue italien Francesco Alberoni dans *Innamoramento e amore.* « Qu'est-ce que tomber amoureux ? se demande-t-il ; et de répondre : 'C'est l'état naissant d'un mouvement collectif à deux'[5]. » Cette définition s'applique à la valse.

Musset décrit donc le « moment de la valse ». Laissons-le poursuivre son « ethnologie de l'intérieur ». Il nous parle maintenant de sa cavalière : « Sur son sein était un bouquet énorme, dont les parfums m'enivrent malgré moi. Au moindre mouvement de son bras, je la sentais plier comme une liane des Indes, pleine d'une mollesse si douce et si sympathique qu'elle m'entourait comme un voile de soie embaumé. A chaque tour, on entendait à peine un léger froissement de son collier sur sa ceinture de métal ; elle se mouvait si divinement que je croyais voir un bel astre, et tout cela avec un sourire, comme une fée qui va s'envoler. La musique de la valse, tendre et voluptueuse, avait l'air de lui sortir des lèvres, tandis que sa tête, chargée d'une forêt de cheveux noirs tressés en nattes, penchait en arrière, comme si son cou eût été trop faible pour la porter. » Dans cette description de la tête tirée vers l'arrière, on sent le rythme rapide de la valse, la force de gravité du couple dans sa dynamique qui projette à chaque volte davantage les danseurs vers l'extérieur... et qui justifie « techniquement » le solide enlacement des valseurs.

4. Sur le « moment de l'amour » chez H. Lefebvre, voir R. Hess, *Henri Lefebvre et l'aventure du siècle,* Paris, A.-M. Métailié, 1988, p. 26 à 30, ou encore, Henri Lefebvre, *La somme et le reste,* nouvelle édition augmentée d'une préface de René Lourau, Paris, Méridiens-Klincksieck, coll. « Analyse institutionnelle », 1989, p. 343 et suivantes.

5. F. Alberoni, *Le choc amoureux,* Paris, Ramsay, 1980, p. 9 ; trad. de *Innamoramento e amore,* Aldo Garzanti Ed., 1979.

Hugo souffre

A ces descriptions de l'intérieur, à cette jouissance du vécu des danseurs, s'oppose le malheur, celui de ceux qui sont en dehors du cercle, les enfants, les maris ou amants trompés. Pour ceux-ci « l'enivrante walse » n'est qu'un « indécent tourbillon », comme le dit à l'époque Geoffroy, le critique des *Débats,* en traduisant bien l'opinion la plus répandue de ceux qui ne participent pas à la danse.

Le mouvement de la valse qui « jette dans les jeunes cœurs une ivresse qui éclipse la timidité... et donne l'audace d'aimer » (Stendhal) est une possession par le collectif, par un mouvement qui n'est pas loin de ce que les sociologues ont pu nommer « état altéré de conscience ». Lorsque Durkheim parlait des états d'effervescence collective, il ne pensait certainement pas à la « dansomanie ». Et pourtant certaines de ses remarques peuvent s'y appliquer. L'homme qui éprouve ces états « a l'impression, disait Durkheim, qu'il est dominé par des forces qu'il ne reconnaît pas comme siennes, qui le mènent, dont il n'est pas maître (...) il se sent comme transporté dans un monde différent de celui où s'écoule son existence privée. La vie n'y est pas seulement intense, elle est qualitativement différente (...) l'individu se désintéresse de lui-même, s'oublie, se donne tout entier aux fins communes (...) Ces forces éprouvent le besoin de se répandre pour se répandre, par jeu, sans but... A ces moments, il est vrai, cette vie plus haute est vécue avec une telle intensité et d'une manière tellement exclusive qu'elle tient presque toute la place dans les consciences, qu'elle en chasse plus ou moins complètement les préoccupations égoïstes et vulgaires[6] ». Ou plutôt ces forces ont tendance à faire apparaître à l'acteur comme « égoïste et vulgaire » tout ce qui est quotidien, le mari, les enfants... Ceux qui ne sont pas pris dans le mouvement voient ainsi l'autre leur échapper.

Victor Hugo semble avoir éprouvé cette souffrance de l'amant qui voit l'être aimé pris par ce mouvement d'effervescence collective, c'est-à-dire très concrètement ravi par quelque autre danseur. En novembre 1831, il écrit :

6. E. Durkheim, « Jugements de valeur et jugements de réalité », dans *Philosophes et savants français,* Librairie Félix Alcan, 1930, p. 42-44.

« Si vous n'avez jamais attendu, morne et sombre,
Sous les vitres d'un bal qui rayonne dans l'ombre,
L'heure où pour le départ les portes s'ouvriront,
Pour voir votre beauté, comme un éclair qui brille,
Rose avec des yeux bleus, et toute jeune fille,
Passer dans la lumière avec des fleurs au front ;

Si vous n'avez jamais senti la frénésie
De voir la main qu'on veut par d'autres mains choisies,
De voir le cœur aimé battre sur d'autres cœurs ;
Si vous n'avez jamais vu d'un œil de colère
La valse impure, au vol lascif et circulaire,
Effeuiller en courant les femmes et les fleurs[7]. »

V. Hugo aime la vie et les femmes. Derrière cette condamnation de « la valse impure, au vol lascif et circulaire », on sent bien cette colère, cette souffrance, cette jalousie de l'homme qui fait l'expérience de voir la femme qu'il aime lui échapper.

Une danse divine

Mais les romantiques trouvent d'autres dimensions à la valse. Elle est une sorte de représentation du bonheur. Elle entre dans les rêves du Jocelyn de Lamartine, se souvenant de son enfance heureuse dans les années qui ont précédé la Révolution, à une époque où il est confronté à la douleur :

« Dormons ! mais je ne puis assoupir ma paupière.
Prions ! mais mon esprit n'entend pas ma prière.
Mon oreille est encor pleine des airs dansants
Que les échos du jour rapportent à mes sens ;
Je ferme en vain mes yeux, je vois toujours la fête ;
La valse aux bonds rêveurs tourne encor dans ma tête[8]... »

La valse, pour les romantiques, a aussi un côté universel, religieux, divin. Elle est une sorte de médiation avec autre chose, avec

7. Victor Hugo, *Feuilles d'automne*, § 23.
8. A. de Lamartine, *Jocelyn* (1836), Amand Girard, coll. « La Glaneuse », Paris, p. 13.

un autre monde. Musset, dont nous savons maintenant qu'il a goûté de l'intérieur au plaisir de la valse, lui trouve un côté divin qui suppose un certain respect au niveau du rituel. S'en faisant le grand prêtre, il demande qu'on la danse correctement car il n'est pas possible de « voir profaner une si douce ivresse ». Dans ses vers, il défend donc un certain maintient un certain respect de la rythmique, contre la tendance de l'époque à transformer toute valse en chahut :

« Tant que régna chez nous le menuet gothique,
D'observer la mesure on se souvint encore...

Autres temps, autres mœurs ; le rythme et la cadence
Ont suivi les hasards et la commune loi.
Pendant que l'univers, ligué contre la France,
S'épuisait de fatigue à lui donner un roi,
La valse d'un coup d'aile a détrôné la danse.
Si quelqu'un s'en est plaint, certes ce n'est pas moi.

Je voudrais seulement, puisqu'elle est notre hôtesse,
Qu'on sût mieux honorer cette jeune déesse.
Je voudrais qu'à sa voix on pût régler nos pas,
Ne pas voir profaner une si douce ivresse.
Froisser d'un si beau sein les contours délicats,
Et le premier venu l'emporter dans ses bras.

... Le désordre même a besoin d'élégance
Et je voudrais au moins qu'une duchesse de France
Sût valser aussi bien qu'un bouvier allemand. »

Ce dernier vers montre la représentation fantasmatique de la valse chez les romantiques (une danse de bergers !). Mais la mythologie nous a appris que les bouviers sont proches des dieux !

Ces strophes nous intéressent, d'un point de vue anthropologique, dans la mesure où l'auteur rappelle surtout le côté divin de la danse. La valse est une « jeune déesse ». Le rapport à la valse, pour Musset, s'enracine dans la tradition ancienne des poètes de la Pléiade, voyant — au moment de la Renaissance — dans la volta un don des dieux. Cette forme de retour au paganisme, même littéraire, a donc un ancrage profond. Musset parle aussi de « douce ivresse ». On sent chez lui l'expérience de ce vertige, de cette transe, de ce « désordre », de ce débordement qui lui semble malgré tout devoir être contenu, élevé dans une sorte de rituel, dans une sorte de culte.

Ce souhait est partagé par les professeurs de danse. Les recommandations de Musset sont suivies d'effets si l'on en croit Cellarius, dont le seul nom évoque à lui seul le plaisir[9] et qui, en 1847, écrit : « Si l'on veut bien comparer la physionomie d'un bal d'aujourd'hui avec les réunions dansantes d'il y a cinq ou six années seulement, on sera frappé sans doute du changement heureux qui s'est introduit dans les habitudes, et, si j'ose le dire, les mœurs des danseurs (...) A présent, quelle animation a tout à coup succédé à cette langueur dans la plupart des réunions dansantes ! Le choix d'une valseuse, le plus ou moins de mérite de chaque valseur, le mouvement de l'orchestre... tous ces détails, indifférents autrefois et si importants aujourd'hui, ont suffi pour ressusciter les bals[10]. »

La classe dirigeante de la France de la Restauration garde la valse à distance. Les romantiques, eux, se l'approprient au point de l'élever à une essence presque religieuse, à un être divin. C'est dans ce contexte contrasté que Johann Strauss fait son premier voyage à Paris.

Strauss monte à Paris

Pour Strauss, faire le voyage de Paris, c'est obtenir une consécration officielle, définitive, à l'échelle mondiale. Jusqu'à maintenant, il a gagné les pays germaniques. Il lui reste à conquérir les pays latins. Son premier concert en France fut pour Strasbourg. Le 20 octobre 1837, il remporte un grand succès, dans un contexte de célébration patriotique : les Français se réjouissent ce jour-là de la prise de Constantine, importante ville d'Algérie, par les troupes du général Damrémont. La presse parisienne consacre de longues colonnes à ce concert.

9. Lamartine, dans sa lettre à Cellarius du 9 juin 1847, lui écrit : « Vos vrais juges sont la jeunesse et la beauté pour qui votre nom est celui du plaisir même. »

10. Cellarius, *La danse des salons*, p. 8. C'est probablement en lisant ce jugement de Cellarius que Gasnault a pu formuler son hypothèse selon laquelle on ne dansait pas la valse avant 1845 !

Strauss appréhende ce voyage. Son orchestre lui paraît faible dans cette ville démesurée qu'est alors Paris. Il n'a que vingt-huit musiciens, alors que le « grand Musard » dispose d'une formation de quatre-vingt-seize exécutants, tous musiciens de première qualité. Jouant dans sa propre salle chaque jour, Musard offre alors à son public des valses, évidemment, mais aussi des ouvertures et des quadrilles. Il faut que Strauss parvienne à se hausser au niveau de Musard avec des moyens différents.

Le 2 novembre 1837, Strauss joue à Paris devant une salle comble. Tous les chefs de file de la musique française sont présents, Adam, Auber, Berlioz, Cherubini, Halévy et Meyerbeer, notamment. Strauss joue l'ouverture des « Faux monnayeurs » d'Auber, puis donne « La valse de Gabrièle ». C'est un triomphe. Les Parisiens sont séduits par cette musique mais aussi par le style de l'orchestre viennois qui apporte une couleur d'exotisme dans la vie de la capitale. Le 5 novembre, Strauss joue aux Tuileries devant le roi Louis-Philippe et devant Léopold, le roi des Belges. Strauss a quelques difficultés à trouver une contenance dans cette cour à la fois cérémonieuse et bon enfant. Que de différences avec Schönbrunn ! Que répondre à Louis-Philippe lui disant par exemple : « Il y a longtemps que je connais vos valses. Je suis doublement heureux de voir que vous êtes venu en personne pour me faire l'honneur de les jouer devant moi » ?

Fort de ce soutien officiel, Strauss programme une série de trente concerts en collaboration avec Musard. Les Autrichiens jouent en première partie, les Français après. Ce travail en commun a l'avantage de permettre au public de comparer deux styles, mais aussi aux musiciens de travailler ensemble. Strauss demande à Musard de jouer deux ou trois fois dans son orchestre. Il a en effet envie d'intégrer le « quadrille français » que l'on joue dans les bals à Paris en alternance avec les valses.

Strauss donne quelques concerts et joue dans des bals à Rouen et au Havre. Les musiciens autrichiens boivent volontiers bourgogne et bordeaux. Strauss doit prendre des mesures pour éviter des excès, car il y a une différence entre le vin français et le vin autrichien. En même temps, les Viennois découvrent les différences culturelles. Les Rouennais donnent un bal masqué la nuit du 24 décembre. Pour l'orchestre viennois, la fête de Noël est surtout une fête privée ! Or, à Rouen, on danse la valse jusqu'à quatre heures du matin. Le champagne coule à flots. Certains déguisements choquent les Viennois. Quelques participants portent des frocs de capucins et de religieuses pour se lancer dans la ronde échevelée. Pour les Viennois, ce bal est à la limite du blasphème. Ils rentrent à Paris. Du 27 décembre au 27 février 1838, les Viennois jouent tous les soirs à Paris. Ils alternent concerts et bals. A l'ambassade d'Autriche, Strauss remporte un fier succès. Il joue également lors d'un fête au palais du baron Delmare où il est présenté à Talleyrand qui avait connu Vienne dès 1809 à l'époque où Strauss n'avait que cinq ans ! Au Bal de la ville de Paris, Strauss joue avec l'orchestre de Dufresne. Un incident éclate : Strauss refuse que ses musiciens portent les dominos noirs prévus pour ce bal masqué. Pour Strauss, les musiciens ne se déguisent pas !

La critique est très favorable. Maurice Schlesinger, éditeur de *La Gazette musicale,* invite Strauss à animer une soirée qui consacre la gloire de Strauss. Halévy, le compositeur de *La Juive,* l'accable de compliments, Paganini également. Strauss trouve ainsi à Paris la consécration qu'il attendait. Mais le critique le plus respecté de Paris est Hector Berlioz. Berlioz écrit en effet ses articles en fonction, non pas d'une appartenance de clan comme beaucoup de critiques de l'époque, mais de son propre jugement réputé très sévère.

Berlioz critique

L'œuvre de Berlioz rompt avec la tradition satisfaite de la vie parisienne. Sa « Symphonie fantastique » (1830) a marqué un tournant. C'était en fait la première fois qu'un musicien introduisait une vraie valse dans une symphonie. Comme critique, il écrit une « Chronique mensuelle de la musique » dans *Le Journal des débats.*

Berlioz consacre un long article à Strauss pour expliquer aux Français la supériorité de la musique allemande sur la musique française. Berlioz met Strauss sur le même plan que Gluck, Beethoven, Weber. Voilà ce qu'écrit Berlioz :

« N'est-il pas étrange de voir que dans une ville comme Paris, point de rencontre des plus grands virtuoses et compositeurs d'Europe, l'arrivée d'un orchestre allemand a pu devenir un événement musical ? D'un orchestre qui, au fond, prétend uniquement savoir jouer des valses ? Pourquoi le premier concert de cette formation a-t-il soulevé un tel enthousiasme ? Jusqu'alors, nous ne connaissions le nom de Strauss que grâce aux éditeurs qui répandaient ses valses en des milliers d'exemplaires, grâce aussi à Musard qui nous en présenta quelques-unes. Mais de la perfection, du feu, de l'intelligence et, surtout, du sens merveilleux du rythme que possède cet orchestre, de tout cela, nous n'avions aucune idée.

Strauss est venu à Paris avec vingt-six musiciens : quatre premiers violons, quatre second violons, un violoncelle, deux contrebasses, deux flûtes, deux clarinettes, un hautbois, deux trompettes, deux cors, un basson, un cornet à piston, un trombone, une batterie, une harpe, une grosse caisse. Mais comme la plupart des artistes savent jouer de plusieurs instruments et en changent avec une rapidité extraordinaire, cet orchestre relativement petit paraît souvent bien plus important.

Pourtant, cet avantage n'est pas le mérite essentiel des Viennois. La qualité professionnelle des exécutants, tout en n'étant pas courante, ne suffirait guère pour expliquer le succès prodigieux de l'ensemble. La véritable raison est ailleurs. Il existe, dans l'univers de la musique, un domaine que, jusqu'alors, tout le monde a négligé — les virtuoses aussi bien que les compositeurs — et qui est néanmoins d'une importance capitale. Ce domaine où l'on n'aperçoit pas encore l'embryon d'une évolution, alors que, partout ailleurs, on constate des progrès sensibles. Vous ne devinez pas de quoi je veux parler ? Du RYTHME ! Les compositeurs italiens comme nos maîtres français ont toujours considéré le rythme sous le même angle lamentablement faussé. Ils le tenaient pour un accessoire de la mélodie et de l'harmonie, pour quelque chose de tout à fait secondaire. Dans leur esprit, ce n'était qu'un instrument, un moyen dont on ne pouvait modifier les formes sans apporter le désordre et la barbarie dans la mélodie...

Les musiciens de Strauss sont bien plus habiles à vaincre les difficultés du changement de rythme que nos artistes. Les valses qu'ils nous présentent et dont les mesures s'affolent et se précipitent sous leur propre élan, ces valses sont difficiles à jouer. Les Viennois, eux, en viennent facilement à bout. C'est grâce à cette maîtrise que la coquetterie du rythme prend tout son charme. C'est pourquoi le succès de Strauss me paraît un heureux présage pour le développement de la musique parisienne. Car je suis persuadé que ce succès est dû à l'accent rythmique des valses plutôt qu'à leur grâce mélodieuse ou à leur orchestration brillante. Strauss se promène dans un univers dont Beethoven et Weber nous ont ouvert les portes — l'univers merveilleux du rythme, terre infiniment féconde où ceux qui la cultiveront verront se lever de belles moissons[11]... »

Le paradoxe de cette critique vient du fait que, dans un même mouvement, elle consacre Strauss à Paris, mais qu'elle valorise aussi une dimension musicale que Strauss tente d'atténuer : le rythme. Depuis vingt ans, Strauss fait porter sa recherche sur les mélodies, sur une atténuation du rythme. Reconnaissant Strauss, Berlioz consacre du même coup la musique de danse qu'il fait rentrer dans la « grande musique ». L'institutionnalisation musicale de la valse va être poursuivie par Vienne et la famille Strauss tout au long du XIXe siècle. Lors de cette visite parisienne, Strauss a donné des concerts et animé des bals dans tous les milieux. Il a permis, en France, un dépassement de la contradiction entre les valeurs des classes dirigeantes et l'idéal romantique. Au niveau de l'histoire de la valse, son intervention, sa confrontation avec Musard imposent une nouvelle culture musicale européenne.

11. Berlioz, « Chronique mensuelle de la musique », *Le Journal des débats,* (1837).

CHAPITRE 8

Valse à l'anglaise

> « *Dans chaque bal,* maintenant *ma femme valse, et mes filles ne vont plus tarder à s'y mettre.* »
> *Lord Byron*

En Grande-Bretagne, la diffusion de la valse est difficile. Elle se fait d'abord grâce à la médiation de l'Almack, salle concurrente de l'ancienne Bath, connue également pour ses bals au XVIIIe siècle.

Les bals de société

Tout ce qui se danse à l'Almack est repris partout. Cet établissement est créé en 1769 au sud de Cecil Square. Derrière sa facade imposante de colonnes doriques, on trouve des salles de café et de billard. Au premier étage, des espaces intimes pour jouer aux cartes et surtout une magnifique pièce de 30 mètres de long sur 15 mètres de large, la salle de bal... La saison commence le jour de l'anniversaire du roi et se termine en octobre. On compte chaque année un millier d'adhérents. Son fondateur meurt en 1781 et M. Willis, qui s'était marié avec la fille d'Almack, reprend les salles qui deviennent plus tard les Willis' rooms[1]. Dans les années 1800-1810, à Londres, de nombreuses sociétés de danse se créent comme l'Albion Assembly et le Friendly Assembly qui se réunissent à Ludgate Hill. Dans ces sociétés, un protocole assez strict est respecté. Des sociétés existent déjà dans de petites villes comme Bath, Harrogate et Tunbridge Wells depuis longtemps. Des migrants en ont même créé dans la colonie américaine dès 1719. Le marquis de Chastellux remarque d'ailleurs au cours d'un voyage en Amérique en 1781 que la préséance en vigueur en Europe n'y existe pas : « Ici, tous les

1. Ph. J. S. Richardson, *The Social Dances of the Nineteenth Century*, p. 31.

rangs sont abolis. Les hommes invitent les femmes en fonction de leur seule inclination personnelle. S'ils ont un critère, ce serait plutôt celui de la richesse[2]. » A Philadelphie, le marquis observe ainsi la montée des classes moyennes, qui s'imposent dans toutes les sociétés dansantes quelques décennies plus tard.

A Londres, il y a aussi les New Argyll Rooms, le Laurent's Casino et le Casino de Venise qui correspond au Palais de la danse londonien du xxe siècle[3]. Au tout début du XIXe siècle, les danses en vogue en Angleterre sont le menuet, les « country dances », la contredanse et le cotillon. Les « country dances » sont les plus populaires, bien que le menuet soit encore dansé dans les bals de cérémonie de la cour. Pour Richardson, il ne fait aucun doute que des formes précoces de la valse sont alors dansées comme figures dans les contredanses. Pour cet auteur, la forme moderne de la valse n'est introduite en Angleterre qu'aux environs de 1812[4].

Mr. G. Yates regrette la disparition des bals donnés à St. James's Palace à l'occasion de l'anniversaire du roi[5]. Sous George III, le menuet reste la danse officielle. Bien que George III ne meure qu'en 1820, sa santé baisse dès 1811, et cela entraîne la supression des bals et donc de la pratique du menuet. Il est progressivement remplacé par les « country dances », les contredanses. Contrairement à la valse, ces danses sont fort bien acceptées par la société londonnienne ; la valse apparaît encore comme « trop intime ». Pourtant, on la danse de plus en plus[6].

Hostilité à la valse

Même si on ne la danse pas en couples fermés, la musique de valse est connue en Angleterre un certain nombre d'années avant le début du xixe siècle. Mais on danse ce rythme essentiellement sous la forme de l'« allemande », c'est-à-dire en levant les bras au dessus

2. Carol Mc D. Wallace, *et al.*, *Dance, a very Social History*, The Metropolitan Museum of Art, Rizzoli, New York, 1986, p. 18.

3. Ph. J. S. Richardson, *op. cit.*, p. 34.

4. Pourtant, Eduard Reeser signale une partition de valse datant de 1790 : « Four Favorite Waltzes for 1791 », dans *De Geschiedenis van de Wals*, p. 28.

5. G. Yates, *The Ball* : or a Glance at Almack's, 1829.

6. « Les bals de 1815 et 1820 », *The Graphic* numéro du 24 juin 1899.

de la tête. La prise fermée des danseurs est encore rare. A. Franks fait remarquer que doivent coexister avant 1812 plusieurs formes de valse en Angleterre. Mais, alors qu'aux Etats-Unis une lithographie nous montre que dans les années 1810, la valse est déjà dansée dans les salons[7], en Angleterre c'est dans les milieux peu recommandables que l'on danse la valse de couple fermé[8].On danse d'abord l'allemande comme figure dans la contredanse et le cotillon. Dans sa version intime (prise fermée), ce n'est qu'en 1812 que l'on danse pour la première fois la valse à l'Almack. Selon Richardson, ce sont des aristocrates qui, au retour d'un voyage sur le continent, rapportent ce qu'ils ont vu. Cette manière de danser rencontre une opposition plus que vigoureuse.

La corporation des professeurs de danse, à la suite de Mr Wilson, essaye de maintenir la valse dans sa forme d'allemande. Et ils désapprouvent la coutume, « probablement venue d'Allemagne[9] » consistant à rompre avec tous ces beaux mouvements de bras et à les remplacer par la prise fermée des cavaliers. Est-ce la première fois que l'on voit dans un bal anglais une attitude de prise fermée ? Richardson le croit, mais il oublie le succès de la volta auprès de la reine Elisabeth Ier. « Un siècle plus tard, nous dit-il, le tango choquera de la même manière la société londonienne. » A travers quelques témoignages, on peut se faire une bonne idée du type de valse que l'on danse dans la partie ouest de Londres, aux alentours de l'année 1812, même si ces descriptions sont celles de protestataires contre l'indécence de cette nouvelle danse.

Lord Byron, un des plus féroces opposants à cette danse, dans une lettre qui précède son poème « The Waltz », signé sous le pseudonyme d'Horace Hornem, décrit comment, venu à un bal, il s'attend à assister à une « country danse », voire un cotillon. En entrant, sa surprise est grande. Il aperçoit son épouse, la pauvre Mme Hornem, les bras enroulés autour des reins d'un homme immense à allure de hussard qu'il n'a jamais vu auparavant. L'homme a les bras enroulés autour de la taille de Mme Hornem et ils tournent, tournent... au point que le pauvre spectateur en est

7. Voir « The Young Lady at the Piano », in Carol Mc D. Wallace, *et al.*, *op. cit.*, p. 17.

8. A. H. Franks, *Social Dance*, a Short History, p. 130.

9. Richardson, *op. cit.*, p. 63.

soudain pris de vertige, stupéfait qu'il n'en soit pas de même pour les danseurs. Bientôt, ceux-ci s'arrêtent. M. Hornem pense qu'ils vont s'asseoir ou s'effondrer, mais pas du tout. Mme Hornem a posé sa main sur l'épaule de son cavalier, ils se promenèrent « quam familiarita » (selon le mot de Terence) l'espace d'une minute et soudain ils remettent ça « *like two cockchafers spitted on the same Bodekin* [10] ».

Lord Byron a ses raisons d'être opposé à la valse. On raconte encore à son propos une anecdote. Dans la société de la Régence, il a fait scandale lors de sa relation avec Caroline Lamb. On en parle comme d'une affaire publique dans les bals londoniens durant plusieurs saisons d'été. Puis, lorsqu'il est fatigué de Lady Caroline, leurs relations se relâchent, bien qu'ils continuent à correspondre. Ils se retrouvent à un bal à Londres en juillet 1813. Caroline est là lorsque Byron arrive avec sa nouvelle maîtresse, Lady Oxford, la meilleure amie de Caroline. Caroline, qui a été une fanatique de la valse avant sa relation avec Lord Byron, face à l'affront qu'elle doit assumer, se saisit d'un partenaire et commence à valser. Lors du dîner qui suit, Byron ironise sur sa manière de danser. Caroline brise un verre et, comme le raconte sa belle-mère Lady Melbourne, « elle se déchire la peau avec les morceaux de verre [11] ».

Les tensions entre partisans et opposants de la valse sont violentes. Entre les deux, la société britannique hésite, se laissant influencer par les personnes les plus en vue ainsi qu'en témoigne une autre anecdote que la plupart des auteurs racontent. Napoléon est depuis déjà longtemps sur l'île de Sainte-Hélène lorsque le jeune comte de Devonshire, revient célibataire de Paris à Londres et exprime son étonnement que l'on ne danse pas la valse dans les bals du Highlife. Il est incontestablement à ce moment-là le meilleur parti des trois royaumes. On ne s'étonne donc pas alors que toutes les jeunes filles à marier prennent cette remarque du comte comme une invitation à danser la valse. Et, au cours des bals suivants, ces demoiselles se mettent à danser valse sur valse, se consumant lascivement d'amour et de tendresse. Le comte observe cette petite révolution qu'il a suscité, et, se retournant, dit : « Jamais je ne me

10. Lord Byron, sous le pseudonyme de Horace Hornem, « Waltz : an Apostrophic Hymn. »

11. Cité par Carol Mc D. Wallace, *et al.*, p. 20.

marierai avec une jeune fille qui danse la valse. » Le cruel a tenu parole et quarante ans plus tard, il meurt célibataire !

Le capitaine Gronow note qu'en 1815 la « Mazy Waltz » est introduite à Londres[12]. Mais, explique-t-il, ils sont très peu nombreux ceux qui s'aventurent à valser dans les salons de l'Almack. On voit d'abord Lord Palmerston décrire une infinité de cercles avec Mme de Lieven. Le baron de Neumann se montre souvent dansant la valse avec la princesse Esterhazy ; et progressivement la manie de la valse tourne les têtes de toute la bonne société : « Ils ont tous la tête descendue jusqu'aux pieds ! » La valse est alors pratiquée dès le matin dans un certain nombre de maisons nobles de Londres, avec une assiduité qui n'a jamais eu d'équivalent[13].

Richardson s'étonne que, dans l'ouvrage de Wilson publié en 1816, il ne soit pas fait référence à la nouvelle forme de valse (couple enlacé). Mais, dit-il, c'est probablement qu'il n'a pas alors, parmi ses élèves, beaucoup de personnes venues de la haute société. L'argument selon lequel les professeurs de danse s'opposent à ce nouveau style en tentant de maintenir l'allemande semble plus probable.

La chroniqueuse de l'époque, Jane Austen, nous montre dans *Emma* que les meilleurs danseurs de « country dance » prennent plaisir à danser la valse. Ils s'y montrent « excellents ». Dans ce roman, J. Austen nous décrit en effet Frank Churchill, le meilleur danseur de « country dance » de l'Angleterre, prendre la main d'Emma et la mener « au sommet » d'une valse. Dans le même ouvrage, on voit encore Mme Weston, excellente, elle aussi en « country dance », « se lancer dans une valse irrésistible[14] ».

En 1816, la valse obtient une première approbation formelle lorsqu'elle est dansée dans le salon du prince-régent. Mais le *Times* lance des attaques virulentes contre cette nouvelle manière de danser. Ainsi le numéro du 16 juillet condamne son introduction à la cour : « Nous notons avec une certaine douleur que la danse étrangère et indécente nommée valse a été introduite, nous pensons pour la première fois, à la cour anglaise vendredi dernier. C'est un

12. Gronow, *Reminiscences and Recollections.*

13. Richardson, *op. cit.*, p. 64.

14. Jane Austen, *Emma*, 1816, édited by, R. W. Chapman, The Oxford illustrated, 1980 ; voir l'appendice de la page 508 et 509.

événement que nous ne pouvons pas passer sous silence. La morale nationale dépend des coutumes nationales... » L'auteur de l'article est choqué d'avoir eu « sous les yeux cet enlacement voluptueux des bras et le rapprochement plus qu'intime des corps que propose cette danse et qui contraste tant avec la réserve qui est considérée comme la distinction des dames anglaises. Aussi longtemps que ce divertissement obcène était réservé aux prostituées et aux femmes adultères, on pouvait se passer d'en parler. Mais maintenant qu'il tente de s'introduire dans les classes respectables de la société par le mauvais exemple donné par la classe supérieure, nous ne pouvons qu'attirer l'attention de tout parent d'éviter par tous les moyens à leur fille une si fatale contagion. Bien que respectant la classe dirigeante, nous tenons à l'alerter sur son devoir de moralité. Nous ignorons comment un tel événement a pu survenir (probablement à cause du conseil d'un maître de danse nul et ignorant). Mais qu'une danse aussi indécente ait pu être montrée à la cour d'Angleterre ne peut qu'entraîner de notre part la plus sévère réprobation. Nous pensons qu'il n'est possible de la tolérer dans aucune société britannique qui se veuille morale[15]. »

Victoria aime la valse

Au moment même où la valse s'impose à l'Almack à Londres comme valsomanie, Wilson publie en 1816 son livre sur la manière convenable (« *correct method* ») de danser la valse[16]. Le conflit concernant les bonnes manières oppose la société britanique piquée du nouveau virus et les élèves de Wilson qui se recrutent, comme l'indique la liste des souscripteurs de l'ouvrage, parmi les danseurs du King's Theatre, du Theatre Royal Drury Lane, du Theatre Royal Covent Garden, de l'Astley's Royal Amphitheatre, de l'Aquatic Theatre at Sadler's Wells... Comme le note Richardson, peut-être à cause de tous leurs titres, ces danseurs ne peuvent pas se mêler au monde des bals qui, partant de l'Almack ou du Bath,

15. Cité par A. H. Franks, *op. cit.*, p. 129.

16. « A description of the correct method of waltzing », in Thomas Wilson, *A Companion to the Ball Room, containing* a Choice Collection of the most Original and Admired Country Dance (...) *and Waltz Tunes* (...), Button, Whittaker and Cie, Londres, 1816.

gagne toute l'Angleterre. Ils tentent d'intégrer le nouveau rythme, mais en le récupérant dans des formes de danse plus classiques et plus élitistes. D'une certaine manière, le détournement de l'institution de la valse passe par une tentative d'institutionnalisation grâce à la complexification. Thomas Wilson, professeur de danse connu, auteur de plusieurs précis de « country dance »[17], en écrivant sur la valse en 1816, l'institutionnalise. Pour lui, elle est allemande et française à la fois. Il distingue la valse lente, la valse sauteuse, la *« jetté or quick sauteuse waltz »*. En même temps qu'il décrit la valse, Wilson cherche à la plier à une forme de socialité dont elle porte en elle le dépassement. Wilson explique que, jusque-là, les manières sociales de danser avaient un référent commun : la beauté gracieuse et plaisante du mouvement. La danse était une branche de l'éducation et des bonnes manières. Avec la valse, une rupture apparaît. La danse devient un amusement en soi et pour soi, qui pénètre tellement la société que le risque pour la morale sociale est énorme et un danger pour la vertu[18]. D'où la nécessaire intervention pédagogique pour éviter de tomber dans l'immoralité.

Cette ligne de conduite, cet axe d'intervention pour une valse qui se dépouillerait de sa vulgarité se retrouve chez Mr. G. Yates, le maître de danse, qui écrit dans son livre de 1829 : « Lorsqu'elle est bien dansée sur un rythme doux, la valse est l'une des plus gracieuses danses, aussi intéressante, voire même plus, que l'allemande. Mais la façon de détaler d'aujourd'hui qui en a usurpé le nom n'est ni une valse, ni une sauteuse, ni une polonaise, ni rien d'autre qui puisse légitimement être qualifiée de danse. En bref, ce n'est rien sinon un jeu bruyant, supprimant toute figure ou

17. De Thomas Wilson, voir notamment : *The Treasures of Terpsichore*, ainsi que *An Analysis of Country Dance*, 2e édition illustrée par J. Berryman, W. Calvert éd., Londres, 1811. Les historiens britanniques de la danse n'ont, semble-t-il, pas remarqué que dès cet ouvrage T. Wilson, dans le modèle de déroulement de bal qu'il propose, a introduit une valse. Dans sa publicité, il se propose dès 1811 d'enseigner pour 4 livres et 4 schillings la « Brunswick Waltz ».

18. Thomas Wilson : *« The truly fashionable species of dancing, that from the graceful and pleasing Beauty of its Movement, has obtained an ascendancy over every other Department of that Polite Branch of Education... That waltzing is a species of dancing totally different in its composition, and as an amusement, of a totally different tendency to that which has been until lately most erroneously impressed on the mind of society in general, as an enemy to true morals and as endangering virtue »*, *op. cit.*, 1816.

variance comme le mouvement d'un cheval dans un moulin[19]. » Malgré ces critiques professorales et sociales, la valse intime continue à faire des progrès dans tout le pays et dans toutes les classes sociales[20].

La princesse Victoria est une bonne valseuse. Elle aime danser. Trois siècles plus tôt, Elisabeth Ire a donné sa caution à la volta. Victoria profite de son couronnement pour donner ses lettres de légitimité à la valse en Angleterre[21].

Le 28 juin 1838 a lieu la fête attendue par toute la nation britannique : le couronnement de Victoria. A la sortie de la cérémonie de Wesminster, sur le cortège, il y a une foule considérable dans Londres. Strauss et son orchestre sont là. Ils jouent devant l'hôtel du Club de Réforme. Sans cesse, et sans aucune cohésion avec les dizaines d'autres formations qui jouent le même hymne, Strauss interprète aussi le *God save the Queen* au milieu du fracas des canons et des sonneries de cloches... L'orchestre de Strauss, venant de Paris, a passé la Manche le 11 avril. Strauss voulait être à Londres au moment du couronnement de la princesse Victoria. Il sait que Victoria aime la valse et il s'attend à une vague de bals et de festivités.

Strauss passe la Manche

Au départ, Strauss a eu quelques difficultés pour se faire accepter. Il passe quelque temps en prison parce qu'il a rompu le contrat le liant à un hôtelier. Cocks, un éditeur de musique londonien, paie l'amende que le tribunal lui a infligé en échange d'une valse. Strauss remporte alors un succès à Londres auprès d'un public connaisseur et compétent. Il compose la musique du bal du couronnement.

Cette journée ponctue une série de fêtes ininterrompues que Strauss anime durant trois semaines. Concerts, garden parties, bals... Johann Strauss joue trois fois par jour : le matin, à la résidence londonnienne de quelque noble, l'après-midi dans un château des environs et la nuit à la cour. Ces fêtes sont souvent d'un

19. G. Yates, *op. cit.*.
20. Richardson, *op. cit.*, p. 65.
21. A. H. Franks, *op. cit.*, p. 57.

luxe inouï. Par exemple, pour le bal de la baronne Rothschild qui a lieu à trois milles de Londres, le trajet est éclairé a giorno par des milliers de torches. L'immense parc est illuminé. Pour abriter l'orchestre, on a construit au centre d'une pelouse un salon autour duquel les danseurs évoluent. Le peuple des villages voisins fournit la figuration de mises en scène qui ont quelque chose à voir avec le faste légendaire des empereurs romains.

Partout, en Angleterre, on réclame Strauss. Ecosse, Angleterre, Irlande suivent. En cent vingt jours, Strauss donne soixante douze concerts. Il construit ainsi sa réputation européenne dans une dérive brillante mais fièvreuse. Birmingham, Bath, Southampton, Glasgow. Les villes se succèdent de manière routinière. A ce moment, Strauss conçoit même le projet de partir en Amérique. Mais Reichmann, son imprésario et ami, le détourne de cette idée insensée. L'orchestre, informé des rêves du chef, se révolte à l'occasion d'une traversée de la Manche pour un concert à Rouen. Les musiciens veulent rentrer à Vienne. Début novembre 1838, Strauss est malade, très malade. En fait, comme beaucoup de ses musiciens, il est épuisé. C'est le signal du retour. Cela fait plus d'un an que les Viennois ont sillonné l'Europe dans tous les sens.

Le séjour de Strauss à Londres est important pour l'histoire de la valse anglaise. Strauss unifie, en effet, par la succession de ses concerts et de ses bals, le rythme de la valse en Angleterre. A cette époque, on danse la valse beaucoup plus lentement à la cour qu'en ville. A la périphérie de Londres, le rythme est plus accentué. Lorsqu'il repart, Strauss laisse ainsi son empreinte.

A la cour d'Angleterre, il a donc fallu attendre la montée sur le trône de la reine Victoria pour que l'opposition à la valse soit définitivement battue. La valse devient pour quelque temps la danse hégémonique. Comme le note Belinda Quirey, l'importance historique de la valse ne vient pas de la durée pendant laquelle elle a dominé les salles de bals ; son hégémonie a été plus courte que celle du menuet. Mais plutôt du fait qu'elle est toujours restée la seconde danse aussi bien à l'époque du quadrille, de la polka, puis plus tard du tango[22], etc.

22. Belinda Quirey, *The Ballroom Dancing*, mai 1961.

La valse à deux temps

A Londres, à la fin de ces années 1830, la valse fait une percée sous une forme particulière. Il y a d'abord eu le galop, qui obtient soudain une cote de popularité exceptionnelle. Au départ, il intervient comme final dans le quadrille. Puis on se met à le danser sur une musique de valse. C'est ainsi qu'est introduite la valse à deux temps, aussi appelée valse à deux pas (Cellarius). Cette forme de valse devient celle qu'affectionnent particulièrement les Anglais. On la danse sur une musique de valse, donc à trois temps. Mais cette forme de valse se caractérise par un pas sur le premier temps, une suspension de pas sur le second temps et un pas sur le troisième temps[23].

Dans cette forme de valse, le pas glissé du galop occupe les deux premières mesures et le chassé la troisième mesure. Tous les auteurs anglais de l'époque témoignent que cette valse à deux temps détrône en popularité la valse à trois temps. Philippe Gawlikoski, professeur de danse très attentif, remarque en 1858 que, contrairement à la technique de la valse à trois temps, dans la valse à deux temps les partenaires ne sont pas face à face mais légèrement décalés, ainsi que le seront plus tard les danseurs de boston.

Comme souvent, on retrouve la question de l'origine : d'où vient cette valse à deux temps ? Là encore, chacun produit son histoire. Il se trouve que deux professeurs de danse célèbres, tous deux français, donnent de cette danse une origine différente. En 1844, Coulon, célèbre professeur de danse installé à Londres et qui enseigne à Marlborough Street, écrit : « Cette valse nous vient de la cour de Vienne. Arrivée à Londres, elle y conquit tout le terrain[24]. » Desrat propose une autre origine : « Quant à la valse improprement appelée à deux temps, elle nous vient de Russie (...) Je puis parler en bonne connaissance de cause de l'introduction en France, en 1815, de la valse à deux pas, car elle fut enseignée à mon père, à cette époque, dans les circonstances suivantes : en janvier 1839, le baron de Nieuken, attaché à la légation russe, prenait des leçons de danse de mon père, et les prenait telles qu'elles se pratiquaient à l'époque, composées de tous les exercices fondamentaux de la danse, pliés,

23. Richardson, *op. cit.*, p. 77.
24. Cité par A. H. Franks.

battements, etc. Notre baron devait le soir se rendre à un grand bal donné par le comte Molé, alors ministre des Affaires étrangères, et devait danser avec de charmantes Moscovites. Il demanda donc à son professeur de lui faire répéter le pas. Fureur de mon père aux mots de valse à deux pas, car il trouvait un contresens manifeste avec la mesure ordinaire de la valse à trois temps. Mais tout s'arrangea promptement quand il vit son élève faire le chassé de la valse en exécutant le premier temps du pas sur les deux premiers temps de la mesure, et le second temps sur le troisième de cette mesure. Tout de suite, mon père comprit que le chassé était fait en le commençant lentement et en le terminant brièvement. Elève et professeur valsèrent ensemble et le succès de M. de Nieuken fut tel qu'à partir de ce jour toute l'aristocratie sacrifia la valse à trois temps à celle à deux pas[25]. » Richardson soutient la version de Desrat. Dans la mesure où cette valse à deux temps est dérivée du galop, lui-même venu de Russie, il pense que cette valse à deux temps est d'origine russe[26].

Cellarius, très connu en Angleterre par la traduction de sa *Danse de salon* (1847), et qui domine tout l'enseignement de la danse de salon en Angleterre[27], écrit à propos de cette valse à deux temps : « J'en appelle aux valseurs eux-mêmes : éprouvent-ils le même plaisir à accomplir un même cercle uniforme autour d'un salon, sur un mouvement égal, que lorsqu'ils s'élancent, avec cette vivacité entraînante que la valse à deux temps comporte seule, ralentissant ou pressant leur course à leur gré, promenant leur dame en tous sens, tantôt la forçant à rétrograder, tantôt reculant eux-mêmes, voltigeant d'une pièce dans l'autre, allant à droite, à gauche, variant leur allure presque à chaque pas, et arrivant à cette sorte de vertige que j'oserai qualifier d'enivrement, sans crainte d'être démenti par les véritables amateurs de valse[28] ? »

Cellarius consacre deux chapitres à cette valse à deux pas. Pour lui, cette valse a surtout des avantages pédagogiques : elle est simple et excessivement facile à apprendre[29]. Elle évite de passer du temps

25. Desrat, *Dictionnaire*, p. 374-375.
26. Richardson, *op. cit.*, p. 79.
27. « Il était lu avec avidité », nous dit Richardson.
28. Cellarius, *op. cit.*, p. 42.
29. Ce qui n'a pas que des avantages. Un guide populaire anglais (le Warne's), publié anonymement en 1860, constate que le succès de la valse à deux temps est tel que l'on n'a jamais vu réunis ensemble autant de mauvais danseurs.

dans un cours de danse. Cellarius distingue cette valse de la valse à trois temps par le glissé : « Il faut sur chaque mesure faire un pas, c'est-à-dire glisser le pied et chasser de l'autre. La valse à deux temps, différente en cela de la valse à trois qui décrit un cercle, se valse carrément et ne se tourne que sur le glissé. Il est essentiel de noter cette différence de mouvement, afin d'apprécier le caractère des deux valses[30]. »

Cellarius a de nombreux disciples en Angleterre qui diffusent une valse portant son nom. Une étude récente sur une petite ville du nord de l'Angleterre en témoigne. Patricia A. Mitchinson publie des extraits de l'Harrogate Advertiser du 15 juillet 1848 dans lesquels on peut lire : « Nous sommes sûrs que vous serez contents de savoir que M. Nicholas Henderson, dont le nom est associé à l'introduction de la Cellarius et de plusieurs autres belles valses dans les cercles respectables de la capitale, est aujourd'hui à Harrogate. Il y restera durant la saison. Ceci intéressera tous ceux qui désirent découvrir ses dernières importations. » P. Mitchinson donne aussi une coupure du 29 juillet 1848 dans laquelle M. Henderson fait sa propre publicité. Il s'y engage à enseigner polka, scottisch et valse à deux temps en trois leçons pour le prix d'une guinée. Cette publicité précise encore que ses cours sont ouverts aux écoles et aux familles[31].

Durant les règnes de Victoria et d'Edward, la valse est souvent un pas de référence, une composante des quadrilles. Parmi les quadrilles, les « Lanciers » ont incontestablement obtenu la plus grande célébrité. Après avoir été créés en Angleterre, ils obtiennent un beau succès à Paris à partir de 1850. Dans ce type de danse, les couples se font des visites, des saluts, défilent parallèlement[32]. La valse y joue une part « vitale » (Franks) dans la plupart des figures. Et très fréquemment, dans les années 1840-1850, on voit écrit sur les instructions des danses de ce type : « quatre mesures de valse » pour terminer la danse.

30. *Ibid.*, p. 43.

31. Patricia A. Mitchinson, « Regional evidence for dance with particular reference to a Yorkshire spa town, Harrogate », in Janet Adshead et June Layson, ed., *Dance History*, Dance Books Ltd, Londres, 1983, réédit. 1986, p. 104.

32. En France, le quadrille des Lanciers était encore dansé en 1950 dans certaines fêtes populaires. Dans sa version des années 1900, la musique est en six/huit.

TROISIÈME PARTIE

L'institutionnalisation

CHAPITRE 9

Les nouveaux professeurs

« ... Un mauvais valseur occasionne des désagréments. Il vous marche sur les pieds, manque la mesure, perd l'équilibre, vous met dans l'embarras... Celui qui valse à la perfection vole autour de vous comme un papillon; vous fait tourner comme une toupie et fait trop ce qu'il veut de la danseuse qui dépend de lui... »

L'Hermitte de Londres, La Valse, *Bibliothèque de l'Opéra, A II, 1821.*

Comme la volta, la valse est une danse populaire extrêmement simple. Le pas de base n'est pas vraiment difficile à apprendre. La nouveauté, par rapport aux danses dominantes antérieures, réside dans le *« close hold »* (la prise fermée), comme disent les Anglais. Le couple enlacé dans une intimité corporelle est une rupture *« proxémique »* (E. Hall) par rapport à ce que l'étiquette sociale accepte à partir du moment où l'Eglise a imposé ses valeurs. La rotation, assez rapide, même si elle n'atteint pas encore le tempo de J. Strauss fils, donne le vertige, dit Lord Byron. La perte de contrôle de soi, même partielle, institue la valse sur des fondations de « transe » épidémique que Jean Bodin étiquetait comme « satanique ». Le risque de perte de contrôle de l'équilibre du couple se double d'une perte de contrôle du dispositif du bal tout entier. Les couples se choquent les uns les autres. Dans ce mouvement parfois chaotique, l'intimité du couple est une réassurance. La frénésie « valsomaniaque » vient de cette responsabilité collective de devoir gérer à la fois l'individuel, l'inter-individuel, le groupal et l'organisationnel.

La résistance des professeurs

Durant toute la première partie du XIXe siècle, l'institutionnalisation de la valse se poursuit d'abord par la transmission spontanée. Si la classe dirigeante française résiste à l'institutionnalisation de la valse, celle-ci ne peut se transmettre que de manière inter-individuelle, comme c'est encore le cas en France ou en Autriche à la campagne, dans les fêtes populaires. En 1840, et depuis longtemps déjà, dans toutes les guinguettes on ne danse que la valse. Elle est bien installée socialement, même si sa transmission est plus épidémique qu'académique ; les maîtres à danser refusent de l'enseigner. Payés principalement par la classe au pouvoir, les professeurs de danse résistèrent d'abord à l'intégration de la valse, même si, en France, des danseurs d'opéra de talent[1] l'ont dansé. Par contre, à partir du moment où la valse devient hégémonique, mépriser l'enseignement de la valse devient suicidaire. Les professeurs ne peuvent que craindre la montée de ce phénomène qui leur échappe.

Fondamentalement, l'enseignement de la danse repose sur un « supposé savoir » des professeurs. La compétence des professeurs, mais aussi leurs revenus reposent sur la difficulté technique de la danse et aussi sur leur capacité à transmettre le contrôle social. L'action collective de la corporation, dès le XVIIIe siècle, mais aussi durant le premier tiers du XIXe siècle, consiste à refuser cette danse vulgaire. Mais n'y pouvant résister — et donc risquant de perdre leur fonction — leur effort consiste à l'intégrer, en la contrôlant. Ils vont compliquer un pas de base simple en tentant d'introduire des figures là où le couple n'aspire qu'au repli sur lui. Le professeur construit des mouvements d'ensemble de manière à contrôler soirées et bals au niveau du collectif des danseurs.

Dès 1767, le professeur Chavanne, dans ses *Principes du menuet*, défend l'idée que la valse n'a rien à voir avec « la bonne danse » dont il reconnaît ainsi l'existence en France à cette époque. Le corps des maîtres à danser est d'ailleurs largement soutenu par nombre d'observateurs. L'écrivain Vigée s'exclame par exemple : « Je puis bien imaginer que les mères aiment danser la valse, mais pas qu'elles autorisent leurs filles à la danser[2]. » La littérature contre la « mau-

1. Nous avons vu que Vestris II et Trénis valsent en 1805.
2. Cité par Paul Nettl, *The Story of Danse Music*, p. 253.

vaise danse » ou même plus généralement contre la danse de salon, est abondante durant tout le XIXᵉ siècle. Ainsi, à l'époque du congrès de Vienne, ce jugement : « Dès l'entrée de la salle de danse, l'homme doué du sens du rythme est incommodé par la rapidité excessive de la polonaise et, surtout, de la valse. Ces mouvements désordonnés, ces bonds sauvages proviennent incontestablement non du caractère spécifique de la valse, mais du vertige propre aux danseurs[3]. »

Klingenbeck constate aussi que les vieux maîtres à danser allemands sont des adversaires de la valse, et il trouve dans la *Grammaire de la danse* des remarques dédaigneuses sur la valse. Il écrit : « Eux qui autrefois donnaient le 'bon ton' et intercalaient tout naturellement des règles de 'savoir-vivre' dans les 'instructions sur les nouvelles danses de société' tiennent le menuet français pour le 'roi de la danse' ce qui se comprend lorsque l'on connaît le goût de l'époque pour tout ce qui vient de l'étranger et peut être maniéré. 'Oh temps, quand reviendras-tu !', se plaignent-ils en voyant disparaître le menuet des salles de danse. Leurs plaintes sur la décadence des mœurs ne peuvent bien sûr empêcher l'impulsion nouvelle donnée par la valse. Les plus progressistes d'entre eux continuent à pointer cependant un doigt réprobateur sur les vêtements trop serrés de la mode féminine et ils ne parviennent pas à accepter la venue d'une nouvelle ère de danse[4]. »

Cependant, à partir de 1840, on constate un renversement. Depuis Chavanne, le discours hostile à la valse est tenu d'abord par des professeurs de danse. A partir de 1840, on assiste à une conversion des professeurs aux « nouvelles danses ». Le discours d'hostilité est repris par des chroniqueurs se plaçant sur une position morale. En témoigne l'ouvrage du vicomte Brieux de Saint-Laurent, cinq fois réédité[5].

La pratique du détournement

Dans notre chapitre sur l'Angleterre, nous avons découvert la technique du détournement. Wilson enseigne sur une musique de

3. *Encyclopédie des exercices du corps*, cité par Jacob, *op. cit.*.

4. Klingenbeck, 1943, p. 33.

5. Brieux de Saint-Laurent, *Quelques mots contre les danses modernes*, 1856, 3ᵉ édit. 1863 ; 5ᵉ édit., 1868. Du même auteur, *La danse et les bals*, 1863.

valse une danse qui n'est pas la danse de couple fermé que l'on connaît. Il tente de détourner la spontanéité populaire vers des formes sociales plus domestiquées, plus construites.

Cette méthode fonctionne aussi en Allemagne. Ainsi, le *Terpsichore* de 1838 où l'on trouve, après l'habituel regret « on ne danse plus que la valse », les conseils suivants donnés par un maître de danse : « Si l'on veut que la danse procure du plaisir et ne nuise pas à la santé, sa durée ne doit pas excéder vingt minutes, au plus une demi-heure et son rythme ne doit pas être trop rapide[6]. »

Klingenbeck commente Länger et constate que : « Les maîtres à danser de l'époque sont bien préoccupés par les problèmes de santé. Ils perçoivent un danger dans la valse et appellent les dames à les approuver. La question de la convenance les préoccupe encore plus et ils font savoir aux dames que si le rythme de la musique leur paraît trop rapide on peut toujours le ralentir. Ils font comprendre à ces messieurs que leur corps fragile ne supporte pas une manière de danser trop violente... Ce n'est pas très convenable non plus pour une jeune fille de se laisser ainsi entraîner à toute allure. Malheureusement pour eux, ces danses dangereuses restent à l'ordre du jour : plus d'une jeune fille pourtant resplendissante de santé attrape la tuberculose, tombe d'épuisement ou même est entrainée par une mort rapide. On préconise une heure de pause de temps en temps car il est vrai que ces danses ne sont pas tout à fait sans danger. On a effectivement relevé des problèmes de santé, voire même des cas de décès suite aux valses trop longues[7]. »

La noble corporation des maîtres à danser ne peut pas admettre la désinvolture de la valse dans les salons. Elle s'ingénie à transposer des figures de menuet ou de quadrille. La description de la « valse alternée » (*Wechselwalzer*) de Länger donne une idée précise de ce dérivé de la valse. Le maître explique que la musique est la même que pour la valse, mais plus lente. La description de la danse est la suivante : « Un homme invite deux dames à la danse. L'une d'entre elles se met au milieu de la salle face à lui, l'autre se met à sa droite. Le second danseur se place à côté du premier couple, sa partenaire à ses côtés et ainsi de suite, tous en cercle. Si vingt-quatre personnes

6. Christian Länger, *Terpsichore, ein Taschenbuch der neuesten gesellschaftlichen Tänze*, Etlingersche Buchhandlung, Würzburg, 1838.
7. Klingenbeck, 1943, p. 34.

sont en piste il y aura donc huit dames au centre et seize couples autour d'elles. Le premier danseur ouvre la danse avec sa partenaire, le second enclenche immédiatement avec la sienne mais en passant devant le premier, de cette façon le second danse toujours devant le premier. Tous les couples font un premier tour autour de la salle. Puis chaque danseur place sa partenaire au centre et continue avec la deuxième qu'il a invitée, refait un second tour et revient à sa place de départ mais garde cette seconde partenaire. Puis les couples 3 et 4 s'élancent, 3 passant devant le 4 comme pour le couple 1 et 2. Après le changement, les couples 5 et 6 s'élancent, et ainsi de suite. Cela dépend donc du bon plaisir du premier danseur de faire durer la danse aussi longtemps qu'il lui convient[8] ». On comprend la technique : sur un rythme de valse, sous le nom de valse, on oblige les amateurs à danser une sorte de contredanse.

La polkamanie

En France, il y a la même logique de fond au sein de la corporation des professeurs de danse. Le premier peut-être à avoir accepté la remise en cause profonde que supposent les nouvelles danses et à avoir compris le profit (financier) qu'il peut tirer d'un changement d'attitude est Cellarius dans les années 1840. L'histoire de la valse, à ce moment-là, est liée à l'invention de la polka déjà connue par Strauss. A cette époque, le contexte des bals publics parisiens n'est pas satisfaisant socialement. « La danse végétait d'une manière piteuse : la valse mourait d'inanition, la saint-simonienne n'osait se montrer aux yeux du sévère municipal, et cette contremarche des salons à laquelle depuis longtemps il n'était plus permis de donner le nom de danse avait alourdi les pieds des danseurs et souillé la grâce des danseuses. On ne dansait plus à Paris, on s'y trémoussait maussadement[9]. »

Durant l'hiver 1843-1844, déferle alors sur la France une nouvelle danse, la polka, qui suscite une nouvelle fièvre : la « polkamanie ». Vraisemblablement d'origine paysanne, la polka fut dansée en Bohême (son nom viendrait du tchèque *pülka,* moitié). Notée

8. Ch. Länger, *op. cit.*.
9. *Almanach de la polka,* Paris, 1845, p. 79.

par Neruda, professeur à Prague, elle se révèle d'abord à Baden où elle fait fureur, puis est introduite à Paris par Cellarius[10]. Au niveau du pas, la polka, comme la valse, est extrêmement simple. On peut même se demander s'il ne s'agit pas d'une réduction de la valse. Réduction par plusieurs aspects : on passe du trois temps au deux temps, on reste en couple, la musique est plus martelée, la rotation du couple est plus saccadée que dans le cas de la valse. Comment la mode de la polka est-elle lancée ? C'est un mystère de l'histoire de la danse. Toujours est-il que tout Paris veut danser la polka au même moment. On parle de « rage » ou d'« épidémie ». On la voit au théâtre : au Palais-Royal, aux Variétés où Eugène Coralli et Maria Vollet la dansent, au Vaudeville où ce sont Félix et Madame Doche, à l'Opéra, à la Gaieté, au Gymnase, au Théâtre Comte, au Concert Vivienne. Elle gagne le « meilleur monde ». Dès le mois d'avril 1844, on la danse à l'ambassade de Belgique. Au début, elle comporte des figures : par exemple, le cavalier part en tenant la main de la dame et lui tourne le dos ou lui fait face alternativement. Pourtant, la polka est facile. C'est une raison de son succès. Le climat de transe qui règne suscite l'émergence de nouveaux talents. Dans ces moments de fièvre collective, l'apprentissage de la danse est spontané. Il se fait très vite. Il suffit d'un bon valseur ou d'un bon polkeur pour former en une soirée une cavalière qui se rend célèbre. Plusieurs témoignages vont dans ce sens. Ainsi, Gustave Bournin qui écrit une biographie d'Elise Sergent, dite la Pomaré, rapporte : « Elise vint demeurer rue de Ponthieu près du Jardin Mabille. Comme elle n'avait jamais dansé, elle alla naturellement au bal et, sans maître, elle devint une délicieuse polkiste[11]. »

Même expérience pour Rose Pompon qui n'a jamais dansé le jour où elle va pour la première fois au bal avec une amie. La voyant danser, elle sent en elle qu'elle est « possédée » par « le même génie »[12]. Même expérience encore pour Mogador qui livre le récit de sa « conversion » : « Je n'avais jamais dansé ; j'aurais voulu essayer mais la crainte d'être ridicule me retenait. Pourtant je voulais essayer. On vint m'inviter pour un quadrille. (...) J'acceptai (...) Mon danseur était galant ! Je lui faisais mille coquetteries ! Il voulut

10. Boulenger, *op cit.*, p. 49.

11. G. Malbert (pseudonyme de Bournin), *Voyage autour de Pomaré, reine de Mabille, princesse du Ranelagh... par la grâce de la polka,* Paris, G. Havard, in-32, 1844.

12. Elise Bonze, *Les souvenirs de Rose Pompon,* préface de Ryno, Paris, 1887, p. 19.

me faire valser, j'acceptai encore et comme il avait beaucoup de patience, j'appris le même soir la valse et la danse[13]. »

Ces témoignages ne paraissent pas crédibles à Gasnault qui constate pourtant par ailleurs que les Mémoires de Céleste Mogador sont sincères. C'est que Gasnault pense que ces « stars » de la valse ou de la polka cherchent à dissimuler a posteriori, à refouler socialement qu'elles ont appris à danser dans des lieux infâmes, dans des « caboulots de banlieue », et donc que leur témoignage a une visée panégyrique[14]. On reconnaît là la méfiance des historiens qui, faute d'éprouver ce qu'ils étudient de l'intérieur, mettent en doute tous les témoignages spontanés qu'ils rencontrent[15]. Pour ma part, ces témoignages me semblent tout à fait acceptables. A de nombreuses reprises, j'ai moi-même observé ce type d'entrée dans la valse (plus délicate à intégrer que la polka). La difficulté de la valse et de la polka est minime. Il suffit d'être bien guidé et « en un instant on en possède le secret », comme le dit Mme de Girardin. En effet, l'apprentissage peut se faire très rapidement si le « climat » est porteur. La question, c'est d'oser, c'est de réussir à entrer pleinement dans le processus. La transe collective facilite cette initiation. Certes, il y a une difficulté technique, mais celle-ci ne fonctionne comme point de résistance que chez ceux qui « résistent » à la transe[16].

Mais il y a aussi ceux qui se lancent sans initiation. Peu d'amateurs sont capables d'imiter les danseurs de théâtre qui lancent, en 1844, la polka sur scène. Ceux qui s'y risquent occasionnent

13. Elisabeth Venard, comtesse Lionel de Chabrillan, *Mémoires de Céleste Mogador* : adieux au monde, Paris, 1854, tome 2, p. 278-279.

14. Gasnault, *op. cit.*, p. 209.

15. Sur ce point, je renvoie mon lecteur à ma conception de l'histoire. Voir R. Hess, *Henri Lefebvre et l'aventure du siècle*, A.-M. Métailié, 1988, p. 178 à 207.

16. En juillet 1989, lors du tournage de *La leçon de valse* de Monique Sicard, film dans lequel je dois animer une leçon de valse, je recrute une équipe de personnes n'ayant jamais valsé pour participer en direct à une première leçon de valse. Les exigences du tournage — il faut reprendre certaines prises à cause d'une défection de l'éclairage ou du son — amènent à répéter trois ou quatre fois chaque séquence de la leçon. De telle sorte qu'au moment où les couples se lancent par eux-mêmes, et contre l'attente de la scénariste qui souhaitait leur voir faire des « fautes », ils valsent tous sans commettre aucun impair. La caméra de François Pailleux se porte systématiquement sur Patrick et Lora, un jeune couple d'Italiens arrivés le matin même d'un long voyage en voiture, Milan-Limoges en pleine chaleur... Le contexte de la prise de vue suffit à ces néophytes pour leur faire assimiler la valse en une séance.

d'abord de grands chahuts, comme en témoigne un tenancier de guinguette. « On vient me prévenir qu'on danse la polka dans mon établissement. Ayant entendu dire beaucoup de mal de cette danse, je n'en puis croire mes yeux qu'on se la permette chez moi. Ce n'était que trop vrai : mon bal n'était plus un bal, c'était une danse affreuse, les verres, les bouteilles, tout volait à la tête. Les pères de famille disaient que c'était une indignité, si bien que toute ma société s'était écoulée et que ma soirée a été perdue de plus de 50 écus[17]. »

La polka sert ainsi de prétexte à une nouvelle transe collective. Plusieurs auteurs anglais remarquent avec justesse que la France se situe alors dans une période agitée. On se trouve entre la Révolution de 1830 et celle de 1848. L'énergie sociale qui éclate dans les révolutions a aussi besoin de se manifester sur les parquets ou les pistes de danse. La polka correspond donc à une sorte d'exubérance populaire difficile à canaliser à l'époque[18].

Il y a aussi ceux qui ne parviennent pas à danser. Si tout le monde a la fièvre de la polka, beaucoup hésitent à « emprunter le pas ». Une génération spontanée de professeurs de polka surgit. Le crédit de ces professeurs sombre quand on voit que leurs élèves ne parviennent aucunement à s'harmoniser. Un grand mouvement s'opère, où l'on cherche à connaître de « vrais » professeurs qui puisse révéler le secret de la polka. Laborde et Coralli, membres du corps de ballet de l'Opéra, répondent à la demande, ainsi que Cellarius dont l'origine est plus que mystérieuse. Mais cet effet de mystère joue favorablement. Cellarius fait répandre la rumeur qu'il est un Polonais en exil, et qu'il est à l'origine de la véritable polka[19]. Rue Vivienne, les salons Cellarius deviennent le centre d'une nouvelle pédagogie de la danse.

Mme de Girardin nous rapporte à son sujet une anecdote instructive. En février 1844, la duchesse de B. a un fils de dix-neuf ans,

17. *Gazette des tribunaux,* 4 juillet 1844, cité par Gasnault, *op. cit.*, p. 188.

18. A. H. Franks, *Social Dance, a Short History,* p. 133.

19. Notamment par la publication d'un ouvrage de deux de ses élèves : Auguste Vitu et Paul Farnèse, *Physiologie de la polka, d'après Cellarius* (illustration polkaïque), Paris, Ed. Gallois, in-32, 1844. Ce livre en suscite un autre pour défendre la méthode d'E. Coralli, concurrent de Cellarius : Perrot et Robert, *La polka enseigné sans maître, son origine, son développement et son influence dans le monde, d'après Eugène Coralli de l'Académie royale* (orné de vingt vignettes par Geoffroy), Paris, Aubert, 1845.

dont elle se flatte justement d'avoir fait un jeune homme accompli. Il ne lui manque que la polka. On conseille à la mère de prendre pour maître Cellarius. Mme de Girardin raconte : « Dans la classe de ce professeur en l'art de Terpsichore, les prêtresses de cette muse vont aussi former des pas gracieux ; c'est pourquoi ce digne professeur ne possède pas, comme ceux de l'Université, toute la confiance des familles. Madame de B. entrevit avec effroi les dangers que pouvait courir son jeune fils ; elle ne voulut pas qu'il allât prendre des leçons chez Cellarius, mais elle écrivit à Cellarius de venir chez elle avec tout ce qui était nécessaire pour la leçon. Le maître de danse arriva le lendemain, à l'heure indiquée. Il était suivi de deux fiacres, contenant huit danseuses de l'Opéra. L'apparition fut terrible. Cependant, Madame de B. fit bonne contenance ; voyant que le danger était inévitable, elle se résigna à le surveiller. Elle s'établit, comme à l'ordinaire, au coin du feu, et se mit à tricoter paisiblement. La leçon de polka fut donnée dans son salon, devant elle ; son fils *valsait* tantôt avec une grande blonde, tantôt avec une petite brune... Il n'est point de situation que ne sanctifient la présence et le tricot d'une mère[20]. »

En plus de la description de la place que vient occuper Cellarius comme « professeur à domicile », ce témoignage nous montre la confusion d'alors entre polka et valse. Il ne faut pas imaginer que la polka a éclipsé la valse. Bien au contraire. Elles se renforcent l'une, l'autre. Si Cellarius construit sa réputation grâce à l'énergie de la « prophétie polkaïque », on constate qu'il a structuré son cours autour de la transmission de toutes les nouvelles danses (valse, polka, puis très vite mazurka, redowa, cotillon). La valse reste la danse centrale. C'est une « valse-mazurka », portant son nom, qui le rend célèbre dans toute l'Europe.

L'ère Cellarius

Une des forces de Cellarius, c'est d'être parvenu à faire de la polka un objet de polémique. Il y a plusieurs écoles. « Dans l'histoire des querelles artistiques, les noms de cellariens et de labordiens, disciples des professeurs Cellarius et Laborde, sont aussi célè-

20. Cité par Boulenger, *op. cit.*, p. 50.

bres que ceux des gluckistes et des piccinistes[21] ». Une autre dimension de son talent est d'avoir géré de front son cours, des voyages en Angleterre et la rédaction d'un ouvrage important en 1847, illustré par Gavarni, qui est rapidement épuisé et dont la seconde édition (1849) est préfacée par Lamartine. Publier devient nécessaire pour asseoir une autorité pédagogique. Les livres sur les bals et les nouvelles danses se multiplient[22].

Grace à *La danse des salons,* Cellarius obtient une réputation qui dépasse le cadre national. L'idée de Cellarius est de dire qu'il y a une « renaissance de la danse du monde ». Sous-entendu que, avant lui, il n'y avait que désordre dans les bals et les salons. Il construit donc un pouvoir pédagogique sur une certaine idée de l'ordre et de l'organisation. Il réussit également à fidéliser ses élèves, qui lui construisent une réputation de « maître ». Pour cela, il transforme ses cours en lieu de recherche et d'élaboration collectives. En même temps qu'il institutionnalise la valse, la polka et la mazurka dans les salons bourgeois, en même temps qu'il leur donne une noblesse, qu'il fait de ces danses simples un art spécifique, il les rend quelque peu plus complexe. Par exemple, pour gonfler un peu son manuel, il note quatre-vingt-trois figures à partir de la valse, de la polka et de la mazurka qu'il fait rentrer dans le cotillon. Il est probable qu'il a conçu ces figures avec ses disciples. On verra que cette idée sera largement reprise par ses successeurs.

Cellarius a inventé un nouveau type de pratique : celle de professeur de danses de salon. Jusqu'à lui, pour être professeur de danse, il fallait avoir dansé à l'Opéra. Cellarius organise la coupure entre la danse de l'Opéra et la danse de salon, dont il fait une discipline fonctionnant en soi et pour soi. S'il présente encore le quadrille, c'est pour permettre aux danseurs de reprendre leur souffle entre

21. F. de Ménil, *Histoire de la danse,* p. 210.

22. Si l'on met à part l'excellent livre de Brunet sur la valse, 1832, citons : Etienne J. de Champeaux, *Physiologie des bals de Paris et environ,* Decaux, Paris, 1845 ; Eugène Coralli, *La polka sans maître,* avec 20 dessins, Auber, Paris, 1845, in-32 ; Huart et Cham, *Paris au bal,* Paris, Aubert et Cie, 1845 ; Nick-Palkmal, *Les polkeuses,* Paris, Ed. Magnane, in-12, 1845 ; Pomaré (sobriquet d'Elise Sergent), *Les bals et les polkantes du temps,* in-12, Paris, 1847 ; Alexandre Privat d'Anglemont, *Voyage à travers Paris, le bal le Prado,* Paris, in-32, 1846 ; A. Privat d'Anglemont, *La Closerie des lilas : quadrille en prose,* Paris, 1848 ; Théodore Staines, *Les oiseaux de nuit et les polkeuses des scènes publiques et plusieurs autres polkeurs,* Paris, Bréauté, 1845 ; Auguste Vitu et Paul Farsène, *Almanach de la polka,* Paris, 1845 ; A. Vitu, *Paris l'été : le Jardin Mabille,* Paris, 1847.

deux valses ou deux polkas. Mais son opération d'institutionnalisation repose sur l'idée de la coupure entre l'Opéra et la danse de salon. A ce propos, dans son chapitre intitulé « Danses du monde et du théâtre », il fait un constat ethnographique important : « Les livres publiés sur la danse, en France ou à l'étranger, sont fort nombreux, et formeraient à eux seuls une bibliothèque tout entière. Il est à remarquer pourtant que la plupart de ces traités s'occupent presque exclusivement de la danse de théâtre, des ballets, de tout ce qui concerne la chorégraphie. C'est à peine si l'on trouve dans quelques-uns d'entre eux des passages, d'ailleurs fort succincts, sur les danses des salons, dont il eût été curieux cependant d'avoir dans chaque siècle l'historique exact. »

De cette observation, Cellarius tire l'analyse suivante : « Pendant longtemps, et même encore aujourd'hui, on a confondu, ou du moins on n'a pas assez nettement distingué les danses du monde de celles du théâtre. On a considéré les contredanses particulières, les quadrilles, les pas ou les différentes espèces de danses adoptées par les particuliers à chaque époque comme un dérivé, et, pour ainsi dire, un diminutif des ballets et des pas exécutés par les danseurs de profession. Les danses du monde elles-mêmes se sont souvent prêtées, il faut bien le reconnaître, à cette confusion. On n'en citerait guère qui aient jamais été exclusivement adaptées au cadre d'un salon et ne se soient senties plus ou moins du caractère de la scène. Aujourd'hui, je ne crains pas de le déclarer, et ce sera même là un des principes fondamentaux de ce livre, la danse des salons, telle qu'elle se trouve constituée d'après les caractères nouveaux qu'elle a revêtus depuis quelques années, peut être considérée comme presque entièrement indépendante de la danse du théâtre. Elle a ses allures et ses pas qui lui sont propres, et qui n'ont presque rien de commun avec ce qu'on applaudit sur la scène[23]. »

En dehors de Thoinot Arbeau, qui nota si scrupuleusement les danses populaires de son temps mais qui, malheureusement, ne fit pas école, il n'y a jamais eu d'ethnographe de la danse populaire ou de salon. Cellarius constate aussi la rupture définitive d'avec le théâtre : « On conçoit sans peine que la plus élégante valseuse ou le valseur le plus gracieux ne sauraient être transportés d'un salon sur la scène sans perdre une partie de leur prestige. De même aussi, les

23. Cellarius, *La danse des salons,* 2e édition, 1849, p. 12.

personnes du théâtre et les danseurs de profession qui voudraient s'essayer dans les danses privées, sans un exercice préalable et tout spécial, risqueraient fort de les exagérer, de les fausser même en s'écartant de leur véritable caractère. Je ne prétends pas ici rabaisser la danse de théâtre ni diminuer en rien l'art divin des Taglioni, des Essler et des Grisi ; mais le vieil adage qui dit que *qui peut le plus peut le moins,* pourrait bien, en fait de danse, ne pas être d'une rigueur absolue[24]. »

Danse de salon contre danse de théâtre

Sur ce point, je me permettrais d'introduire une expérience personnelle. En 1987, le Collège international de philosophie organisait un colloque sur « danse et philosophie » à Villeneuve-lès-Avignon auquel je fus convié pour exposer mes théories sur la valse. L'assemblée était composée de trois publics : des danseurs professionnels, des philosophes et des journalistes, critiques de danse. Mon exposé suscite un certain intérêt, et de nombreuses réactions m'amènent à proposer à la fin du débat l'organisation d'une soirée dansante qui a lieu le lendemain dans une magnifique salle du XIIe siècle. J'ai mes cassettes. Un petit buffet est dressé. Les participants du colloque se pressent, la curiosité éveillée par le côté insolite de voir danser valse, paso et tango dans un monastère du XIIIe siècle. En tant qu'animateur du projet, je tiens à la réussite de la soirée. Je suis donc décidé à être particulièrement avenant avec les philosophes que je soupçonne de ne pas savoir danser. Ma surprise vient d'ailleurs. J'ai les plus grandes peines du monde à faire valser un certain nombre de danseuses et chorégraphes contemporaines. Je me souviens très bien d'une interminable valse de Waldteufel (d'une durée de quinze minutes), vécue comme un enfer. Après quelques mesures, je constate que ma cavalière, professeur de danse très célèbre aux Etats-Unis, est totalement incapable d'avoir un rapport « dansant » avec moi. Elle ne parvient pas à entrer dans le rythme, dans la logique des pas. Je dois faire un très gros effort pour « compenser » le handicap et dissimuler ainsi l'incompétence de la danseuse qu'elle ne manquerait de m'attribuer si par mégarde

24. Cellarius, *La danse des salons,* 2e éd., 1849, p. 14.

notre désentente apparaissait au grand jour. Mon travail est difficile. Ma cavalière fait une vingtaine de kilos de plus que moi, et surtout elle imagine durant toute la danse qu'elle sait valser et qu'elle doit me guider! Personne, pas même eux, ne doute jamais que les « danseurs de théâtre » (comme les appelle Cellarius) puissent ne pas savoir danser ces petites danses de salon. Je découvre en situation qu'il peut être beaucoup plus facile d'apprendre la valse à un philosophe qui « sait qu'il ne sait pas » qu'à un danseur de ballet contemporain qui « ne sait pas qu'il ne sait pas ». Mais là non plus, il ne faut pas généraliser. Certains danseurs s'en sont bien sortis ce soir-là. Disons que le transfert de la « danse de théâtre » à la « danse de salon » n'est pas automatique. Mon expérience renforce ici l'affirmation de Cellarius : il faut dissocier « danse de théâtre » et « danse de salon ».

Lui-même esquisse la sociologie de cette dissociation : « On peut se demander si c'est seulement un caprice de la vogue qui a fait substituer aux danses d'étude les danses nouvelles, lesquelles ont surtout, on le sait, pour caractère principal, l'abandon, le naturel, la liberté des mouvements, toutes qualités que l'on peut considérer comme inhérentes aux personnes du monde[25]. » Et après avoir expliqué que, pour entrer dans la valse et la polka, Cellarius lui-même avait dû faire un travail pour « oublier » ce qu'il avait pu apprendre comme technique de la danse de scène, il poursuit : « J'ai eu à effacer dans mes pas et mes attitudes ce qu'il y avait de trop théâtral, substituer dans beaucoup de cas la simplicité à la grâce apprise, prendre pour modèles, non plus les grands artistes de la scène, mais les danseurs et les valseurs de salons français et étrangers qui voulaient bien me permettre d'étudier en eux ces danses de distinction qu'ils exécutaient le plus souvent d'instinct et d'après leur propre goût[26]. » On voit là l'enquête préalable que nécessite cette nouvelle profession de « professeur de danse de salon ». Il ne faut plus partir d'un savoir établi depuis des siècles par l'académie de danse, mais renverser le rapport : se mettre à l'écoute, apprendre des meilleurs valseurs d'instinct ! Cette « confession » est passionnante à une époque où, sur le terrain de la science sociale, un Frédéric Le Play sillonne aussi l'Europe pour observer les manières de

25. Cellarius, *La danse des salons*, 2e édition, 1849, p. 13 et 14.
26. Cellarius, *La danse des salons*, 2e édition, 1849, p. 14.

vivre des « ouvriers européens », inventant par là même une méthode monographique qui a bien « résisté » au temps[27].

Une nouvelle pédagogie

L'enquête amène donc tout naturellement un changement dans les pratiques pédagogiques alors dominantes. Cellarius l'explique : « Le changement introduit dans le caractère de la danse a dû nécessairement s'étendre jusqu'à l'enseignement. La routine y jouait autrefois un grand rôle ; il suffisait de faire exécuter aux élèves certains pas traditionnels, certains exercices convenus, dont les académies de danse faisaient tous les frais, et qui exigeaient généralement assez peu d'imagination de la part du professeur. Aujourd'hui, le maître, ayant à former des danseurs spécialement pour les salons, doit y mettre, si je puis dire, beaucoup plus du sien. Il doit compter principalement sur son tact et son discernement pour régler les exercices de ses élèves d'après leur constitution, modifier au besoin l'exécution de telle ou telle danse, suivant les dispositions de chacun, substituer enfin les principes du naturel et du bon goût aux traditions d'une méthode banale[28]. »

Ces dernières remarques montrent que la rupture introduite par Cellarius implique également une coupure avec la posture pédagogique traditionnelle des professeurs de danse. Avant, l'enseignant essayait de faire s'inscrire l'élève dans un comportement modélisé. Avec la danse de salon comme art, le professeur devient un clinicien. Il part de l'élève, l'observe, l'aide à tirer de ses possibilités le meilleur de lui-même à la fois pour entrer dans l'institution, dans la structure de telle ou telle danse, et aussi dans son approche de l'autre. Ce que Cellarius décrit, c'est « la naissance de la clinique » en danse. Il invente le regard clinique. D'une certaine manière, et au-delà d'un apprentissage individuel, Cellarius gère l'inter-individuel et le groupal. Apprendre à danser devient l'analyse de son rapport au groupe social... Ce qu'ont inventé les « danseurs d'instinct » et que Giraudet appellera un demi-siècle plus tard, les « danseurs de routine ».

27. F. Le Play, *La méthode sociale*, réédition, Méridiens Klincksieck, Paris, 1889.
28. Cellarius, *La danse des salons*, 2e édition, 1849, p. 15.

Les contemporains s'extasient sur les longues files de calèches stationnant devant le portail de Cellarius « et davantage encore sur les 30 000 F que lui rapporte la polka[29] ». En fait, Cellarius doit sa réussite à deux qualités qu'il a admirablement développées : l'observation des pratiques instinctives (probablement « populaires ») et la pédagogie « clinique » et « individualisée ».

Du point de vue de la « socialisation de la valse », ces grands professeurs de danse nouvelle inventent un nouveau type de cours : créés au départ pour enseigner une nouvelle danse inventée de toute pièce, la « polka », ces cours s'étoffent. Les programmes intègrent la valse, danse qui n'a cessé d'être dansée depuis la Révolution mais qui a eu à se frayer un chemin à travers une hostilité institutionnelle au sommet de la société. Avec Cellarius et ses collègues et concurrents, la valse s'enseigne maintenant techniquement, professionnellement, efficacement, dans les classes les plus aisées de la société. Ce que note d'une autre manière Allen Dodworth, le grand pédagogue américain qui anima une académie de danse de salon de 1835 à 1885 : « Avec l'introduction de la valse, dit-il en substance, c'est une révolution qui s'opère dans l'éducation. Avant, le maître à danser voulait transmettre le maintien, les manières, le savoir vivre. Après, on lui demande surtout d'être un bon valseur et d'aider son élève à intégrer la manière de danser et rien d'autre[30]. »

Les écoles de danse

Le changement de posture introduit par Cellarius et ses collègues amène un apprentissage très rapide d'une danse comme la valse ou la polka. Dans un contexte où tout le monde danse, la transmission technique du savoir-valser ou du savoir-polker se fait en une ou deux leçons. Dans cette aisance, cette facilité du savoir-faire, se pose la question de l'institutionnalisation du métier de « professeur de danse de salon ». S'il est si facile et rapide d'enseigner la valse que l'on danse partout, comment assurer la survie de cette profession ? Comment reproduire sa clientèle pour tirer le maximum de ressources financières ? La diffusion de la polka fournit un modèle.

29. Gasnault, *op. cit.*, p. 189.

30. Allen Dodworth, *Dancing and its Relation to Education and Social Life*, cité par A. H. Franks, *op. cit.*, p. 156-157.

Il suffit de lancer de nouvelles danses régulièrement. On essaye la mazurka en 1844-1845. Mais cette danse polonaise est très difficile. Les Français ne parviennent pas à en assimiler le pas. L'échec est analysé. Pour que le succès soit assuré, la danse doit être simple. Sinon, le public se décourage. En même temps il faut du nouveau, du changement chaque année. On lance alors sous le nom de « nouvelles danses » des dérivés de la valse et de la polka auxquelles on donne des noms exotiques, venant de l'Europe de l'Est ou d'Angleterre. Par exemple la redowa en 1846, la villeika en 1849, la cracovienne ou la varsoviana en 1850, la scottisch en 1851. La scottisch illustre bien le mouvement qu'il faut décrire. Alternance de pas de valse et de pas de polka, elle est très simple et très agréable, encore aujourd'hui, à danser dans un salon ou dans une fête champêtre. Quelle est la part « historique » de la scottisch ? A-t-elle une origine écossaisse ancienne ? Si oui, cela signifie que la valse a été conservée en Ecosse depuis l'époque où la reine Elisabeth Ier dansait la volta (les deux danses sont proches). Si non, on dira que l'on donne un nom exotique à une danse dérivée directement du pas de base de la valse, dominant à l'époque ; on la complique quelque peu pour justifier la position d'initiateur que doit conserver le professeur de danse.

Le paradoxe de Cellarius est d'inventer une nouvelle position sociale en rompant avec la danse de théâtre au nom de la simplicité, de l'observation des pratiques populaires de base, mais lorsque cette rupture lui permet de conquérir une position dominante d'enseignant, de revenir d'une certaine façon au manièrisme des « maîtres à danser ». Témoigne de cette rapide évolution son intégration par l'Opéra. En 1856, Cellarius est choisi comme président honoraire de la Société des professeurs de danse de Paris, artistes de l'Opéra. Tout l'art de ses successeurs[31] est de gérer cette contradiction : le savoir danser doit être très simple pour que tout le monde puisse y accéder, mais en même temps il faut rendre le passage par les cours de danse obligatoire, donc habiller la simplicité dans les formes de la complexité. C'est la falsification caractéristique de tout processus d'institutionnalisation.

31. Parmi lesquels il faut mentionner son neveu et son fils. Le premier, de l'Opéra, sociétaire de l'Académie des professeurs de danse de Paris, anime un cours de danse avec son épouse dès 1856. Le second enseigne encore en 1899 à Paris (6, rue de la Paix) et au Casino d'Aix-les-Bains.

Un des moyens de cette complexification, qui implique le passage par les cours de danse, est la publication des manuels de danse. Même les bons danseurs ne comprennent que très rarement ce qui est indiqué dans les traités. Comment apprendre à valser en lisant les instructions d'un traité de danse de salon ? Cela semble difficile. L'apprentissage avec un partenaire sachant valser et ayant quelques talents pédagogiques ne dure que quelques minutes...

Mais là, nous touchons à l'art pédagogique en général. N'est-ce pas l'art de compliquer les choses simples ? Pourquoi est-il toujours dans la nature du maître d'installer autour de ce qu'il sait faire tout un appareillage, toute une carapace pour en défendre l'accès ? Quand on observe ce qu'est devenu l'apprentissage de la lecture et de l'écriture, on observe la même mystification. Avant l'école obligatoire, ces savoirs se transmettent assez spontanément. Même dans le peuple, on trouve des familles qui tiennent leurs livres de raison depuis des générations sans avoir eu accès à l'école. Plus l'apprentissage est considéré comme « fondamental » (jugé comme fondamental à une époque donnée, comme la valse au XIXe siècle, l'écriture et la lecture aujourd'hui), et plus on risque de se trouver prisonnier de la contradiction, du piège que représentent l'« expert » censé savoir, censé savoir apprendre, savoir transmettre son savoir. Mais le pouvoir professoral repose en même temps sur l'idéologie que ce savoir est difficile à intégrer ; et donc sur une certaine gestion stratégique de l'échec. L'échec scolaire participe à la définition de l'importance du rôle enseignant. Il en est de même au XIXe siècle pour l'enseignement des danses.

CHAPITRE 10

L'institutionnalisation de la valse par la musique : les Strauss

> *« La musique est une loi morale, elle donne une âme à l'univers, des ailes à la pensée, un essor à l'imagination, un charme à la tristesse, de la gaieté et de la vie à toutes choses. Elle est l'essence de l'ordre, qu'elle rétablit et élève vers tout ce qui est bon, juste et beau, dont elle est, bien qu'invisible, la forme éblouissante, passionnante, éternelle. »*
>
> *Platon*

Au retour de sa longue tournée européenne qui l'a tant affaibli, Strauss espère se rétablir rapidement. L'empereur Ferdinand, ayant pris quelque ombrage du succès de Strauss à Londres, a nommé Philippe Fahrbach, un musicien de vingt-trois ans, issu de l'orchestre de Strauss, au poste de dirigeant des bals impériaux. Il a demandé à Lanner de composer la musique de son couronnement comme roi de Lombardie en 1838... Strauss paye son succès européen du risque de perdre sa réputation à Vienne même. Il cherche à réaffirmer sa présence, dirige un bal à l'ambassade de Russie. Mais après l'entracte, il s'effondre. Les médecins sont pessimistes. Strauss met quatre mois à se rétablir. Pendant ce temps, Vienne voit surgir de nouveaux talents. Y compris dans la famille du musicien. Un jour, Johann Strauss entend son fils aîné jouer du violon alors qu'il le destine aux affaires. Il est très mécontent. Mais Anna, consciencieusement, pendant l'absence du père, a encouragé le fils à suivre les traces du maître. Johann junior, qu'elle appelle affectueusement « Schani », a pris des leçons auprès d'un musicien de son père. Comme Joseph et Edouard, ses petits frères. Anna se venge ainsi des infidélités de son mari que l'on voit souvent accompagné d'Emilie Trampbusch, qui lui donnera quatre enfants. Anna reproche à cette modiste de dépenser toute la fortune de son mari.

Le fils contre le père

Si Johann Strauss père réussit à donner à la valse une place dans la grande musique[1], il reste profondément marqué par son origine modeste et populaire. Ses fils, eux, partent d'un contexte musical assez différent. La valse n'est plus en 1840 ce qu'elle était en 1815. Anna ainsi que je l'ai dit fait tout ce qui est en son pouvoir pour donner une solide formation musicale à ses fils, et cela en cachette et contre la volonté du père. Elle dépense toutes ses économies pour permettre à son fils aîné de devenir un virtuose. Elle lui fait prendre des leçons de violon chez le répétiteur de ballet de l'Opéra, lui fait faire de la composition avec Hoffman, gloire incontestée du Conservatoire de Vienne, et lui fait donner des leçons d'orgue par Joseph Drexler, un compositeur de musique religieuse. Celui-ci tente d'orienter son élève vers la musique sacrée. Mais « Schani », du haut de ses dix-huit ans, résiste à ce projet. Il réussit cependant à composer une cantate à quatre voix pour chœur et orchestre, qui est jugée excellente par son maître et jouée à l'office dominical de l'église du Préau.

Anna Strauss veut voir son fils aîné composer des valses et s'efforcer de ravir à son père la faveur des viennois. Johann joue de plus en plus souvent sur l'orgue de Drexler des airs de valse, ce qui désespère le maître. Dès l'âge de six ans, Johann avait composé des valses que sa mère a notées[2]. Spontanément, c'est cette musique qui lui vient.

En 1844, les choses se précipitent. Anna et Johann père divorcent officiellement. Anna a très peu de ressources. Son fils souhaite créer son propre orchestre pour subvenir aux besoins de sa mère. Il a dix-neuf ans. Son père s'oppose à son projet. Mineur, il lui faut obtenir une autorisation municipale. Il prépare un dossier dans lequel il présente sa cantate et s'engage à jouer les grands maîtres de l'opéra et de la musique symphonique en plus de la musique de danse. Sou-

1. *Cf.* les commentaires de Berlioz cités plus haut.
2. On peut en lire le thème dans Jacob, *op. cit.*, p. 99.

tenu par Drexler, il obtient sa licence. Immédiatement, il crée son orchestre et prépare son premier concert. Il écrit à son père pour lui expliquer qu'il fait de la musique pour subvenir aux besoins de sa mère. Mais Vienne, qui aime la rivalité en art, est consciente qu'il s'agit d'un défi lancé par la jeunesse à un homme arrivé au sommet de sa carrière. Johann Strauss père a en effet quarante ans et fait figure maintenant de maître reconnu dans l'Europe entière.

La presse se fait l'écho de la préparation de l'orchestre du jeune Strauss. Aussi, le 15 octobre 1844, son premier concert fut-il un grand événement. Il a lieu au « Casino » Dommayer, juste en face du parc de Schönbrunn. Jusqu'à ce jour, le père doutait que son fils ose le braver. Il lui a mis des bâtons dans les roues en faisant dire que si un tenancier accueillait son fils, lui-même ne jouerait plus jamais dans son établissement. Cette polémique mobilise l'assistance. Johann fils a préparé pour la circonstance quatre valses, deux polkas et deux quadrilles. La soirée dansante annoncée par voie d'affiches a suscité des réactions : on voit en effet figurer le nom de Johann Strauss, avec en tout petit « junior ». Des Viennois accusent déjà le fils de vouloir exploiter le nom du père ! Mais on sait aussi que le père a abandonné sa famille ! Des milliers de Viennois se déplacent pour l'événement. Les éditeurs du père et du fils ont chacun mobilisé des troupes pour siffler ou applaudir quoi qu'il arrive ! Il y a tant de monde que toute possibilité de danse est écartée.

On est là pour un concert populaire. La soirée commence par « La muette de Portici » d'Auber. Le public apprécie la qualité de direction d'orchestre. Puis c'est la valse *« Die Gunstwerber »*, « Les flatteurs », composition du fils. Le public se déchaîne. Il faut rejouer cette valse quatre fois. Après la polka et le quadrille, les adversaires sont réduits au silence. Le dernier morceau, « La valse allégorique », prend l'allure d'une apothéose. On la répéte dix-neuf fois ! Jamais le père n'a été applaudi avec une telle frénésie. Pour clore la soirée, le fils fait jouer à son orchestre la valse la plus célèbre de son père : la *« Lorelei-Rhein-Klänge »*. Une émotion profonde s'empare de la salle. Le lendemain, toute la critique musicale est favorable : « On avait l'impression d'entendre un chant sortant par toutes les fenêtres d'une maison de trois étages. On retrouvait tout ce qui fait le génie du père : le même charme, le piano contenu, le fortissimo soudain, des basses qui martelaient le rythme, des instruments à vent ensorceleurs, et au premier plan, la mélodie vibrante, portée par les violons. »

Après ce concert, pour les Viennois, la relève de la première génération de compositeurs de valse semble assurée. Lanner est mort l'année précédente. A présent, le rivalité créatrice caractéristique de la Vienne des années 1830 se déplace à l'intérieur même de la famille Strauss.

La révolution de 1848

Jusqu'en 1848, Vienne traverse une période où la joie de vivre spontanée des Autrichiens devient de plus en plus difficile à afficher. Vienne ne s'est jamais relevée de la dévaluation de 1811. Les classes moyennes vivent pauvrement. Les ouvriers deviennent de plus en plus nombreux. Ils observent attentivement ce qui se passe en Europe. Quand en février 1848 la monarchie bourgeoise de Louis-Philippe s'effondre, la monarchie militaire des Habsbourg commence elle aussi à trembler sur ses bases. La révolution éclate en mars.

Il s'agit d'abord d'une révolution nationale plus que sociale. L'emblème de l'aigle à deux têtes ne parvient plus à coiffer tous les peuples de l'Empire. Les Hongrois veulent être reconnus comme Hongrois, les Polonais comme Polonais, les Tchèques comme Tchèques, etc. Lorsque le 3 mars la Hongrie se soulève, la révolte a vite fait de se propager à Vienne. Metternich y était devenu insupportable avec sa police politique omniprésente. Le chancelier est effrayé par la tournure des événements. Il s'enfuit d'abord en Allemagne, puis, lorsque la révolution gagne le pays de Bade, à Londres. Vienne reste sans dirigeant durant sept mois. Karl Marx y passe. Les théories du *Manifeste* n'ont pas un grand écho auprès de l'Association des ouvriers qui vient d'être créée.

Cette année 1848 est un tournant dans l'histoire de la valse. On va voir en effet les compositeurs viennois prendre parti pour un camp ou pour l'autre. On abandonne la valse pour la marche. Johann Strauss père compose l'un de ses plus grands morçeaux : « La marche de Radetzky », en l'honneur du général de l'armée des Habsbourg qui remporte des victoires sur le front italien. En pleine révolution, alors que Vienne est traversée par l'insurrection, le peuple se réjouit de ces victoires remportées à l'extérieur par l'armée qu'il combat à l'intérieur de la ville ! En composant cette marche, — les Autrichiens la jouent encore aujourd'hui chaque 1er janvier avec une fierté que seule l'ignorance du contexte de sa création peut justifier —, Johann Strauss n'a pas vraiment conscience de prendre une position politique réactionnaire qui va lui coller à la peau jusqu'à sa mort. Il soutient les Habsbourg parce que son fils soutient les révoltés. C'est pour lui un problème de génération. Mais le monde change. On supporte mal à Vienne la répression qui suit la défaite des insurgés. Le père Strauss est associé à ce mouvement de répulsion. Le fils au contraire — qui a participé à un fait d'armes au consulat de Bucarest où il faisait une tournée et qui compose un certain nombre de morceaux pour soutenir le mouvement social[3] — est associé au mouvement de 1848 ; ce qui lui vaut la sympathie du peuple et une mise en quarantaine de la part du pouvoir.

D'un point de vue musical, « La marche de Radetzky » s'inscrit dans une tradition de musique militaire bien établie à Vienne. Cette musique, certainement moins martiale que la musique militaire prussienne, est alors intégrée à la vie musicale viennoise. Le père Strauss est depuis 1843 chef de musique du premier régiment municipal de la ville. Avant lui, Beethoven avait occupé cette fonction. Lanner, quant à lui, avait le même poste dans le second régiment. A sa mort, c'est Johann Strauss fils qui lui a succédé. A cette époque, coexistent à Vienne la valse à trois temps et la marche à deux temps. Cette dernière tradition est assez réputée pour que la reine Victoria ait fait appel à un Viennois pour composer les musiques des régiments anglo-hindous de Calcutta !

« La marche de Radetzky » déçoit donc les espoirs de la jeunesse viennoise qui boude le père Strauss. Celui-ci vit mal ce rejet qui prend parfois la forme de lettres de menace. Il décide de quitter Vienne et part en tournée. Mais sa réputation de réactionnaire le précède. A Prague, il est chahuté par les étudiants qui, comme tous les tchèques, sont des adversaires irréductibles des Habsbourg. Le

3. Les partitions et les plaques de ces morceaux furent détruites par les autorités au moment de la phase répressive du mouvement. Il ne sont donc plus connus que par leur titre : « *Freiheitlieder-Walzer* » (« Valse de la liberté »), « *Revolutions-Marsch* » (« Marche de la révolution ») et « *Studenten-Marsch* » (« Marche des étudiants »).

lendemain, son concert n'est pas un succès. Il est même hué. Après un retour à Vienne, Strauss prend la route de l'Allemagne. A Munich, il renoue avec le succès. Mais dans les villes du Wurtemberg ou du duché de Bade, il doit faire face à une dure hostilité. A Heidelberg, les étudiants édifient une barricade pour empêcher l'orchestre de Strauss de passer. Son concert est un fiasco. A Francfort, le nombreux public crie « Berlioz, Berlioz ! », demandant « La marche de Rakoczy » que Berlioz vient de composer en l'honneur des héros révolutionnaires hongrois. Strauss se sent pâlir. Il ne peut jouer ce morçeau. Il n'en a pas les partitions ! La politique l'a disqualifié.

Johann Strauss croit qu'en gagnant l'Angleterre il va retrouver le calme qui lui permettrait de composer et de jouer sa musique. Sa première visite est pour le prince Metternich. Mais là encore, il est perçu comme un légitimiste. Et, s'il est reçu à Buckingham Palace, les libéraux le boudent. La bourgeoisie anglaise est en effet favorable aux républicains allemands et ne cache pas ses sympathies pour les révolutionnaires hongrois. A Londres, aussi, lui arrivent des lettres de menace. Il vit mal la situation parce qu'il ne se sent pas « soutien d'un régime assassin », comme disent les lettres.

Pourtant de retour à Vienne, Strauss, comme beaucoup d'« apolitiques », ne comprend pas le contexte politique dans lequel il évolue. Il ne comprend pas pourquoi il ne peut être perçu que comme partisan d'un camp. Maladroitement, il compose une nouvelle marche en l'honneur de Jellachich, le général croate qui s'est vanté de « dicter la reddition des républicains à la pointe de son sabre ». Cette initiative est encore aujourd'hui mal acceptée en Autriche. Plusieurs auteurs autrichiens pensent que J. Strauss ne savait plus alors ce qu'il faisait, car Radetzsky était un soldat, mais Jellachich était un bourreau. Si Strauss peut encore diriger un orchestre le 15 juillet, il meurt épuisé psychologiquement et physiquement d'une scarlatine le 25 septembre 1849 à l'âge de quarante cinq ans. Emilie Trampbusch prend la fuite. Anna s'occupe de l'organisation des funérailles. Le 27 septembre 1849, les viennois oublient la dérive politique de Johann et se pressent par milliers autour de la cathédrale Saint-Etienne. Strauss est enterré à côté de Lanner. Avec cette mort, une grande page de la valse est tournée.

Parti des faubourgs de Vienne, Johann avait su élever la valse au niveau d'une « grande musique ». Il avait sorti ce rythme de son contexte périphérique pour l'institutionnaliser dans les milieux européens les plus traditionnels. Peut-être est-ce parce que la vie de Johann Strauss père se termina en associant l'histoire de sa musique aux milieux les plus réactionnaires que c'est la représentation que certains se font de la valse aujourd'hui. Heureusement pour elle, ce ne fut pas la représentation européenne dominante. Le trois temps avait encore de belles perspectives devant lui.

Johann Strauss junior

A la mort de son père, Johann Strauss fils a vingt-cinq ans. Il maîtrise déjà bien son art. Contrairement à son père, il n'a pas à constituer un domaine. Il n'a plus qu'à le développer et à le gérer. Il y a donc chez lui un calme plus grand, une assurance, une sécurité qu'il puise dans le fait d'être un héritier. C'est un « monsieur », dit Jacob[4].

Dès la mort de son père, Strauss multiplie les signes qui l'inscrivent dans le prolongement de l'œuvre paternelle. Il fait jouer « La marche de Radetzky » le jour où il lance la souscription pour élever un monument en l'honneur de son père. Ayant réussi par une série d'initiatives à gagner à sa cause les musiciens et le public jusqu'alors fidèles au « vieux » Strauss, il décide de se réconcilier avec la cour.

François-Joseph qui vient de monter sur le trône a à peu près son âge. Mais il représente la rigidité d'une politique en cherchant à maintenir l'Empire contre l'éclatement. Johann Strauss fils, s'il a donné des gages aux fidèles de son père, reste marqué par son image révolutionnaire. Auteur de plusieurs marches d'étudiants au moment du mouvement de 1848, il a continué à jouer publiquement « La Marseillaise » même après l'écrasement du mouvement d'insurrection par Jellachich. Interrogé par la police à ce propos le 6 décembre 1848, il s'en est sorti en disant qu'il choisissait ses morceaux en fonction de leur valeur musicale et non de leur couleur politique ! Comme Victor Hugo qui fut successivement bonapartiste, libéral, républicain et socialiste, Strauss, lorsqu'il cherche à se concilier les faveurs de la cour n'a pas conscience de se trahir. Il compose une marche « Viribus Unitis » pour l'empereur. Celui-ci

4. Jacob, *op. cit.* p. 132.

se rapproche de Strauss. Cependant, le deux temps de la marche qui a causé la fin du père Strauss est fini. On revient au trois temps. Après l'épisode révolutionnaire, la valse reprend ses droits à Vienne. Johann Strauss attend le 26 avril 1854 pour jouer à la cour. C'est juste deux jours après le mariage de l'empereur avec Elisabeth de Bavière[5]. Ce jour-là, une archiduchesse veut danser l'« Annen-Polka » de Strauss. Celui-ci ne l'a pas encore éditée. Philippe Fahrbach doit inviter l'ancien révolutionnaire à conduire lui-même son œuvre[6].

Musicien, J. Strauss junior est créateur hors pair. Il n'a jamais de problème d'inspiration. Il invente tout le temps, note ses idées au fur et à mesure, mais ne couche noir sur blanc qu'une partie de ses inventions. Il a une « caisse à mélodies » dans laquelle il puise selon les besoins du moment, dit-on de lui. En fait, J. Strauss voit sa carrière déterminée par la commande des salles de bal. Les Viennois valsent et les propriétaires des grands bals publics l'obligent à produire valse sur valse. Il aurait certainement pu composer de la musique classique mais jusqu'à quarante-quatre ans il ne fait que de la musique de danse. Le public ne s'intéresse qu'à la valse. Strauss n'a qu'une issue pour concilier les attentes du public et son aspiration à une écriture plus élaborée : continuer à anoblir la valse comme mode musical. Pour comprendre ce dilemme de musicien, il n'est peut-être pas inintéressant de dire que les Strauss, comme beaucoup de musiciens, n'ont jamais dansé[7]. S'il est possible d'être à la fois violoniste, chef d'orchestre et compositeur, comme on peut être à la fois auteur et éditeur, être à la fois musicien et danseur ne semble pas possible. Dans la valse, le projet du danseur et celui du musicien ne se rencontrent que lors du concert dansant. Pour le musicien, son art ne peut pas se réduire à voir des gens danser sur sa musique. Il ressent le besoin de produire autre chose. Pour lui, le bal est un dispositif où il peut s'exprimer, mais il y a aussi la salle de concert[8].

5. Personnage complexe que Romy Schneider a incarné au cinéma dans *Sissi* de manière inoubliable.

6. Fantel, *op. cit.*, p. 129.

7. Comme le rappelle Mosco Carner, *op. cit.*.

8. A Paris, cette osmose entre danse et musique n'égale jamais l'intégration viennoise. On y distingue bien la musique de valse et la musique de concert. Les compositeurs brillent plutôt dans l'un ou l'autre registre. A Vienne, avec la valse, les Strauss occupent un territoire qui absorbe tous les lieux de la musique.

Quant au danseur, en dehors du bal, une transversalité possible, c'est le cours de danse, l'écriture de traités techniques sur la danse ou d'histoires de la danse. On voit bien la conjonction dans le bal de deux mondes qui s'excluent pratiquement dans leur définition en dehors de la production même du moment dansant. Plus la technique s'élabore et se complexise, plus ces deux places s'excluent.

Emile Faguet explique bien comment la musique peut s'allier tout naturellement à la danse : « Ces deux arts se pénètrent mutuellement, partant peuvent s'unir. De deux arts distincts, voilà un nouvel art, complexe, qui naît. » Mais, remarque Faguet, « dès que deux arts s'unissent, il faut qu'il y en ait un qui prenne le pas devant et auquel l'autre se subordonne. Ceci est une condition nécessaire de l'art. L'art est unité. Il est en soi un effort pour ramener à une certaine espèce d'unité, harmonieuse et exquise, la diversité et le pêle-mêle apparent de la nature... L'unité dans la complexité c'est la subordination. De deux arts unis, il y en aura donc un qui sera à la discrétion de l'autre et ne servira qu'aux desseins de celui-ci. La danse, qui est en soi une expression harmonieuse des belles lignes mouvantes et des beaux groupes mouvants, deviendra surtout une traduction de la musique en mouvements visibles. La musique aura confisqué à son profit les moyens d'action de la danse[9] ». Emile Faguet, en écrivant ces lignes, ne pensait pas à Strauss. Pourtant, elles s'appliquent parfaitement à ce qui va se jouer à Vienne dans la seconde moitié du siècle.

Dans les années 1850, le bal et la fête reprennent de plus belle. Vienne danse. Aux soirées populaires des grands établissements s'ajoutent les fêtes des associations. Aujourd'hui encore, ces bals des écrivains, des médecins, des juristes, des Polonais, des ingénieurs, des serveurs de restaurant, des lavandières existent. Chaque groupe social donne son bal annuel, comme en France on peut organiser nos assemblées générales annuelles d'association. Pour toutes ces occasions, Strauss compose. Il écrit ainsi « Accélérations », à la sortie d'un bal, pour le bal suivant, celui des ingénieurs[10]. Cette vie est épuisante. Son orchestre joue tous les soirs

9. Emile Faguet, *Drame ancien, drame moderne*, Armand Colin, Paris, 1898, p. 71.

10. Certaines valses ainsi écrites ont des titres curieux : *« Vibrationen-Waltz »*, pour les ingénieurs, *« Kontroversen-Walzer »* ou *« Fünf Paragraphen aus der Walzer-Codex »*, pour les juristes, *« Erhölte-Pulse-Walzer »* ou *« Paroxysmens-Walzer »* pour les médecins !

chez Schwender, un allemand de Karlsruhe, qui a créé un établissement pouvant accueillir chaque soir 10 000 personnes. Sa « Cité des plaisirs » a une extension pour les beaux jours, « Le nouveau monde », avec des jardins, des parterres de fleurs naturelles, des serres, une orangerie, des jets d'eau encadrés de camélias... Ce lieu éclipse Schönbrunn.

Joseph et Edouard Strauss

Johann Strauss reproduit la vie de son père. Il est en train de s'épuiser. A l'âge de vingt-huit ans, il a une attaque qui l'amène à changer de vie. Il est obligé de rester couché assez longtemps. Puisqu'il est chargé de famille, puisqu'il faut continuer à gérer l'orchestre qui est la source des revenus de la famille, il demande à son frère Joseph de prendre sa place à la tête de l'orchestre. Celui-ci voulait être ingénieur. En 1850, il a obtenu son diplôme d'architecte. L'année suivante, il a construit un important barrage. Inventif, il fait breveter un certain nombre de trouvailles dont certaines sont réalisées, comme la première balayeuse mécanique construite en série pour la ville de Vienne. Bref, Joseph a son avenir assuré. La proposition de Johann, soutenue par Anna, leur mère, le révolte. La maladie de son frère est réelle, mais il sait que s'il entre dans la musique il n'en sortira plus. Après de nombreuses hésitations (l'aventure des inventions techniques bat son plein), il accepte. L'argument qui le décide ? Johann lui dit qu'il est le plus doué des membres de la famille. Il se met au travail comme un ingénieur. Il étudie la théorie, prend des leçons de violon. Il se décide à diriger avec une baguette : il déteste la mise en scène. Sa timidité plaît au public. Elle se démarque du style théâtral de Johann. Le 23 juillet 1853, il fait le dernier saut qui le consacre comme un Strauss à part entière : il signe sa première valse. Il ne s'arrête pas là. Contre son tempérament, il réussit à produire deux cent vingt-deux œuvres le temps d'une carrière très brève.

L'idée de Johann de reprendre l'orchestre après sa cure de 1853 et son rétablissement ne se justifie plus. Joseph est là et bien là. Johann décide donc de s'adonner à la composition et au voyage. Il part dès 1854 en Russie. Ses aventures à Saint-Pétersbourg sont nombreuses et variées, tant du point de vue de ses rapports avec les institutions (la police) que sur le plan musical ou amoureux. Le tsar apprécie beaucoup sa musique. Cela lui fait une bonne publicité. Il devient célèbre. Il rencontre aussi Olga Smirnitzki, une jeune noble avec laquelle il a une relation riche, notamment sur le plan intellectuel. Lui qui ne lit pas se met à lui écrire des lettres en français, langue parlée à l'époque par la noblesse russe. Olga est bonne musicienne. Ils ont une passion réciproque, violente, ardente, mais secrète et contrariée par les deux familles. Anna n'est pas enthousiaste à l'idée de voir son fils se marier en Russie. Les parents d'Olga refusent la main de leur fille demandée par Johann. Lorsque celui-ci rentre à Vienne, sa passion se dissipe. Ses séjours à Pawlowsk (il y part chaque année au printemps) marquent peu sa musique. En Russie, la musique locale n'existe alors pratiquement pas. Alexandre Borodine, Balakirev, Mussorgski, Rimski-Korsakov sont nés. Mais ils n'existent pas encore comme musiciens. Alors que la Pologne a Chopin et la Hongrie Liszt, la Russie n'a encore rien à offrir qui puisse influencer Johann comme la France avait influencé son père quinze ans plus tôt.

En l'absence de Johann, Joseph a du mal à assurer seul la gestion de l'entreprise Strauss à Vienne. En 1859, il fait donc appel à Edouard. Le soir de la « première » d'Edouard, le 5 février 1859, l'orchestre s'est divisé en trois. Chaque frère Strauss dirige une partie de l'orchestre. Le contenu du bal est instructif. On y voit encore la dominance de la valse même si l'orchestre a intégré d'autres danses : quatorze valses, dix quadrilles, neuf polkas à la française, huit polkas-mazurkas, et un galop final joué par les trois orchestres. A l'époque, l'intégration de l'entreprise Strauss est telle qu'il faut être initié pour savoir de qui sont signées les valses de Strauss. Les affiches ne font plus figurer les prénoms de la famille. Consciencieux dans son travail de chef d'orchestre, Edouard est résistant. Il reprendra seul l'orchestre familial en 1870 au moment de la mort de Joseph, décédé à la suite d'une chute lors d'un concert à Varsovie. Il le dirigera jusqu'en 1901. Son succès vient de sa présence au public. Comme ses frères, Edouard fait des tournées. Sa tournée de 1894 en Angleterre fut la plus marquante. Il est reçu par la reine Victoria qui lui dit qu'elle reconnaît en lui le père Strauss et le prie de lui jouer les morceaux que ce dernier avait joué à l'occasion de son couronnement cinquante-six ans plus tôt !

La valse devient classique

L'aide de ses frères permet à Johann de se consacrer principalement à la composition. Il poursuit l'effort de son père pour faire de la musique de valse une grande musique. Jusqu'en 1850, la valse straussienne est un « kaléidoscope », pour reprendre l'expression d'un critique de l'époque. Il s'agit d'une succession de thèmes qui ne s'articulent pas entre eux. D'un point de vue harmonique il faut encore innover pour évoluer avec le goût influencé par Liszt. Johann Strauss II veut acquérir une maturité d'écriture qui permettra de rapprocher davantage la valse de la musique classique.

Cette aspiration est en contradiction avec la demande des danseurs. Déjà, la syncope du père Strauss a eu du mal à passer. Ce rythme obligeait à se concentrer pour garder le tempo. Tout valseur a fait cette expérience : danser une valse de Strauss père oblige à régler ses pas sur le mouvement des basses qui marquent les trois temps, alors que c'est la mélodie qui donne le rythme. Compliquer l'harmonie n'est donc pas une solution. Johann décide de faire évoluer la valse au niveau de son déroulement même. Les danseurs demandent des valses plus longues. Johann tente l'intégration des mélodies dans des phrases plus longues.

Alors que chez le père le thème dépasse rarement douze ou seize mesures, le fils fait se mêler des thèmes à mélodie conquérante avec des thèmes à mélodie plus féminine. Il parvient ainsi à élever la valse à un niveau musical encore supérieur[11]. Les introductions inventées par le père prennent chez le fils une extension nouvelle. Dans « La valse de l'empereur », cette extension est telle que la question même de la danse est posée. Beaucoup de valseurs sont écrasés par la solemnité et renoncent à tourner. La valse n'a plus rien de sauvage. Ce n'est plus une transe paysanne, c'est un rite sacré. Certes, cette évolution permet au fils de faire basculer la critique qui applaudit le « Verdi allemand » ! Mais quel travail pour les valseurs que de tourner sur cette musique ! Ce que Strauss gagne sur le terrain de la critique musicale, il le perd auprès des danseurs.

Si, comme l'a dit Spinoza, « l'essence de l'homme est de persévérer dans son être », l'évolution de Johann Strauss II est inscrite dans son devenir de musicien. Mais cette évolution est accentuée

11. Comme le montre Jacob, *op. cit.*, p. 169.

par l'influence de son épouse, la cantatrice Jetty Treffz, qui fut longtemps la maîtresse du baron Moritz Todesco, un ami de Johann, dont elle eut deux enfants. Catholique, Jetty ne s'est pas mariée avec Todesco, qui était israélite, car les mariages mixtes sont alors interdits à Vienne. Musicienne allemande de premier plan, Jetty a chanté à l'opéra de Dresde à quinze ans, a connu à Leipzig Mendelssohn qui lui dédia plusieurs chansons, fait une tournée à Vienne où elle fut applaudie par Berlioz, puis à Londres où les critiques furent excellentes, etc. Elle a dix ans de plus que Johann. Elle fait partie d'une classe sociale supérieure à la sienne. Elle a une assurance naturelle et surtout une maîtrise parfaite de la « grande musique ». Todesco accepte la nouvelle relation et, lorsque l'on parle de mariage, il dote Jetty. Celle-ci succède à Anna en ce qui concerne la gestion des biens de Johann. Riche, elle pousse Johann à abandonner la direction d'orchestre pour se consacrer à la composition.

Strauss déserte alors presque définitivement les salles de bal à partir de 1865 pour se consacrer entièrement à la composition. Sa musique s'en ressent. A ce moment, Hanslik, le grand critique, parle de « valses transformées en requiem ». Strauss conçoit alors la valse comme une musique « absolue, sans utilité directe ».

Le « Beau Danube bleu »

Le « Beau Danube bleu » est le symbole de l'évolution de Strauss par rapport à la valse. Herbeck, le chef de la chorale de Vienne, qui veut renouveler son répertoire jusqu'alors confiné dans des airs sentimentaux ou patriotiques, demande à Strauss une valse « pour chœur et orchestre ». Cette commande correspond bien à l'évolution du compositeur. Il est en pleine période productive. Il compose donc la musique que l'on connaît mais dans une version pour chœur, malheureusement peu jouée en France. L'auditeur qui a entendu cette version du morceau comprend la dimension « anti-danse » que j'essaye d'indiquer chez Strauss. Dans cette version, le danseur ne trouve plus du tout son compte. Pour qui comprend l'allemand, le texte apparaît de plus d'une niaiserie absolue. Les Allemands du Nord profitent toujours de ces paroles pour se moquer des Autrichiens. Strauss n'est d'ailleurs pour rien dans ces

paroles dûes au poète attitré de la chorale. Ces paroles sont bêtes et ridicules parce qu'elles contrastent totalement avec le travail de la musique et de l'orchestration. Elles portent sur le prochain carnaval qui doit faire oublier aux Autrichiens leur chagrin et leur colère impuissante après la défaite désastreuse des Habsbourg face à l'Allemagne de Bismarck. Sadowa consacre l'hégémonie de la Prusse sur l'Allemagne du Sud. Défaite non catastrophique sur le plan matériel mais sur le plan symbolique : cette bataille est une étape importante de l'effritement de l'Empire.

Le « Beau Danube bleu », valse de concert, est chanté lors de la fête destinée à récolter de l'argent pour les victimes de la guerre. L'abattement est général. La nouvelle valse de Strauss ne reçoit qu'un accueil mitigé. Elle n'est bissée qu'une fois. Pour Strauss, ce demi-échec n'a guère d'importance. La veille, ses « Télégrammes » ont remporté des applaudissements frénétiques. Cinq jours plus tard, c'est la première de « Vie d'artiste » qui récolte de nouveaux applaudissements. En fait, c'est la France qui va faire du « Danube bleu » le plus fantastique succès de l'histoire de la musique grâce à la caisse de résonance que constitue l'Exposition universelle de Paris en 1867.

CHAPITRE 11

La valse universelle

> *« Les voyages sont à la science des sociétés... ce que l'observation des faits est à toutes les sciences de la nature. »*
>
> *Frédéric Le Play,* La Méthode sociale, *p. v, Méridiens Klincksieck, Paris, 1989.*

Dans les années 1860, l'influence des Strauss dépasse nettement les frontières de l'Autriche. Les tournées du père à Berlin, Paris ou Londres, la reconnaissance de Berlioz et de la critique internationale ont fait exister Vienne dans toute l'Europe sur le terrain de la musique de valse. Cela ne signifie pas qu'il n'y ait pas ailleurs des compositeurs de valses. Bien au contraire. Mais à Paris, par exemple, ils restent des artisans. Ce ne sont pas des producteurs liés à des éditeurs comme sont les Strauss. Ils continuent à composer des airs qui n'ont d'autre ambition que de plaire aux danseurs plutôt qu'aux orchestres. Du coup, ils n'ont pas cette stratégie d'accumulation et de diffusion de la musique semblable à ce qui se fait à Vienne visant explicitement l'inscription dans l'histoire. Qui se souvient aujourd'hui de chefs d'orchestre et compositeurs comme Jullien, Tolbecque, Auber ou Métra ? La musicologie française étant d'ailleurs moins développée que celle de Vienne, le Français d'aujourd'hui a oublié qu'il possède un patrimoine en musique de danse.

Sur ce terrain de la musique de danse, Napoléon III veut tenir tête aux autres cours européennes. Le prestige de la cour de France suppose que l'on ait des orchestres à la hauteur des autres capitales européennes. Quels sont les musiciens de l'Empire ? Essentiellement Jacques Offenbach et Emile Waldteufel. Ces deux maîtres méritent d'être connus même si leur carrière de compositeurs de valse n'a pas bénéficié du même contexte porteur que celui de Vienne. Longtemps, leur façon de travailler est restée très en deçà de l'organisation du travail des Strauss. Mais pour Napoléon III, l'essentiel est d'avoir des compositeurs de musique de valse qui soient capables, plus que de prolonger la tradition musicale française, de tenir tête au trust autrichien sur les parquets parisiens. Les vies de Jacques Offenbach et de Emile Waldteufel dépassent largement le Second Empire. Mais leurs personnalités sont tellement marquées par cette époque qu'il semble habile de les présenter dans ce chapitre.

Jacques Offenbach

Jacques Offenbach serait certainement mieux connu aujourd'hui comme compositeur de musique de danse s'il n'avait lui-même éclipsé sa propre image dans le registre qui nous intéresse par son image de compositeur d'opérettes. Pourtant, l'historien de la musique de valse ne peut pas oublier qu'en 1864, à l'occasion du bal des journalistes de Vienne où les organisateurs mettent en compétition une valse d'Offenbach *«Abendblätter»* avec une valse de Strauss *«Morgenblätter»*, c'est le Français qui remporte la palme et est rejoué. Les biographes de Strauss disent que le maître viennois en pleura toute une nuit. Du point de vue de l'histoire de la valse, cela montre qu'en 1864 la suprématie de la valse viennoise n'est pas établie une fois pour toutes comme on peut en avoir l'impression aujourd'hui. De nombreux compositeurs, qu'ils soient autrichiens, allemands, français, peuvent emporter les suffrages du public dans tous les coins de l'Europe.

Né en 1819 à Cologne, Jacob Offenbach, issu d'une famille juive, vient à Paris faire ses études de musique dès l'âge de quatorze ans. Il se fait naturaliser français. En 1833, à Paris, vivent aussi deux allemands célèbres : le poète Heinrich Heine et le compositeur Giacomo Meyerbeer. Jacques est accepté au conservatoire dans la classe de Cherubini et dans celle de Fromental Halévy. Au moment où Johann Strauss père remporte son premier triomphe parisien à dix-huit ans, Offenbach est déjà auteur de valses. Il a présenté au public «Les trois grâces», «Les amazones», «Brunes et blondes», des titres qui laissent percevoir une influence straussienne certaine. Devant rapidement subvenir à ses besoins, Offenbach aide Flotow à assurer l'orchestration de ses opéras. Offenbach continue à écrire des valses, mais il est surtout attiré par l'opérette. Il s'impose en

France avec les « Bouffes », puis au niveau mondial avec « Orphée aux enfers » (1858) et « La belle Hélène » (1864). Cette année-là sa réputation vaut nettement celle de Strauss, y compris sur le terrain de la composition de musique de danse.

Comme Johann Strauss, Offenbach est souvent invité en Allemagne et en Angleterre. La grande différence entre eux se situe au niveau de leur quête d'identité et de l'image que la postérité leur a construite. Même si Johann Strauss II a une ambivalence par rapport à la musique d'opérette dans laquelle il s'essaye plus ou moins heureusement, il est et reste le compositeur de la valse. Par contre, Offenbach, bien qu'ayant composé des valses, ne cherche pas à s'imposer dans cette discipline qui lui paraît mineure par rapport à l'opérette où il peut lancer d'autres formes de danses (le French Cancan, notamment, qui fait le ravissement de toute l'Europe). Ce style léger d'Offenbach exaspére d'ailleurs Wagner qui écrit : « Une valse de Strauss vaut largement, par sa grâce, son esprit, son poids musical, la plupart des produits d'importation, tout comme la flèche de Saint-Etienne vaut largement les colonnes creuses et artificielles du boulevard parisien. » Malgré ce jugement, les Viennois, comme les Parisiens, adorent Offenbach et l'opérette !

En 1870, les Français lui reprochent d'avoir affaibli, par sa musique légère, la virilité et la discipline de ses soldats, « ouvrant ainsi à Bismarck le chemin de Paris ». Les Allemands de leur côté, dans ce contexte de guerre, haïssent Offenbach parce qu'il a demandé la nationalité française !

Le « roi » Emile

Sous le second Empire, le roi français de la valse est incontestablement Emile Waldteufel[1]. Waldteufel joue à la cour de Napoléon III le rôle que jouent les Strauss à la cour d'Autriche. Il est le chef d'orchestre et le compositeur officiel des valses de l'empereur. Il n'est pratiquement jamais cité dans les histoires de la valse ou

1. Je tire l'essentiel de mes informations sur Waldteufel du texte « *Waltzes and Polkas* », de Peter Gammond, qui introduit le disque « Emile Waldteufel » édité par Emi-La Voix de son maître.

même dans les histoires de la musique de danse[2]. Son œuvre est pourtant difficilement contournable. La présenter dans ce chapitre, même si, dans le temps, elle se développe jusqu'en 1915, se justifie par le fait qu'elle est liée dans son inspiration au Second Empire. En effet, sans la rencontre de Waldteufel avec l'impératrice Eugénie qui lui dit : « Devenez 'le' compositeur de valses dont la France a besoin pour tenir tête à l'Autriche », il est probable que ce musicien n'aurait pas eu le rôle important qui fut le sien dans l'histoire de la musique de danse.

Waldteufel (« le diable de la forêt ») est né à Strasbourg en 1837. Il s'appelle Charles Emile Lévy. Pourquoi change-t-il de nom ? Personne ne semble vraiment savoir à quelle époque il modifie son identité, ni la raison précise qui le pousse à le faire. Certains ont émis l'hypothèse que ce nom « germain » devait l'aider à imposer sa musique de valse. En fait, on le connaît peu. Son père est professeur de musique au conservatoire de Strasbourg. Il fait faire à son fils de bonnes études musicales à Paris. Il entre au conservatoire de Paris en 1848, à l'âge de onze ans. Sa famille le suit à Paris pour l'aider un moment. Mais rapidement, Waldteufel doit vendre des journaux pour avoir quelques revenus. Ce n'est pas suffisant et il doit quitter le conservatoire avant d'avoir terminé son cursus. Il a travaillé avec Marmontel et Laurent. Beaucoup plus tard, lorsque le compositeur russe vient à Paris, il travaille également avec Rimski-Korsakov. Il est salarié par une fabrique de piano, puis professeur de piano. Compositeur de valses, il n'a jamais dansé. Il se marie avec Célestine Dufon, une chanteuse venue de Toulouse pour faire une carrière comme chanteuse d'opéra.

Alors qu'il joue l'une de ses dernières mélodies au piano dans un bal, l'impératrice Eugénie est séduite par sa musique. Il devient son pianiste attitré, puis est nommé en 1865 chef d'orchestre des bals de la cour. Il se partage entre les Tuileries et Compiègne jusqu'à la catastrophe de 1870. En 1867, Emile Zola, dans une description

2. Son nom n'est pas mentionné dans Nettl, *The Story of Dance Music*, ce qui est stupéfiant. Pourquoi ? Est-ce un parti pris anti-français ? Ou plus simplement le fait que, contrairement aux Anglais, aux Allemands et aux Autrichiens, les Français n'ont pas jugé bon depuis un siècle de faire le travail de valorisation de leur patrimoine musical ? Je penche pour la seconde hypothèse, compte tenu de l'ignorance actuelle de beaucoup de mes contemporains parisiens en matière d'histoire de la danse et de la musique (y compris chez les musiciens).

d'une valse dansée à la cour de Napoléon III à Compiègne, résidence d'hiver du Second Empire, écrit : « Waldteufel, le fabricant de valses, se met lui-même au piano et joue quelques morceaux de sa musique charmante et entraînante... Waldteufel a un appartement dans la ville de Compiègne où il fabrique ses valses le jour et vient les jouer ici la nuit. » Sa tâche principale est de fournir une production régulière de nouveaux morceaux pour le plaisir des notabilités. En échange, Napoléon III lui entretient un petit orchestre pour ses propres manifestations. Ces années 1865-1870 sont incontestablement, pour lui, les plus agréables. Le conflit franco-allemand lui fait perdre sa situation. Waldteufel sert dans l'armée durant cette guerre et fait le siège de Paris, pendant la Commune, en 1871. Un autre compositeur de valse, Jean-Baptiste Clément, est de l'autre côté des barricades !

Après la guerre, Waldteufel ne manque pas de confrères décidés à lui faire payer son succès sous Napoléon III, mais son œuvre plaide pour lui. Son purgatoire ne dure pas plus longtemps que celui d'Offenbach. Il retrouve même par la suite un poste officiel, celui de chef d'orchestre des bals de l'Opéra. Il continue à écrire valse sur valse, mais contrairement à ce qui se passe alors à Vienne, ses compositions ne parviennent pas à être éditées. La plupart des chefs d'orchestre les jugent trop ambitieuses. En 1874, il décide de publier à compte d'auteur deux valses « Manola » et « Joies et peines ». Il est récompensé. On l'encourage. Parmi ceux qui apprécient ses compositions, il y a le prince de Galles, le futur Edouard VII d'Angleterre et la princesse Alexandra. Ils l'invitent à lui envoyer ses nouvelles créations. Waldteufel demande à la princesse s'il peut lui dédier sa dernière valse. Celle-ci accepte. « Bien aimées » lui est donc dédicacée. Emile Waldteufel est ainsi publié en Angleterre. Et à partir de là, il devient un compositeur populaire, connu au-delà des frontières françaises. En 1885, il fait une tournée en Europe, dirigeant ses propres compositions. Il obtient un grand succès aux concerts Promenade de Covent Garden. En 1889, il connaît également l'enthousiasme des foules à Berlin. Finalement, il compose deux cent cinquante danses. Essentiellement des valses au style direct et mélodique. Mais aussi des polkas, des galops... Il écrit une opérette, « Teresita », qui est jouée à Vienne en 1914.

Emile Waldteufel s'approprie sur le plan technique le travail accompli par les Strauss pour élever la musique de valse. Il est pourtant possible de distinguer le style d'Emile Waldteufel de celui des maîtres viennois. Peter Gammond rappelle que l'on a souvent comparé les productions des Strauss à celles de Waldteufel. Evidemment, Johann Strauss junior semble avoir une musique plus profonde. Waldteufel donne avant tout une musique enjouée qui respire le bien-être. Personnellement, dans le style des « grandes valses » (danses de salon), je trouve les valses de Waldteufel beaucoup plus faciles à danser que celles du dernier Strauss. Peut-être Waldteufel se donne-il comme interlocuteur privilégié le danseur plutôt que l'auditeur de concert ? Comme le souligne Gammond, la manière dont il marque la mesure sur le premier temps est également caractéristique (chez J. Strauss, le temps appuyé est plutôt le second) d'une forme de valse « française » que l'on retrouve également chez Offenbach. Cette rythmique s'inspire peut-être des exhortations de Berlioz concernant le rythme. L'œuvre de Waldteufel est inspirée, comme celle de beaucoup de compositeurs français de l'époque, par l'Espagne. Sa valse la plus connue, « Espana », est une reprise de thèmes trouvés dans la rapsodie de Chabrier qui porte le même titre.

Comme tous les bons compositeurs populaires, Walteufel est un vivant exemple du dicton selon lequel « Le besoin est à l'origine de l'invention ». Il compose en effet beaucoup « à la demande ». Ses titres ou dédicaces indiquent souvent davantage la provenance des commandes plutôt que l'origine de son inspiration personnelle. Cependant, comme tout bon professionnel, ce « diable de la forêt » est capable de maintenir une qualité dans ses productions. Son œuvre reste à redécouvrir. Elle est pleine de charme, d'élégance, source d'une inépuisable invention mélodique.

Quand il meurt à Paris, le 16 février 1915, à soixante dix huit ans, il n'occupe plus le devant de la scène. La richesse de son œuvre ne résiste pas à l'époque qui voit la montée de nouveaux styles de danse (tango, musette, etc.) et de musique. Il laisse à sa famille une grande quantité de manuscrits non publiés. Citons parmi ses œuvres les plus connues aujourd'hui : « Espana » (Op. 236, 1887) ; « Les patineurs » (Op. 183, 1882) ; « Estudiantina » (Op. 191, 1883), œuvre pleine de l'influence espagnole, composée à partir d'un duo vocal écrit en 1881 sur une musique de Paul Lacôme et des paroles de J. de Lau Lusignan que Waldteufel transcrivit d'abord pour piano ; « Acclamations » (Op. 223). Peter Gammond pense qu'un jour Waldteufel fera l'objet d'une redécouverte. Pour lui, l'originalité de son style populaire est certaine. Compte tenu du côté très dansant de ses airs, la redécouverte de Waldteufel serait facilitée si la valse faisait un « come-back » comme danse sociale. Ce qui n'est pas exclu d'ailleurs. Une mode se lance si vite ! Peut-être un jour les jeunes seront-ils quelque peu saturés des musiques américaines à deux temps ? L'histoire nous montre que le trois temps nous vient de loin et qu'il a su traverser des périodes d'oubli et de refoulement...

Fête mondiale de la valse à Paris

L'Exposition universelle de Paris de 1867 est conçue pour permettre la réunion de tous les grands de ce monde et de toute la splendeur de la terre autour du trône quelque peu ébranlé de Napoléon III. Edifiée au Champ-de-Mars, l'exposition est une occasion exceptionnelle donnée à chaque pays de briller de tout son éclat. Toutes les nations invitées s'efforcent d'illustrer leur puissance industrielle, politique et commerciale, non seulement dans l'enceinte même de l'exposition, mais aussi dans tout Paris, notamment dans les ambassades. Alors que l'activité diplomatique du congrès de Vienne de 1815 s'était trouvée quelque peu éclipsée par la valse et la vie mondaine, à l'Exposition universelle de Paris de 1867, la valse et la vie mondaine servent de travestissement à l'activité diplomatique.

Comme en 1815, on assiste à l'époque à une restructuration du monde. L'Autriche, après Sadowa, tente d'affermir sa position internationale. Le prince Metternich, « fils libéral d'un père réactionnaire »[3], cherche en tant qu'ambassadeur à reconstruire des alliances après deux guerres perdues. La princesse Pauline, son épouse, amie d'Eugénie, est prête à tout pour le seconder. La réception de mai 1867 donnée par l'ambassade d'Autriche doit donc éclipser toutes les autres fêtes d'ambassades. La princesse Pauline fait construire une immense salle de danse aux murs blanc et or décorée de dix mille roses, grâce à l'appui du directeur des travaux publics de la Ville de Paris. L'Autriche lui a donné un budget de cent soixante-cinq mille francs, somme considérable pour l'époque.

3. Jacob, *op. cit.*, p. 186.

Metternich a invité Strauss, de passage à Paris, pour qu'il dirige l'orchestre de danse. Malheureusement, ce n'est pas le sien. Strauss connaît mal la cadence des danses telles qu'on les pratique en France. Ses valses paraissent trop rapides. On aime danser à Paris sur des rythmes plus proches de la valse lente dont le modèle est la valse de « Faust ». Par contre, pour le quadrille, les Français dansent plus vite que les Autrichiens. La princesse Metternich doit demander à Johann de presser le mouvement. Cette remarque humiliante nous permet de comprendre une différence de style entre le père et le fils Strauss. Le père est un musicien proche des danseurs. Trente ans plus tôt, dès son arrivée, il s'était mis à l'écoute de Musard. Johann Strauss II n'a plus ce sens du contexte qui caractérise les bonnes formations de musique de danse. D'instinct, le père sait ce que veut le public, que ce soit à Vienne ou à Paris. Il est totalement extrodéterminé. Le fils, par contre, est davantage introdéterminé. Il produit une œuvre en se démarquant du public. Il cherche à amener le public à découvrir autre chose.

Le comte d'Osmond, qui a invité Strauss à Paris, cherche une salle de danse pour permettre à Strauss de diriger son orchestre. Dans ce contexte de l'Exposition universelle, il y a tellement de bals et de fêtes que la tâche n'est pas aisée. Finalement, il loue une salle au Cercle international, dans l'enceinte même de l'exposition. Strauss travaille là un matin avec son orchestre lorsqu'il est remarqué par le propriétaire du *Figaro*, Jean-Hippolyte Cartier de Villemessant. Celui-ci s'étonne de voir un Autrichien tenir au bout de sa baguette un orchestre berlinois. C'est une sorte de renversement de Sadowa. En bon journaliste, Villemessant est à l'affût des « scoops ». « Un article de journal qui n'amène pas un suicide ou un procès ne vaut rien », répéte-t-il à ses collaborateurs. *Le Figaro* est alors une feuille littéraire et politique, devenue quotidienne après avoir été bi-hebdomadaire. Chez Metternich, Villemessant a appris la stratégie de l'Autriche : tenter un rapprochement avec la France pour tenter de faire oublier le désastre de Sadowa. Tout en étant assez hostile à Napoléon III, *Le Figaro* est favorable au rapprochement de la France avec l'Autriche et l'Allemagne du Sud. Il faut dire qu'à l'Exposition universelle de Paris, le Prussien Krupp a eu l'idée de présenter un énorme canon. Le danger militaire allemand est donc bien là. Quelques auteurs lucides — le sociologue Frédéric Le Play, commissaire général de l'Exposition, par exemple — sont

même persuadés que la guerre est en train de se préparer de l'autre côté du Rhin. Dans ce contexte, Villemessant est décidé à lancer Strauss par une campagne de presse.

Les journalistes du *Figaro* ne comprennent pas bien le sens de la campagne, mais ils exécutent les ordres du patron. Début juin, dans les colonnes du *Figaro,* on voit déferler un raz de marée d'entrefilets, d'annonces, de critiques, d'articles à la gloire de Johann Strauss. Villemessant rencontre Strauss. Alors qu'il s'attend à voir un personnage emprunté avec lequel il est difficile de communiquer, il a la surprise de découvrir chez Strauss un personnage élégant, parlant un français parfait. Les leçons de langue commencées en compagnie d'Olga et poursuivies lors des nombreux séjours à Saint-Petersbourg portent leurs fruits. Cette rencontre finit par convaincre Villemessant du bien-fondé de sa campagne. Huit jours plus tard, le « Tout-Paris », qui est aussi le « monde entier » dans ce contexte de l'Exposition universelle, vient applaudir l'ambassadeur musical de l'Autriche. Dans l'assemblée, on peut remarquer Ivan Tourgueniev, Gustave Flaubert, Ambroise Thomas, Dumas fils, Théophile Gautier, Henri Rochefort...

L'art de Strauss est devenu une « broderie délicate, pleine de gaieté, de rires contenus, une musique endiablée, bondissante comme une cascade. Au son de son violon dansent la cour et la caserne, la ville et la campagne, les bottines en cuir de Russie et les sabots, les fées et les soubrettes. Une musique qui s'empare à la fois de l'esprit et des jambes, — une musique universelle. Déjà les valses de Johann Strauss dépassent les frontières de notre civilisation, elles retentissent en Amérique et en Australie, en Chine, elles réveillent l'écho de la Grande Muraille[4] ».

Ces commentaires élogieux montrent bien que, dans le contexte de l'Exposition universelle, on assiste à une sorte de dépassement de la rivalité nationale sur la question de la valse entre la France et l'Autriche. Cette reconnaissance de Strauss à Paris est d'autant plus intéressante qu'elle se fait dans une ville dominée alors au niveau musical par Offenbach. « La Grande-Duchesse de Gérolstein », satire de la cour et du militarisme prussien que la censure a coupée lors de la « générale », vient de remporter un triomphe délirant. Le succès de Strauss vient aussi du fait qu'il personnifie l'Autriche, vic-

4. Article de Victor Toussot dans *Le Figaro,* juin 1867.

time de Sadowa. Les Français ont-ils alors la prémonition de ce qui va se passer trois ans plus tard ?

Toujours est-il que Strauss veut remercier *Le Figaro* de sa campagne du presse. Il invite l'équipe rédactionnelle du journal au Cercle international. Pendant le dîner, l'orchestre a prévu un programme. Après la « Polka du *Figaro* », dédiée à Villemessant, il joue « Le beau Danube bleu », jamais joué en dehors de Vienne où l'accueil avait été mitigé. Le public présent est conquis. Ce morceau a des allures d'hymne national autrichien. Les applaudissements se déchaînent. Strauss est étonné. Dès le lendemain, Jules Barbier rédige sans peine des paroles françaises plus poétiques que la version allemande. Toute la France se met à chantonner « Le beau Danube bleu » :

« Fleuve d'azur,
Sur ton flot pur,
Glisse la voile
Comme une étoile... »

C'est l'entente cordiale entre la France et l'Autriche. Metternich peut penser avoir gagner la partie. Strauss a remporté une victoire. Le contexte est tellement favorable que l'ambassadeur imagine faire venir à Paris l'empereur d'Autriche. Strauss, dont le « Danube bleu » a conquis le monde dans le microcosme de l'Exposition universelle, quitte Paris pour Londres où l'ont invité des visiteurs de l'Exposition universelle. Son éditeur viennois croule sous les commandes. D'ordinaire, il tire dix mille copies d'une valse. Ce qui correspond à une plaque gravée. Pour « Le beau Danube bleu », il grave cent plaques !

Pourtant, en juillet, l'optimisme politique qui règne jusqu'alors à Paris et à Vienne n'est plus de mise. L'entente franco-autrichienne est remise en cause. Pourquoi ? Le 19 juin, l'empereur Maximilien a été assassiné par un peloton de soldats mexicains. Or le frère de François-Joseph n'a accepté le trône mexicain que sur l'insistance de Napoléon III, qui l'assurait de son soutien militaire. Pour des raisons d'économie, Napoléon III s'est désengagé. Aussitôt, Maximilien est fait prisonnier puis exécuté ! La nouvelle survenue à Paris le 30 juin provoque des effets en chaîne. Eugénie perd connaissance en distribuant les récompenses de l'Exposition. On annule toutes les fêtes prévues pour la soirée. La valse n'est plus à l'ordre du jour.

La Bourse chute à Paris. Tout l'argent français investi au Mexique est perdu d'un coup.

A Vienne, l'indignation est générale. Pour Sophie, impératrice, sœur de Maximilien, la rupture avec Napoléon III va de soi. Metternich doit travailler dur pour éviter le pire. Le 18 août, Napoléon et Eugénie sont à Salzbourg pour l'anniversaire de François-Joseph. Mais on ne danse pas. Le deuil interdit les fêtes spectaculaires.

CHAPITRE 12

Le triomphe de Strauss

« De 1860 jusqu'à sa mort, Strauss réussit à tenir l'Europe entière dans la valsomanie. Il est le plus grand ambassadeur de son pays. Sa musique incarne totalement l'esprit de la monarchie des Habsbourg. 'L'empereur François Joseph n'a commencé à régner qu'après la mort de Strauss', a-t-on dit. »
Mosco Carner, The Waltz, *p. 48.*

« Le vrai but de mon existence,
C'est le lard de bonne consistance. »
Zsupan, roi du cochon, dans Le baron tzigane, *1885.*

Quelles qu'aient pu être les réticences des valseurs viennois pour l'évolution de Johann Strauss II privilégiant la musique symphonique plutôt que la musique de danse, les « grandes valses » de Strauss, celles qui marquent la postérité, sont celles qu'il compose dans la dernière période de sa vie (1864-1899). D'un point de vue musical, ces valses symphoniques se caractérisent par des introductions en deux temps qui peuvent représenter jusqu'au tiers du morceau : dix-sept pages — quatre vingt-onze mesures — de la partition de *« Wein, Weib und Gesang »* (« Aimer, boire, chanter », 1869), onze pages de *« Geschichten aus dem Wienerwald »* (Histoires de la forêt viennoise », 1866), dix pages dans la *« Kaiserwalzer »* (« Valse de l'empereur », 1889).

« Aimer, boire, chanter » (Op. 333) date de janvier 1869. Elle est dédiée à Johann Herbeck. Elle est écrite pour le maître de musique honoraire de la chorale viennoise qui a été à l'origine du « Danube bleu ». Cette œuvre pour chœur et orchestre se compose de quatre airs de valse, encadrés d'une introduction et d'une coda. L'introduction est pratiquement un morceau autonome que les orchestres de danse « sautent » le plus souvent. L'ensemble de ce morceau est une sorte de méditation symphonique sur les paroles programmatiques de Luther :

« Celui qui ne veut pas boire, ni aimer, ni chanter,
Restera un pauvre hère pour l'éternité. »

Wagner considère cette valse comme la plus grande. Il la dirige lui-même pour fêter son soixante-troisième anniversaire en 1876 alors qu'il est à bout de force et sur le point de mourir. Brahms, en 1888, la transpose au piano.

Strauss aux Etats-Unis d'Amérique

Lorsque Ulysses Simpson Grant est élu président des Etats-Unis (1869-1877), ceux-ci sortent de leur guerre de Sécession. Dans le contexte mondial d'autodestruction de l'Europe, les Etats-Unis s'apprêtent à prendre le leadership de l'économie mondiale. La conjoncture est donc favorable pour fêter de manière grandiose le centenaire de leur indépendance (1876).

A l'époque, la valse est bien connue aux Etats-Unis. Dans la mesure où cet ouvrage porte sur l'Europe, je n'ai pas consacré de chapitre aux Etats-Unis. Cependant, on peut dire que les Américains, comme les Anglais furent très partagés par rapport à la valse. Cette danse est entrée de bonne heure aux Etats-Unis. Alors que dès 1817 on trouve des enthousiastes, vingt ans plus tard certains continuent à la combattre. Donnons deux illustrations de ces points de vue. L'enthousiasme, d'abord à travers un extrait du *Boston Weekly Magazine* du 30 août 1817. :

« Ils se lèvent, se tournent, se balancent, volent,
Pouffant, soufflant, jonglant, se pressant,
Très curieux, mais très plaisant
Jusqu'à ce que chaque dame montre pleinement
(En dehors de ce qu'elle exprime)
Que la réserve n'est pas son principal défaut
Lecteur ! C'est pour la valse ! »

A l'opposé, dans un manuel de savoir vivre publié en 1833, on met en garde les jeunes filles contre cette danse qui n'a aucun caractère et qu'il faut absolument éviter, aussi bien en public qu'en privé. « Seules les femmes mariées, lors de bals privés, et à condition d'être invitées par des proches, peuvent en tenter une. Il est indispensable de les danser avec décence et dignité[1]. »

La valse américaine a même eu ses compositeurs. On aime encore aujourd'hui Gottschalk dont les valses, comme les rythmes cubains, font penser avec cinquante ans d'avance au ragtime. Ce pianiste créole, né en 1819, a fait des études à Paris où il fut marqué par Liszt et Chopin. Il se lance en 1853 à l'assaut d'une carrière américaine qui prend souvent la tournure d'une aventure[2]...

La rencontre de Strauss avec les Etats-Unis allait être aussi une aventure. Pour célébrer le centenaire de l'indépendance à l'échelle du jeune pays, le nouveau président invite les hommes les plus illustres de tous les pays du monde. Ainsi pourra-t-il magnifier dans des cérémonies inoubliables ce moment patriotique qui permettra de dépasser dans les réjouissances des déchirements intérieurs encore vifs.

Boston est la première ville à prendre l'initiative de ces cérémonies dès 1872. Capitale du Massachusetts, Boston est en effet cette ville héroïque qui, la première, a brandi en 1772 l'étendard de la révolte contre le colonisateur anglais en jettant à la mer toute une cargaison de thé. Depuis 1860, Boston a perdu son hégémonie comme ville d'affaires (New York l'a dépassée), mais elle est sans conteste la ville la plus « culturelle » des Etats-Unis. Elle décide donc de marquer son centenaire en organisant une « fête de la paix » dans laquelle la musique aura une place de choix. Elle invite les plus grands musiciens de l'époque : Verdi, Bülow et Strauss. Ils acceptent tous les trois l'invitation de diriger les concerts prévus pour cette solennité.

Forte de cette collaboration, la municipalité de Boston a l'idée d'organiser le plus grand concert jamais conçu. Strauss a pu hésiter à faire ce voyage. Depuis des années, il s'est habitué à une vie casanière. Il n'aime plus quitter Vienne. Il redoute de quitter son chez lui, même pour accompagner sa famille dans les Alpes du Semmering. Il déteste les voyages et baisse les stores de sa voiture pour ne pas voir défiler le paysage. Jetty l'encourage pourtant à poursuivre la diffusion de sa musique partout où il est invité. La ville de

1. Citation de *Gentleman and Lady's Book of Politeness,* 1833, dans A. H. Franks, *Social Dance, op. cit.*, p. 156.

2. Sur la vie de ce compositeur qui mérite d'être connu davantage, on peut lire Serge Berthier, *Les voyages extraordinaires de Louis Moreau Gottschalk, pianiste et aventurier,* Pierre-Marcel Favre, Lausanne, 1985, 524 pages.

Boston lève ses appréhensions en déposant sur son compte de l'Anglobank de Vienne le plus gros cachet jamais donné à un artiste : cent mille dollars. De plus, sont invités avec lui : son épouse, un valet et une femme de chambre et son chien terre-neuve. Strauss fait donc le voyage avec enthousiasme sur le *Rhein*, un steamer à vapeur. Il est le seul à ne pas être malade durant la traversée. Il boit du cognac et fume des cigares en écoutant l'orchestre du bord jouer ses valses.

A l'époque, New York est encore une ville à l'échelle européenne. Elle ne possède pas encore ces gratte-ciel qui impressionnent aujourd'hui le touriste européen arrivant par la mer, et qui font d'elle « une ville qui se tient debout » (Céline). Strauss parle le français mais pas l'anglais. Il ne voit pas bien la spécificité de la société américaine avec son style et ses valeurs propres si bien décrites depuis par David Riesmann et qui s'affirment déjà nettement différentes de celles de l'Europe[3].

En arrivant le 13 juin 1872, Strauss est stupéfait par le gigantisme des panneaux publicitaires d'une hauteur de trois étages qui le représentent debout sur le globe terrestre, brandissant une baguette en guise de sceptre. Il se défend de la situation en s'en moquant. Il n'apprécie pas l'enthousiasme des jeunes femmes américaines qui se précipitent sur lui pour lui demander des autographes ou pour obtenir une mèche de ses cheveux ! Il ne comprend pas l'arrogance des reporters, des agents de concert, des promoteurs, de tous les curieux qui lui posent les questions les plus incompréhensibles et qu'il ne parvient pas à faire taire d'un geste de la main comme il le fait dans d'autres villes européennes. Si son père a pu avoir une idée de ces transes à Londres lors des fêtes de couronnement de la reine Victoria, Johann Strauss fils n'a jamais rencontré auparavant la fureur des foules américaines. Celle-ci peut atteindre un niveau impensable dans les pays germaniques où l'idée d'ordre empêche ce type de délire.

Dans ces Etats-Unis de la reconstruction, la bruyante camaraderie est l'expression du mythe régnant de l'égalitarisme jacksonien. Strauss se protège en s'enfermant dans sa chambre d'hôtel. Mais ce qui va le plus étonner Strauss, c'est cet immense hall en

3. David Riesmann, *The Lonely Crowd*, tr. fr. *La foule solitaire*, préface d'E. Morin, Paris, Arthaud, 1964.

planches pouvant accueillir 100 000 personnes où l'on attend qu'il dirige les 2 000 instrumentistes et les 20 000 choristes qui doivent exécuter la mélodie de la valse en signe d'hommage au nouveau gigantisme américain. Cette formation, nouvelle pour Strauss, plutôt habitué à des orchestres de 30 à 60 musiciens, est « appuyée d'enclumes, de cloches d'incendie, de 'carillons' consistant en coupons de rails de chemin de fer de longueurs variées suspendus à des cadres de bois pour être plus aisément frappés et d'une grosse caisse gigantesque de dix-huit pieds de diamètre[4] ».

Ce dispositif hors du commun est conçu par P. S. Gilmore qui ne connaît pas encore la formule « Small is beautiful ». Célèbre chef de musique américain, il est connu pour ses marches entraînantes. On ne peut pas dire qu'il ait inventé la démesure. Déjà Berlioz avait réalisé de grands ensembles et dirigé un nombre impressionnant d'exécutants grâce à l'emploi de sous-chefs d'orchestre. Daumier, dans l'une de ses gravures, nous a laissé le témoignage que la méthode pouvait réussir.

Ce qui dépasse Strauss, c'est le concept de grand nombre. Comme le montre Jacob[5], Strauss voit une « manifestation de folie des grandeurs là où il y a, en fait, conscience de la grandeur ». Il faut à la « star » viennoise un service d'ordre nombreux pour lui permettre d'atteindre l'estrade avec son équipe sans être lynché. La foule veut encore et encore obtenir des autographes ! De retour à Vienne, Strauss raconte son aventure à l'un de ses amis :

« Sur cette estrade s'alignaient, derrière les membres de l'orchestre, environ vingt mille chanteurs. Afin de me permettre de diriger cette foule, on m'avait adjoint cent sous-chefs de musique dont je ne distinguais évidemment que les plus rapprochés. Il y avait eu, certes, quelques répétitions, mais de là à faire œuvre d'art, il y avait un pas impossible à franchir. Honnêtement, j'avais envie de m'en aller. Seulement, je n'en serais pas sorti vivant !

« Me voilà donc devant ces cent mille Américains ! Comment tout cela allait-il se terminer ? Soudain, un coup de canon éclata de l'autre côté de la paroi — une manière délicate pour me rappeler qu'il fallait bien commencer. C'était le "Beau Danube bleu" qui était inscrit en tête du programme.

4. Hans Fantel, *op. cit.*, p. 238
5. Jacob, *op. cit.*, p. 228.

« Je donne le signal, mes cent adjoints m'imitent de leur mieux, et aussitôt, se déclenche un tintamarre infernal. Comme mes vingt mille bonshommes ont commencé à peu près en même temps, je concentre mes efforts sur un seul but : les faire finir aussi plus ou moins en même temps. Dieu soit loué ! J'y suis arrivé. Quant au reste, je veux parler des finesses de l'éxécution, il n'en était évidemment pas question. Les cent mille bouches du public hurlaient d'enthousiasme ; quant à moi, je fus bien content de me retrouver dehors, à l'air libre, la terre solide sous les pieds.

« Le lendemain, je dus prendre la fuite pour échapper à une meute d'impresarii qui, en échange d'une tournée à travers les Etats-Unis, me promettaient tout l'or de la Californie[6]. »

C'est ainsi que Strauss improvise une petite tournée. Il donne treize concerts à Boston. A chaque fois, dans ce hall de 100 000 places, le canon donne le signal de départ du morceau. En une occasion, le coup de canon part avant que tous les musiciens aient eu le temps de se préparer. Strauss décrit la pagaille qui s'ensuit comme « un pandémonium que je ne pourrai jamais oublier ». L'auditoire apprécie beaucoup cette confusion imprévue. Strauss est devenue une vedette. Ne pouvant donner plus de mèches de cheveux qu'il n'en a, son domestique remet à ses admiratrices des enveloppes parfumées contenant une boucle noire coupée sur le pelage de son chien.

Avant de quitter Boston, Strauss anime encore deux grands bals. Il dirige également trois concerts à New York où il retrouve un cadre correspondant mieux à sa musique. A l'Académie de musique, il a en face de lui une formation de 70 musiciens. Il fait exécuter « Vie d'artiste » et encore une fois le « Beau Danube bleu ». Le programme contient également des pièces de Rossini et de Wagner. La presse américaine ne commente pas ces manifestations, trop occupée qu'elle est alors par la campagne présidentielle. Strauss reprend un navire à vapeur, le *Donau* à la mi-juillet. Son séjour américain a duré un mois.

6. Strauss, cité par Jacob, *op. cit.*, p. 228.

L'aventure de l'opérette

La pente naturelle qui conduit J. Strauss vers la musique symphonique l'amène, très encouragé par sa femme Jetty, à tenter l'aventure de l'opérette. A l'époque, à Vienne, le public apprécie encore beaucoup le genre représenté par Offenbach et Franz Suppé. Agé de six ans de plus que Johann II, Suppé remporte alors de nombreux succès avec ses opérettes. Italien d'origine, il a découvert Bellini, Rossini et Donizetti (dont il est le neveu) à la Scala de Milan avant de venir s'installer à Vienne.

Strauss écrit donc des opérettes. Avec « Indigo », il s'inspire plutôt d'Offenbach que de Suppé. C'est sa troisième tentative, alors qu'il vient tout juste d'assimiler son expérience américaine, qui est une réussite même si elle n'est pas un succès.

« La chauve-souris » est une peinture de mœurs de la société parisienne deux ans après 1871. Le livret est de Meilhac et Halévy. L'histoire se déroule sur fond de bal. Un bon sujet pour Strauss qui transpose la critique sociale sur la Vienne des années 1850-1860. Le public n'apprécie pas. Pourquoi ? Vienne traverse alors une passe difficile. Même si la montée de Bismarck a surtout éprouvé Paris qui doit payer à la Prusse victorieuse cinq milliards de marks, Vienne n'est pas parvenue à imiter la Bourse de Paris. En effet, malgré l'Exposition universelle de Vienne de 1873, la Bourse s'effondre le 9 mai. C'est dans cette atmosphère de « Vendredi noir » que le public est invité à applaudir la critique des fainéants, des jouisseurs et des jolies grisettes. « La chauve-souris » est donc arrivée trop tard. Vienne est entrée dans une autre période de son histoire.

Malgré les forces qui poussent Johann à vouloir rester à Vienne pour composer, celui-ci voyage. A Baden-Baden, notamment, au retour des Etats-Unis où il conduit plusieurs concerts à la demande de Guillaume Ier, l'empereur apprécie la valse et plus particulièrement « Histoires de la forêt viennoise ». Cela vaut à son auteur l'ordre de l'Aigle rouge. Dans son auditoire de Baden, il y a Bülow. Premier chef de musique symphonique de l'époque, Bülow est aussi wagnérien que Strauss, bien que Wagner lui ait enlevé Cosima son épouse. Par Bülow, Strauss a fait la connaissance de Brahms, qui restera son ami toute sa vie.

Strauss remporte des succès avec ses opérettes à Berlin. Il compose notamment « Cagliostro » (1875), « Les dentelles de la reine » (1880), « La guerre joyeuse » (1881) et « Une nuit à Venise » (1883) où la valse viennoise s'allie au grand air à la Verdi.

Jetty est morte en 1877. Strauss vit mal ce décès. Il se sauve en Italie. Puis il se remarie avec une jeune cantatrice allemande, Angelica Dietrich. Mais leur union est malheureuse et il divorce au bout de cinq ans. Il rencontre alors Adèle. Pour se remarier avec celle qu'il aime éperdument, compte tenu des lois restrictives autrichiennes sur le remariage des divorcés, il se convertit au protestantisme et répudie sa nationalité autrichienne. Il devient allemand. Adèle l'aide à vivre. Il écrit « Le baron tzigane » qui remporte un grand succès en 1885. En 1889, Strauss compose la « Valse de l'empereur », sorte de conclusion « fin de règne » de son œuvre que William Ritter considère comme « la plus belle fleur que l'arbre fantastique de la musique straussienne eût donné à Vienne ».

La fin de Johann Strauss

Vienne perd le contact avec Strauss. A l'éclatement des ethnies de l'Empire s'ajoutent les crises de la croissance urbaine. Durant la vie de Strauss, Vienne passe de trois cent mille habitants à un million. Ce qui signifie une croissance du prolétariat urbain, la fin d'une vie presque rurale où a pu s'épanouir si longtemps la *Gemütlichkeit* autrichienne. La question sociale devient la priorité. L'ambiance de Vienne rappelle celle du Paris d'avant la Révolution. Derrière le raffinement, on sent l'approche du désastre. Le dernier rempart contre l'effondrement reste la personne même de François-Joseph. La création artistique et la vie intellectuelle ne peuvent que s'en ressentir. Bientôt, on va oublier Strauss[7]. De nouvelles références vont émerger : Sigmund Freud, Ludwig Wittgenstein, Carl Menger, Hans Kelsen en sciences humaines, Friedrich et Max Adler, Karl Renner et Otto Bauer en politique, Gustav Mahler, Arnold Schönberg, Alban Berg ou Anton von Webern en musique, Adolf Loos en architecture, Gustav Klimt, Egon Schiele et Oskar Kokoschka

7. Le livre *Vienne au tournant du siècle*, sous la direction de François Latraverse et Walter Moser (Albin Michel, Paris, 1988), est un bon analyseur de cet oubli. Dans cet ouvrage, le mot valse n'est pas mentionné, ni le nom de Strauss. Vienne est alors entré dans une autre période de son histoire.

en peinture, Arthur Schnitzler, Hugo von Hofmannsthal, Karl Kraus, Robert Musil, Hermann Broch en littérature... Pour la plupart, elles ignoreront Strauss et la valse. Dans le contexte viennois, il sera stupéfiant, par exemple, de découvrir que Freud, parlant de la fonction du rythme, n'ait pas dit un mot de la valse.

Fin mai 1899, Strauss s'éteint chez lui. Vienne lui fait un enterrement digne d'un empereur. « J'avais alors neuf ans, écrit Jacob, mais je me souviendrai toute ma vie de l'immense cortège, des dizaines de milliers d'hommes et de femmes qui, le long des trottoirs, s'inclinaient au passage du cercueil[8]. »

Un poète viennois écrit en guise d'épitaphe :

« Il ne fit pas de son art un calice d'amertume,
Mais un dictame, une source de joie.
Le maître chantait et tout semblait plus beau.
Il est muet aujourd'hui, et nous sommes devenus plus pauvres[9]. »

Quelques années plus tard, Edouard décide de brûler toutes les archives de la famille Strauss. Le dernier frère Strauss meurt en 1916 durant cette Première Guerre mondiale qui voit se décomposer définitivement la société bourgeoise du XIXe siècle que la famille Strauss avait su si bien mettre en musique.

8. Jacob, *op. cit.*, p. 245.
9. Anonyme, cité par Max Kronberg, *Johann Strauss, la grande valse*, p. 237.

CHAPITRE 13

Le tournant du siècle : révolutions toujours

« Pendant le bal :
Une dame (à son cavalier) :
— Vous aimez la valse, monsieur ?
Le monsieur (avec abandon) :
— Oh ! Madame, j'en raffole !
La dame (froidement) :
— Alors, pourquoi n'apprenez-vous pas à valser ? »
Réflexion d'une dame à un monsieur intime, in E. Giroudet, La danse, *p. 28.*

« Dans la valse, c'est à la femme qu'il appartient de demander un temps d'arrêt pour se reposer. La danseuse ne regarde pas son cavalier au visage, elle ne baisse pas les yeux vers la terre. Si le danseur est timide, silencieux, la danseuse, fût-ce une jeune fille, peut commencer la conversation. »
Baronne Staffe, Usages du monde, *Flammarion, Paris, 1899, p. 207-208.*

Dans la dernière décade du XIXe siècle, la valse traverse toute la vie quotidienne. Elle est très présente dans la presse. A Paris, en province, dans l'Europe et le monde entier, on peut en suivre une chronique quotidienne qui prend parfois des allures saugrenues. On sent, à lire la presse de cette période, que le bal et plus généralement la danse de couple structurent toute le vie sociale. La valse est bien installée dans les familles. Les sciences nouvelles la prennent pour objet. Evidemment, la danse est alors souvent synonyme de « valse », même si celle-ci varie ses formes, comme dans le cotillon. La valse alterne avec d'autres rythmes : toujours la polka, la scottisch. Elle entre encore dans la composition d'autres danses (les quadrilles). Mais, tout doucement, le style évolue. Alors qu'à

Vienne, la valse semble devenue une institution majestueuse définitivement associée à la musique des Strauss[1], cette danse continue à évoluer ailleurs, peut-être vers davantage de décontraction. L'influence américaine donne le boston. L'influence populaire parisienne donnera la valse musette française, l'influence rurale, la musette italienne... Tentons une description du climat du tournant du siècle à travers la lecture d'un des professeurs de danse les plus célèbres de l'époque, historien et collectionneur, auteur de nombreux manuels et animateur de plusieurs associations de professeurs de danse en France et au niveau international, Eugène Giraudet, qui tint une rubrique hebdomadaire sur la danse dans *Le Progrès* (de Vincennes) durant plus de quinze ans[2].

Les bals fleurissent

Bals publics municipaux, bals de société, bals publics commerciaux et bien sûr bals privés ; les bals se multiplient. La valse y est omniprésente. En 1897, le conseil municipal de Paris débat du budget des bals municipaux. Un conseiller, M. Fournière, dit que « la danse est un plaisir indigne des civilisations avancées ». Il propose purement et simplement la suppression des bals municipaux[3]. Il n'est pas suivi. En effet, après une longue délibération, si le conseil municipal décide de supprimer les deux grands bals que la ville avait l'habitude de donner tous les ans, c'est pour leur substituer une dizaine de soirées dansantes plus modestes. Ces sauteries ont été fatalement plus réduites que les bals puisque le budget global n'avait pas été augmenté. « C'est en somme un changement qui n'est est pas un, commente E. Giraudet. On dansait hier, on dansera demain. On dansera même plus souvent qu'on n'avait

1. Encore que des compositeurs comme Komzak, Ziehrer, Millöcker, Genée, Zeller aient également composé de très belles valses viennoises.

2. Il n'est pas le seul personnage curieux de l'époque. On a déjà parlé de Desrat qui fut, lui aussi, professeur et écrivain, et dont le *Dictionnaire* reste classique aujourd'hui. Si je choisis d'insister sur Giraudet, c'est qu'il est oublié aujourd'hui.

3. A partir d'initiatives de ce type, certains font le diagnostic que la danse se meurt : « La danse se meurt », *L'Echo de Paris* n° 4909 ; « La danse en France jugée par un maître à danser » (Desrat), *Journal l'Eclair* n° 3263 du 2 novembre 1898 ; « Défense de danser, la danse se meurt », *Le Petit Bleu de Paris* numéro du 7 juillet 1899.

jamais dansé. Qu'importe que les lumières soient moins nombreuses, l'orchestre moins bien composé et le cadre moins grand. Partout où l'on danse, la femme est souriante et belle ; c'est là l'essentiel, tout le reste est du hors-d'œuvre, bon tout au plus à distraire ceux qui ne dansent pas[4]. »

En hiver, il se donne à Paris, mais aussi en province, un grand nombre de bals dits de société. Ils sont organisés souvent dans un but de charité par des sociétés de retraite, de secours mutuel, musicales, par des commerçants, des fonctionnaires, etc. Le comité chargé de l'organisation de la fête s'occupe de la location de la salle, prend ses dispositions pour qu'un vestiaire commode puisse fonctionner, et pour qu'il s'y trouve une couturière pouvant non seulement réparer un accroc mais encore fournir des gants, des cravates ou des faux-cols de rechange. Le comité fait imprimer des cartes d'invitation, des carnets de bal, prépare les accessoires du cotillon et s'assure un orchestre pour le jour désigné. Le comité est secondé par des commissaires qui veillent au bon déroulement du bal. Le nombre de ceux-ci varie entre 2 et 50 suivant l'importance du bal[5].

Au cours de la saison 1898-1899, Paris possède 376 salles de bal dont 55 grandes salles situées dans de grands établissements tels que l'Hôtel Continental, le Bonvalet, l'Hôtel Moderne, la terrasse Jouffroy, le Grand Orient, le Vefour, l'Arviset, le Palais-Royal, etc. Ces établissements ont accueilli les 1 200 bals donnés en grande salle. Les 321 autres petites salles se situent dans les cafés où 1 926 bals ont été recensés. De plus, il existe 8 bals permanents en 1900, où l'on danse toute l'année : le Casino de Paris, le Jardin de Paris, le Bullier, roi des bals publics et de la danse, le Trianon (ancien Elysée-Montmartre), le Moulin Rouge, le Moulin de la Galette où le dimanche en matinée il y a un bal de famille et tous les soirs un bal public, le Tivoli-Vaux-hall, et le Dourlent, avenue de Wagram. En 1900, Paris compte 97 sociétés dansantes qui donnent des bals payants. Dans ces sociétés, on dit qu'il règne une gaieté « un peu libre ». Les habitués ne s'ennuient pas, mais les nouveaux venus ont du mal à se faire accepter. Dans ces bals, les jeunes filles n'hésitent pas à refuser les invitations à danser[6].

4. E. Giraudet, *Traité de la danse*, 1900, p. 30.

5. *Cf.* Eugène Giraudet, *La danse, la tenue, le maintien, l'hygiène et l'éducation*, Paris, 1900, p. 79.

6. *Cf.* E. Giraudet, *Traité*, p. 570 et 571.

Les bals privés. Indépendamment des bals de noces ou des grands bals cérémonieux, on trouve des bals où l'imagination et l'originalité se donnent libre cours. Il y a les bals blancs, roses, les bals floraux. Le bal blanc est donné aux jeunes gens et aux jeunes filles. Les jeunes gens, en habit, doivent porter un camélia à la boutonnière. Les jeunes filles portent une robe blanche. Au bal blanc de Nice, même les jeunes gens sont vêtus de blanc. A Nice, on donne aussi des bals roses, bleus. Toute l'assemblée y porte des toilettes de la couleur du bal. Dans les bals floraux, la maîtresse de maison fait le choix d'une fleur. Tous les invités se parent de cette fleur. Ces bals varient à l'infini en fonction des saisons : primevères, hortensias, œillets, iris, orchidées, camélias y apportent tour à tour leurs coloris, leur parfum et leur langage[7].

Les soirées dansantes sont de plusieurs types : sauterie, bal avec ou sans cotillon. Ces soirées ont lieu sur invitation. Elles sont animées par un orchestre. Un buffet est dressé. Elles rassemblent une assemblée de parents et d'amis. Pendant le bal, on veille à ce qu'aucune dame ne reste sans danser. La maîtresse de maison s'en occupe. Au besoin, elle peut envoyer des danseurs. Entre les dix premières danses, l'intervalle est généralement d'une minute, puis de deux entre les dix suivantes, puis de trois après les vingt premières. A Paris, la polka et la valse durent cinq minutes, la mazurka et la scottisch quatre minutes. On danse aussi le pas-de-deux et les lanciers (qui durent dix minutes).

Les messieurs invités à un bal doivent d'abord faire danser la maîtresse de maison, puis ses filles, ses parentes, ses amies intimes. Ils peuvent ensuite, s'ils sont mariés, faire danser leur femme. Si la maîtresse de maison ne danse pas, on invite une de ses filles pour la première danse. Le maître de maison et les intimes font danser successivement toutes les danseuses présentes ; de cette façon, ils mettent les invités à leur aise. Les messieurs ne doivent pas danser trop souvent avec la même dame. La dame, de son côté, ne doit pas refuser plus de deux fois le même cavalier[8].

Il existe aussi des bals d'enfants. On compose pour eux des musiques spécifiques[9]. La lecture de la presse de l'époque montre que

7. *Cf.* E. Giraudet, *La danse,* p. 72.
8. *Cf.* E. Giraudet, *op. cit.,* p. 73.
9. Voir une liste de 39 morceaux joués, dans E. Giraudet, *Traité,* p. 147.

toutes ces manifestations, qu'elles soient officielles ou domestiques, structurent toute la vie sociale de ce tournant de siècle parisien[10].

Cotillon et cotillonneurs

Assez souvent, le bal est agrémenté d'un cotillon, dont la dernière trace dans la soirée dansante d'aujourd'hui pourrait être la danse du tapis. Au XVIIIe siècle, c'était une figure de contredanse. Vers 1830, le cotillon intègre les danses tournantes, et tout spécialement la valse. Celui-ci passe alors dans les mœurs, comme en témoignent ces vers d'Arsène Houssaye :

10. Citons quelques coupures de journaux montrant la présence du bal dans la presse de l'époque : « Le bal de l'Amienoise », *Journal d'Amiens,* 2 avril 1899 ; « Au moulin de la Galette », *Chronique amusante,* n°4, 26 janvier 1899 ; « Au bal en Bretagne, etc », *L'Echo de Paris* n°2 du 7 février 1892 ; « le bal B. Delannoy », *L'Echo du lac,* Enghien, n° 10 du 5 mars 1898 ; « La suppression des bals à l'Hôtel de Ville », numéro du 25 novembre 1897 ; « Le bal à l'Elysée sous le président de la République Félix Faure », *La Famille,* n ° 1022 du 7 mai 1899 ; « Un grand bal sous la direction de M. E. Giraudet », *La France prévoyante,* n°127 ; « Une perle au bal » (dessin), *La Gaudriole,* n° 759 du 10 juillet 1898 ; « Fin de bal » (texte et dessin), *La Gaudriole,* n° 848 ; « Les phases d'un bal au Gil Blas », *Redoute du Gil Blas,* supplément au n°1, 1899 ; « Les excentricités de la danse », *Gil Blas,* supplément du 10 mai 1891 ; « Le chahut de ces dames du Moulin ; leur école », *Gil Blas,* supplément du 23 mai 1891 ; « Bal en famille », *Le Courrier du Havre,* n° 19227, du 16 janvier 1898 ; « Fêtes d'inauguration du baron de Ladoucette », *L'Illustration,* n° 1234, vol. XLVIII, du 20 octobre 1899 ; « Le bal de bienfaisance », *La jeunesse amusante,* n° 144 ; « Fête mondaine à Niort », *Le Journal,* n° 1583 ; « Loin du bal », *Le Journal* (supplément illustré), n° 44 ; Dessins de chahuteurs, *Le Matin illustré* de janvier 1899 ; « Les grandes figures de l'armée du chahut », *Le Matin* du 15 février 1893 ; « Le costume empire au bal », *La Mode française* (24e année), n° 1 du 1er janvier 1899 ; « La toilette au bal », *La Mode française* (23e année), n° 44 du 10 octobre 1898 ; « La femme au bal, de 16 à 30 ans », par M. O. Rice (avec dessins), *Le Monde comique,* n° 995 ; « Le grand bal Delannoy », *Le Journal de Montmorency,* n°420 du 13 mars 1898 ; « Une salle de bal » (dessins), *La Nouvelle Mode,* n° 47, 5 février 1898 ; « Le bal de 3 heures à 8 heures », *La Nouvelle Mode,* n° 8, janvier 1898 ; « Paris qui danse », *Le Panorama,* n° 9, 1897 ; « Bal à l'Hôtel Moderne », *Le Paris* du 14 décembre 1897 ; « Allons, Marianne, un tour ! Non, je n'ai pas le cœur à la danse », par Pierre Franc, (dessins, drapeaux et bals publics), *La Patrie,* numéro du 16 juillet 1899 ; « Les fêtes russes à Toulon, un bal à l'Arsenal », *Le Petit Journal,* n° 152 ; « Ici l'on danse » (texte et dessin), *La Presse,* numéro du 17 février 1899 ; « Les danseurs de l'Hôtel de Ville », *La Presse,* du 25 janvier 1898 ; « Bons conseils : les petites comédies dans un bal », *La Presse* du 13 décembre 1898 ; « Rêves d'une actrice au bal », *Romans inédits* (texte et dessins) n° 130 ; « Grand bal d'enfants », par Lagus, *Royan,* n° 29 du 28 août 1897 ; « Le 70e grand bal », *Le Soir* du 11 décembre 1897 ; « Sortie de bal » par Gil Baer, dessin, *Le Supplément,* n° 1320 du 29 jan-

« ... Le bal a commencé par de nouveaux quadrilles
Bourrés de trémolos et saccadés de trilles ;
Et puis on a valsé, causé, polké, rêvé.

Mais pour le cotillon tout le monde s'est levé.
Et l'alouette chante, on cotillonne encore :
Cotillon vertueux, tu vois lever l'aurore[11] ! »

Le cotillon remporte un énorme succès car il amuse jusqu'à ceux qui font « tapisserie ». Le public observe les inclinations des jolies danseuses, à travers la subtilité des figures. Dans la plupart de celles-ci, chaque danseuse est placée successivement au milieu du salon, tenant un miroir, un bonnet de femme, un masque ou un coussin ; tous les danseurs défilent successivement devant elle et elle choisit celui qui lui convient le mieux, en faisant avec lui quelques tours de valse. Si c'est la figure du miroir, elle sourit dans la glace alors qu'il passe derrière elle, tandis qu'aux autres elle a fait la grimace ; si c'est celle du bonnet, elle l'en coiffe, faveur refusée à tout autre ; si c'est celle du coussin, elle ne l'enlève pas, comme pour le commun des mortels, quand il vient s'agenouiller devant elle. « Ces jeux frivoles, en apparence, peuvent donner lieu à une véritable comédie pour l'observateur. Vingt cavaliers se présentent-ils, aucun n'est évincé de la même façon ; quant au choix, il est facile de voir par quel sentiment il est déterminé, et tout cela donne la sensation d'un coin de vie mondaine[12]. »

Si l'on en croit Giraudet, « L'art de conduire un cotillon est une véritable science, et demande une expérience particulière ; un habile cotillonneur est l'oiseau rare, choyé par toutes les maîtresses de maison, car il doit déployer des qualités multiples : un tact parfait,

---

vier 1898 ; « Dessin d'un bal nocturne et champêtre organisé par des seigneurs et des bergères au XIXe siècle », par Gil Baer, *Le Supplément*, n° 1547 du 13 juillet 1899 ; « Le bal des anciens élèves du lycée », *Le Télégramme de Toulouse* du 25 février 1897 ; « Le maître de danse », *L'Echo de Paris*, n°2 du 7 février 1892 ; « Curieux renseignements sur la danse », *La Fronde*, numéro du 17 juillet 1899 ; « Organisation d'un bal », par E. Giraudet, *Le Musical*, numéro du 1e mars 1899 ; *L'Echo de la Presse*, numéro du 19 février 1898 ; « La danse et les danseurs » (nombreuses gravures burlesques de Lucien Metivet), *Le Rire*, n° 215 du 17 décembre 1898.

11. Arsène Houssaye, *Les Confessions*, souvenirs d'un demi-siècle.

12. E. Giraudet, *Traité*, p. 85.

une grande habitude du monde, beaucoup d'entrain, des jarrets d'acier. Il doit être gai, actif, d'humeur accommodante, posséder une autorité morale sur les autres danseurs pour se faire obéir, avoir la même sollicitude pour tous et ne marquer de préférence à personne, renoncer à ses sympathies personnelles et ne favoriser aucune coterie, — bref avoir une âme de justice et d'équité. C'est encore au conducteur qu'incombent les graves soins de commander l'orchestre, et de diriger mouvements et figures[13]. »

Dans certains grands bals, il y a deux conducteurs. Ceux-ci doivent être d'excellents danseurs. Pour aider les cotillonneurs, les professeurs de danse en ont noté les figures. Certaines sont classiques, d'autres s'inventent au fur et à mesure. Le nombre de figures recensées est incroyable. Dans son *Traité de la danse*, Giraudet consacre 55 pages au cotillon dont il propose 3 333 figures[14] ! Cette liste énorme montre le succès du cotillon et son développement depuis 1860. Le livre de Laborde, qui indique globalement un même enchaînement du rituel que Giraudet, ne compte alors que 60 figures[15]. Autre caractéristique du cotillon, les accessoires. Ceux-ci sont tellement nombreux que certaines boutiques spécialisées existent alors et proposent chaque année un nouveau catalogue sous la forme d'un manuel de danse[16]. Les accessoires sont distribués aux messieurs par la dame conductrice et aux dames par le conducteur. Souvent, à Paris comme en Autriche et en Allemagne, les vrais cotillons sont conduits par un homme seul. Il change tour à tour de dame dans la conduite des figures. Il peut aussi régler un cotillon sans danser lui-même. Le maître cotillonneur fait alors conduire le cotillon par la jeunesse : « Si le cotillon comprend 50 figures, on formera 50 couples, si possible, qui conduiront chacun à son tour leur figure de prédilection. On laisse le début de cette préférence à la jeune fille de la maison qui choisit aussi son cavalier et en fait, à son gré, le conducteur définitif ou temporaire[17]. »

13. *Ibid.*, p. 86. Aujourd'hui, on demande ces qualités au psychosociologue !

14. *Cf. Ibid.*, p. 85 à 141.

15. Laborde, *Le cotillon*, 1860.

16. E. Giraudet, dans son *Traité* (p. 584), recense 36 boutiques spécialisées à Paris. Ainsi le magasin « Le Paradis des enfants », 156, rue de Rivoli et 1, rue du Louvre, à Paris, qui publie chez Ouachée *Le cotillon, manuel de la danse,* sans date, cpa, 122 pages, qui est à la fois un catalogue de plus de 300 accessoires et une description des figures du cotillon.

17. E. Giraudet, *Traité*, p. 89.

La valse est toujours très présente dans le cotillon. On commence toujours par « un tour de valse[18] ». C'est elle aussi qui sert de liant entre toutes les figures : « Le couple conducteur commande à l'orchestre de jouer une valse et, suivi de tous les autres couples, fait un tour de promenade autour du salon, en partant à droite. Ensuite, le conducteur commence la valse à laquelle participent tous les couples ; après un tour de salon avec cette danse, le conducteur, s'il n'a pas de tambour de basque, frappera dans ses mains, et chaque couple regagnera sa place. Ce signal sera toujours le même, pour faire commencer ou cesser les figures. Afin que la glace soit définitivement rompue entre tous les danseurs, aussitôt cette promenade terminée et après la valse, les dames se placent dos à dos au centre du salon, tandis que les cavaliers se donnent les mains en rond, et tournent autour, en un immense rondeau. Au signal du conducteur, les messieurs s'arrêtent, enlacent la dame qui leur fait face et la valse se continue. Sur un nouveau signal du conducteur, la figure se répète, mais se sont cette fois les messieurs qui se placent dos à dos et les dames qui tournent en rondeau, etc.[19]. »

Le cotillon est l'occasion de réceptions mondaines dont la presse se fait l'écho : « Suivant la coutume qui s'est établie depuis plusieurs années, un groupe d'aimables célibataires offraient l'autre soir, dans un de nos grands hôtels de Paris, un cotillon suivi de souper aux maîtresses de maison qui les avaient fréquemment reçus cet hiver. Cette coutume est importée d'Angleterre où elle est très répandue sous le nom de fêtes de bachelors. Les gentlemen qui y assistaient étaient au nombre de douze : MM Balzan de la Chapelle, Deschamps, Faider, de Gontaut, Hottinger, de Marsay, de Morogues, de Ravignan, de Saint-Vallier, de Villeneuve-Bargemont. Les plus jeunes et jolies femmes de Paris assistaient à cette fête[20]. »

18. Laborde, *op. cit.*.

19. E. Giraudet, *Traité*, p. 88.

20. Extrait de *L'Echo de Paris* n° du 10 juillet 1899. Sur le cotillon, voir aussi : « Au bal, le cotillon » (texte et dessin), *La Famille* n° 1011 du 19 février 1899 ; « Au bal, entre deux valses, le cotillon », *Le Soleil du Dimanche* (L'Illustré), 6e année, n° 5 du 29 janvier 1893.

Valseurs et bostonneurs

La bonne société danse maintenant un nouveau style de valse : le boston. Il s'agit d'une valse lente, venant des Etats-Unis, et introduite en Europe vers 1875, selon Curt Sachs. A. H. Franks n'est pas d'accord avec cette date. Pour lui, comme pour Richardson, elle n'a été introduite à Londres qu'en 1903. A Paris, on en trouve trace dès 1895. Giraudet intègre alors la définition du boston dans ses ouvrages : « Sur une musique de valse, on fait une promenade en pas de polka sur un mouvement de valse. » Le style du boston va influencer toutes les danses. Mais la valse reste la valse. « Le bon valseur sait bostonner sans apprendre, le bostonneur ne saura jamais valser, s'il ne l'apprend[21]. » Cet auteur donne encore une autre définition : « Le boston actuel n'est autre chose que l'ancienne promenade ou fugue, ayant toujours existé dans la valse ; c'est-à-dire qu'il se compose de quelques tours de valse à droite et à gauche, tournoiement que l'on coupe de quelques pas en avant et en arrière[22]. »

Cette forme renouvelle donc une valse qui semble toujours occuper le devant de la scène, comme en témoigne sa place dans la presse satirique ou humoristique de l'époque[23].

Des « éducateurs » de danse

Nous avons vu que pour Thomas Wilson en 1816, la valse se démarque de toutes les autres sortes de danses antérieures dont la référence étaient le beau, le style, la politesse et l'éducation — la valse étant, elle, du registre de l'amusement, à la limite de l'immoralité et donc un danger pour la vertu. Pour Giraudet, en 1900 elle est

21. E. Giraudet, *Traité*, p. 47.
22. E. Giraudet, *La danse*, p. 111.
23. Par exemple : « Dix minutes plus tard, ils valsaient » (texte et dessin), *Le Bon journal*, Paris, n° 1332, p. 54 du 12 janvier 1899 ; « Invitation à la valse différente, formule, texte et dessins », *Le Monde comique* n° 1002, p. 4 ; Dessins de couples dansant, *La Nouvelle Mode* n° 4, du 22 janvier 1899 ; « Valseurs », *La Nouvelle Mode* n° 9, du 27 février 1898 ; *Valseurs et valseuses : la danse ingénue* (« la poseuse, le valseur bon diable, la dame qui s'amuse, le jeune homme qui cherche à se marier, la jeune fille qui cherche un mari, le valseur timide, le valseur échevelé, le petite comtesse, le valseur maladroit, les amoureux), par Létorière, *Supplément du Petit Journal* ; « Le valseur, modèle », *Le Soleil du Dimanche* (L'Illustré), 6e année, n° 5 du 29 janvier 1893, etc.

devenue le critère de l'éducation. A cette époque, les professeurs de danse revendiquent en effet une position d'« éducateurs ». La Troisième République a rendu l'instruction obligatoire pour tous. Mais qu'est-ce que l'instruction en regard de l'éducation ? « L'instruction poussée jusqu'aux titres universitaires est utile à quelques-uns, elle est une arme dangeureuse aux mains de ceux qui s'en servent maladroitement. Tandis que l'éducation, fût-elle exagérée, est utile, indispensable même à tout le monde[24]. »

Et plus loin, le professeur qui assure des enseignements de danse pour les étudiants de l'Ecole centrale continue : « On en voit des bacheliers qui connaissent plusieurs langues et qui sont ignorants des premières notions de tenue et de politesse (...) La jeunesse pèche par l'éducation. Presque tous ont négligé ce côté utile de la vie pour se lancer trop avant dans des connaissances souvent inutiles, dont la première conséquence est de fatiguer le cerveau, et d'inculquer une ambition désordonnée et une soif de grandeurs à des enfants nés dans des situations modestes, ou destinés à des positions terre à terre (...) Même ceux qui visent les carrières libérales où l'instruction n'est jamais de trop devront s'inquiéter de connaître les usages, les devoirs de chacun, et les régles de bienséance (...) Chez la femme, l'instruction détraque le caractère ; l'éducation, au contraire, produit les bonnes ménagères et les épouses dévouées. Le femme bien élevée est indulgente, pleine de tact et de serviabilité. La pédante n'arrive qu'à se rendre insupportable partout et à tous. Les hommes poseurs et prétentieux agissent de même, regardant le commun des mortels avec dédain, du haut de leurs vains diplômes. Riche ou pauvre, lorsqu'on est bien élevé, on est bon et à l'aise avec tout le monde[25]. »

Et Giraudet de poursuivre : « Nul ne saurait être meilleur éducateur qu'un professeur de danse, car il a l'habitude du monde et de la jeunesse, et juge d'un coup d'œil le côté faible des élèves. Un tel éducateur a sa place marquée dans la famille et dans tous les établissements scolaires[26]. » Par ailleurs, l'auteur, comme beaucoup d'autres, consacre de longs développements à la place de la danse

24. E. Giraudet, *Traité*, p. 155.

25. *Ibid.*, p. 156. Voir, sur le même thème, baronne Staffe, *Usages du monde, règles du savoir-vivre dans la société moderne*, Ernest Flammarion, Paris, 1899, Cent quatre-vingtième mille.

26. *Ibid.*, p. 156.

dans l'éducation des enfants, sa fonction dans l'hygiène, sa place dans la vie sociale. Il écrit de nombreux articles sur le maintien, le savoir vivre, etc.[27].

La valse à l'école

Le discours de Giraudet n'est pas marginal. Juste avant 1900, la danse est introduite dans le programme d'enseignement de la gymnastique des écoles primaires de Paris en vue de mettre le plus possible l'esprit sain des générations futures dans des corps sains. L'enseignement de l'art de la danse n'est pas donné par des maîtresses-adjointes qui risqueraient d'être ignorantes de la danse, mais par des maîtres de gymnastique dont l'influente corporation avait été dissoute lors de la guerre de 1870. Au programme : la valse, évidemment, mais aussi la polka, la mazurka et la scottisch. La danse ne doit pas être conçue comme exercice de gymnastique mais comme art d'agrément[28].

Cette inscription pédagogique de la danse stimule d'ailleurs la recherche en danse. Le nombre d'ouvrages qui paraissent à l'époque sur la danse et son histoire sont très nombreux (voir bibliographie). La presse elle-même fait une bonne place à l'histoire de la danse ou à des annecdotes la concernant[29].

27. On trouve ce thème du maintien et sa satire dans la presse de l'époque : « Avantages de l'offre du bras droit aux dames pour la danse » et « L'invitation à la danse », in *L'Avenir de Bernay* du 13 au 17 décembre 1898 ; « Un mari en or, les danseuses bohèmes », *La Gaudriole,* n° 834 du 30 mars 1899 ; « La vie parisienne ; les petites danseuses », *Gil Blas,* n° 3 du 12 juillet 1891 ; « Le Père Mioche à Terpsichore ; fille et mère de la civilisation et des mondes » par Jean Richelin, *L'intransigeant illustré* ; « La danse et le maintien », *Mémorial de la librairie française,* n° 51 du 23 décembre 1897 ; « Se suicider dans un bal » (texte et dessins), *Pêle-Mêle,* n° 10 du 5 mars 1899 ; « La danse et les veillées », *Le Petit Journal,* n° 12463 ; « La manière de tourner la tête, les jambes, les genoux, les pieds... l'invitation pour danser », *La Quinzaine musicale* du 1e août 1899 ; « Les forçats du snobisme » par E. Giraudet, *La Revue stéphanoise et forézienne,* Saint-Etienne, du 10 octobre 1897.

28. *Cf.* E. Giraudet, *La danse, op. cit.,* page 36. Mais aussi : « La danse fait partie de l'éducation », *Le Petit Journal,* numéro du 13 septembre 1891 ; « Une injuste prévention, les danseurs hommes d'esprit », par G. de Lafreté, *La Presse,* avril 1899 ; « Philosophie de la danse », par E. Ledrin, *Journal l'Eclair,* n° 2473.

29. « La danse, origine, dessins antiques », *Dictionnaire* (journal) ; « Quelques mots et anecdotes sur la danse. Louis-Philippe et Louis XIV », *Les dimanches littéraires,* Paris, numéro du 30 juillet 1899 ; « La danse de l'Opéra au Moulin » (dessins de Raffaelli,

La danse est même l'objet d'une réflexion médicale. Elle rentre dans les pratiques d'hygiène et de santé[30].

La danse se fédère

Un tel contexte ne peut que développer et affermir la situation du professeur de danse. L'évolution étant internationale, les nombreuses sociétés de professeurs de danse sont bien vivantes. Giraudet tente de fédérer toutes les associations des professeurs de danse du monde entier. En 1899, il fait un « projet d'académie internationale des maîtres et professeurs de danse » dans le prolongement d'un mouvement fédératif qui s'est amorcé dès 1891 à Berlin mais qui n'a pas été capable de donner sa place à la jeune génération des professeurs de danse (Giraudet en est alors exclu). En 1893, à Boston, une nouvelle réunion a eu lieu, puis à nouveau à Berlin où, cette fois-ci, 80 professeurs étaient présents. Une réunion programmée en 1895 ou 1896 à Paris n'a pas eu lieu. Giraudet prend donc l'initiative de lancer un mouvement. Il a recensé les adresses des professeurs de danse d'Europe et du monde. Il a compté 1583 enseignants en Europe, dont 86 à Paris[31], 167 en province, 128 en Angleterre, 83 en Italie, 327 en Allemagne, 115 en Autriche-Hongrie, 203 en Russie, 191 en Grèce, 25 en Suède, 80 en Hollande, etc.

Chéret, Rochegrosse, Renouard, etc., *L'Echo de Paris*, n°2 du 7 février 1892; « Bal en 1830 » (dessins et articles), *The Graphic*, numéro du 24 juin 1899; « Les artistes, les bals et le droit des pauvres », *L'intransigeant*; « Les divertissements d'autrefois », *La Nouvelle Mode*, n° 6, du 5 février 1899; « La danse à travers les âges et les siècles » (dessins et texte), *Paris illustré*, n°59, février 1887; « Album de danses illustrées anciennes et modernes, histoires, théorie, dessins et musique », prime du *Supplément du Petit Journal* du 1er janvier 1895.

30. « La danse est le meilleur médecin », *L'Echo de Paris*, n° 4085; « La danse dans l'hygiène, causerie du docteur Guillermet », *Mode pratique*, Paris, Hachette, n° 15 du 19 mars 1892; « Le vertige et la danse », *Le Petit Journal* supplément au n° 395; « Contre la transpiration », *La Presse* avril 1899. Une médecine scientifique de la danse se développera rapidement dans les années suivantes, comme en témoigne le *Manuel de danse* de Werner Schuftan, paru en Allemagne en 1928.

31. Pour permettre la comparaison : à Paris aujourd'hui, il y a encore 18 lieux où l'on peut apprendre et pratiquer les danses de salon (valse ou tango, principalement). Je tiens ce chiffre d'une enquête téléphonique que j'ai réalisée en juin 1989 à partir d'un document édité en 1988 par le CIDJ (« Danses de salon à Paris », N°6.2326).

Il a recensé 720 professeurs en Amérique, 223 en Asie, 421 en Afrique et 311 en Océanie. Il a rédigé le règlement et les statuts de l'académie. De plus, il a diffusé un discours prononcé lors d'une réunion amicale et consultative de l'académie sur le point de se constituer. Il lui faudra encore dix ans pour voir ses efforts couronnés de succès[32].

89 060 000 tours

Au XXe siècle, on s'est habitué aux statistiques sportives. La télévision calcule au fur et à mesure des matches de tennis le nombre de doubles fautes, les aces, les fautes directes des deux joueurs. Cet engouement pour les statistiques touche aussi l'athlétisme, sport particulièrement propice à la mesure et à son exégèse. Au seuil du XXe siècle, la quantophrénie a pour objet la danse. On la décompose dans tous les sens. Ainsi, le valseur d'aujourd'hui sera-t-il étonné d'apprendre qu'entre 1890 et 1900, on a quantifié le vécu du bal en mêtres parcourus. Giraudet, comme d'autres professeurs, s'est intéressé à cette discipline. Il en est devenu un spécialiste. Il mesure tout. En observant ses élèves, il réussit le « tour de force » de déterminer le rapport des tours, ou mouvements de valse, avec la durée rythmique de la mesure musicale : « La valse, une des plus jolies danses et certainement la plus difficile, est aussi la plus goûtée. On ne saurait croire tout le prestique que donne, dans un salon, cette simple appréciation : 'C'est un excellent valseur'. La pratique seule peut donner cette qualité, mais à la condition d'être dirigé par un excellent professeur. L'orchestre jouant au mouvement normal 80 mesures de valse à la minute ou 240 temps ou mouvements de pieds, et cette danse durant une moyenne de cinq minutes, on valse pendant 400 mesures. Comme on fait 40 tours ou pas de valse par

32. Sur les activités des professeurs de danse : « Le congrès universel de la danse de salon », *Journal l'Eclair* n° du 20 février 1892 ; « La danse à Berlin », *Journal l'Eclair* n° 2026, du 14 juin 1894 ; « Le prochain congrès », *Journal l'Eclair* n° 2026 du 14 juin 1894 ; « Cours de danse » par P. Ginisty (texte et dessins), *Gil Blas illustré* n° 49 du 4 décembre 1892 ; « Les danses à la mode », *Le Courrier du Havre*, n° 19227, du 16 janvier 1898 ; les 8 numéros du *Journal de la danse, des bals et des danseurs*, publié par Saint-Ibard, de décembre 1882 à avril 1883 ; « Danseurs à prix fixe » par Jacques Yvel, *La Presse* du 26 mars 1898 ; « La danse et le maintien », rubrique hebdomadaire de E. Giraudet dans *Le Progrès* (Vincennes) entre le n° 173 et le n° 450.

minute, on aura exécuté 200 tours. Chaque temps marquant un mouvement de pieds, ou 3 temps par mesure, cela donne un total de 1 200 mouvements pédestres, lesquels produisent, en tournant ou en avançant, un chemin de 400 mètres, le métronome marquant 76, et comptant un battement de métronome par mesure de 3 noires de musique. Grâce à cet exercice, on arrivera, au bout de 50 valses, à être un valseur suffisant et, au bout de 100, un excellent valseur lorsque, bien entendu, c'est un maître expérimenté qui vous conduit. Quand on sera arrivé, après 50 valses, à être un bon valseur, on aura fait quatre heures dix d'exercice, 10 000 tours, 20 000 mesures, 60 000 mouvements de pieds, temps ou noires, et parcouru 20 000 mètres[33]. »

Giraudet ajoute que l'élément doué peut diviser cette distance par deux et l'élément n'ayant aucune aptitude la multiplier par deux. Tous ces calculs sont effectués pour la polka et les autres danses de l'époque. Mais la quantophrénie ne s'arrête pas là. Sur ses vingt années d'exercice professionnel, le professeur Giraudet évalue à cinq heures par jour sa pratique de la valse, soient 89 060 000 tours et un total de 178 120 kilomètres parcourus ! Plus de quatre fois le tour de la terre. Les marathonniens d'aujourd'hui n'ont rien à envier aux professeurs de danse. Si l'on ajoute la pratique des autres danses pendant la même période, Giraudet a fait en vingt ans sept fois le tour de la planète. « Un joli trajet ! » s'exclame le professeur, qui ajoute : « Comment s'étonner, dès lors, que les professeurs de danse fassent leur chemin[34] ! »

Valse et stratégie

La valse est tellement répandue qu'elle devient elle-même une unité de mesure. On l'utilise pour calculer la distance d'un orage ou mieux la distance de l'ennemi en temps de guerre : « Le son parcourt 300 mètres par seconde et celle de la lumière égale presque celle de la pensée pour les faibles distances. Partant de ce fait, et sachant que la valse s'exécute en deux secondes, on s'est dit que la valse pourra servir utilement à l'appréciation des distances pour les

33. E. Giraudet, *Traité*, p. 418. Du même auteur, *La danse*, p. 37 et suivantes.
34. *Ibid.*, p. 420.

troupes qui, en campagne, aperçoivent la lumière des coups de feux et n'en aperçoivent le bruit que plusieurs secondes plus tard. Deux secondes pour un tour de valse, c'est la cadence accélérée habituelle aux Français. La valse étant à trois temps, chaque temps vaut donc un tiers de seconde, un tour de valse comprend donc six temps, puisqu'il s'exécute en deux secondes. Pour savoir à quelle distance on se trouve de l'ennemi, *on se met à valser aussitôt après avoir aperçu l'éclair,* et l'on compte les mesures jusqu'au moment où l'on entend le bruit. Chaque seconde entre l'éclair et la détonation correspondant à une distance de 300 mètres, le tiers de seconde, c'est-à-dire un pas de valse, équivaudra à 100 mètres. Par conséquent, le nombre de mesures ou pas multiplié par 100 donnera la distance que l'on désire connaître. On voit que ce procédé est très simple et qu'il peut s'appliquer avec succès... Toutefois, il est juste d'ajouter que le résultat obtenu n'est qu'approximatif, car, pour plus de précision, on compte les secondes avec un chronomètre. Mais on n'a pas toujours un chronomètre, tandis que les jambes ne font défaut à personne, et de plus en plus rares sont ceux qui ne savent pas valser[35]. »

On pourrait objecter aujourd'hui à l'intérêt que je porte à cette littérature que l'auteur délire. Pourtant, lorsque l'on survole la presse de l'époque, on constate que ce genre de statistiques et de réflexion quantaphrénique envahit les médias d'alors et cela bien au-delà de nos frontières[36].

35. E. Giraudet, *La danse, op. cit.,* p. 40.

36. Articles de presse portant sur les statistiques de la danse : *Abeille de la Creuse,* Montluçon, du 8 juillet 1899 ; *Allgememe Hardellaa,* Amsterdam, du 2 juillet 1899 ; *Le Journal d'Alsace,* Strasbourg, du 21 juillet 1899 ; *L'Avenir de la Dordogne,* Périgueux, le 20 juillet 1899 ; *Le Bien public,* Dijon, le 9 juillet 1899 ; *La Charente,* Angoulême, le 8 juillet 1899 ; *Le Constitutionnel,* Paris, le 4 juillet 1899 ; *Le Courrier de la Champagne* du 30 juillet 1899 ; *L'Echo du lac,* Enghien, n° 43 du 29 octobre 1898 ; *L'Etendard,* Paris, du 4 juillet 1899 ; *L'Europe artiste,* 1899 ; *L'Evénement,* Paris, numéro du 1e juillet 1899 ; *Gazzetta dei Trati,* Milan, numéro du 6 juillet 1899 ; *Germania,* Berlin, du 6 juillet 1899 ; *Le Grelot,* Paris, du 30 juillet 1899 ; *Le Havre* du 4 juillet 1899 ; *L'Indépendance de l'Est,* numéro du 13 juillet 1899 ; *L'Indépendant de Cambray* du 1er juillet 1899 ; *L'Italia* du 5 juillet 1899 ; *Les Inventions nouvelles* du 15 juillet 1899 ; *Le Journal de Saint-Denis,* numéro du 9 juillet 1899 ; *La Liberté* du 3 juillet 1899 ; *La Meuse,* Liège, du 30 juin 1899 ; *Le Monde élégant,* Nice, du 26 juillet 1899 et du 3 août 1899 ; *Le Journal de Montdidier* du 26 juillet 1899 ; *La Paix,* Paris, du 3 juillet 1899 ; *La Patrie,* Montréal, du 29 juillet 1899 ; *Le Patriote landais,* numéro du 12 juillet 1899 ; *Le Patriote républicain,* Chambers, numéro du 13 juillet 1899 ; *Le Petit Nivernais,* Nevers, numéro du 20 juillet 1899 ; *La*

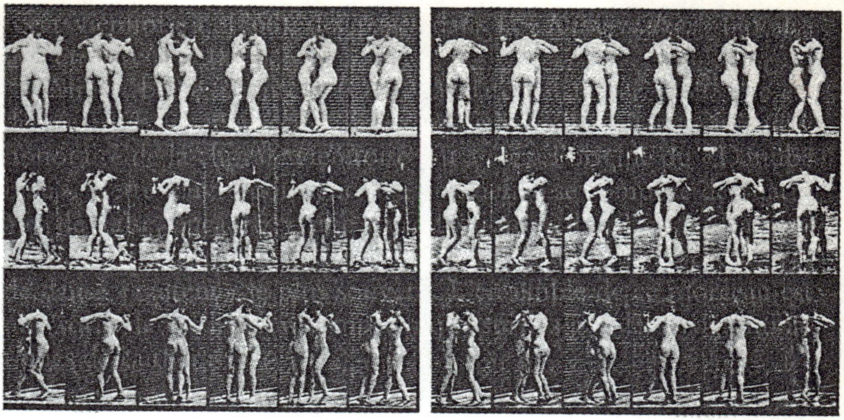

Il faudrait aussi parler de l'influence du progrès technique sur la danse de société. Dès 1880, la photographie est mise au service de l'analyse du mouvement de la valse et de son enseignement dont certains, comme *La gaudriole*, font une satire[37]. Une recherche ultérieure pourrait se donner comme objet l'analyse de l'évolution des dessins ou photos concernant la valse dans les manuels des professeurs de valse. De Thoinot Arbeau à Pina Bausch, en passant par Wilson ou Giraudet, la représentation technique de la danse évolue. Georges Vigarello a montré dans un livre récent toutes les ressources d'une telle analyse pour les pratiques sportives[38]. Bien qu'ayant rassemblé une importante documentation sur l'évolution technique de la valse, il ne m'est pas encore possible de la donner à lire.

Presse, juillet 1899; *Le Progrès*, Le Caire, numéro du 6 juillet 1899; *Le Progrès de la Nièvre*, Nevers, du 8 août 1899; *Le Progrès du Nord*; *Le Progrès de l'Oise*, du 22 juillet 1899; *La République française*, Paris, du 10 juillet 1899; *Le Républicain d'Orléans*, du 17 juillet 1899; *Journal de Roanne*, du 6 juillet 1899; *Journal de Rouen*, n° 323; *La Sarthe*, du 9 juillet 1899; *La Semaine musicale*, n° 51 du 30 mai 1897; *Le Sport*, n° 257 du 10 novembre 1898; *Stamboul*, Turquie, du 8 juillet 1899; *Le Stéphanois*, du 3 juillet 1899; *Le Temps*, du 30 juin 1899; *L'Union républicaine*, Macon, numéro du 19 juillet 1899; *Le Vélo illustré*, numéro de juillet 1899...

37. « Le photographe de la danseuse » (texte et dessin), *La Gaudriole*, n° 850 du 25 mai 1898.

38. Georges Vigarello, *Une histoire culturelle du sport, techniques d'hier et d'aujourd'hui*, EPS-Robert Laffont, 1988, 206 pages.

QUATRIÈME PARTIE

Evaluation et rides de l'institution

CHAPITRE 14

Naissance d'une critique théologique de la danse de couple

> *« Le vrai danger des danses, c'est sans nul doute l'érotisme dont elles s'entourent souvent... »*
> *R. Brouillard, art. « Danse »,* in Catholicisme, hier, aujourd'hui, demain, *vol. 3, 1952, col. 458.*

Les historiens de la danse n'ont pas toujours su prendre au XIXe siècle ou même au XXe siècle une distance européenne par rapport à l'histoire de la valse... Ils ont été prisonniers de leur implication nationale. Cette incapacité de distanciation les a empêché de voir une évidence. La danse de couple fermé à trois temps devient tout doucement la valse. On peut lui construire une généalogie italienne, française ou enfin allemande. En fait, la naissance de la danse de couple tournante se fait par un cheminement de longue durée et par influences réciproques dans toute l'Europe... La valse est la forme type d'une danse singulière qui participe à l'institutionnalisation d'une socialité de couple spécifique à l'Europe.

L'Eglise contre le couple

La forme du couple dansant s'est constituée tout doucement pour tendre de plus en plus vers ce mode de révolution parfaite que nous connaissons dans la valse. Si l'on prend l'option « européenne », si l'on choisit de sortir de la posture nationale, donc de l'histoire nationale de la danse, pour se placer dans une perspective plus large, on est obligé de se dire que, avec des à-coups locaux, c'est une évolution constante qui débouche entre le XIIe et le XVIIIe siècle sur la naissance du couple tournoyant dans toute l'Europe... Alors que beaucoup s'évertuent à prouver une origine locale de la valse, il semble plus intéressant de montrer comment l'Europe se structure autour d'une socialité faite d'interactions, d'influences interculturelles réciproques, dont l'émergence de la valse est une des manifestations les plus intéressantes.

Quelle force sociale fait l'unité de ce mouvement ? Ce n'est pas l'Etat, puisque l'Europe politique n'existe pas durant le Moyen Age et encore moins après. Les Etats nationaux se forment tout doucement dans leurs oppositions réciproques. Les guerres incessantes entre pays européens ne débouchent finalement que sur cette production d'une identité nationale, dérivant vers un nationalisme local qui caractérise encore certaines productions idéologiques récentes en matière d'histoire de la danse. La seule puissance assez « forte et universelle » pour structurer l'inconscient politique européen (inconscient parce que peu de gens conscientisent l'importance de son rôle), c'est l'Eglise. La vraie lutte que mène le couple tournoyant en Europe pour s'imposer, ce n'est pas contre l'Etat, mais contre l'Eglise. En même temps que la forme dansée se structure, elle doit prouver que tout l'érotisme qu'elle porte en elle est plus du registre de l'« exultatio » (la joie, le bonheur) que du registre d'une jouissance « peccamineuse » impliquant la condamnation de l'Eglise.

L'Eglise, en effet, depuis le XIIe siècle, s'est imposée dans toute l'Europe. Son hégémonie morale rencontre des résistances. Mais dans cette lutte entre la centralité de l'Eglise et les multiples résistances périphériques qu'elle combat, se constitue un ensemble culturel qui est commun à toute l'Europe, même si les « Européens » des années 1500 ou 1700 n'en ont pas conscience. Parler de l'Eglise comme référent « universel » qui cherche à s'imposer en extirpant le péché peut paraître simpliste. Nous allons pourtant montrer, à travers l'étude de ce rapport que l'Eglise entretient avec la montée de la danse de couple, comment son discours « universel » est en fait dialectisé en fonction des situations particulières pour déboucher sur des positions singulières qui varient en fonction du lieu et du moment.

Pierre Legendre a étudié le discours de l'Eglise sur la danse comme spectacle[1]. Nous voulons ici montrer comment se structure progressivement un discours de l'Eglise sur la danse populaire, sur

1. P. Legendre, *La passion d'être un autre, étude pour la danse*, Editions du Seuil, Paris, 1978, 344 pages.

la danse de salon, sur le bal, sur le couple dansant. La charpente de mon exposé sera la lecture commentée du long article synthétique de T. Ortolan dans le *Dictionnaire de théologie catholique*, écrit au moment où la valse culmine dans sa forme la plus instituée[2]. Les écrits ultérieurs concernant la position de l'Eglise ne modifient pas la position de fond de ce texte[3]. Prendre en compte le discours de l'Eglise est d'autant plus important qu'assez souvent les princes ont repris ce discours pour le faire appliquer par leurs sujets — notamment lorsqu'ils ne sont pas eux-mêmes « agis » par l'« esprit subversif » de la danse qui s'oppose à la scolastique ou à la théologie...

L'analyse de l'évolution du droit français montre que les nombreux conciles provinciaux qui interdisaient les bals le dimanche et les jours de fête, pour éviter que les fidèles ne manquent l'accomplissement de leurs devoirs religieux, ont été suivis par le pouvoir civil. En témoigne, en pleine apothéose de la volta, les ordonnances royales d'Orléans de janvier 1560 et de Blois de mai 1579 qui prohibent les danses publiques les dimanches et jours de fêtes solennelles. La loi du 20 avril 1825 — dite loi du sacrilège — contenait un article 13 punissant ceux qui causaient des troubles ou désordres, même à l'extérieur des églises, aux heures des cérémonies du culte. Cette loi a été abrogée par la loi du 11 octobre 1830. Mais, la loi du 9 décembre 1905 punit « ceux qui empêchent les exercices du culte par des troubles ou désordres... » Le trouble peut être causé par un bal public à l'extérieur de l'église. Pour obtenir condamnation, il faut prouver l'intention délictueuse. Le maire de la commune peut être saisi par le curé pour réglementer les bals (loi du 5 avril 1884). Puisqu'il peut réglementer les bals publics qui ont lieu sur sa commune, il peut interdire les bals publics sur la place de l'église ou à proximité de l'église[4].

2. T. Ortolan, article « Danse », in Aman, *Dictionnaire de théologie catholique*, tome 4, Paris, Letouzay et Ané, Paris, 1911, col. 107 à 134.

3. Ainsi R. P. Vuillermet, *Les divertissements et la conscience chrétienne*, Lethielleux, 1923 ; E. Archambault et Pauline Le Cormier, *Les distractions de nos enfants*, Ass. du mariage chrétien, 1931 ; Chanoine J. Viollet, *Relations entre jeunes gens et jeunes filles*, Association du mariage chrétien, 1947 ; R. Brouillard, art. « Bal » in *Catholicisme, hier, aujourd'hui, demain*, Lethousey et Ané, 1948, col. 1182 et 1183 ; etc.

4. P. Chassagnade-Belmin, article « Bal (droit) », *in Catholicisme, hier, aujourd'hui, demain*, Lethousey et Ané, 1948, vol. 1/7, p. 1180.

La danse n'est pas si mauvaise

Cependant, pour la plus grande majorité des théologiens catholiques de la fin du XIXe siècle, la danse, en elle-même, n'est plus « intrinsèquement mauvaise »[5]. Elle n'est pas plus répréhensible, en soi, que la musique, la peinture ou la poésie. La danse est un art tendant à sa manière à exprimer le beau avec ses moyens propres. Or, un art, quel qu'il soit, étant donné qu'il tend à l'expression du beau, ne peut être mauvais intrinsèquement. Il ne devient mauvais que si on le fait servir au mal moral.

Comme la poésie et la musique, la danse permet la manifestation des sentiments de l'âme, arrivés à un certain degré d'intensité. « Alors, tout le corps entre, pour ainsi dire, en vibration, pour se mettre à l'unisson de l'âme. Le langage ordinaire ne suffit plus. Il en faut un autre, plus imagé, plus coloré, plus vif, plus idéal. » La musique, si elle reste seule, est impuissante à le traduire. « Des mouvements instinctifs du corps s'y joignent et l'accompagnent. Le corps entier coopère à l'expression du sentiment qui remplit l'âme, et la met dans un état de surexcitation particulière. » Il en est ainsi chez les enfants qui si facilement chantent, sautent et gambadent. En grec, *païxein* signifie à la fois « faire l'enfant » et « danser »[6]. Comme chez le jeune enfant, la danse est le premier de tous les arts « chez les jeunes peuples ».

L'Eglise connaît l'importance de la danse chez les Grecs, chez les Hébreux. La position de l'Eglise s'enracine dans l'Ancien Testament. La Bible est loin de condamner indistinctement la danse. Elle l'approuve même, tantôt indirectement, tantôt de manière formelle. La danse est alors non seulement un divertissement ou l'expression d'une joie vive, mais aussi la manifestation de la piété comme lorsque, après le passage miraculeux de la mer Rouge, Moïse compose un cantique sur lequel danse sa sœur Marie à la tête des femmes d'Israël[7]. Il en est de même lorsque David tue Goliath et en plusieurs autres occasions. L'Ecriture ne blâme pas les juifs d'avoir introduit la danse dans le culte du vrai Dieu... comme elle l'est, chez les païens, dans le culte de leurs fausses divi-

5. T. Ortolan, *op. cit.*, col. 107.

6. *Odyssée*, VIII, n 261 ; XXIII, 147 ; Hésiode, *Bouclier d'Hercule*, 277 ; Aristophane, *Thesmophories*, 1227.

7. Exode, XV, 1-21.

nités. Mais il faut dire qu'à ce moment les femmes dansent seules, séparées des hommes ou des jeunes gens[8]. Néanmoins, l'auteur de l'Ecclésiastique (IX, 4) a une parole sévère contre les danses. Il avertit du danger qui peut s'y trouver, surtout quand elles sont fréquentes... Le contexte montre qu'il s'agit d'une danseuse de profession, une femme aux mille volontés, capricieuse, volage, légère, courtisane. « Ne forte incidas in laqueos illius... », par crainte que tu ne tombes dans ses pièges, il vaut mieux t'abstenir. Dans la Bible, on rencontre assez souvent ce genre de femmes, uniquement « occupées à perdre les âmes »[9].

On retrouve cette posture hostile à la danse chez les Pères de l'Eglise. Ainsi saint Pierre Chrysologue s'élève avec véhémence contre la danse. Dans un discours public, il affirme « Saltatricum pestis... » Les danseuses sont une véritable peste[10] ! Est-ce à dire que les Pères de l'Eglise luttent contre la danse en elle-même ? Non, ils réprouvent la danse telle qu'elle se pratique à leur époque. Au IVe et au Ve siècle en effet, le « paganisme expirant » a laissé au sein de la société chrétienne un héritage de danses lascives et dangereuses qui est un ferment de corruption contre lequel ils se battent[11].

Cette hostilité de l'Eglise par rapport à ces danses « lascives » s'appuie (comme souvent) sur le discours « païen » lui-même... Beaucoup jugent ces danses d'une obscénité révoltante. Cicéron, dans une de ses plaidoiries, a reproché à Caton d'avoir traité Murena de danseur, ce qui était d'après lui une sanglante injure. « A moins d'être fou, un homme qui n'est pas ivre ne danse jamais[12]. »

8. Exode, XV, 20 ; Jud., XI, 34 ; XXI, 23 ; Reg., XVIII, 6 et sv. ; XXIV, 5.

9. Prov. VII, 10 ; Is., III, 16 ; voir encore le *Dictionnaire de la Bible,* t 2, col. 1285-89, ou encore *Realencyclopädie für protestantische Theologie und Kirche,* 3e édit, 1907, t. XIX, p. 378-380.

10. Serm., CXXVII, CLXXIV, P. L., t. XII, col. 452-654.

11. Cf. Arnobe, *Adversus gentes,* I. VI, P.L., t. V, col. 1118 ; S. Ambroise, *De Elia et jejunio,* c. XII ; In Ps. XL, 24, P.L., t. XIV, col. 711 et sv., 1078 ; S. Jérôme, *Epist.,* LX, ad Heliodorum, P.L., t. XXII, col. 601 et sv ; S. Augustin, *Confessions,* 1. VI, t. XXXII, col. 726 ; *De civitate Dei,* 1. II, c. IV, V, VIII ; 1. VII, c. XXI, P.L., t. XLI, col. 49 et sv, 53 et sv, 210 et sv ; *Monumenta Germaniae historica,* Auctores antiquissimi, 13 in-4e , Berlin, 1877-1898, t. I, p. 92, 95-97 ; Seek, *Geschichte des Untergages der antiken Welt,* 2 in-8e , Berlin, 1897-1901, t. II, p. 339, 456.

12. Cicéron, *Pro Murena,* XIV). Voir également Suétone, *Domit.,* VIII ; Horace, *Od.,* XXI, 11, 12 ; XXXII, 1, 2 ; Cornelius Nepos, XV, 1 ; Macrobe, *Saturnales,* III, 14 ; Lucien, *De saltatione,* XXII ; Tacite, *Annales,* 1, XI. ; Guillaume Vuillier, *La danse,* ch. I, « Les danses antiques », in-4e , Paris-Milan, 1899, p. 1-33.

Dans les peintures retrouvées à Herculanum et à Pompéi, et transportées depuis au Musée de Naples, sont représentées bien des fois ces danses lubriques en usage alors chez les Romains et dans lesquelles les poses, délibérément provocatrices, de la danseuse, sont savamment calculées de manière à produire le plus de séduction possible sur l'esprit fasciné des spectateurs. Ces danses impudiques ont lieu à la suite des festins et des orgies. Les Grecs ont tenté de les introduire chez les juifs au IIe siècle avant J.-C. Elles sont en honneur à la cour des Hérodes. C'est par une de ces danses que Salomé, la fille d'Hérodiade, obtient d'Hérode, charmé, la tête de saint Jean-Baptiste. La cible de l'Eglise, le mauvais objet contre lequel se structure d'abord sa condamnation, est donc bien cette danse érotique, individuelle, qui se trouve souvent être le fait d'une femme. La danse de couple ne semble pas alors exister comme objet de réflexion...

Théologie de la danse

Cette construction d'une théologie de la danse par l'Eglise a donc des racines profondes. Ce qui peut étonner aujourd'hui, c'est de découvrir que les conciles se sont souvent occupés de danses. Dès le concile de Laodicée (entre 343-381), on trouve une théorie chrétienne de la danse[13]. Le canon 53 de ce concile affirme : « Les chrétiens qui assistent aux noces ne doivent pas sauter ni danser, mais assister avec décence au repas ou au diner, comme il convient à des chrétiens[14]. » Le canon 23 du concile de Tolède, tenu en 589, a voulu extirper absolument de l'Espagne entière la coutume populaire de danser et de chanter des chants déshonnêtes aux fêtes des saints, en attendant le commencement des offices[15]. Le canon 51 du concile « in Trullo » (en 692) a interdit les danses théâtrales sous peine d'excommunication[16].

En 1209, époque où il nous semble qu'émerge la danse de couple en Europe, un synode se tient à Avignon. Il interdit les danses obs-

13. T. Ortolan, *op. cit.*, col. 110.
14. Hefele, *Histoire des conciles*, trad. Leclercq, Paris 1907, t. I, p. 1023.
15. Mansi, *Concil.*, t. IX, col. 999.
16. Mansi, *op. cit.*, t. XI, col. 968.

cènes dans les églises aux vigiles des fêtes des saints[17]. Un synode, tenu à Paris en 1212 ou 1213, décide que les évêques ne peuvent plus permettre que l'on danse dans les cimetières, même quand la coutume existait auparavant... Le synode provincial de Rouen, en 1231, ordonne aux prêtres d'interdire sous peine d'excommunication les danses dans les églises et les cimetières, à l'occasion des noces ou des fêtes. Il les invite à encourager que ces danses n'aient pas lieu non plus ailleurs. En 1260, l'archevêque de Bordeaux prohibe les danses qu'il est d'usage d'organiser dans certaines églises de son diocèse le jour des saints Innocents à cause des rixes et des troubles qu'elles provoquent. Il semble que ces règlements ne soient pas universels. Ils visent des cas particuliers. La danse n'est pas interdite pour elle-même...

De Cahusac et Böhme font l'hypothèse que le nom de chœur donné à une partie des églises était primitivement destiné aux évolutions d'un chœur de danseurs[18]. Cette coutume de danser dans les églises s'est prolongée très avant, puisque Thoinot Arbeau écrit encore en 1589 : « En l'Eglise primitive la coustume continuée jusques en nostre temps a esté de chanter les hymnes de notre église en dançant et ballant[19]. » Mais, le plus souvent, ces danses ne sont pas des actes rituels, même si elles ont pour théâtre les églises. Divertissements profanes, ces danses se rattachent à de très anciennes coutumes païennes[20], même si les jours choisis sont souvent ceux des principales fêtes chrétiennes (Noël, Pâques, etc.). L. Gougaud explique d'ailleurs qu'il y avait deux saisons dansantes : l'hiver et le printemps[21]. Le même auteur indique par ailleurs qu'au XVIIe et XVIIIe siècle, on danse encore, à certaines fêtes, dans les chapelles en Bretagne[22].

La théologie va dans le même sens[23]. Résumant la position des

17. Canon 17, Mansi, *op. cit.*, t. XXII, col. 791-792.

18. De Cahusac, *La danse ancienne et moderne, ou traité historique de la danse*, La Haye, 1754, t. I, p. 43 ; F. M. Böhme, *Geschichte des Tanzes in Deutschland*, Leipzig, 1886, t. I, p. 15.

19. Thoinot Arbeau, *Orchésographie*, p. 3 et 4.

20. L. Gougaud, article « Danse », in Dom Fernand Cabrol et Dom Henri Leclerq, *Dictionnaire d'archéologie chrétienne et de liturgie*, Lethouzey et Ané, Paris, t. 1, p. 253.

21. L. Gougaud, « La danse dans les églises », *Revue d'histoire ecclésiastique*, t. XV, 1914, p. 19-22.

22. L. Gougaud, « Danses dans les chapelles », *Le fureteur breton*, t. VIII, 1913, p. 103-104.

23. Ainsi saint Thomas d'Aquin, les Salmantisenses.

théologiens sur la danse, le cardinal Gousset dit que « la danse n'est point illicite de sa nature ». On ne peut donc pas la condamner de manière absolue, comme si elle était essentiellement mauvaise[24]. A la question, « Est-ce un péché que de voir ou de conduire des danses ? » les Salmantisences répondent qu'il n'y a péché que si à la joie se substitue le désir « libidineux »[25]. Ce que reprend saint Alphonse de Liguori : « *Choreae secundum se non sunt malae, nec actus libidinis, sed laetitiae*[26]. » Le fait que la théologie ne condamne pas la danse en soi en disant qu'elle ne peut pas être considérée comme intrinsèquement mauvaise est quelque chose de très intéressant. Parce que tout le travail de l'Eglise va consister à déterminer, en situation, si les lois de la décence sont gardées, auquel cas on ne peut pas la considérer comme une « action libidineuse »... Comme signe de joie, « exaltatio », c'est un divertissement, non seulement permis, mais encore qui peut devenir méritoire dans l'ordre surnaturel. On ne peut pas juger a priori une personne. Pour déterminer si le plaisir de prendre part à une danse est un péché mortel, tout un travail de décodage va être nécessaire.

C'est ce travail de décodage que l'Eglise va exercer de façon continue durant toute la période où se constitue la danse de couple...

24. Gousset, *Théologie morale,* VIe partie, ch. 1, n 650, 2-in 8e , Paris, 1877.
25. *Cursus theologiae moralis,* tr. XXI, ch. VIII, p. V, § 2, 6-in fol., Venise, 1728.
26. Saint Alphonse de Liguori, *Traité de théologie morale,* Paris, 1845.

CHAPITRE 15

La valse est-elle immorale?

> *« Pratiquée modestement et honnêtement, la danse peut favoriser l'équilibre des jeunes. Facilement, cependant, elle peut devenir l'occasion de flirts dangereux, sinon gravement coupables, ou même directement de touchers ou d'excitations déshonnêtes... »*
>
> *P. Vittrant,* Théologie morale, *1941, n. 1099.*

Parler d'une théologie de la valse suppose que l'Eglise a élaboré un point de vue sur ce sujet et est capable de répondre concrètement à la question : Valser est-il immoral ? Dans les pages qui suivent, on va découvrir que l'Eglise étudie le problème sous l'angle de la valse en elle-même et sous l'angle de la part subjective du danseur. Dans le présent chapitre, nous allons aborder la question de la « valse » pour elle-même. Etudier la danse, dans ces circonstances, c'est d'abord observer la manière de danser, et plus particulièrement dans la danse de couple qui nous intéresse, la manière dont on se tient, dont on se touche, dont on s'enlace (attitudes). Mais juger une danse, ce sera aussi réfléchir sur le contexte de la danse, c'est-à-dire la manière dont sont habillés les danseurs, la forme du bal, l'espace et le temps de la danse.

Un problème de classification

On a vu précédemment que l'art de la pensée théologique, c'est la subtilité, c'est-à-dire la volonté de ne pas condamner a priori la danse. Cette position amène donc l'évêque, le clerc, le théologien, le confesseur à évaluer, en situation, si telle danse est ou non une occasion de péché. C'est pourquoi l'Eglise n'a pas fait un catalogue des danses licites et des danses illicites. Ce catalogue aurait d'ailleurs été difficile à construire. Les anciens Grecs avaient plus de deux cents espèces de danses[1]. Les peuples européens encore davantage. Le *Dancing-Master* (Londres, 1716) recense plus de cinq cents danses en Angleterre au début du XVIIIe siècle. Chaque nation, chaque province a eu, a ses danses favorites. Elles franchissent les frontières, c'est une des caractéristiques du langage non verbal. « Transportées ailleurs, plus ou moins modifiées par les caprices de la mode et l'influence des milieux, elles ont leur temps de vogue et d'éclat. » Puis elles déclinent et laissent leur place à d'autres plus en faveur. Mais, « ordinairement, sans disparaître complètement et en fusionnant avec celles-ci, de façon à former peu à peu une infinité de variété ». Décrire toutes les danses n'est donc pas du registre de la théologie. Car, du point de vue du théologien, il suffit de construire une typologie qui permette de classer n'importe quelle danse[2]. Quelle est-elle ?

Il existe trois classes de danses parfaitement distinctes : les danses honnêtes, les danses franchement mauvaises, par leur indécence et leur obcénité, les danses douteuses et dangereuses. Ce n'est que par rapport à ces dernières que l'Eglise rencontre des difficultés pratiques pour porter un jugement. Les premières, en effet, sont permises. Honni soit qui mal y pense ! Les secondes doivent être sévèrement prohibées, sans exception possible. Car évidemment, comme le rappelle Ortolan, « quand le genre de danse adoptée donne lieu à des gestes inconvenants, à des attouchements indiscrets, à des rapprochements trop intimes entre adultes des deux sexes, à des postures deshonnêtes, à des enlacements ou embrassements, *amplexus,* qui surexcitent les passions charnelles, il est évident que la danse, alors, ne reste plus dans les limites d'un simple amusement, mais qu'elle constitue, pour les danseurs et les danseuses, comme aussi pour les spectateurs, un danger véritable et une occasion prochaine de péché. Ces danses ne sauraient donc, en aucune façon, *ratione modi saltandi,* être permises, ou tolérées[3] ».

Mais les autres ? Et celles-ci sont légion. Car entre les naïves danses enfantines et les « inventions lubriques des milieux interlopes », il y a place pour une série indéfinie de situations intermédiaires. Ces intermédiaires se rapprochent de temps en temps d'un

1. Cf. Athénée, *Dipnosophistes,* XIV, p. 630.
2. Cf. T. Ortolan, *op. cit.,* col. 116.
3. T. Ortolan, *op. cit.,* col. 115.

pôle ou d'un autre. D'un côté le jeu, le délassement; de l'autre, la corruption savamment organisée et érigée en système! L'intérêt de cette position de l'Eglise, pour notre recherche sur la danse de couple, est justement que la volta, le ländler, la valse et toutes les autres danses à trois temps tournantes se trouvent à la limite la plus difficile à définir. Attouchements, rapprochements, enlacements... on peut même dire « état altéré de conscience » provoqué par la vitesse de rotation, de révolution de la danse et de ses variantes (le « saut » de la volta perçu longtemps comme une provocation subversive...) sont caractéristiques de la danse tournante à trois temps!

L'invention de la valse donne donc du travail au théologien. C'est sur ce front que le danger de péché est le plus difficile à cerner. Aussi bien saint Alphonse[4] que les Salmanticenses[5] estiment que c'est dans le toucher de la main « apprehendere manum » que commence à se poser le problème. A partir du moment où il y a toucher, il y a doute. Si l'on n'y met ni passion, ni intention mauvaise, cet acte par lui-même n'est pas « peccamineux ». Mais, dans les danses en vogue de l'an 1200 à la fin du XIXe où le couple se constitue presque comme une identité corporelle propre, le théologien voit sa tâche d'analyste intègre devenir terriblement périlleuse. C'est le cas déjà avec la volta, première danse de couple à constituer une sorte de subversion du toucher retenu exigé par les convenances. Elle sera suivie par beaucoup d'autres, dont la valse, évidemment, mais aussi la polka, la mazurka, la scottisch, le galop. Dans toutes ces danses, le toucher ne se limite pas à la main! Elles sont bien plus osées et dangeureuses.

D'après les lois qui en régissent l'ordonnance, ces danses « exigent, en effet, non seulement que le danseur tienne par la main la danseuse, et entrelace ses doigts avec les siens; mais qu'il s'approche de plus en plus d'elle, jusqu'à la saisir par la taille, l'enlacer dans ses bras, et la serrer sur sa poitrine. Quelquefois, la tête de la danseuse se penche voluptueusement sur l'épaule de son cavalier, comme si elle s'abandonnait à lui. D'autres fois, surtout dans les danses à allure rapide[6], la danseuse est à diverses reprises soulevée par le danseur, ou bien elle saute en s'appuyant sur lui: tout cela, aux sons

4. Saint Alphonse, *Théologie morale*, 1. IV, t II, p. 240.
5. *Cursus theologiae moralis*, t. VI, p. 107.
6. Cette remarque est aussi valable pour la volta qui est plutôt d'allure lente.

d'une musique enivrante ; dans un milieu saturé d'une douce chaleur, ou de parfums pénétrants ; sous la vive lumière de lustres nombreux qui, par leur éclat, ajoutent encore à la fascination de cet ensemble, où tout semble réuni pour séduire les yeux et le cœur[7] ».

Ortolan constate que ces rapprochements, ces contacts et les dangers auxquels ils donnent lieu se produisent surtout dans ce qu'on appelle les « danses tournantes », dont la « forme type » est la valse ! Pour Ortolan, cette danse est l'une « des plus fascinantes ». Il indique son origine française avant sa réimportation d'Allemagne. « C'est pour l'Allemagne la danse de prédilection. » Avant de réfléchir à la dimension théologique du problème, Ortolan décrit la valse : « La règle fondamentale de la valse est que chaque couple de danseurs, composé d'un cavalier et d'une dame, fait un tour sur lui-même et, par ces évolutions successives, décrit en tournoyant, en même temps que les autres couples, parfois fort nombreux, un cercle ou une ellipse, suivant la forme de la salle affectée au bal. Il y a plusieurs espèces de valses : les unes sont à allure plutôt modérée, et les autres à mouvement rapide... » Le théologien catholique décrit encore quelques formes de danses dérivées de la valse : la polka, la rédowa, la « voluptueuse » scottisch. Citons sa description de la polka : « Danse tournante à deux temps. Pendant les évolutions et durant tout le tourbillon de la danse, le cavalier passe son bras droit autour de la taille de la danseuse, dont le bras gauche repose sur l'épaule du cavalier. En même temps, celui-ci lui soutient la main droite dans sa main gauche, à la hauteur de la ceinture... » Que de précisions dans la description ! On ne peut qu'être admiratif devant cette constance des clercs, depuis Thoinot Arbeau, à observer et à décrire le mouvement !

Ces descriptions suscitent évidemment des commentaires. Tous les rapprochements décrits entre personnes de différents sexes, le contacts, les enlacements, les *amplexus* de la valse et des danses tournantes ne peuvent être perçus que comme très dangereux. Ils ne peuvent que donner de fortes tentations. Ils occasionnent fréquemment des fautes graves. Ortolan en convient. Il cite alors des gens du monde « les moins suspects de scrupules déplacés » qui le reconnaissent. V. Hugo, A. de Musset, M. de Saint-Laurent sont mis à contribution. La valse et ses dérivées sont une « véritable excitation

7. T. Ortolan, *op. cit.*, col. 117.

à la débauche, un prélude ou une réminiscence des plus coupables voluptés » (Saint-Laurent).

Mais la vraie question est théologique. Même si la valse est le plus souvent mauvaise, peut-on dire qu'elle soit « intrinsèquement » mauvaise ? Une personne qui a dansé une valse doit-elle, sans plus d'examen, être jugée a priori coupable de péché mortel ? Pour Ortolan, « une affirmation d'une telle étendue et d'un pareil absolutisme serait certainement exagérée ».

Les « amplexus » de la valse

S'ils sont redoutables, les « amplexus » de la valse ne sont pas en soi *« metaphysice et theorice loquendo »*, mortellement coupables. La faute grave suppose en effet qu'il y ait passion charnelle et que la vertu de ceux qui s'adonnent à la danse soit exposée. Or, il est bien évident que le fait de danser ensemble une valse n'entraîne pas aussitôt une « passion charnelle ». Toute rencontre fortuite le temps d'une valse n'implique pas —par ce seul fait — l'amour impur et passionné !

Les circonstances dans lesquelles s'opèrent la rencontre peuvent même amoindrir le péril qui naît d'ordinaire de tels rapprochements. On peut donc imaginer, d'un point de vue théologique, que la faute de danser soit diminuée d'autant, voire même totalement évitée. « Ces *amplexus*, faits par manière de jeu ou par suite d'usages reçus auxquels il est parfois très difficile de se soustraire, ne doivent donc pas être considérés comme ayant toujours pour premier mobile la passion[8]. » Dès lors, l'attitude rigoriste ne se justifie plus. Le jeu, le divertissement, la récréation, voire même la légèreté, constituent parfois une circonstance atténuante. Les usages en représentent une autre.

En défendant un tel point de vue, le théologien peut craindre d'être taxé de laxiste. De peur que ses lecteurs ne s'insurgent, il souhaite fonder sa position en fait et en droit. Il s'appuie alors sur les « princes de la théologie ». Saint Thomas n'a-t-il pas dit que *« multa si serio fierent gravia peccata essent, quae quidem joco facta, vel nulla, vel levia sunt... in talibus ludus excusat a peccato »*[9] ? Ce que je traduis

8. T. Ortolan, reprenant saint Alphonse, *op. cit.*, col. 118.
9. Thomas, *Sum. theol.*, IIa IIae, q. CLXVIII.

par : « C'est l'intention qui compte. » Si l'intention première est le divertissement, il n'y a pas de péché même là où l'occasion pourrait surgir. Plus l'intention est dirigée vers la récréation, lorsque les actes ne sont pas en soi intrinsèquement mauvais, et plus on peut écarter l'intention vicieuse qui ne manquerait pas de s'y introduire si l'esprit n'était pas si fortement distrait par la préoccupation du divertissement... Et saint Thomas lui-même ajoute dans ce contexte, à propos de ces jeux entre homme et femme, *(« in tactibus et osculis inter virum et foeminam »)*, que lorsque les usages s'imposent comme une sorte de tyrannie à laquelle on ne peut se soustraire sans s'aliéner l'esprit de ceux avec qui on est obligé de vivre, alors, s'il n'y a pas de mauvaise intention *(« propter pravam intentionem »)*, ces actions qui sont dangereuses mais non peccamineuses justifient, jusqu'à un certain point, le concours qu'on leur prête. Les Salmanticenses ont traité également de ce point. Pour ces auteurs, se toucher entre homme et femme est honnête si cela se fait sans désir de turpitude ou d'impureté : *« Tactus et oscula et amplexus inter virum et foeminam habita, dummodo non sint nimis turpes, tantum habent malitiam venialem si fiant ex vanitate, aut levitate jocosa, et absque delectatione venerea*[10]. »

Pour nous résumer, les théologiens les plus éminents sont d'accord avec l'idée que les manifestations de toucher corporel entre un homme et une femme, même ayant quelque intensité (« oscula, tactus et amplexus »), ne sont pas dans leur essence mauvaises. Comme manifestation d'une amitié honnête ou d'une affection légitime, elles sont permises. La valse relève de ce type de jeu. Danser la valse n'est donc, dans sa nature, ni « libidineux », ni un péché mortel. La valse en soi n'est donc pas un péché mortel.

Le seul rigoriste en la matière est Cajetan. Pour lui, il n'est d'autre issue à ce type de pratique qu'une issue fatale. L'intention du sujet n'y peut rien changer. S'y exposer, c'est forcément déboucher sur la relation sexuelle. Tout jeu de toucher débouche sur le plaisir vénérien « ab ipsa natura directe ordinatur ad venerem et ad coitum[11] ». Ce point de vue est jugé comme un sophisme par Ortolan, qui regrette que Catejan ait perdu, en la circonstance, son

10. Salmantisenses, *Cursus theologiae moralis, De sexto et nono decalogi praecepto*, ch. 3, n. 36, p. 111.

11. Cajetan, *op. cit.*, t. VI, p. 111.

habituelle subtilité d'esprit. A cet argument, les Salmanticenses répondent que l'expérience démontre le contraire : il n'y a pas d'issue automatique à ce type de jeu. C'est vrai que la pente est glissante. C'est vrai qu'il n'y a qu'un petit pas entre la délectation purement sensible et le plaisir vénérien qui est péché mortel. La théologie a développé ce débat en de nombreuses occasions. Elle y a beaucoup réfléchi. Elle refuse de sauter le pas. On se trouve là à la « limite » qui intéresse la théologie, à cette frontière difficile entre le franchement mauvais et le douteux.

Passons sur saint Alphonse ; mais arrêtons-nous sur l'Italien Berardi qui lui, en 1897, centre précisément son analyse sur les « danses tournantes[12] ». Il explique que les *amplexus* des danses tournantes comme la valse peuvent ne pas être coupables. Il remarque qu'à première vue il est difficile de comprendre comment un jeune homme et une jeune fille si étroitement enlacés et pressés l'un contre l'autre peuvent rester à l'abri de tentations graves et n'être pas exposés à y consentir. Il constate que, dans les faits, ils succombent d'ailleurs fréquemment par pensées impures et désirs mauvais. Mais il arrive que cela ne soit pas le cas. En tant que confesseur, Berardi a pu recueillir des « données sociologiques ». Il a eu le témoignage d'anciens danseurs et danseuses qui se sont repentis et convertis. Ces personnes lui ont révélé en toute franchise ce qui s'était passé en elles lors de ces moments troublés de leur vie.

Berardi nous donne à lire en latin le produit de ces entretiens : « *Fatigatio, tripudium, saltatio, agitatio, distractio, defatigatio, etc., malitiae et libidini aditum praecludunt, aut illam cito evanescere faciunt.* » Cela signifie que la volonté de s'amuser, l'entraînement de la danse elle-même, la fatigue sont souvent un obstacle au soulèvement des passions ou contribuent à les apaiser rapidement ! Un autre élément qui atténue les passions, évoqué par Berardi, c'est le côté technique de la danse. Pour beaucoup, la maîtrise technique est délicate et exige une mobilisation totale de l'attention. Un valseur honnête ne peut pas danser suivant les règles de l'art s'il n'apporte pas tous ses soins à la perfection technique qu'exige la danse en société. Cet argument devait être encore plus fort pour la volta ou la mazurka. Laisser aller son imagination à ce moment-là à des rêves lascifs est donc exclu : « *Qui saltat attendere debet ad bene*

12. Berardi, *De recidivis et occasionariis*, 1897, t. II, p. 211 et sv.

saltandum » (celui qui danse doit se concentrer pour bien danser). Berardi a reçu la confession de femmes qui lui dirent combien elles étaient crispées au niveau des mains en raison des exigences techniques de la danse de couple.

La technique écarte le danger peccamineux

Ortolan souscrit à l'argumentation technique du Romain. Pour lui, la difficulté technique de la danse est un bon argument qui écarte le danger peccamineux : « La danse, telle qu'elle est pratiquée à notre époque, est un art qu'on doit apprendre si on veut le posséder, et où tous ne peuvent exceller[13]. » Ortolan présente alors à ses lecteurs les détails techniques des pas de valse auxquels il consacre deux pages et qu'il compare aux autres danses dansées en 1900. Il conclut de cet exposé : « Il est aisé de comprendre que l'attention nécessaire pour observer, aussi exactement que possible, toutes ces règles minutieuses et une foule d'autres que les danses exigent pour la plupart soient pour le danseur et la danseuse, exposés aux regards malicieux des spectateurs, la cause d'une préoccupation qui diminue d'autant le danger provenant des rapprochements et des enlacements. »

Ces remarques sont pleines de pertinence « technique ». Elles peuvent même peut-être expliquer pourquoi dans un certain nombre de bals la technique a tendance à se dégrader[14]. En fait, la technicisation de la danse de couple a toujours été une sorte de cadre destiné à contrôler, socialement et de l'intérieur, le côté subversif du désir qui s'exprime dans ce type de rencontre corporelle. Le côté subversif de la valse, dans sa phase instituante, a été de simplifier sans cesse le côté technique de la rotation du couple. Mais au XIXe siècle, l'histoire de l'institutionnalisation de la valse a été marquée par une contre-réforme visant à reconstruire sa complexité technique[15]. La diversification des danses des bals du XIXe siècle

13. T. Ortolan, *op. cit.*, col. 121.

14. Cf. J. Morienval, article « Bal », *Dictionnaire de sociologie*, III, col. 94-106.

15. « L'Eglise proteste parfois contre certaines danses nouvelles... Si elle n'est pas toujours écoutée, on ne peut pas dire cependant que son action soit sans effet », écrit R. Brouillard, art. « Danse », in G. Jacquemet, *Catholicisme, hier, aujourd'hui, demain*, t 3, 1952, col. 458.

répond peut-être à l'enseignement de l'Eglise : plus il y a de technique non maîtrisée, moins il y a de plaisir à danser. Danser devient alors un vrai « travail ». Ce terme résume ce qu'indiquent Berardi et Ortolan.

La culotte et le décolleté

La moralité ou l'immoralité d'une danse n'est pas seulement liée à la forme que prend le corps à corps des danseurs, ou à leur manière d'enchaîner les pas. Elle est en relation directe avec le contexte de la danse. Le costume, le dispositif d'accueil des danseurs portent aussi au péché.

Le costume indécent, occasion de tentations innombrables, suscite le péché de regard ou le péché de concupiscence. Il va de soi que l'Eglise condamne énergiquement les danses abominables *« in quibus nuditas est totalis »,* où la nudité est totale comme dans le « ballo angelico », et celles où le costume est tellement inconvenant qu'il semble une provocation directe au mal. Là, explique Ortolan, se trouvent surtout visées les nudités qui s'étalent en pleine lumière pour attirer plus facilement la faveur d'un public blasé par les jouissances malsaines, mais toujours avide de voluptés. Dans le cadre de spectacles, ce sont les imprésarios peu scrupuleux qui mettent en pratique le conseil donné au temps de la Régence par un amateur de scandales : « Afin de réussir dans votre entreprise, allongez les ballets et raccourcissez les jupes. » Ce conseil, jugé « infâme » par l'Eglise, a pourtant été suivi. Malgré la censure, la tendance à raccourcir les jupes s'est étendue au théâtre et au bal.

Sur la question de la longueur des jupes, des éléments techniques peuvent être invoqués. Dès Thoinot Arbeau (1589), on sait que danser la volta suppose un raccourcissement de la jupe. La danse tournante, surtout à la campagne, amène une évolution du costume. Le mouvement de la danse elle-même l'impose. Max von Boehn remarque qu'à l'époque de la volte « la frénésie de la jeunesse ne se laisse pas si facilement canaliser. Elle fait valoir ses droits dans le jeu précieux, notamment dans les hauts sauts des cavaliers et des cavalières. Et si l'on considère les vêtement serrés des cavaliers et des cavalières, on a vraiment du mal à comprendre comment les dames arrivaient à sauter si haut lorsqu'ils dansaient la volte[16] ». Les danseurs lancent les cavalières aussi haut qu'ils le peuvent. En retombant, la robe se soulève souvent. D'où l'importance donnée à la jarretière à la cour de France. « Les cavalières se mettent à porter des petites culottes décentes parce que l'on voit aussi leurs cuisses. Cette mode ouvre de nouveaux champs à la coquetterie. On choisit des dessous en tissus tissés d'or et on les orne de rubans pourpres. On accroche aux jarretières des bijoux et des dentelles d'or et d'argent[17]. » A la volta, on doit donc l'invention de la culotte des femmes. La jupe vole, la volte faisant « bondir la demoiselle de telle mode que le plus souvent elles mettent à nud les genoux ». En entrant à la cour, la volta impose encore le port de jarretières.

La théologie catholique ne consacre d'ailleurs pas de grands développements à la longueur de la jupe ou aux dessous des dames. La jambe de la femme ne semble pas être le principal danger de péché. La théologie étudie davantage le vêtement sous l'angle du « décolletage » des femmes. Le sein semble être un objet qui porte plus au péché que la cuisse. Le décolleté est en effet de mise, voire même de rigueur, aussi bien dans la plupart des bals de société que dans les réunions mondaines ou dans les salons aristocratiques. « C'est la toilette de soirée, exigée par le caprice de la mode ou la tyrannie des habitudes[18]. »

L'Eglise déplore cette coutume, souhaite qu'elle disparaisse, et encourage les autorités sociales fréquentant les milieux où l'on danse à faire tous leurs efforts pour qu'un remède soit apporté au mal. « Mais, la coutume existant, coutume à laquelle pour certaines personnes du monde, du *monde officiel surtout* (c'est moi qui souligne !), il est si difficile de se soustraire, doit-on condamner les dames qui, dans cette toilette, vont au bal ? » Cette question suscite chez le théologien toute une réflexion, car les auteurs chrétiens sont, sur ce point encore, très partagés.

Certains n'hésitent pas à condamner avec sévérité les femmes décolletées. Ce sentiment paraît si justifié à ces moralistes rigides qu'ils croient dénuée de tout fondement l'opinion contraire[19]. Pour

16. Max von Boehn, *op. cit.*, p. 76.
17. *Ibid.*, p. 76.
18. T. Ortolan, *op. cit.*, col. 113.
19. Roncaglia, *Universa moralis theologia*, tr. VI, 2-in folio, Venise, 1753 ; Concina, *Theologia christiana dogmatico-moralis*, 10 in-4e, Rome, 1755, t. 2, p. 154-157.

eux, cette attitude ne peut être excusée ni par les exigences de la mode, ni par l'existence d'une coutume. Ils déclarent coupables de péché mortel les femmes décolletées, à cause des graves tentations suscitées chez ceux qui les regardent. La coutume ne rend pas licite ce qui est intrinsèquement mauvais ! Cependant, pour la plupart des auteurs, la coutume est une raison suffisante pour disculper ces femmes du péché mortel, à moins que le décolletage ne soit « excessif et réellement provocateur ». Ortolan donne un grand nombre de références qui montrent bien l'importance du débat qui traverse l'Eglise durant toute la période de surgissement de la danse de couple[20].

Pour les théologiens « libéraux », la coutume ne rend pas licite ce qui est intrinsèquement mauvais. Mais la question est de savoir si un pareil décolletage est mauvais intrinsèquement *« quia non sunt partes ad lasciviam vehementer provocantes »,* disent les Salmantisenses. Tout décolleté ne pousse pas au péché ! Il n'est coupable qu'en raison du danger qu'il peut entraîner pour la chasteté. Or, fait remarquer saint Alphonse, l'habitude de voir certains objets diminue de beaucoup la force de la concupiscence. Ainsi, ajoute le saint docteur, une femme donnera beaucoup plus de scandale simplement en découvrant ses bras là où ce n'est pas la coutume qu'en montrant la partie supérieure de sa poitrine si on y est habitué. On est d'autant moins poussé à la concupiscence, dit-il en substance, que la situation est déjà expérimentée depuis longtemps. L'émergence du désir vient de la nouveauté de la situation.

Ballerini lie le péché à l'émergence des phantasmes : « *Quum assueta minus phantasiam excitent*[21]. » Le corps de la valseuse en a suscité de nombreux. Ainsi, le poète surréaliste Ramon Gomez de

20. Navarre, *Manuale confessariorium et paenitentum,* in-4e, Venise, 1616, p. 388, Lessius, *De justitia et jure,* Brescia, 1696, p. 654 ; Catejan et Sylvius, *In IIam IIae,* 4 in-fol., Anvers, 1667, t. III, p. 898 ; Salmantisenses, 1728 ; Bonacina, *Tractatus de matrimonio,* 3 in-fol, Venise, 1716, t. I, p. 322 ; Diana, tr V, *De scandalo,* 9 in-fol., Lyon, 1667, t. VII, p. 333 ; Sanchez, *De Sancto matrimonii sacramento,* Lyon, 1637, t. III, p. 315 ; Tamburini, *Explicatio decalogi,* Venise, 1707, t. I, p. 206 ; Saint Alphonse, *Theologia moralis,* t. I, p. 343 et sv. ; Marc, *Institutiones morales alphonsianae,* t. I, p. 363 ; Ballerini, *Compendium theologiae moralis,* t. I, p. 209 ; Berardi, *De recidivis et occasionariis,* Rome, 1897, t. II, p. 218-224 ; Lehmkuhl, *Theologia moralis,* Fribourg-en-Brisgau, 1902, t. I, p. 384...

21. Ballerini, *Compendium theologiae moralis,* tr. V, De virtutibus, c. III, a. 2, § 3, sect. II, n. 242-246., 2 in-8e , Rome, 1893, t. I, p. 212.

la Serna dans son texte, « Les seins pendant la valse », en suggère-t-il quelques-uns :

« C'est surtout au bal que les seins s'animent, quand ils recouvrent leur chaleur première, quand ils s'échauffent d'eux-mêmes, quand tous les frôlements recommencent à avoir pour eux toute l'ingénuité et toute l'étiquette qui pour certains, hélas ! ont disparu dans des rapprochements plus étroits.

Ce sont les seins qui indiquent le chemin des bals publics, bien que ce soient les jambes qui s'y précipitent et les y conduisent. Mais eux, comme une boussole, marquent la bonne direction et s'impatientent et brûlent du désir d'aller, d'arriver au bal, comme des enfants qui vont au théâtre et marchent devant, plus vite que leurs parents.

Les seins qui vont à la danse entendent, avant les oreilles, le bruit de la musique et se balancent en mesure dans les robes suaves des valseuses.

L'émotion du bal est la plus douce émotion des seins ; c'est alors surtout qu'ils sentent leur appétit et l'appétit des autres, c'est alors qu'ils se gonflent de chatouillements subtils.

Les seins, pendant la valse, reposent sur le bras de l'homme, comme des cous de cygne.

Les hommes, enlacés aux femmes pendant la valse, pensent, au-dessus de toutes les choses qu'ils font semblant de penser : 'Je porte ses seins, tout près... Je les porte sur moi... Ils me frôlent...me frôlent... Maintenant ils cèdent, maintenant ils s'aplatissent, maintenant ils souffrent trop, maintenant ils vont éclater...'

Les seins, pendant la valse, défient l'homme de près avec une vaillance aveugle, dans un corps à corps que leur faiblesse affronte héroïquement.

Pendant les valses élégantes, le frôlement des seins des femmes décolletées chatouille et blesse les plastrons masculins, comme ferait la pointe aiguë et fine d'un stylet[22]. »

Quant à lui, le théologien Berardi lie le péché à la stimulation de la libido et de la passion « ex consuetis non fit libido, nec passio ». En fait, pour les théologiens « libéraux », tout dépend de la force de

22. Ramon Gomez de la Serna, *Seins*, présentés par Florence Delay, traduits par Jean Cassou, Valery Larbaud et Mathilde Pomès, coll. « Ryôan-ji », Edition André Dimanche, Marseille, 1986, chapitre « Les seins pendant la valse », p. 55 et 56.

l'habitude. Les toilettes légères et tapageuses peuvent ne pas choquer ni exciter les hommes ou même les jeunes gens habitués à fréquenter les lieux où l'on danse. Mais se pose tout de même la question de la « modération » dans cet art de se dévêtir pour aller valser. Comment exercer l'arbitrage entre la modération et l'immodération ? Où se trouve la limite entre la « moderatam vel immoderatam pectoris denudationem » (la dénudation modérée ou immodérée de la poitrine) ? Ortolan constate qu'aucun auteur ne s'est avisé de tracer une ligne de démarcation bien tranchée. Cela s'explique par le fait que l'on se trouve justement dans ce champ d'incertitude où le degré de décolletage, que la coutume excuse de faute grave, dépend précisément de la coutume elle-même, qui varie considérablement suivant l'époque, les contrées et les milieux.

La théologie catholique constate au XIXe siècle plus de liberté en Italie et dans les pays chauds qu'en Angleterre et dans les pays froids[23]. Ballerini pense qu'avec un corsage moins décolleté, une personne du Nord peut bien plus scandaliser, et donc être condamnée au péché mortel, qu'une femme du Midi dont la poitrine serait plus à découvert mais qui serait dispensée de faute. Lehmkuhl dit également que cela dépend du contexte. Pour Berardi, « en certains endroits la coutume est si invétérée, si forte et impérieuse, qu'elle excuse non seulement de faute grave, mais encore de péché véniel ! On ne peut pas obliger une femme à se singulariser. En pratique, on lui conseille alors de jouer sur des ajustements, des dentelles, des rubans, pour atténuer le décolleté. L'essentiel, c'est de rester dans les limites de la modestie et de ne pas éveiller les susceptibilités de son entourage.

Evidemment, nos auteurs sont tous d'accord pour dire qu'une femme qui prend le risque d'aller danser « décolletée » là où ce n'est pas la coutume mérite d'être condamnée au péché mortel ! Introduire une telle mode là où elle n'existe pas est répréhensible. Car cette attitude ne peut qu'exciter des passions mauvaises, et que dans ce cas, l'axiome *« ex consuetis non fit libido »* qui pourrait l'excuser ne s'applique plus. Ce qui est extraordinaire attire davantage l'attention et provoque à un plus haut degré la concupiscence. Comme le dit Lessius, *« insolita enim magis movent »*, c'est-à-dire : les objets insolites émeuvent davantage[24].

23. La tendance s'est peut-être inversée aujourd'hui avec le brassage migratoire estival et surtout l'impact de la télévision.

24. Lessius, *De justitia et jure*, 1. IV, p. 654.

A cette question du costume se rattache la question du bal masqué. Pour de nombreux auteurs, ce dispositif est condamnable a priori car on se trouve en permanence en danger de péché. Pour Gousset, le *« periculum peccandi »*, le danger de péché, vient du fait que, masqués, les danseurs peuvent — sans risque d'être reconnus — prendre des libertés qu'ils se seraient interdites à visage découvert[25]. Le masque permet à l'intention mauvaise de se dissimuler. Pour Berardi, cependant, il faut distinguer les bals masqués publics et les bals masqués privés. Dans les réunions de famille, le bal travesti est un genre d'amusement particulier que l'on ne peut assimiler au mal. Les travestissements, parfois bizarres, peuvent devenir un danger, mais le plus souvent ils sont une innocente récréation[26].

Ortolan considère que le bal masqué public est souvent une occasion de péché. Les déguisements sous lesquels se cachent les danseurs et danseuses sont une occasion favorable à de plus grands, ou à de plus nombreux, désordres. Mais cette règle souffre des exceptions. Le danger dans les bals masqués existe pour ceux et celles qui le recherche délibérément : « Très souvent, en effet, non seulement la figure est cachée par le masque, et tout le décolletage en est nécessairement banni ; mais même la taille la plus élégante est dissimulée sous un ample domino. La coquetterie ne subsiste que dans la chaussure. Un bas tricoté à jours, un soulier de soie ou de satin sont le critérium, parfois bien trompeur, par lequel on cherche à deviner l'âge et les charmes de la personne ainsi travestie. Telle qui a déjà près de cinquante ans profite de ce subterfuge pour laisser croire qu'elle n'en a qu'une vingtaine. Pour elle, un bal ordinaire où elle paraîtrait ce qu'elle est réellement ne présenterait aucun danger. Un bal masqué, au contraire, peut illusionner son danseur, et l'illusionner elle-même. Si une passion de quelques heures naît de cette double illusion, c'est parce qu'elle a été volontairement provoquée, et que, d'une part, une ruse féminine, et, de l'autre, l'imagination, ont considérablement exagéré des attraits qui, en réalité, se réduisaient à bien peu de chose, ou peut-être même n'existaient absolument pas[27]. » Cette longue citation nous montre qu'Ortolan pense

25. Gousset, *Théologie morale,* t.I, p. 295.
26. Berardi, *op. cit.,* t. II, p. 213.
27. T. Ortolan, *op. cit.,* col. 115.

qu'il y a des « attraits » qui semblent exister en soi et pour soi en dehors de toute place de l'imaginaire.

Une question de lieu et de temps

La moralité d'une danse ne peut être jugée si on oublie de considérer l'espace et le temps — la période de l'année, mais aussi l'heure — où elle se déroule. Les bals de campagne, d'auberges, de faubourgs, de barrière paraissent plus dangereux au théologien que les bals de salons et de société. Pour T. Ortolan, « la grossièreté des danses de campagne et celles des gens de bas étage ouvrent la porte à toutes sortes d'abus et de désordres tels que : paroles trop libres, gestes inconvenants, postures risquées ou franchement déshonnêtes, embrassements passionnés faits en public, sans pudeur, ni réserve ». Le théologien est obligé de considérer que la corruption peut se cacher aussi « sous les dehors de l'éducation la plus raffinée », mais il pense qu'il y a plus de décence et de retenue dans les salons, car une jeune fille n'y danse en général qu'en présence de ses parents. Même si ceux-là ne sont pas très vigilants, leur présence lui semble tout de même une garantie.

Pour Ortolan, à la campagne les filles sont plus libres de leurs allées et venues. Elles échappent donc à la surveillance de leurs parents : « Dans les classes élevées de la société, une jeune fille ne pourrait, sans se déshonorer, aller seule au bal, ou en revenir de même, ou bien y aller et en revenir en compagnie de quelqu'un qui ne serait pas son très proche parent. Les sorties de ce genre sont moins rares chez les filles du peuple, qui, par suite, sont plus exposées à tomber dans une faute grave, ou à faire tomber ceux qui, connaissant leurs habitudes, peuvent en profiter pour commettre plus facilement le mal. » J'ignore de quelle classe sociale est issu l'auteur de ces lignes dont la finesse d'analyse est rarement prise en défaut. Je ne sais pas non plus s'il est originaire de la ville ou de la campagne. Cependant, dans son optique même, l'opposition entre ville et campagne n'est pas vraiment opératoire. Mon observation directe aussi bien de la campagne française (Nord, Champagne-Ardennes, Bretagne, Bourgogne, Limousin, Sud-Ouest) que de la campagne étrangère (Autriche, Allemagne du Nord et du Sud, Italie du Nord et du Sud, notamment) me fait penser que certains ruraux sont bien plus « jaloux » de leurs filles que les bourgeois urbains. Les rituels dans certains villages de la région de Salerno sont beaucoup plus rigides et contrôlés que dans les salons parisiens. Mais l'essentiel n'est pas là. L'argument du lieu demeure.

Il en est de même du temps du bal. Pour la théologie, danser dans la journée est moins dangereux que danser la nuit. Mais dans ce débat sur le temps intervient aussi le facteur « fréquence ». Là où les danses sont plus fréquentes et régulières, comme par exemple, dans les campagnes ou les petites villes, tous les dimanches et jours de fêtes il est très rare qu'elles restent un simple amusement. La répétition des bals devient une « occasion d'intimités et de rencontres pour des personnes de différents sexes, qui trouvent ainsi le moyen de donner à leur passion un aliment dont elles sont toujours avides[28] ». La sévérité de ce jugement ne se justifie plus si la fréquence est moindre. Pas de risque, lorsque la danse est organisée pour célébrer des réjouissances de famille, la signature d'un contrat, une noce ou même un baptême. Sans écarter tout danger, ces fêtes sont moins dangereuses car elles sont limitées dans le temps. Quant à Berardi, il insiste sur le danger spécifique que constitue le temps du carnaval, époque particulièrement périlleuse dans la mesure où le prétexte de la danse donne lieu à de plus graves désordres. Lointain écho des saturnales païennes, le carnaval est l'occasion pour beaucoup d'âmes de chutes déplorables[29].

28. T. Ortolan, *op. cit.*, col. 123.
29. Berardi, *op. cit.*, t. II, chapitre « De bacchanalibus », p. 235-238.

CHAPITRE 16

Le valseur et son curé

> *« ... Le bon curé de Véretz n'avait garde de mettre la danse au rang des péchés mortels, ou de recourir aux puissances pour troubler d'innocents plaisirs. Car, enfin, ces jeunes gens, disait-il, doivent se voir, se connaître avant de s'épouser ; et où se pourraient-ils jamais rencontrer plus convenablement que là, sous les yeux de leurs amis, de leurs parents et du public, souverain juge en fait de convenance et d'honnêteté ? »*
>
> *Paul-Louis Courier, « Pétition pour des villageois que l'on empêche de danser, 1822 »,* Œuvres complètes, *Gallimard, p. 143-144.*

Bien qu'elle soit par elle-même risque fréquent de péché, la valse n'en est pas pour autant totalement défendue par la théologie. En fait, la question du péché est liée à la personne même qui danse. La dimension personnelle est essentielle. S'il n'en tient pas compte, s'il ne juge que la situation de la valse, le confesseur se trompe gravement. Cette dimension personnelle rend l'Eglise pratiquement incapable de déterminer a priori si une danse est ou non mauvaise. Car, à moins d'être formellement obcènes, les danses ne sont illicites qu'en raison du danger qu'elles renferment. Si les danses « lascives » impliquent un danger imminent auquel à moins d'un motif grave on ne peut s'exposer sans commettre une faute mortelle contre la vertu de prudence, le danger dans beaucoup de danses n'est pas à ce point absolu et universel. En conséquence, le théologien va avoir tendance à déléguer son pouvoir au curé de paroisse, qui, lui, se trouve sur le terrain et donc est censé mieux déterminer le contexte de la situation.

Un danger relatif

Le danger est relatif à la personne. Telle fille, à cause de son tempérament, de sa fragilité, trouvera dans une danse une occasion fréquente de chute. Mais dans la même situation, une foule d'autres personnes n'éprouveront aucune mauvaise impression. De cette part du sujet dans le vécu de la danse découle la position théologique. Il faut interdire de danser à cette personne qui pèche gravement chaque fois qu'elle assiste à une danse, même si celle-ci est honnête. Car, pour cette personne, la danse est une occasion prochaine de péché. En s'exposant au même danger, il est probable en effet qu'elle retombe dans la même faute. Elle ne peut pas être absoute si elle ne renonce à se mettre dans une telle situation. A l'opposé, ce qui peut apparaître comme le plus grand danger pour le plus grand nombre — les *amplexus* de la valse notamment — s'avère sans aucun danger pour des individus qui de par leur tempérament et leur éducation se montrent moins impressionnables.

Comme on l'a vu précédemment, la fréquence des bals excite parfois les passions. Mais, parfois aussi, la répétition provoque l'effet contraire. « L'accoutumance émousse la sensibilité. » La valse, transformée en habitude, en chose ordinaire, ne stimule plus ni les sens ni la curiosité. Certains sont même si blasés qu'ils éprouvent que de l'ennui devant ce genre de divertissement. *Ex assuetis non fit passio.* Ortolan nous dit même que l'on trouve des gens qui ne dansent que sous la pression « tyrannique » de la sphère sociale à laquelle ils appartiennent. Ces personnes ne se prêtent à la danse qu'à regret, voire même « avec dégoût [1] ».

Cette relativité du vécu de la danse amène Ortolan à inviter le théologien ou le prédicateur à beaucoup de circonspection dans son évaluation du côté moral de la valse. Celui-ci « aurait tort de se mettre simplement au point de vue de ses idées personnelles, ou de celles du milieu dans lequel il a lui-même vécu ». Il n'est pas possible d'opposer dans sa pensée les personnes nées et vivant dans un milieu mondain aux « âmes privilégiées qui, dès leurs années les plus tendres, ont été cultivées comme des fleurs en serre ». Ce n'est pas parce qu'une personne ne vise pas la perfection que tout est péché en elle. « Parce qu'elle s'offusquera moins de certaines

1. T. Ortolan, *op. cit.*, col. 125.

paroles, de certains rapprochements que ne le ferait une personne dont l'innocence s'est toujours abritée derrière les murs d'une maison religieuse, faut-il en conclure que sa conscience est complètement oblitérée, qu'elle ne distingue plus le bien du mal[2] ? »

Pour Ortolan, si une conscience est moins ouverte aux attraits de la vertu, elle n'en est pas pour cela absolument faussée. « Elle a un angle optique à elle pour voir et apprécier les choses. » Et plus loin : « Pour juger des intentions des gens et des mobiles qui les font agir, il faut en effet, pour un instant au moins, s'identifier avec eux, s'assimiler leurs pensées, et deviner ce qu'ils éprouvent. » Cette sorte de posture d'empathie rogèrienne avant la lettre ne va pas jusqu'à suggérer que le théologien, pour savoir si une chose est bonne ou mauvaise, s'en remette à l'opinion des gens « d'un certain monde ». En effet, si l'on écoute celui qui se bat en duel, son implication l'amène à se faire « une théorie à part » qu'il est hors de question d'approuver. Mais en ce qui concerne la danse, il n'est pas possible d'ignorer le vécu du danseur. Il faut donc le questionner sur ce qui se passe en lui, sur l'impression qu'il ressent en dansant de telle ou telle manière. Sur ce point en effet, seul le danseur peut répondre. Il est seul à savoir ce qui se passe dans sa conscience. Il faut croire le pénitent puisque, comme l'a montré Charles Borromée, la danse est une occasion « relative et personnelle ». C'est-à-dire une situation qui ne peut pas être jugée de manière absolue à l'égard de tous[3].

Le péché n'est pas obligatoire

Se dégage ainsi tout doucement une identité moral du danseur de couple, du valseur. Gousset complexifie encore l'analyse lorsqu'il écrit : « Pour que la danse soit une occasion prochaine de péché mortel, il ne suffit pas qu'elle occasionne de mauvaises pensées, ou autres tentations, mêmes toutes les fois qu'on y va ; car on en éprouve partout, dans la solitude comme dans le monde[4]. » Gury, lui, estime que juger du danger mortel d'une danse est un exercice

2. T. Ortolan, *op. cit.*, col. 125.
3. Charles Borromée, *Avvertimenti per li confessori*, § 19, tr fr. 1655
4. Gousset, *Théologie morale*, t. I, p. 296.

extrêmement difficile parce que les variables qui interviennent sont très nombreuses « *Non facile in theoria statui potest. Quaestio enim intricatissima est, et plerum que a variis circumstantiis pendet* ». Même si, généralement, le danger en dansant la valse ou la polka est énorme « *periculosissimae habentur chrae quae valse et polka dicuntur* », l'évaluation ne peut être qu'individuelle « *relativa sunt ad praesentes personas* » et relative à chaque personne. Le même auteur dit avoir fréquemment rencontré des femmes et des jeunes filles qui n'ont commis au bal pour seul péché que des fautes de vanité. D'autres même ne pèchent aucunement[5].

Si la danse en soi n'est pas immorale, ni toujours occasion de péché et donc non illicite, mais si malgré tout elle peut devenir dangereuse, et donc alors mauvaise et défendue, le théologien se trouve dans l'obligation de juger chaque cas particulier. Les circonstances à prendre en compte tiennent à la danse elle-même, et surtout au danseur lui-même qui peut, par sa personnalité, être capable d'affronter la situation sans risque de péché, même si les personnes qui pèchent à l'occasion de la danse sont « incomparablement » plus nombreuses que celles qui ne pèchent pas à cette occasion, surtout dans les périodes où les mœurs sont plus relâchées. Lorsque l'on prend d'énormes libertés dans la danse, le péché est pratiquement partout. La vertu fait naufrage. Mais, il n'en reste pas moins vrai que théologiquement le péché est « accidentel », même si l'accidentel est souvent réalisé.

Accidentel, cela signifie « non universel ». On ne peut donc pas condamner tout valseur comme le proposait Eschbach en classant la valse comme danse « impure *per se* », ce qui signifierait que par sa nature même la valse « détruirait toute chasteté[6] ». Même si Eschbach prend l'expression « *per se* » dans son sens moral, c'est-à-dire sans la dimension universelle qu'elle a en philosophie (où la nécessité est alors immuable, sans aucune sorte d'exception), dans un sens de « *communiter* », de « *regulariter* », « *plerumque* » ou « *ut plurimum* », la généralité demeure très grande. La porte reste cependant ouverte à quelques exceptions. Ortolan en conclut l'impossibilité de condamner la valse de manière absolue : « N'y eût-il qu'un cas sur mille, ou même seulement sur cent mille, cela suffit pour

5. Gury, *Casus conscientiae*, Paris, 1891, t. I, p. 100-101.
6. Eschbach, *Disputationes physiologico-theologicae*, Rome, 1901, p. 524.

que, le 'per se' ayant en morale un sens tout autre qu'en métaphysique, on ne puisse, en vertu de ce 'per se', porter sur les danses tournantes : valse, polka, etc., une condamnation universelle et absolue. »

Une partition morale des êtres humains se dégage de cette position limite de l'Eglise à laquelle adhèrent un certain nombre de moralistes comme le chevalier de Ségur, qui peut dire d'une jeune fille : « Elle a son pucelage, moins la valse. » Il y a les gens vertueux dont la virginité est absolue, il y a ceux qui l'ont perdue et, entre les deux, il y a la population de ceux qui ont dansé la valse ! A ces derniers s'applique une morale particulière, une sorte de théologie ou de morale dans lesquelles le bien et le mal n'ont plus exactement le même sens que pour les gens vertueux qui s'abstiennent de la danser.

A la catégorie des gens qui sont appelés à la virginité ou à la vertu, la danse en général est totalement déconseillée, la valse interdite. Les clercs, ecclésiastiques ou religieux, appartiennent à ce groupe. Le droit canon a pris des mesures qui remontent à l'Antiquité pour leur interdire la danse. Mais c'est le concile de Trente qui les a réactualisées[7]. Si certaines danses peuvent tolérer la présence de clercs, ceux-ci doivent craindre avant tout le scandale et donc s'en abstenir. Pour les « laïcs » dévots, la danse, même lorsqu'elle ne représente pas un danger pour la vertu, est un danger pour l'esprit de piété. Elle est donc fortement déconseillée. Si une personne dévote se trouve amenée par hasard dans une situation où elle ne peut échapper à la danse, elle doit s'efforcer de chasser au plus tôt la fâcheuse impression produite dans son âme, et sortir de la langueur spirituelle, fruit naturel de la dissipation de l'esprit et de l'affaiblissement de la volonté pour les choses divines. Saint François de Sales propose des exercices pour rendre alors à l'âme le calme intérieur[8]. Il propose aussi son point de vue sur les danses et les bals, « choses indifférentes de leur nature ; mais leur usage, tel qu'il est maintenant établi, est si déterminé au mal par toutes ces circonstances, qu'il porte de grands dangers pour l'âme ». A celui qui se trouve dans l'absolue nécessité de participer à un bal, il conseille « prenez garde que la danse y soit bien réglée en toutes ces

7. Ferraris, *Prompta bibliotheca*, « clericus », Rome, 1784-90, t. II, p. 202.
8. Saint François de Sales, *Œuvres complètes*, Paris, 1862, t. I, p. 198.

circonstances : pour la bonne intention, pour la modestie, pour la dignité et la bienséance... Et dansez le moins que vous pourrez, de peur que votre cœur ne s'y affectionne[9]. »

De plus, la danse doit être interdite aux jeunes filles qui font partie d'une congrégation érigée dans une paroisse en l'honneur de la Vierge Marie. Une personne faisant « profession de piété » ne doit sous aucun prétexte organiser des bals de charité auxquels elle convierait parents et amis ! Pour le théologien, ces bals de charité n'ont de « charité » que le nom. « Le profit qui en résulte pour les pauvres, une fois que l'on a prélevé les frais d'installation, d'éclairage, est peu considérable. » Ces réjouissances mondaines sont « une insulte à la misère des pauvres ». Le zèle qu'on déploie pour en permettre la réussite est incompatible avec la vraie piété[10].

A l'autre pôle, qui sont les interdits d'absolution ? D'abord les musiciens de profession qui apportent leur concours aux danses nocturnes et dangereuses les jeunes gens et jeunes filles en reviennent pêle-mêle, « comme il arrive trop souvent dans les campagnes ». Leur condamnation tient au fait qu'ils coopérent gravement à une foule de péchés mortels. Le théologien est plus nuancé concernant le musicien qui joue en plein jour dans le cadre d'une fête patronale ou de famille. Condamnés également ceux qui financent les musiciens des bals publics ou tentent d'introduire la danse dans des paroisses où elle n'est pas en usage. Les organisateurs de bals publics doivent être traités avec davantage encore de sévérité, de même que ceux qui louent ou prêtent des immeubles pour de telles réunions. Lehmkuhl explique que, en chaque circonstance, il faut évaluer le degré de coopération matérielle et la probabilité des fautes qui se commettront dans le bal ainsi soutenu[11].

Entre ces deux catégories d'humains, il y a la masse de plus en plus importante de ceux qui ne choisissent de faire profession ni de piété, ni de musique de danse lascive dans les bals nocturnes. C'est aux prêtres des paroisses et aux confesseurs que revient la responsabilité de gérer le problème, souvent d'ailleurs en interaction directe avec la force publique.

9. Saint François de Sales, *Introduction à la vie dévote*, Paris, 1852, p. 302. Dans la réédition de cet ouvrage de 1893, éd. d'Annecy, voir la IIIe partie, chapitres XXXIII et XXXIV, t. III, p. 249-253.

10. Cf. T. Ortolan, *op. cit.*, col. 131.

11. Lehmkuhl, *Theologia moralis*, t. I, p. 385.

Le pouvoir des curés

Depuis toujours, les curés ont été très partagés quant à l'attitude à avoir. Deux attitudes contradictoires et opposées traversent toute l'histoire de la danse de couple et celle des Eglises. Dans un ouvrage récent[12], Francis Sparshott rappelle que le débat était déjà présent à l'époque de la volta. D'un côté il y a les puritains qui voient dans la danse de couple une pratique lascive entre les sexes, position de Christopher Fetherston en 1582 ; de l'autre les libéraux qui y voient l'expression sociale d'une joie collective et un moyen utile pour permettre aux garçons et aux filles de se rencontrer, position de Thoinot Arbeau, en 1589.

Le pamphlétaire Paul-Louis Courier nous donne un témoignage intéressant de l'actualité du débat en 1822, en Touraine. Il nous livre une description précise sous forme de pétition. Deux villages voisins, Azai et Véretz, ont deux curés différents : l'un est âgé, l'autre est jeune. Leur jugement sur la danse est opposé. Le jeune curé d'Azai, qui sort du séminaire, décide de supprimer la danse de sa paroisse. Pourtant, à Azai, la fête était traditionnelle depuis des générations. On y venait de très loin. Sur la place du village, on dansait, on faisait des affaires. A la demande du curé, le préfet, quelques jours avant la fête, le jour de la Saint-Jean, fait lire un arrêté, proclamé au son du tambour, qui défend désormais la danse sur la place du village. Malgré l'arrêté, la fête a lieu, mais sans enthousiasme : « On dansa hors du village, au bord du Cher, sur le gazon, sous la coudrette : cela est bien plus pastoral que les échoppes du marché, de meilleur effet dans une églogue, et plus poétique en un mot... Mais nous aimons mieux, après la danse, une omelette au lard, dans le cabaret prochain, que le murmure des eaux et l'émail des prairies. Nos dimanches à Azai, depuis lors, sont abandonnés. Peu de gens y viennent du dehors, et aucun n'y reste. On se rend à Véretz, où l'affluence est grande, parce que nul arrêté n'a encore interdit la danse. Car le curé de Véretz est un homme sensé, instruit, octogénaire quasi, mais ami de la jeunesse, trop raisonnable pour vouloir la réformer sur le patron des âges passés, et la gouverner par des bulles de Boniface ou d'Hildebrand. C'est devant sa

12. Francis Sparshott, *Off the Ground, First Steps to a Philosophical Consideration of the dance,* Princeton University Press, 1988, p. 21 et 22.

porte qu'on danse, et devant lui le plus souvent. Loin de blâmer ces amusements, qui n'ont rien en eux-mêmes que de fort innocent, il y assiste et croit bien faire... Le curé d'Azai, au contraire, est un jeune homme, bouillant de zèle, à peine sorti du séminaire, conscrit de l'Eglise militante, impatient de se distinguer. Dès son installation, il attaqua la danse, et semble d'avoir promis à Dieu de l'abolir dans sa paroisse, usant pour cela de plusieurs moyens, dont le principal et le seul efficace, jusqu'à présent, est l'autorité du préfet... Ce n'est pas, comme on le sait, d'aujourd'hui que les ministres de l'Eglise ont eu la pensée de s'aider du bras séculier dans la conversion des pécheurs, où les apôtres n'employaient que l'exemple et la parole selon le précepte du maître... Il en est de même ailleurs, dans les autres communes de ce département où les curés sont jeunes. A quelques lieues d'ici, par exemple à Fondettes (...) toute danse est pareillement défendue aux administrés par un arrêté du préfet[13]. »

Pourtant, explique Courier, les fêtes de Fondettes étaient célèbres. Elles amenaient la participation de plusieurs milliers de personnes des villages environnants et de Tours, qui n'en est qu'à deux lieues. « Les hameaux près de Paris, les bastilles près de Marseille, au dire des voyageurs, avec plus d'affluence, surtout en gens de ville, avaient moins d'agrément, de rustique gaieté. N'en soyez plus jaloux, bals champêtres de Sceaux et du pré Saint-Gervais : ces fêtes ont cessé, car le curé de Fondettes est aussi un jeune homme sortant du séminaire, comme celui d'Azai, du séminaire de Tours, maison dont les élèves, une fois en besogne dans la vigne du Seigneur, en veulent extirper d'abord tout plaisir, tout divertissement, et faire d'un riant village un sombre couvent de la Trappe[14]. »

Au séminaire de Tours règne l'enseignement du frère Isidore, un moine, dont Courier nous dit : « Le moine fait les curés, les curés nous ferons moines. » En dehors de l'appel aux gendarmes, le curé d'Azai, comme ses condisciples du séminaire de Tours, dispose d'un autre moyen de pression pour extirper la danse des villages. C'est la confession : « Ils ne donnent l'absolution aux filles qu'autant qu'elles promettent de renoncer à la danse, à quoi peu

13. Paul-Louis Courier, « Pétition pour des villageois que l'on empêche de danser (1822) », in Courier, *Œuvres complètes*, La Pléiade, Gallimard, p. 139-141.
14. *Ibid.*, p. 141.

d'entre elles consentent, quelque ascendant que doive avoir, et sur leur sexe et sur leur âge, un confesseur de vingt-cinq ans à qui les aveux, le secret et l'intimité qui s'ensuit nécessairement donnent tant d'avantages, tant de moyens pour persuader; mais les pénitentes aiment la danse. Le plus souvent aussi elles aiment un danseur qui, après quelques temps de poursuite et d'amour, enfin devient un mari. Tout cela se passe publiquement: tout cela est bien, et en soi beaucoup plus décent que des conférences tête à tête avec ces jeunes gens vêtus de noir[15]. »

Courier tire de cette attitude l'explication du fait que la population d'Azai s'écarte de l'Eglise et n'aille plus à la messe le dimanche... A l'opposé, Courier fait l'éloge du bon curé de Véretz. Lui est un père au milieu de ses fidèles, comme le curé d'Azai qu'a remplacé le séminariste: « Il avait beaucoup de modération, et s'était fait de même une famille de tous ses paroissiens, partageant leurs joies, leurs chagrins, leurs peines comme leurs amusements (...) voyant très volontiers danser filles et garçons, et principalement sur la place; car il l'approuvait là bien plus qu'en quelque autre lieu que ce fut, et disait que le mal rarement se fait en public. Aussi trouvait-il à merveille que le rendez-vous des jeunes filles et de leurs prétendus fût sur la place plutôt qu'ailleurs, plutôt qu'au bosquet ou aux champs, quelque part loin des regards, comme il arrivera quand nos fêtes seront tout à fait supprimées[16]. »

Si j'ai longuement cité ce témoignage, c'est qu'il indique bien deux attitudes, deux politiques chez les curés. L'une accepte le couple comme forme sociale. Le curé pousse alors les jeunes à construire leur socialisation de couple dans le bal du village, en public. Il défend la socialité de couple. A l'opposé, on a l'impression d'un clergé refusant l'idée même de couple et interdisant, au nom du péché, son affirmation sociale dans la danse. A la même époque mais dans une autre région, la Dombes, saint Jean-Marie Vianney (1786-1859), le curé d'Ars-sur-Formans, partage la sévérité du curé d'Azai. A partir de 1815, année où il arrive à Ars, il mène la guerre pour chasser les bals ruraux et populaires de sa paroisse. Après vingt-cinq ans d'efforts, il remporte une victoire complète[17]. C'est

15. *Ibid.*, p. 142.
16. *Ibid.*, p. 143.
17. Trochu, *La vie du curé d'Ars*, 1931, chapitre v, p. 176-190.

pour lui une question de principe : le bal est, à son avis, une occasion trop immédiate et trop puissante d'offenser Dieu pour qu'on puisse l'autoriser. Comme le curé d'Azai, il refuse l'absolution à quiconque, dans ses paroissiens, y prend part ou y assiste... Tout valseur ne peut que regretter qu'il ait été choisi comme saint patron des curés de paroisse.

Durant tout le XIXe siècle, la critique de la danse a fait l'objet de multiples sermons non seulement dans les villages français, mais dans le monde entier. L'Eglise catholique est universelle ! De plus, sur ce terrain, les Eglises protestantes la suivent [18].

Au milieu du XXe siècle encore, l'Eglise continue à voir dans les bals populaires, citadins et ruraux, des endroits où se manifeste beaucoup de sans-gêne et de brutalité. Pourtant, à cette époque, les militants chrétiens estiment que, sans approuver ni partager la frénésie des bals, il ne faut pas simplement les condamner mais les pénétrer, pour les assainir et les christianiser. Ils pensent qu'il y a à tenter un apostolat des bals, demandant du courage et de la persévérance, mais qui peut être efficace et fructueux. Les directives épiscopales portant sur la participation aux bals populaires se multiplient. En 1939, l'évêque de Dijon prend position. En 1945, l'évêque de Laval s'exprime à son tour sur le sujet : « Des dirigeants et militants d'action catholique vont au bal pour ne pas se couper de la masse et essayer d'y exercer une bonne influence. Mais notons que, au dire des jeunes eux-mêmes, il est presque impossible de moraliser le bal, à moins qu'un groupe important de militants et militantes bien formés, assez âgés (au-dessus de dix-huit ou vingt ans), n'en soient plus ou moins les animateurs. Un simple militant n'y arrivera jamais [19]... » Evidemment, le dancing, à son tour, fait l'objet de nouvelles attaques, telle celle de l'évêque de Quimper en 1945 [20].

La valse et le bal populaire ou de société, à la veille de 1914, sont au centre de la socialité. Durant des années, la valse et les danses de couple ont fait l'objet de débats théoriques chez les théologiens, de combats pratiques dans les paroisses. La pratique de la danse de couple justifie donc au seuil de la guerre de 1914 une mobilisation

18. « Le sermon et la danse aux Etats-Unis », *Journal l'Eclair*, n° 14 novembre 1895.

19. Cité par G. Jacquemet, *Catholicisme, hier, aujourd'hui, demain*, vol. 1/7, Lethousey et Ané, 1948, col. 1182 et 1183.

20. *Ibid.*, col. 1182.

intellectuelle de la théologie catholique. La valse donne à Rome un prétexte pour développer une philosophie du couple chassant l'érotisme (le mot n'est pas encore employé). Une perspective morale où le développement d'une socialité de couple aurait sa place a du mal à s'affirmer. La rencontre des jeunes dans la valse étant vu comme l'un des grands dangers pour la moralité, l'Eglise ne perçoit pas la force sociale instituante que représentent ces manifestations de joie et de transgression collective dans la fondation sociale, dans l'émergence d'un collectif. Elle aura sa part de responsabilité dans la dégradation de cette socialité de couple dans le courant du XXe siècle, débouchant, en danse sociale et dans la vie tout court, sur une atomisation, sur une érotisation individuelle, niant le rapport corporel à l'autre.

CHAPITRE 17

La valse musette

« La musette a fait place à l'aigre violon
Qui détonne et qui jure avec prétention ;
Le fils de la charrue a ses belles manières
Et ne veut plus danser la ronde de nos pères... »
J. Berchoux, La danse *(1806), p. 56.*

Au cours des années 1900, la crise de la valse vient d'abord du fait qu'elle se trouve associée, dans son évolution viennoise, à une forme de société elle-même quelque peu décadente. L'aristocratie n'est plus porteuse de valeurs nouvelles. Noblesse, nouvelle bourgeoisie ont fait de la valse une sorte de forme sociale décadente. La musique des Strauss a quelque chose de guerrier, de militaire, de mécanique (ces valses sont le plus souvent écrites en « majeur »), qui ne correspond pas aux nouvelles valeurs culturelles. La valse viennoise se trouve ainsi remise en cause comme musique de danse dominante par un mouvement complexe que nous allons définir et qui se manifeste par l'émergence du jazz, du blues, du tango et aussi, en France et en Italie, du musette.

L'invention de la valse musette parisienne

On ne peut pas dire que le musette soit une invention des années 1900. C'est plutôt une redécouverte, une appropriation et une intégration, un dépassement typiquement parisien de plusieurs éléments culturels et musicaux qui vont donner à la valse une nouvelle dimension populaire[1].

1. Ma perception du musette français recoupe les hypothèses du collectif « Les rues de Paris », qui a publié fin 1988 le premier numéro d'une revue *Les rues de Paris,* Paris, que je vais utiliser dans la suite de ce chapitre. Y participent Raphaëlle Legrand, Alain Ajax, Emmanuelle Huret et Dominique Fauquet.

En France, le musette est né dans les bals populaires auvergnats de Paris, qui existent assez tôt au XIXe siècle. Dans ces bals, on joue de la cabrette et de la musette, deux instruments que l'accordéon va remplacer. Dans sa première forme (diatonique), l'accordéon est l'instrument favori des immigrés italiens qui arrivent à Paris à la fin du XIXe siècle. La rencontre des auvergnats et de ces émigrés italiens (notamment la rencontre de Bouscatel avec Charles Péguri) permet l'émergence d'un nouveau style. L'instrument auvergnat que l'on évince donne son nom au bal. Mais le musette n'est pas le produit d'un métissage comme ce fut le cas à Vienne entre la musique de danse rurale et la musique classique. C'est une musique nouvelle qui est créée. On en trouve des prémices dans la chanson de Paris. Il faut, ici, se remémorer toute une tradition populaire de valse qui s'oppose à la valse bourgeoise, à la valse musicale de la cour napoléonienne. La chansonnette populaire, critique et poétique, existe depuis longtemps. Pour s'en convaincre, il suffit de réécouter « Le bleu des bleuets » ou « Le temps des cerises » de Jean-Baptiste Clément[2]. Cette valse sentimentale composée en 1867, l'année même où Strauss rencontre le succès à Paris avec son « Danube bleu », reste pour le peuple parisien attaché à la tradition de la Commune. Si la valse s'est fait son chemin dans la bourgeoisie, elle demeure vivante dans le peuple. Mais sa version populaire est profondément différente de ce qu'elle est devenue dans les salons. Les Strauss, Offenbach et Waldteufel font de la valse une musique majeure, une musique solennelle devant servir à l'apologie d'une classe sociale : la bourgeoisie. Le peuple de Paris n'entre jamais vraiment dans la valse que consacre l'Académie de musique. Mais, en même temps, il n'accepte pas non plus de se laisser déposséder de ce rythme qu'il a eu tant de mal à imposer.

Parmi les valses chantées qui nous viennent du XIXe siècle, et qui témoignent de cette tradition ouvrière : « Plaisir d'amour », « Les petits pavés » et autres chansons de Paul Delmet...

Comme le montre Alain Ajax, le musette est un genre qui ne peut pas s'appréhender « en dehors de ce qu'il exprime en lui-même[3] ». Le musette n'est pas « récupérable » dans un discours uni-

2. Sur Jean-Baptiste Clément, voir R. Lallemand, *Jean-Baptiste Clément*, l'imprimerie à l'Ecole, Cannes, 1955 ; T. Rémy, *Le temps des cerises, la vie de Jean-Baptiste Clément*, Editeurs français réunis, Paris, 1968.

3. A. Ajax, « Tant qu'il y aura des rues à Paris », *Les rues de Paris, op. cit.*, p. 18

versel, fût-il celui de la lutte des classes. Musique populaire, on va pouvoir l'associer à la Commune, ou plus tard lors du Front populaire aux flonflons de l'occupation des usines. Mais en fait le musette, s'il parle de la misère sociale, n'exprime jamais que la misère personnelle du personnage de la chanson. La responsabilité de cette misère peut être attribuée à la société dans son ensemble, comme dans « Comme un moineau » chanté par Fréhel. Mais ce type de chanson ne s'inscrit pas dans une quelconque lutte des classes. Lorsqu'un antagonisme social est évoqué, c'est celui du rapport homme/femme comme dans « Du gris », encore chanté par Fréhel. Dans la chanson musette de Paris, le drame est toujours celui du personnage. Le social ou le vécu urbain, jamais niés, sont relégués au rôle de décor. C'est cette dimension impliquée et personnelle qui forme la parenté du musette avec le blues ou le tango. Le musette n'est pratiquement jamais misérabiliste. Les femmes ne sont pas objets des chansons, mais sujets. Ce sont elles qui s'expriment. Une femme nous parle de ses amours, de la misère d'être prostituée, de son aspiration à jouir d'une vie personnelle, ne serait-ce qu'en pouvant dormir seule toute une nuit, dans des draps propres[4]. Le musette est donc une musique qui reprend la valse pour exprimer l'implication émotive. Quand Edith Piaf chante, que ce soit son bonheur ou son malheur, c'est d'elle et d'elle seule qu'elle nous parle.

Une musique urbaine

La valse du père Strauss est encore rurale. Elle dégénère lorsque Vienne devient une métropole. Le musette s'impose d'entrée comme urbain. La société dans laquelle s'inscrit le musette est cette nouvelle ville qui émerge avec le XXe siècle. Pour la première fois dans l'histoire de l'humanité, les êtres humains se pensent comme des individus, libres de toute attache communautaire préconçue. Dans la nouvelle urbanité, les rapports sociaux se construisent sur une nouvelle forme de liberté : on se côtoye, on vit des rapports sociaux, mais on ne s'y identifie pas. Les individus sont libres de se rencontrer quand ils le veulent et où ils le veulent[5]. A Paris, en

4. Damia, « Je voudrais dormir une nuit ».
5. Sur ce point, je partage totalement l'analyse d'A. Ajax, *op. cit.*, p. 21.

1900, on vit encore dans des « villages ». Une socialité se développe qui n'est pas comparable avec celle de la banlieue. A la ville, on peut trouver des racines et nouer des relations réelles. Mais ces attaches n'ont plus les contraintes des racines de la communauté villageoise d'hier. Le rapport d'intérêt qui fonde la socialité rurale n'existe plus. A la ville, les relations que l'on vit sont voulues. Elles ne s'imposent pas du fait des exigences de la survie matérielle. A la ville, le lieu de rencontre, c'est la rue, le marché de quartier, le café. Au café, on peut avoir ses habitudes, mais on n'y a pas d'obligation. On sort de la programmation. Il n'existe plus de lieu de passage obligé comme au village. On peut faire ses emplettes là où l'on veut. La ville est mouvante et fluide. Un seul lieu fixe : le café. Bref, la ville est le lieu des virtualités sociales, des possibles jamais épuisés.

Une culture alternative

La valse musette, comme le blues nord-américain ou le tango argentin, représente une culture alternative par rapport à la danse bourgeoise. Musiciens et danseurs sont au départ des marginaux. Ils sont issus du prolétariat parisien, mais pas d'un prolétariat militant. Ils ne parlent pas du travail ouvrier. Ils inscrivent danse et musique dans la culture quotidienne ouvrière. Le musette est l'expression d'une autonomie par rapport à la culture bourgeoise, mais aussi par rapport aux organisations de la classe ouvrière. Le musette est existentiel, et non revendicatif. On trouve déjà ce style chez Bruant. Chez lui, la description de la misère ouvrière est plus pittoresque que revendicative. Il indique en quoi la misère amène à la marginalité et à la liberté de comportement. Bruant est donc incontestablement un précurseur du musette. Parmi les premiers grands du musette, il y a Emile Vacher, qui anima les premiers bals musette avec son accordéon mixte. Au départ, le rythme est premier dans les bals. Les premières valses musette sont donc en majeur. Puis le chromatique s'impose et l'expression des sentiments. Le mineur permet un saut qualitatif. Avec la valse en mineur, le musette non seulement se danse mais s'écoute aussi. « Dans certains bals musette, les habitués s'arrêtent pour mieux écouter tel morceau particulièrement beau ou bien interprété[6]. »

6. Alain Ajax, *op. cit.*, p. 25.

La composition en mineur s'impose dans les années 1920. Elle culmine entre 1940 et 1955. Une nouvelle génération d'accordéonnistes apparaît : Joseph Colombo, Emile Carrara, Tony Muréna, Jo Privat, Gus Viseur... Plus encore que la java, la valse en mineur fonde le style de la chanson de Paris. La valse sort du bal pour gagner la rue. Les amateurs se regroupent autour du chanteur et du musicien. Ainsi s'enracine la relation entre le musette et la ville. Le musette devient un élément de critique de la vie quotidienne. Un style émerge comme typiquement parisien ; le font vivre des compositeurs comme Georges Van Parys, Maurice Jaubert (« A Paris dans chaque faubourg »), Marguerite Monnot que chante Edith Piaf, Georges Auric (« Moulin rouge »). Fréhel, Piaf, Mouloudji, Lemarque, Montand ont participé à ce mouvement de la valse en mineur. Passion, tendresse, mélancolie, plaisir s'expriment tour à tour dans une harmonie entre le rythme mélodique et les paroles. Ces chansons ont donné à la valse une dimension nouvelle. Le musette a intégré d'autres rythmes. Mais c'est la valse et la java — le trois temps — qui en sont le principal élément constitutif. Le terme même de « valse musette » s'est imposé comme un genre en soi et pour soi. On ne parle pas de tango musette, ni de marche musette. Le musette, c'est la valse.

Cette tradition reste fort vivante en France jusqu'en 1960. Entre 1945 et 1960, le musette se danse à Paris même, mais aussi dans les faubourgs et aux environs de Paris. A Paris, on danse partout. Dans la rue de Lappe, chez Bouscat, à la Boule rouge. Il y a le Balajo. Et le Petit Balcon, passage Thiéré ; le Petit Jardin, place Clichy. Et la Java, rue du Faubourg-du-Temple. On danse rue Lepeu, près de la gare de Lyon. Entre cinq et sept, les musiciens musette se rencontrent place Pigalle ou à la Renaissance. La communication est facile entre tous. A cette époque, même Django Reinhardt peut entrer dans un orchestre musette. On danse aussi dans les guinguettes du bord de Marne. Elles sont nombreuses. Il y a Convert, l'Hermitage, Gégène, la seule guinguette qui reste aujourd'hui[7].

Le bal musette n'est jamais un bal champêtre. On y danse bon gré, mal gré, presque sur place, dans une arrière-salle de bistrot. Le plaisir de la danse s'y concentre dans une attention aux variantes musicales que rend la souplesse des mouvements. La valse s'y danse

7. Monique Morelli et Lino Léonardi, entretien, *Les rues de Paris,* n°1, p. 49-50.

même à l'envers. Le rythme est dansant sans être martelé comme dans le disco[8].

Définition musicale du musette

Au point où nous en sommes, nous pouvons tenter de définir le musette. Pour beaucoup, le musette, c'est le sentiment. Le musette contient en effet une immense charge émotive, enracinée dans un lieu et une époque. Mais quels en sont les composantes structurantes ? Le musette émerge de plusieurs éléments. D'abord, d'un instrument : l'accordéon, ; ensuite d'un rythme dansé : le trois temps ; enfin d'un mode : le mineur.

L'accordéon. L'accordéon, dans sa forme actuelle — dite chromatique —, date de 1900. Jusqu'à cette époque, il existait à la campagne, notamment en Auvergne, des accordéons diatoniques. Ils ne comportaient que les sept sons de la gamme majeure, sans demi-tons intermédiaires qui permettent les tonalités mineures. La musique folklorique auvergnate, importée à Paris au XIXe siècle, était donc, comme la valse, en majeur. La popularité des valses musette et des chansons accompagnées à l'accordéon stimulèrent les fabricants, qui en affinèrent la facture, l'adaptant et l'enracinant dans le répertoire populaire. L'avantage de l'accordéon dans un bal de l'époque, c'est qu'il remplace, à lui seul, tous les instruments. La mélodie est jouée par la main droite ; le rythme est donné par la main gauche. De plus, le musicien peut chanter, voire utiliser ses pieds pour accentuer le rythme au moyen d'une percussion (éléments de batterie, grelots, etc.). Le soufflet permet toutes les nuances expressives. Le musicien peut se faire entendre d'une salle de bal entière, jouer dans une rue, ou au contraire réduire l'intensité pour accompagner un chanteur. Instrument facile à manier, les musiciens errants, marchant de ville en ville ou de quartier en quartier, le portent sur leur dos.

Le rythme dansé. Le musette est né dans les bals. Il est inséparable de la valse et de la java. Toute valse ou java musette doit être « dansable ». Certes, le bal musette a intégré la polka, le tango, le

8. Jo Privat, interview donnée à Francis Pinguet, « Un monde métissé », *La Revue musicale*, 1984.

blues, la chanson berlinoise des années 1920, le paso-doble, le fox-trot, etc., toutes des musiques à deux ou quatre temps. Mais la vraie nature du musette est le trois temps, et plus particulièrement la valse et la java dansées. On peut suivre Raphaëlle Legrand lorsqu'elle écrit : « La prise en compte systématique par les accordéonistes de toutes les danses successivement à la mode au détriment de la valse fait perdre, avec la mesure à trois temps, un des éléments les plus originaux du musette[9]. »

Comme l'explique cet auteur, le signe de la mesure ne suffit pas à caractériser une danse. La place des appuis rythmiques à l'intérieur de la mesure est important. Si la java se distingue de la valse, c'est par le « monnayage » des rythmes (figures de notes plus rapides dans un mouvement donné). La mélodie prend alors un aspect sautillé. Le déhanchement vient de la syncope placée sur le deuxième temps en fin de phrase. Les phrases musicales sont de longueur égale : quatre ou huit mesures. Ces traits essentiels créent un cadre suscitant l'expression mélodique de la gaîeté ou de la nostalgie. L'harmonie, aussi, joue un grand rôle. Si la valse est chantée, se surajoutent aux appuis rythmiques de la danse les appuis prosodiques du texte. Le musette est ce savant équilibre entre sens des paroles et cadence de la danse qui reste toujours l'élément structurant de son rythme. Parfois, cet équilibre s'organise entre les couplets et le refrain, où la cadence de danse est nettement marquée comme dans « Domino » de L. Ferrari et J. Plante, ou « La ruelle » de Durand Desjeux et Lino Léonardi.

Le mode mineur. Même s'il existe des morceaux de musette en majeur, le style du musette est le mineur. Nous avons vu que le mineur permet, plus que le majeur, l'expression de l'implication. Le musette, du fait de la dominance de l'accordéon, est enraciné dans la musique tonale qui s'est élaborée dans toute l'Europe depuis le XVIIe siècle. De ce point de vue, le musette est une musique urbaine qui s'apparente davantage à la musique classique (Chopin, par exemple) qu'aux valses folkloriques rurales qui gardent des éléments de modalité (système archaïque régnant au Moyen Age et au XVIe siècle) impliquant des compositions en majeur.

On peut regretter la marginalisation actuelle du musette en

9. Raphaëlle Legrand, « Pour une définition musicale du musette », in *Les rues de Paris*, n°1, p. 11.

France. Comme le remarque Alain Ajax, « jamais sans doute un genre musical et chanté n'a été aussi ignoré, voire méprisé, par les historiens, les critiques et tous ceux qui font métier de parler de musique et de chanson[10] ».

Il souligne l'oubli dans lequel est aujourd'hui maintenu le musette. Il critique un certain nombre d'ouvrages qui le mentionnent à peine ou pas du tout[11].

Pourtant, le musette représente toute une culture. Bruant, Damia, Fréhel, Lys Gauty, Edith Piaf, Marguerite Monnot, Michel Emer, Jean Dréjac, Henri Contet, Raymond Asso, Francis Carco, Pierre Mac Orlan, V. Marceau, Lino Léonardi, Monique Morelli, Delyle, F. Lemarque, Mouloudji... ont écrit une histoire de la valse musette qu'il n'est pas possible d'oublier. Durant un demi-siècle, ils ont tenu le haut du pavé parisien. Ils ont diffusé cette musique dans tous les bals populaires, à la ville comme au village. Aujourd'hui encore, quand par hasard, sur le bord d'un marché parisien, un accordéonniste joue une valse musette, un petit attroupement se forme. Les témoignages de sympathie des passants sont nombreux. La valse musette a d'ailleurs fait le tour du monde. Seuls les Français semblent oublier qu'elle fait partie de leur patrimoine national !

Les droits d'auteur

Dans une recherche sur la « chanson à succès », Jacques Demorgon[12] nous donne des indications intéressantes sur la place de la valse musette par rapport à d'autres danses. Sur les années 1946-1966, c'est-à-dire avant l'invasion du rock'n'roll, la valse est largement dépassée par le tango, mais garde une présence réelle dans les bals. Demorgon étudie principalement les 102 plus grands

10. Alain Ajax, « Tant qu'il y aura des rues à Paris, essai sur le contenu du musette et de la chanson de Paris », in *Les rues de Paris, op. cit.*, p. 15.

11. Parmi lesquels P. Monichon, *L'Accordéon,* « Que sais-je ? », Presses Universitaires de France, 1971 et *L'Accordéon,* Payot, Lausanne, 1985 ; Pierre Gervasoni, *L'Accordéon, instrument du XXe siècle,* Ed. Mazo, 1987 ; Guy Erismann, *Histoire de la chanson,* Pierre Waleffe, 1967 ; Simone Charpentreau, *Livre d'or de la chanson française,* Ed. ouvrières, 1971 ; Gérard Authelain, *La chanson dans tous ses états,* 1987.

12. Jacques Demorgon, *La chanson* à succès : première systématisation de son étude, 1946-1966, thèse de doctorat de sociologie, Paris, Sorbonne, 1974.

succès sur une liste de 2 259 recensés par la Sacem (Société des auteurs, compositeurs et éditeurs de musique). Le succès, tel que l'entend la Sacem, est d'abord financier, puisque cette société collecte le pourcentage que tout orchestre ou tout chanteur exécutant une chanson ou un morceau de musique doit verser à l'auteur. L'étude de ce classement est donc une indication intéressante pour situer la place de la valse depuis la fin de la guerre de 1940-1945 jusqu'à la veille de 1968.

Sur les 102 succès présentés par ordre décroissant de succès, on trouve 14 valses. Dans un tableau synthétique, J. Demorgon montre que, sur cette liste, il y a d'abord le tango (24 morceaux sur les 102 recensés), puis la valse (14/102), à égalité avec le slow (14/102) suivis par le paso-doble et le boléro (13 succès chacun). Ensuite viennent le fox (6), la samba (4), la marche (3), le charleston (2), le twist (2), puis encore plus loin la biguine, la rumba, le cha-cha-cha, le letkiss, le slow-fox, avec chacun un succès placé dans les 102 premiers succès de la Sacem. L'étude montre encore que si l'on regarde le montant des sommes rapportées, la valse n'arrive qu'en troisième position compte tenu du fait que les 13 pasos sont mieux placés que les valses. Le tango représente 28 % des sommes encaissées, le paso 19 % et la valse 13 %.

Les succès musicaux de la valse, en France, entre 1946 et 1966, classés dans les 102 premiers succès de la chanson de danse, sont les suivants :

12e : « La princesse Czardas », de Kalmann (Amérique),
14e : « Reine de musette » de Peyronnin (France),
18e : « La veuve joyeuse », de Lemar (France),
29e : « Le dénicheur » de Daniderff (France),
35e : « Le retour des hirondelles », de Pagano (France),
36e : « Indifférence », de Colombo (France),
41e : « Les fiancés d'Auvergne », de Verchuren (France),
48e : « Or et argent », de Lemar (France),
56e : « Espana », de Chabrier (France),
73e : « Oui, oui, oui », de Giraud (France),
74e : « Ah, le petit vin blanc », de Clerc (France),
75e : « Foule », de Cabral (Argentine),
79e : « Pigalle », de Ulmer (France),
86e : « Moulin rouge », de Auric (France),

Ce tableau est intéressant. On s'aperçoit qu'il n'y a aucune valse de Strauss. Cela montre bien qu'il existe un énorme fossé en France entre la valse musette telle qu'on la danse au XXe siècle et la tradition viennoise que l'on joue au concert comme musique classique et non comme danse pouvant animer un bal.

Le déclin du musette

Après 1968, l'effritement des danses populaires s'accentue avec l'invasion des danses à deux temps d'importation anglaise ou américaine. Depuis 1960, c'est l'âge du rock'n'roll. Pour expliquer l'évolution, il faut comprendre la restructuration de la vie sociale dans ces années 1960. La ville et la campagne disparaissent au profit de l'urbain[13]. H. Lefebvre a insisté également sur la montée du mondial. L'économie devient alors mondiale. Et la musique aussi. Depuis 1960, la mondialisation de la musique s'est réalisée. A quelques différences près, on entend la même musique à Paris qu'à Londres, New York, Francfort, Dakar, Rio, Tokio. Le déclin du musette s'explique par la montée du binaire, le retour au majeur (la standardisation mondiale est l'affirmation d'un nouvel universel : la marchandise !), mais aussi par l'invention des machines à produire du rythme. Le synthétiseur donne une cadence électronique toujours identique. Dans le musette, le musicien pouvait introduire des variations permettant au chanteur une expression propre jouant parfois sur des accélérations du rythme (comme dans « La valse à mille temps » de Brel). De plus, il était présent au groupe des danseurs. Il se laissait influencer par la dynamique du groupe des danseurs. Avec le disco, le rythme est toujours identique. La musique s'est appauvrie et standardisée jusqu'à se réduire parfois à deux notes[14]. Comme relation entre musiciens et danseurs, le bal est de plus en plus rare. Chaque jour davantage, les machines prennent le

13. Comme l'a montré H. Lefebvre dans *La production de l'espace*, Anthropos, 1974 ; *Du rural* à l'urbain, Anthropos, 1970 ; *La révolution urbaine*, Gallimard, 1970 ; *Espace et politique*, Anthropos, 1973, etc.

14. Comme le remarquent Monique Morelli et Lino Léonardi dans un entretien accordé en février 1988 pour *Les rues de Paris*, n°1, p. 52, la chanson « Qu'est-ce qui fait bouger le cul des Andalouses ? C'est l'amour », que l'on entend alors toute la journée à la radio, est composée sur deux seules notes.

contrôle. D'où une standardisation mécanique de la danse. Les synthétiseurs ont intégré le rythme de la valse dans leur programmation. Mais il n'y a plus de nuances.

La crise de la ville

Cette réalité technique se double de la disparition de la ville avec sa sociabilité. La circulation automobile tue la rue. A Paris, les quartiers populaires sont détruits les uns après les autres, les habitants rejetés dans les banlieues dortoirs, peu adaptées à l'expression de la liberté populaire qui existait dans les années 1920. La fonctionnalité est le seul critère de développement de l'urbain. Il n'y a plus de place pour la marginalité populaire. Les cafés des années 1950 ferment. La socialité qui avait fondé le musette disparaît.

La lecture d'une étude récente de Demorgon, faite à ma demande et portant sur les années 1983 et 1984, montre que l'évolution actuelle est loin d'entraîner la complète disparition de la valse musette. Celle-ci continue à être dansée en France. Dans cette étude, Demorgon étudie les 225 premiers succès. Cette nouvelle liste montre que la première valse (« Le dénicheur ») n'arrive plus qu'à la 23e place, mais que l'on trouve encore classées : « Reine de musette », « Ah, le petit vin blanc », « La valse de Ravel », « La valse des as », « La princesse Czardas » et « La foule », classée 225e . Sept valses dans les 225 succès de la chanson de danse, d'une certaine manière c'est peu, mais en même temps la valse est encore là. Même si, en France, on ne peut pas affirmer qu'elle soit « éternelle » (comme l'affirmait Klingenbeck, le Viennois), la valse demeure présente encore aujourd'hui dans la chanson et dans la culture française.

La marginalisation progressive de la valse du tableau des danses est-elle un mouvement inéluctable qui amènera sa disparition ? Lors d'une conférence que j'ai faite en janvier 1989 à l'Ecole pratique des hautes études, à la demande de Georges Vigarello, j'ai formulé l'idée que ce mouvement n'était pas inéluctable. Si on se replace sur une longue période, on s'aperçoit que la volta, elle-même, semble être passée par des hauts et des bas. Le contexte social joue beaucoup dans la mode. La danse des jeunes d'aujourd'hui est entièrement axée sur une segmentation, une atomisation des danseurs. Le couple n'existe plus. Est-ce un mouvement sans retour ? Je n'en suis pas sûr. On peut imaginer que des facteurs extérieurs amènent la société à réévaluer la socialité de couple. Le contexte serait alors probablement différent de celui que l'on a connu tout au long du XIXe et du XXe siècle. Mais on ne peut pas exclure cette possibilité du fait même de la richesse culturelle accumulée dans ce mouvement de la valse et dans ses ressources musicales. Dominique Fauquet partage mon point de vue. Il écrit : « Quant à la valse, la renouveler, c'est aussi, simplement, laisser se déployer ses possibilités. De même que le tango, la valse n'est pas une danse faite de pas et de figures successives à restituer (contrairement au quadrille et au cancan... voire à la polka ou à la bourrée, et plus tard aux multiples inventions telles que le cha-cha-cha, etc.). C'est un rythme de base extrêmement souple : du point de vue de la danse, il y a certes un 'pas' correspondant à ce rythme, mais un seul, c'est-à-dire là aussi quelque chose de très souple[15]. » Dans la suite de ce texte, l'auteur montre toutes les ressources musicales de la valse.

Le musette italien

Le musette n'existe pas qu'en France. On le retrouve en Allemagne dans un style spécifique autour des fêtes de la bière. Mais en Bavière, les cuivres imposent une musique « majeure ». Une forme de musette existe aussi en Autriche. Mais s'il est un pays où le musette, dans son mode mineur, reste encore roi, c'est l'Italie. Les Italiens ont toujours aimé danser. A la campagne comme à la ville. La danse musette y est aujourd'hui très vivante. Elle entre comme élément constitutif des fêtes des partis politiques. Le Parti communiste italien avec ses fêtes de l'Unité, la Démocratie chrétienne avec ses fêtes de l'amitié, le Parti socialiste avec les fêtes de l'Aventi organisent chaque été une multitude de fêtes dans tous les villages. Ces fêtes sont constituées de deux moments : le repas et la danse. Le musette est en concurrence avec le disco, mais tient bien la route. A la ville, aussi bien à Milan qu'à Bologne, il existe d'immenses salles de danse où l'on continue à danser la valse musette.

15. Dominique Fauquet, « La valse à l'envers, sur l'idée d'un renouvellement du musette », *Les rues de Paris*, n°1, p. 41.

Il existe des différences entre le musette français et le musette italien. D'abord, sur le plan musical, le musette italien n'a jamais accordé l'importance au texte des chansons que nous avons pu trouver dans la tradition parisienne. La tradition bolognaise du musette italien veut que le sujet raconte des histoires d'amour mais la platitude du texte est constante. On ne s'arrête pas de danser pour écouter les paroles. Cela a pour avantage de stimuler la danse elle-même.

Sur le plan technique, le musette italien s'organise autour de la valse comme en France, mais une valse sensiblement plus lente, de la mazurka, encore très dansée, et de la polka oubliée chez nous. Dans une suite de danses, il n'est même pas rare de voir se glisser une tarentelle, dans un style très simplifié mais toujours très populaire : tout le monde se lève alors pour danser. Nous avons là une spécificité italienne qui se démarque de notre tradition musette. Les Italiens n'ont pas la java, mais ils ont une mazurka vivante. De plus, ils ont une manière bien à eux de danser la valse musette. Sur un rythme de valse lente — la valse rapide existe, mais semble plus rare — le couple ne tourne pas sur lui-même constamment. Il alterne quatre mesures de glissés marchés à trois temps (le troisième temps est marqué par une suspension) et quatre mesures de rotations de valse classique. On est très proche, dans le style, de la mazurka également dansée sur un trois temps. Les Italiens ont, comme nous, intégré le tango au musette. Mais il semble moins dansé que la valse lente.

Dans le bal musette italien, on retrouve les éléments constitutifs de la socialité de couple qui s'est structurée en Europe durant les quatre ou cinq siècles derniers : mélange des générations, des sexes, des classes sociales, des styles, des rythmes et des musiques. Le musette est encore pratiqué dans des fêtes privées données dans divers milieux. Dans ces fêtes, il n'est pas rare de voir un animateur, style « ancien cotillonneur », proposer un jeu dansant. On improvise un concours de danse où les cavaliers et les cavalières se voient choisis par le sort pour former des couples qui dansent à tour de rôle. Le public note les couples ainsi formés. La personne qui reçoit distribue des cadeaux (souvent de petits objets qu'elle a rassemblés toute l'année). J'ai participé à ce genre de fête à San Bernardino (Liguria) en août 1989. Il faut souligner, dans ces fêtes, la place donnée à la musique : on peut interrompre la danse pour donner la vedette à un musicien (guitariste, violoniste, pianiste ou même chanteur). Manger et boire y ont également une place d'honneur. Chaque invité se surpasse pour apporter un plat de sa confection...

Dans toutes ces fêtes, le groupe social est très présent. Chacun se pare, même simplement, pour y paraître. Lorsque la danse a commencé, certains dansent, mais d'autres préfèrent observer l'agencement des couples. Si un danseur invite ou se fait invité trois valses de suite par une cavalière, le groupe « commente »... Ces bals ont encore une grande force de séduction collective.

CHAPITRE 18

Valse de crise

« Chaque valse de Strauss contient quelque chose de tragique. »
Félix Weingartner, cité par Max Kronberg, König Walzer, *p. 208.*

La guerre de 1914-1918 a montré les limites de la socialité mondaine européenne que tentent de construire les académies de danse. La guerre détruit l'autonomie de l'Europe. Pour la première fois, les Etats-Unis interviennent. Leur influence n'est pas que militaire. Avec eux, ils apportent leurs valeurs, leur culture. Ce phénomène sera encore plus accentué en 1945. En danse, ce mouvement passe par le jazz.

Le diagnostic de McLuhan

McLuhan est certainement l'un des rares sociologues qui ait tenté de comprendre la rupture qui s'opère au début des années 1900. Il oppose le jazz à la valse. Pour lui, la faillite de la valse est liée à son côté militaire :

« Le mot 'jazz' vient du français 'jaser'. Le jazz est, en effet, une forme de dialogue entre instrumentistes et danseurs. Il semblait rompre abruptement avec les rythmes homogènes et répétés de la valse, sans inégalité aucune. Au temps de Napoléon et de Byron, la valse était une forme nouvelle que l'on acclama comme la réalisation barbare de l'idéal rousseauiste du bon sauvage. Cette idée nous semble aujourd'hui grotesque, mais elle est très révélatrice de l'aube de l'âge mécanique. La danse collective que l'on avait jusqu'alors pratiquée dans les cours disparut au profit de la valse, danse individuelle où deux partenaires sont dans les bras l'un de l'autre. La valse est une danse précise, mécanique et militaire, comme le montre son histoire. La valse ne prend pas toute sa signification sans uniformes militaires. 'Il y avait un bruit de fête dans la nuit', écrivait Lord Byron d'un bal donné la veille de Waterloo. Pour le XVIIIe siècle et le temps de Napoléon, les armées de citoyens apparaissaient comme une libération individuelle des cadres féodaux et de la hiérarchie de la noblesse. C'est de là qu'est née l'association d'idées entre la valse et le 'bon sauvage'. La valse, en effet, libérait les danseurs des contraintes de leur statut et de leurs obligations hiérarchiques. Les danseurs étaient tous semblables et égaux, libres d'aller partout dans la salle de bal. Il nous semble aujourd'hui bizarre que les romantiques aient ainsi conçu la vie du bon sauvage, mais il faut dire que les romantiques n'en savaient pas plus long sur la vie des vrais primitifs que sur les chaînes de montage.

Même à notre époque, l'apparition du jazz et du ragtime a été considérée comme une invasion de primitifs. Ceux qui s'indignaient de ces déhanchements opposaient au jazz l'élégance d'une valse mécanique et répétitive que l'on avait pourtant jadis considérée, elle aussi, comme une danse absolument primitive. Le jazz peut être considéré comme une rupture avec le mécanique, dans le sens de la discontinuité, de la participation, de la spontanéité et de l'improvisation, mais on peut aussi le voir comme un retour à une sorte de poésie orale où l'exécution est à la fois création et composition. C'est devenu un lieu commun chez les jazzmen de dire que le jazz sur disques est 'aussi éventé que le journal d'hier'. Le jazz est quelque chose de vivant, comme la conversation et, comme elle, il repose sur un répertoire de thèmes disponibles. L'exécution d'un morceau de jazz est véritablement une composition. Ce genre d'exécution assure la participation maximale des instrumentistes et des danseurs. En ce sens, il apparaît évident que le jazz fait partie de cette famille de structures en mosaïque réapparues en Occident avec les télécommunications[1] ».

La valse serait donc dépassée du fait de son aspect répétitif. Récemment, la danseuse Pina Bausch, dans son ballet *Walzer*, a également perçu la valse straussienne comme une mécanique militaire. Elle a la même perception que McLuhan[2].

1. Marshall McLuhan, *Pour comprendre les médias*, Paris, Mame-Seuil, 1968, pp. 306 et 307.

2. Raimund Hoghe, *Pina Bausch, Tanztheatergeschichten*, Francfort, Suhrkamp Verlag, 1986; trad. fr.: *Pina Bausch, histoires de théâtre dansé*, Paris, L'Arche, 1987, p. 84 à 89.

L'implication contre les universaux

Personnellement, je perçois la valse comme une réalité plus éclatée. Elle ne se réduit pas à la danse mondaine. Peut-on tenter ici une analyse plus complexe de la crise de la valse ? A la musique en majeur, nous l'avons vu, correspond un certain type de textes. Les paroles des grandes valses de Vienne se situent dans la description d'un certain universel : on chante la grandeur de l'Empire, du pays, du Danube, du Vin, de la Femme, etc. L'individu, avec ses joies et ses malheurs, n'a pas de place dans cette musique. Cette musique est désimpliquée. On ne parle des particularités régionales que pour les élever à un universel qui nie la singularité de la condition humaine. La valse est alors synonyme de musique de la centralité.

Au contraire, dans le mouvement du blues, par opposition aux spirituals, il y a rupture avec les universaux. On ne pose plus des grands principes. De quoi nous parle le blues ? De la solitude, mais aussi du voyage, de l'amour, des soucis de la vie précaire, sentiments d'individus exempts de toute attache préétablie et qui sont libres tant dans le bonheur que dans le malheur. On quitte l'universel pour parler du vécu singulier et périphérique de tel Noir, avec ses problèmes précis. Le blues n'est pas didactique. Il est impliqué. Il n'est pas musique d'un mouvement social. Le vécu est individuel, singulier. De même dans le tango. Le tango refuse la majesté de la valse. D'un point de vue musical, dans le tango, le mineur est plus fréquent que le majeur. Cela s'inscrit dans ce mouvement prônant l'implication. Le chanteur ne nous parle pas de la grandeur de l'Argentine. Il nous compte les malheurs de telle prostituée, ses difficultés à vivre et à aimer...

Dans le premier quart du XXe siècle, il y a donc un point commun entre toutes les formes de danses qui s'affirment contre la valse viennoise, mais aussi contre toute cette musique folklorique rurale dont sont issues les valses de Strauss : le blues des Noirs américains, comme le jazz, comme le tango argentin, toutes ces danses qui conquièrent leur légitimité revendiquent l'implication, proposent la communication de subjectivité à subjectivité en refusant les universaux qui ne semblent mener qu'à la guerre, à la destruction et la standardisation. Point commun du blues, du tango et du musette parisien : ce sont des musiques urbaines. Le musette parisien s'inscrit dans ce nouveau mouvement. Par rapport au blues ou au tango, il a une grande originalité : il conserve le rythme à trois temps. Le musette s'invente à partir du trois temps dans la java et un nouveau type de valse[3]. Cependant la tradition de la valse mondaine survit, mais le cœur n'y est plus. La décadence de la classe bourgeoise se retrouve partout en Europe, et quelle que soit l'idéologie des Etats où on peut l'observer. La majesté de la valse viennoise sert encore de toile de fond à un monde qui se désagrège.

La valse soviétique

Pour illustrer cette idée, il peut paraître curieux de faire appel à Malaparte. Pourtant, son *Bal au Kremlin* est une description de mœurs qui illustre cette décadence de la valse mondaine. Il est paradoxal de découvrir avec cet écrivain et journaliste d'extrême droite le Kremlin, lieu où s'est réfugiée la valse dans la Russie de Staline. La Révolution est déjà loin. Ce n'est pas dans le prolétariat soviétique que la valse est dansée en 1929, mais dans une sorte de « haute société soviétique » que Malaparte nomme les « gens du monde » de Moscou, la « cour marxiste moscovite », qui a reproduit le mode de vie de la haute société européenne. La peur qui domine alors Moscou n'empêche pas cette société d'avoir ses fêtes galantes, ses courtisans, ses favorites, ses profiteurs, ses bals, ses lettres de cachet, ses conjurations de palais. La valse préside. Témoin de ces mondanités lors d'un long voyage à Moscou qui lui a permis de rencontrer Maïakovski quelques temps avant son suicide, Malaparte peint, à la manière de Proust, cette noblesse marxiste de 1929 que Staline finira d'éliminer en 1936. Dans son récit, tout est authentique : les hommes, les événements, les lieux. Les personnages ne sont pas issus de l'imagination de l'auteur, mais peints d'après nature, chacun sous son propre nom, avec son visage, ses paroles, ses gestes. Staline, Karakhan, les célèbres *beauties* de la noblesse marxite, les B., les G., les L., avec leurs amours, leurs intrigues, leurs scandales, Florinski, chef du protocole au commissariat du peuple pour les Affaires étrangères, Mme Kamenev, sœur de Trotski, avec sa peur et sa résignation. En fait, plus que des personnages, Malaparte peint une société, un corps social.

3. Mes hypothèses rejoignent encore ici celles du collectif « Les rues de Paris ».

Dans cette peinture, le bal, la valse dominent tous les rapports sociaux de cette aristocratie communiste qui s'est substituée à l'aristocratie russe de l'ancien régime. Malaparte dit que, « par nombre d'aspects, elle ressemblait à la noblesse d'ancien régime issue de la Révolution française au temps du Directoire, autour du fauteuil de Barras[4] ». Un des aspects de comparaison entre ces deux sociétés, c'est justement la valse. Malaparte nous présente la société soviétique, en nous restituant des dialogues entre personnages, nous décrit le contexte des bals :

« Quand l'orchestre cessa de jouer *Ich küsse ihre Hand* (les valses viennoises étaient de rigueur aux bals de l'ambassade d'Angleterre, tout autant qu'à l'ambassade d'Allemagne les chansons de Cole Porter et de Noël Coward), Mme Lounatcharskaïa, l'épouse du commissaire du peuple pour l'Instruction publique, s'immobilisa au milieu de la salle.

'Où peut bien être Alexis Karakhan ?', demanda-t-elle en jetant un coup d'œil tout autour de nous. Et, conservant sa main gauche sur mon épaule, tout en arrangeant de son autre main sa coiffure sur ses tempes, ses cheveux noirs et légèrement frisés, elle ajouta : 'Vous ne trouvez pas que la Semionova singe un peu trop la Kzesinkaïa ?'

La Kzesinkaïa avait été la dernière grande danseuse du temps des tsars, la maîtresse de Nicolas II, disait-on même.

— Pourquoi donc ?

— Elle est ce soir aussi en retard. Elle croit qu'il est chic de se faire attendre. »

Le dialogue se poursuit. Malaparte ponctue avant de reprendre le dialogue : « L'orchestre attaqua *Wiener Blut,* et Mme Lounatcharskaïa s'appuya langoureusement à mon bras...[5] »

Malaparte introduit plus loin son analyse de cette société qu'il compare à la société française du Directoire, déterminante dans l'histoire de la valse : « Ce qui, dans une aristocratie du sang, est donné par la tradition, par l'éducation, par le style de la noblesse — à savoir la réserve, la simplicité, un décorum naturel —, par une certaine condescendance dans les manières, dans les paroles, jusque

4. Malaparte, *Le bal du Kremlin,* traduction française de Nino Frank, Paris, Denoël 1985, p. 12.

5. *Ibid.,* p. 19 et 20.

dans le sourire ; une froideur qui n'est que de l'orgueil atténué par les bonnes manières, un respect à l'égard de soi-même qui se reflète dans les rapports avec autrui ; ce qui, dans la vraie noblesse, est en somme inné, devient, on le sait bien, voulu dans une classe parvenue récemment au pouvoir, aux honneurs, aux privilèges. Dans la noblesse communiste, où le style n'est justement pas inné mais voulu, comme dans une société de bourgeois *parvenus*, la réserve, le décorum, la simplicité orgueilleuse des manières sont remplacés par le soupçon... l'intransigeance idéologique. Nous tous, à Moscou, nous nous accordions pour vanter la simplicité des manières de Staline, sa façon de vivre, son style dépouillé, la distinction sobre et populaire de son comportement : mais Staline n'appartenait point à la noblesse communiste. Staline était Bonaparte après le 18 Brumaire, il était le maître, le dictateur, et la noblesse communiste lui était opposée, de même que la classe des *parvenus* du Directoire était opposée à Bonaparte. Seulement, chez tous ces aristocrates russes, chez toute cette noblesse communiste, on sentait un mépris qui n'était point social mais idéologique. Du point de vue social, le snobisme était en fait le ressort secret de toutes les actions mondaines de cette société très puissante et déjà corrompue, qui avait vécu jusqu'à la veille dans la misère, dans le soupçon, dans la précarité de la vie clandestine ou de l'émigration, et qui, brusquement, allait coucher dans les lits des grandes dames de la noblesse tsariste, s'asseoir dans les fauteils dorés des hauts fonctionnaires de la Russie tsariste, exercer les même fonctions qui avaient été exercées par les nobles tsaristes. Chacun de ces aristocrates rouges cherchait à imiter les belles manières occidentales : les femmes les manières de Paris ; les hommes celles de Londres, ou, moins nombreux, celles de Berlin ou de New York[6]. »

Et parmi ces « belles manières », il y avait la manière de danser. Dans le prolongement des bals de Saint-Pétersbourg animés par les Strauss dans la seconde partie du XIXe siècle pour la cour tsariste, la nouvelle aristocratie allait chercher sa musique à Vienne. Mais la décadence de la valse était sensible dans ces bals mêmes. La valse n'est plus triomphante. Elle a une tonalité quelque peu décadente. Elle s'est complètement vidé de son énergie révolutionnaire : « La valse viennoise que l'orchestre jouait à ce moment-là n'était point

6. *Ibid.*, p. 21 et 22

une valse de Strauss : c'était une de ces valses viennoises maigres, sèches, osseuses, qui annonçaient la fin de Dollfuss et de Schuschnigg, ainsi que l'Anschluss. Tout le tissu adipeux de la tradition viennoise des Habsbourg, tout le pathos romantique de Vienne fondait, et les ossements de la valse apparaissaient à nu, blancs, dépouillés, lisses[7]. »

Au cours de ce bal, en s'approchant du buffet, Malaparte apprend par le ministre de Lettonie que l'on vient d'arrêter Kamenev, l'un des plus vieux compagnons de Lénine. Le ministre est épouvanté. Malaparte, jetant un regard autour de lui, dit : « Tous ces messieurs et ces dames finiront en prison... » Ceux qu'il nomme les « arrivistes, les parvenus, les profiteurs de la Révolution » sont blêmes. Ils affichent leur stupeur et presque leur peur. La salle est à présent vide, l'orchestre continue à jouer en sourdine... A nouveau, la mélodie d'une valse de Vienne. C'est le moment où survient Karakhan, « plus pâle que d'habitude ». « La tête haute, il demeura un moment immobile, puis se dirigea avec lenteur vers le bar, s'approcha de la Semionova qui, debout, s'appuyait au comptoir, s'inclina pour lui baiser la main et l'entraîna avec douceur dans la valse. Ils étaient seuls dans l'immense salle. Mme Egovora posa sa main sur mon bras et me chuchota en souriant : 'Qu'ils sont beaux.' (...) Peu à peu d'autres couples étaient entrés dans la danse. Madame Lounatcharskaïa, entre les bras d'un jeune officier de la Proletarskaïa Divizia, riait avec insouciance, dressant son beau visage, dilatant ses narines[8]... »

La valse viennoise est, dans ce contexte, associée par Malaparte à la terreur. Après Trotski, grand valseur s'il en fut, Kamenev. L'épuration stalinienne est commencée. A quelques milliers de kilomètres de là, l'Allemagne associe à son tour valse et terreur. Le régime nazi qui reconnaît dans cette danse une incarnation de l'« âme allemande » va diffuser, à son tour, tout doucement la terreur. Un petit problème se pose pourtant à Goebbels.

7. *Ibid.*, p. 40 et 41.
8. *Ibid.*, p. 45 à 47

Goebbels et Strauss

En 1938, des chercheurs travaillant sur la biographie de Strauss découvrent dans les registres des mariages de la cathédrale Saint-Etienne de Vienne un document révélant que les parents de Franz Strauss sont des juifs convertis au catholicisme. Cette trouvaille survient au moment où Hitler envahit l'Autriche et développe sa théorie de la protection politique contre la « contamination raciale » (*rassiche Verseuchung*). Concrètement, cela signifie qu'il faut éliminer auteurs et compositeurs qui peuvent altérer l'esprit aryen. Pour les artistes morts, cette théorie implique que l'on détruise toutes les traces les concernant dans la mémoire collective (destruction par le feu des partitions, mise à la fonte de leurs plaques gravées, retrait de leur fiches de bibliothèque, mise à la casse de leur enregistrement, etc.).

Ainsi Goebbels décide-t-il de faire oublier Mendelssohn et Mahler. Mais Strauss ? Comment affirmer que cet Autrichien qui a demandé la nationalité allemande est un corrupteur de l'esprit allemand ? D'une certaine manière, condamner Strauss signifierait que les nazis rejettent la valse comme « non allemande ». C'eût été par trop ridicule ! Comment affirmer sérieusement que le « Beau Danube bleu » est une production toxique de la conspiration juive internationale et que Strauss l'a écrite pour souiller l'esprit aryen ? Le ministre de la Culture du Reich trouve au contraire dans ce morceau une grandeur et un romantisme qui cadrent bien avec son sens du théâtre et de la dramatisation politique. Pour lui, il va de soi que la valse est « une danse nationale allemande ».

Puisque, dans la logique même du projet culturel du national-socialisme, il n'est pas possible de détruire Strauss, il faut réécrire l'histoire. Goebbels demande donc au Département d'Etat chargé des recherches généalogiques sur les familles, le *Reichssippenamt*, de purifier la famille Strauss de toute origine juive. Le registre matrimonial est confisqué et les écritures maquillées[9]. Une nouvelle généalogie est donnée à Strauss dans un document du 20 février 1941, avec une attestation des autorités de Berlin. Les valses de Strauss peuvent donc être jouées sans crainte de contamination raciale ! Et puisque quelques savants connaissent la vérité, ils sont

9. Hans Fantel, *Les Strauss, rois de la valse*, p. 270.

convoqués au Rathaus gothique de Vienne. Un officier SS leur explique que, s'ils veulent avoir la vie sauve, il faut qu'ils reconnaissent leurs erreurs idéologiques.

Peut-être est-ce l'un de ces érudits qui réussit à localiser l'endroit où fut rangé l'original du document confisqué par les nazis et le rapporte en 1945 lors de la débâcle allemande dans la crypte de Saint-Etienne ?

Le contexte national-socialiste suscite, sur la valse, un certain nombre de textes nationalistes en langue allemande qui sont relativement réducteurs. Dans la haute société nazie grandit une petite fille qui ne comprend pas bien l'histoire dans laquelle elle est menée. Romy Schneider restera pourtant marquée par ce climat de décadence de l'Allemagne nazie lorsqu'elle tournera, entre 1953 et 1957, les trois films de la série *Sissi.* Son interprétation d'Elisabeth de Bavière est marquée par cet arrière-fond où la valse constitue un élément d'une société européenne dont la décomposition a déjà commencé dans la seconde partie du XIXe siècle. Le très grand succès de ces films montre combien les grandes heures de la valse parlent encore au grand public, même s'il s'agit de la valse des princes.

L'Opernball contesté

En Autriche, après 1945, la valse devient d'ailleurs une sorte de religion. On continue à danser à Vienne. On danse à Vienne comme on dansait à Paris en 1900. Il y a des centaines de bals chaque année. Toute corporation organise le sien. Il y a aussi toutes les tavernes autour de Vienne où l'on continue à valser de manière quelque peu paysanne au son d'un violon, comme on le faisait déjà du temps de l'enfance du père Strauss. Parmi les grands bals qui dominent la saison : l'Opernball, le bal de l'Opéra dont la richesse semble être une actualisation annuelle des plus grands fastes de la période de l'Empire.

Chaque année, la salle de l'Opéra de Vienne est transformée. On enlève les fauteuils, on pose un parquet pour le plus grand bal mondial où la valse est célébrée. On fait répéter longuement la cérémonie d'ouverture aux jeunes choisis pour la mettre en scène. Les débutantes portent des couronnes. Le style de ce bal s'inscrit dans le droit fil des redoutes de l'époque du congrès de Vienne dont nous parlait le comte de La Garde. C'est en 1877 que le premier bal de l'Opéra de Vienne eut lieu. Maintenant, plus que l'aristocratie, c'est le « grand capital » mondial qui se donne rendez-vous dans cette manifestation. Obtenir une loge pour ce bal coûte des sommes énormes. Têtes couronnées et chefs d'Etat n'hésitent pas à faire le voyage. Christl Schönfeldt a écrit la chronique de ces grands bals qui ont lieu traditionnellement à la mi-février[10]. Elle nous apprend qu'Eduard Strauss dirigeait l'orchestre en 1891. Elle nous livre les photos de ce bal jusqu'en 1939, puis après 1956, année de sa réouverture. Elle nous parle de la préparation de cette manifestation, des 14 000 œillets qui décorent la salle. Voilà comment *La Dépêche marocaine de Tanger* décrivait la manifestation en 1960 : « L'Opernball, qu'est-ce que c'est ? C'est une longue série de faits et de choses qui s'accumulent. Et voilà comme on forme les traditions : les œillets importés d'Italie, les premières mesures d'une valse de Strauss, le frac (habit, nœud papillon blanc et souliers vernis) pour les hommes, et la robe du soir blanche pour les femmes, 200 couples de moins de vingt et un ans qui font la révérence devant 2000 aristocrates, industriels, musiciens, diplomates de l'Europe entière. C'est tout cela l'Opernball[11]. »

Christl Schönfeldt nous apprend encore qu'en 1962, Karajan fit une crise de colère et voulut empêcher que le bal ait lieu à l'Opéra. Mais déplacer cette manifestation à Schönbrunn n'est pas possible : le château ne permet de recevoir que 1 500 invités, alors que l'Opéra en reçoit 7 000. Alors, l'Opernball continue.

Entre 1962 et 1987, à Vienne, rien n'a changé. Et puis, cette année-là, l'objet médiatique que constituait l'Opernball s'est déplacé. Ce n'est plus tant ce qui se passe à l'intérieur mais bien à l'extérieur de la salle de bal qui intéresse la presse européenne. Le jeunesse viennoise organise en effet depuis cette date une manifestation contre le bal de l'Opéra. En 1987, 1988, 1989, les manifestations contre le bal ont été de plus en plus impressionnantes. La première année, c'était pour s'opposer à la venue de F. J. Strauss, le chancelier bavarois. 500 policiers ont défendu l'accès de

10. Christl Schönfeldt, *Der Wiener Opernball*, Verlag A. F. Koska, Wien-Berlin, 2e édit., 1975, 192 p.

11. Cité par Ch. Schönfeldt, *op. cit.*, p. 37.

l'Opernbal[12]. Il y a eu des violences. La télévision a retransmis les images. Suivant la tendance du journal, on en fait porter la responsabilité aux Verts viennois ou à Strauss lui-même qui serait venu avec ses méthodes bavaroises. Durant une quinzaine de jours, la presse donne des nouvelles des blessés. Le Parlement autrichien est saisi de l'affaire. *Profil* du 9 mars interroge des manifestants qui annoncent que la manifestation se reproduira l'année suivante.

Et effectivement, en 1988, une nouvelle manifestation est organisée. Cette fois-ci, elle est dirigée contre Kurt Waldheim, la situation sociale et le scandale que représente l'étalement de la richesse. L'extrême gauche autrichienne mobilise. Elle donne rendez-vous à ses militants à 20 heures place de l'Opéra. La presse de gauche reprend les thèmes de l'année précédente, avant même que le bal ne se tienne. Gerald Grassl relève les prix d'entrée au bal, le prix des consommations (70 schillings pour une eau minérale, 4200 schillings pour une bouteille de champagne). Il parle d'obscénité[13].

Cette année-là, le roi Hussein de Jordanie est annoncé. La presse chiffre le coût de la soirée[14]. La presse s'interroge encore sur la manifestation. Aura-t-elle lieu[15] ? On reparle des 300 000 chômeurs autrichiens[16]. On a plus que doublé le nombre des policiers. Ils sont 2 000 à défendre l'entrée du bal. La manifestation est interdite par la police. Suivant les sources, on évalue le nombre des manifestants entre 2 000 et 5 000. Le bal réussit à se tenir. A nouveau des blessés[17]. Pour Martina Kirfel, le bal de l'Opéra n'est plus qu'un fantôme. Il n'a plus rien à voir avec la tradition[18].

12. *Kurier*, du 27 février 1987; *Die Presse* du 28 février titre: «les anarchistes à la porte du bal», dans les jours suivants, ce journal publie de très nombreux articles; *Wiener Zeitung* des 28 février et 5 mars; *Kronen Zeitung* des 28 février et 3 mars; *Volksstimme* du 1e mars, dans le numéro du 8 mars, ce journal publie la lettre d'un lecteur sous le titre «Le bal du scandale» dans lequel l'auteur montre bien le paradoxe qu'il y a à faire payer une loge 100 000 schilling pour une soirée dans un pays qui compte 250 000 chômeurs; *Falter* du 6 mars titre: «La provocation»; *Wodrenpresse* du 6 mars, etc.

13. Gerald Grassl, «Die Obszönität des Reichtums», *Volksstimme* du 3 février 1988.

14. *Die Presse*, du 3 février 1988, *AZ*, du 4 février.

15. *Die Presse*, du 4 février 1988, *Kurier* du 4 février.

16. *Volksstimme* du 4 février 1988.

17. *Kronen Zeitung* des 9, 11, 13 février 1988; *AZ* des 10, 12, 13 février; *Volksstimme* des 11, 13, 14 février; *Wiener Zeitung* des 11, 13 février; *Kurier* des 12, 13 février; *Krone (Morgen)* du 12 février; *Die Presse* du 13 février, etc.

18. Martina Kirfel, «Das Phantom der Oper», *Falter* du 15 février 1988.

En 1989, la manifestation est annoncée à nouveau. Elle est interdite et protégée par 2 000 policiers. Le bal a lieu. Mais beaucoup de personnalités se sont décommandées. *Kurier* annonce que les manifestants vont venir avec des cocktails Molotov. Effectivement, la manifestation se transforme en combat de rue. Il y a 50 blessés et 12 voitures de luxe détruites. La presse publie de nombreuses photos, qui sont diffusées dans l'Europe entière[19].

On peut s'attendre dans les années qui viennent à un développement de cette manifestation qui devient le grand moment de la contestation autrichienne. *Kurier* parle d'ailleurs de cette manifestation comme d'un rituel.

Lorsqu'un sociologue de la valse rencontre, comme il m'a été donné de le faire, les jeunes contestataires viennois, il est étonné. S'il leur demande si la valse en tant que telle est mise en cause dans ces manifestations, la réponse est négative. La plupart des jeunes qui manifestent sont eux-mêmes des valseurs. Ils dansent volontiers la valse populaire. Certains sont des musiciens connus. Non, ce qui est contesté dans ces manifestations, c'est le symbole du bal de l'Opéra comme étalage mondial de la richesse ! Les jeunes Viennois, comme les mauvais garçons parisiens qui ont inventé le musette, aiment la valse, mais ils détestent sa récupération sociale. Quel est le devenir de la valse en Autriche ? En verrons-nous un renouveau reprenant des thèmes contestataires ? La valse musette française s'est toujours tenue à l'écart du mouvement social. La gauche autrichienne va-t-elle prendre une autre option ? Toujours est-il qu'avec ces manifestations, le bal de l'Opéra de Vienne est devenu pour beaucoup d'observateurs un objet de réflexion. A Vienne même, on se met à réinterroger l'histoire de la valse et à rappeler qu'à la fin du XVIIIe siècle, elle était porteuse du virus révolutionnaire[20].

19. *Kurier*, 31 janvier, 1, 3, 4, 9, 17 février 1989 ; *Standard*, des 1, 3 février ; dans son numéro du 6 février, ce journal publie une longue interview du chef de la police « Das wird zu einer schwarzen Institution » ; *Kronen Zeitung* des 2, 3, 4 février 1989 ; *Neue AZ*, 3, 4, 7 février ; *Wiener Zeitung*, du 4 février ; *Die Presse* du 4 février ; *Volksstimme* des 4, 5, 8, 14 février 1989, etc. En France, Joëlle Stolz, « Les fourmis viennoises se muent en cigales », *Libération* du 10 février 1989.

20. R. Witzmann, « Ballnach(t)geflüster. Der Walzer war, bevor man begann, ihn zu schweben, ein revolutionärer Tanz », *Falter*, Vienne, février 1989.

Nouveaux horizons

> *« Le corps constitue un système symbolique à part entière. Notre cheminement d'individus, à travers la multitude de nos relations avec l'environnement, et des échanges avec les autres acteurs, repose tout autant sur les capacités signifiantes du corps que sur celles de la langue. Le corps n'est donc pas le parent pauvre de la langue, mais son partenaire à part entière, dans la permanente circulation du sens qui donne vie à un collectif social. »*
>
> *David Lebreton,* Corps et sociétés, *Méridiens-Klincksieck, 1985, p. 77.*

Dans les chapitres qui précèdent, nous avons pu voir qu'à la fin du XVIIIe siècle et durant tout le XIXe siècle, les danses à trois temps avec la valse comme structure, envahissent toute la musique et les salons. L'irruption de la valse au sommet n'a pas été facile. Pendant de longs siècles, cette danse était interdite. A la fois par l'Eglise et par les Etats qui la voyaient comme une forme de pornographie. Au moment où la valse surgit, Denis Diderot élabore une pensée matérialiste. Hegel conçoit une philosophie qui repose sur le ternaire. Il y a un lien entre trois temps et dialectique. Peut-on établir un parallèle entre le surgissement de cette danse révolutionnaire qu'est alors la valse et l'émergence d'une nouvelle philosophie dialectique ?

La valse est révolutionnaire au sens physique et au sens historique. La valse est en effet une révolution du couple sur lui-même. On tourne. Techniquement, la valse est la danse la plus au point pour permettre la rotation rapide d'un couple. Surtout depuis l'introduction de la chaussure de cuir et du parquet. Déjà, en tant que danse campagnarde, la volta en sabots sur terre battue avait provoqué l'ivresse. L'accélération provoquée par le passage du sauté au glissé, par la terre battue au parquet permet des expériences nouvelles. La tête tourne. Au sens historique, la valse est révolutionnaire parce que, pour s'imposer, elle a dû lutter contre l'Ancien Régime. La valse a également été le vecteur de la Révolution à travers les guerres de Napoléon. La résistance de la cour anglaise, l'effort de Charles X pour revenir à la contredanse montrent qu'elle garde sa dimension subversive dans le premier tiers du XIXe siècle. La pratique du détournement de la danse de couple fermé vers la valse glissée, où les danseurs au lieu d'être en face à face glissent en parallèle, montre la résistance des professeurs de danse anglais à cette révolution culturelle que représente la valse. Même s'il ne faut pas exagérer la dimension révolutionnaire de la valse — à Vienne les pouvoirs politique et religieux intègrent sans difficulté cette danse ! —, la danse de couple fermé à trois temps correspond à une rupture historique fondamentale.

Danse et philosophie

Peut-on formuler l'hypothèse que si Hegel conçoit la dialectique comme fondement de sa philosophie, c'est parce qu'il veut faire entrer dans l'univers de la logique un rythme qui domine toute son époque ? Né en 1770, Hegel avait dix-neuf ans en 1789. Sa jeunesse correspond à l'époque du surgissement de la valse. Le trois temps est donc dans l'air du temps. Quand un rythme traverse une société, c'est très fort. Peut-on dire que toute la vie sociale pourrait se penser à travers le rythme ? Le philosophe Henri Lefebvre a lancé l'idée d'une rythmanalyse. Ce philosophe marxiste, après de longs détours dans la philosophie et dans la sociologie de la vie quotidienne, a fait l'hypothèse qu'il serait utile de penser la société en fonction de ses rythmes. Son ouvrage, *La rythmanalyse*, n'est pas encore paru. Mais nos discussions sur le sujet m'ont amené à formuler ces hypothèses sur les relations à penser entre la valse et la dialectique. En valsant, ne prend-on pas au pied de la lettre la formule de Marx : « Il faut remettre la dialectique de Hegel sur ses pieds » ? L'observateur ne peut être que frappé par le lien qui existe entre le surgissement de la volta dans la région de Gêne et Nice et l'invention, dans cette même région et à la même époque, de la comptabilité à partie double. La logique comptable, comme la volta, est ternaire : actif, passif, solde.

Certes, le menuet aussi est à trois temps. Il ne faut pas surestimer les intuitions produites par la pensée analogique. Cependant, l'idée que le trois temps est un élément constitutif de l'identité européenne me semble importante. Au delà des divergences ou des conflits qui ont divisé les pays européens, on constate que les Européens partagent à la fois la référence à la pensée dialectique et l'expérience sociale de la valse. Contrairement à ce que l'on pourrait penser, entrer dans la valse n'est pas la chose du monde la mieux partagée. J'en ai fait l'expérience entre février et juin 1979. Ce semestre, j'animais un cours de « pédagogie, ethnologie et sociologie de la valse » au Département des sciences de l'éducation de l'université de Vincennes. Il s'agissait à la fois d'enseigner la valse, d'en faire la pédagogie concrète et de réfléchir sur la transversalité de cette danse : comment la danse-t-on en fonction des classes sociales, des époques, des pays ? Ce cours a eu un énorme succès puisque l'affluence étudiante m'a conduit à quitter la plus grande salle de notre Département pour le hall de l'université. Ce cours était devenu un grand moment d'animation de la vie de la Fac. En douze ou treize séances, j'ai initié deux cents étudiants à la valse. Or, il se trouve que parmi les étudiants qui suivaient ce cours, il y avait pour moitié des étudiants français ou européens et pour moitié des étudiants maghrébins ou africains. Ma pédagogie a permis aux Européens de savoir valser très rapidement. Mais elle n'a eu aucune efficacité vis-à-vis des Africains. Sur la centaine d'étudiants non-européens qui suivaient mon cours, seuls cinq sont parvenus à valser. La proportion était inversée avec les Européens.

Cette expérience m'a amené à faire l'hypothèse que la valse, mais plus généralement le rythme à trois temps, est quelque chose de typiquement européen. Si le rythme à trois temps existe ailleurs qu'en Europe, il est alors un produit d'importation. L'exportation de la valse a accompagné la diffusion de l'influence de la Révolution française. Le rythme à trois temps n'est ancré corporellement qu'en Europe. La greffe a pu prendre lorsque dans le pays d'accueil il y avait des souches latines (Amérique latine, Québec) ou anglo-saxonnes (Etats-Unis). La valse n'est pas parvenue à s'imposer là où les rythmes profonds étaient beaucoup trop forts et en même temps éloignés du trois temps. L'hypothèse que je formule, c'est que le rythme et la pensée à trois temps structurent ce que l'on pourrait nommer *l'inconscient politique européen.* S'il y a un « Nous » européen, au sens où Maurras parlait d'un « nous » de la Nation française façonné par les rois et les évêques, il est à chercher dans cette structure à trois temps.

Cette idée culturaliste pourrait avoir des relents de discours raciste. Je ne peux pas cependant m'empêcher de constater que, quelques soient les divergences techniques, historiques entre Français, Allemands... ou mieux les oppositions entre latins et anglo-saxons, ce qu'ils ont en commun et les oppose par contre au reste du monde, c'est une question de rythme et donc de structure, je devrais dire peut-être de *schéma corporel.* Il y a une institution du corps social dans cette genèse rythmique. Cette idée du trois temps comme base, comme structure, comme institution profonde de notre société européenne, explique peut-être la persistance dans nos pays à la fois de ces danses à trois temps dans les bals populaires malgré l'offensive très dure des rythmes différents lancés avec force par d'autres puissances — notamment les Etats-Unis. Parallèlement, on trouve encore en Europe toute une tradition de pensée dialectique (Lefebvre, Habermas, etc.). A la standardisation du binaire, des philosophes opposent un *Manifeste différencialiste.* Dans un contexte mondial difficile, cela a-t-il encore un sens de réfléchir à son identité européenne ?

Un vertige européen

Une autre dimension spécifiquement européenne de la valse, c'est sa dimension de « transe ». Quand on danse la valse, assez longtemps et vite, on a la tête qui tourne. Longtemps, j'ai pensé que cela venait du fait que le sang ne parvenait plus à irriguer de manière identique toutes les parties du cerveau. Je pensai que le sang se trouvait déporté par la vitesse du mouvement de rotation dans la partie arrière du cerveau. D'où le vertige, décrit tout au long de cet ouvrage, qui devient un plaisir lorsqu'on parvient à le contrôler. Aujourd'hui, ayant rencontré des physiologistes travaillant sur la recherche spaciale, je sais que le problème physiologique du valseur se situe, comme pour le cosmonaute, au niveau de l'oreille. La similitude entre les problèmes du valseur et du cosmonaute est telle que les recherches physiologiques actuelles, dont j'ai pris connaissance, auraient mérité un développement spécifique. L'aspect très technique du problème m'a amené à écarter ce chapitre de cet ouvrage. Toujours est-il que notre manière de tourner fait entrer le valseur dans un *état altéré de conscience* que l'Europe expérimente depuis au moins huit siècle. Cette dimension de l'expérience de la valse explique à la fois le plaisir pris par les valseurs et la résistance des pouvoirs sociaux à cette transe. Parmi toutes les formes de transe, la spécificité de la valse n'est pas dans le fait de tourner, puisque les dervichs-tourneurs font aussi cette expérience, mais dans le fait de tourner à deux. La révolution du couple en Europe, c'est d'abord une transe de groupe dont la base est le couple. Le couple est ivre dans un collectif qui partage sa transe.

Au-delà du nationalisme

La question de l'origine nationale de la valse a dominé durant un siècle les débats des historiens de la danse. A-t-elle encore vraiment un sens aujourd'hui ? Je ne le pense pas. Le livre que l'on vient de lire rassemble un grand nombre d'éléments qui permettent d'avancer dans la recherche. En cours de route, concernant la question des origines, nous avons découvert que les faits sont très difficiles à établir.

La danse circule, passe les frontières facilement et rapidement. De plus, très souvent, le fait de coller une étiquette nationale à une danse ne semble pas correspondre à la réalité. A certaines périodes, on attribue aux autres tout ce qui choque chez nous. En France, parmi ceux qui ont proné l'origine « allemande » de la valse, il y a deux sortes d'auteurs : les uns, comme les romantiques, sont partisans d'une valse allemande en se plaçant d'un point de vue de représentation imaginaire. On veut que la valse soit allemande parce que l'on adhère aux valeurs du romantisme allemand. Adhérant à la valse, on en fait un élément du romantisme. Les autres, des moralistes comme G. Boullay, voient dans cette danse quelque chose de trop familier, de trop intime pour être français. En France, on a de la tenue. Cette danse ne peut donc venir que de l'étranger. Pour ce type d'auteurs, la valse est donc « importée » pendant les guerres internationales. Boullay pense que cette importation date de la Première République... Il en est de même de la volte, « que les sorciers ont amené d'Italie en France ». On attribue aux Italiens ce que l'on ne peut accepter comme sien. Le voyage, aussi, permet de s'intéresser, chez les autres, à ce que l'on ne voit pas chez soi. Montaigne découvre la danse de couple en Allemagne, alors qu'au même moment elle est beaucoup dansée en France, etc. En fait, la valse est le produit d'un métissage. Métissage entre différents apports locaux, mais aussi et surtout différents temps. En danse, on aime puiser dans des pratiques anciennes, on aime reprendre un pas que l'on n'avait pas pratiqué depuis longtemps à un moment donné. On le recompose en l'enrichissant des apports culturels plus récents.

Si l'on accepte de dire que la volte, la weller, la ländler, la schleifer, le dreher, la deutsch, le langaus et la valse elle-même — dont le nom lui-même, en français, est contemporain de la fin de la belle époque de la volta (1635) — sont les variantes d'une même danse dont la structure est *la danse de couple fermé tournée* à trois temps, on dépasse le débat national. On peut alors affirmer que la valse, dans ses formes multiples, existait en Europe depuis le XIIe siècle. Cette danse apparaît, dans l'histoire de l'humanité, comme la première danse de couple. Le moment de la valse est donc une étape importante dans l'histoire des hommes. Nous avons montré que la valse est européenne. Elle est profondément enracinée dans la culture européenne. C'est l'apport européen au patrimoine de danses de l'humanité. Avec elle, a vu émerger le couple dansant, mais aussi une société qui donne sa place au couple.

Avant la valse, la société ne reconnaissait pas au couple une existence réelle. L'histoire de la valse, avec les difficultés sociales rencontrées avant de pouvoir s'affirmer, c'est aussi l'émergence de la réalité du couple en Europe. Durant des millénaires, le couple n'existait ni comme mode de vie, ni comme unité économique de base, ni comme mode de socialisation. L'histoire de la valse, c'est donc l'histoire de l'émergence du couple dans la société européenne. Beaucoup d'auteurs ont cru voir, avec la valse des années 1800, l'introduction dans la danse sociale de la tenue de couple fermé telle que celle que nous connaissons depuis dans toutes les danses de société (du tango jusqu'à la lambada). A. H. Franks fait remarquer qu'il est plus correct de parler à ce propos d'une « réintroduction » venant du XVIe siècle. Il rappelle que, effectivement, dans la volta, il y a exactement la même sorte de prise entre partenaires que dans la valse[1]. Je pense que le présent ouvrage a établi ce lien, cette continuité. Si on doit aux Européens d'avoir produit cette danse de couple fermé, cette invention ne s'est pas faite d'un coup. La volta a révélé la structure, la forme sociale, l'institution de la danse de couple fermé, tournée à trois temps. Mais ensuite, celle-ci a dû redevenir plus ou moins clandestine. L'époque n'était pas encore prête à l'accepter. Un mûrissement social était encore nécessaire. Le sociologue Michel Maffesoli analyse ce phénomène fréquent dans la vie des sociétés : « Dans certaines périodes fondatrices, périodes d'effervescence, il y a hors de tout groupement organisé, l'expression spontanée du vouloir-vivre irrépressible. La spontanéité permet d'atteindre en masse la sollicitation entrevue. C'est l'explosion dynamique. Il faudrait voir comment une telle spontanéité ne peut pas s'investir ensuite dans un retrait subversif, un quant-à-soi ironique dont il convient d'apprécier la charge sociale. C'est l'implosion que l'on peut comprendre comme réserve énergétique[2]. »

L'histoire de la danse de couple fermé tournée à trois temps est passée par des phases agoriques (on la danse sur la place publique) et par des phases cryptiques (comme les chrétiens des catacombes, les danseurs de valse doivent se cacher). Ce qui est curieux, c'est que le cryptisme, ce « retrait subversif » dont parle M. Maffesoli, a été dû à des persécutions venant à la fois de l'Eglise et de l'Etat. En l'an 1600, la société n'était pas encore mûre pour donner à tous les couples une pièce dans les maisons. L'érotisation sociale du couple impliquait une société qui fasse du couple une réalité sociologique pouvant s'autonomiser. Or, à l'époque, dans le peuple européen, à la campagne, des familles entières vivent encore dans une même pièce. Du côté de la noblesse, on a des idées de démesure. L'idée de couple est totalement étrangère à la conception de Versailles.

L'émergence de la société industrielle suscite d'abord le développement des villes, puis une urbanisation poussée et donc un mode d'habitat en rupture avec la famille clanique. La montée du couple dansant s'impose définitivement au moment de la Révolution de 1789. Elle annonce l'entrée dans un nouveau type de société. On

1. A. H. Franks, *Social Dance, a Short History*, p. 130.
2. Michel Maffesoli, *Essais sur la violence*, Paris, Méridiens-Klincsieck, p. 144.

peut alors suivre Yves Guilcher lorsqu'il explique que « l'évolution des mœurs et des idées l'appelle. Au sein des milieux citadins du XIXe siècle, la vie collective se restreint (...) La sexualité perce sous le sentiment. Travail et loisirs tendent à se dissocier de plus en plus. Plus de communauté monolithique. L'adoption de la valse, au début du siècle, puis plus tard des polkas, mazurkas et scottishs, et leurs succès, révèlent que la société est prête à admettre la manifestation du couple et son intimité, qui n'a de compte à rendre à personne. Le couple s'isole et se rapproche. On n'est plus côte à côte. On n'est même plus face à face. On est dans les bras l'un de l'autre[3] ».

Par contre, je ne suis plus cet auteur lorsqu'il poursuit : « Ce n'est plus la société qui danse, c'est la foule où l'on se perd (...) La danse réduit la vie sociale à l'idylle à deux, sur laquelle un regard extérieur devient importun. La danse pour couple fermé et itinérant propose une façon inédite — et de plus en plus généralement admise — d'éprouver un type de relation qui aurait été impensable à d'autres époques, et qui le demeure en d'autres endroits[4]. » En effet, je crois avoir démontré dans cet ouvrage que dans la valse il n'y a pas repli du couple sur lui-même. Même si le couple peut s'affirmer dans les bals publics dans son intimité, toute la socialité du XIXe siècle est basée sur la circulation des couples entre eux dans l'espace de danse et toute la vie mondaine repose sur un échange des cavalières qui est encore très proche de danses plus collectives[5]. Le succès des quadrilles et du cotillon au XIXe siècle, intégrant la valse, montre le souci social de maintenir une sociabilité où il y a interaction entre plusieurs niveaux de réalité : l'inter-invididuel (le couple), le groupal (le collectif des danseurs), l'organisationnel (pris en charge sous des formes multiples). De très nombreux textes présentés dans cet ouvrage montrent l'articulation de toutes ces composantes. La valsomanie, contrairement, à ce que pense Y. Guilcher, n'est pas un repli social sur un « couple idyllique ». C'est une période d'hystérisation collective où effectivement le couple est reconnu comme

3. Yves Guilcher, « Toute forme de danse n'est pas possible à n'importe quelle époque », *La recherche en danse*, n°4, 1988, p. 33.

4. *Ibid.*, p. 33.

5. Si l'on fait exception du bal public où l'on est autorisé à danser toujours avec la même cavalière (et encore !), toute l'activité éducative des professeurs de danse et tous les usages familiaux ou mondains déterminent la succession des invitations.

une instance essentielle mais pas unique. Ni dans la France de 1790, ni en Allemagne sous les guerres napoléoniennes, ni à Vienne en 1815, ni même lors des furies polkaïques, on ne peut parler du repli du couple sur lui même

Beauté du métissage

Car le glissement de la séduction vers le sexuel qu'observe le sociologue Jean Baudrillard dans notre société de la fin du XXe siècle ne s'est pas encore produit : « Le sexuel, dans notre culture, a triomphé de la séduction, et se l'est annexé comme forme subalterne. Notre vision instrumentale a tout inversé. Car, dans l'ordre symbolique, c'est la séduction qui est là d'abord, et le sexe n'advient que par surcroît[6]. » Dans la suite de son ouvrage, J. Baudrillard montre comment le corps aujourd'hui se trouve « réduit » à ses dimensions productives et sexuelles. Il n'y a plus de place pour la séduction, dit-il en substance. Son observation s'applique à la danse. Durant toute la période de grande présence de la valse, la séduction prime toujours sur le sexuel. Alors que le sexuel amène forcément un repli du couple sur lui-même, la logique de la séduction fait sa place au tiers. La présence d'un public, l'alternance possible et souhaitable des danseurs pour une même cavalière structure la soirée valsante autour d'une séduction qui n'est pas seulement duelle mais plurielle.

Encore peut-on nuancer. La valse au cours de ses nombreux siècles d'existence a pris différentes formes exprimant des psychologies sociales différentes : suivant le contexte, la valse a pu entrer dans des formes de danse qui ont manifesté la solidarité groupale, l'ouverture, les échanges et rencontres, l'»intimité idyllique» ; autant de façons distinctes d'entrer en relation avec autrui. Ces formes sont différentes ; elles apparaissent successivement dans la vie du danseur et dans la vie sociale. Elles renvoient à des moments différents. Pour un danseur d'aujourd'hui, toutes ces formes de valse continuent-elles à coexister ? Spontanément, au niveau des représentations, pour un Parisien, la valse, aujourd'hui, c'est surtout la valse viennoise et le musette. La valse comme danse de

6. Jean Baudrillard, *De la séduction*, Paris, Galilée, 1979, p. 63.

contestation de l'Eglise et de l'Etat est totalement oubliée. Pour la célébration du bicentenaire du 14 juillet 1789, on a dénombré en France 30 000 bals. Ont-ils été un sursaut pour renouer avec une tradition de socialité révolutionnaire ? Probablement pas. Ces bals montrent seulement que la valse et le bal populaire restent constitutifs de notre société. Mais lorsque l'on interroge un Allemand, un Autrichien, un Italien, un Polonais, un Suédois ou un Anglais, on s'aperçoit que les représentations qu'il se font de la valse sont très différentes. Et là, je ne me place que dans le contexte européen.

Même si, fondamentalement, la valse est une institution européenne, des formes vivantes de valse existent hors de l'Europe. Nous n'en n'avons pas parlé. Notre projet était de nous centrer sur la naissance de la danse de couple. Mais la valse est fortement présente dans le folklore québécois, elle est encore présente dans la danse créole, etc. La valse a pris à l'extérieur de l'Europe des formes surprenantes. Il existe une *valse métisse.* Dans les colonies, en effet, les planteurs ont d'abord invité des maîtres à danser métropolitains pour organiser leurs loisirs. Mais ensuite, excédés par les chants et danses des esclaves qui leur répondaient, ils ont obligé ceux-ci — à coups de fouet — à danser le menuet, puis la valse. A un moment de l'histoire des colonies, un retournement s'est opéré. Les esclaves se sont approprié le rythme à trois temps et la valse. Ils en ont fait une composante des danses métisses. L'hymne guyanais, par exemple, est un « lérol », à trois temps, dansé sur un pas de valse. Transplantée hors de son biotope originel, la valse continue-t-elle de nous proposer le contenu psychique particulier qu'elle tient de ses formes premières ?

En France, l'été 1989 a été marqué, dans l'histoire de la danse, par une opération de réintroduction de la danse de couple. Il s'agit, un peu à la manière du lancement de la polka voilà près de cent cinquante ans, d'une opération commerciale coordonnée par d'importants moyens modernes de diffusion (télévision, radios, sponsors, etc). On a lancé la lambada[7]. Par rapport à notre recherche, cette danse latino-américaine remontant à 1930 est le produit d'un métissage complexe entre plusieurs danses dont la dominante est brésilienne. Danse de couple très rythmée et très érotique — proche,

7. *Libération* du 7 août 1989 explique dans un dossier complet les dessous du lancement de cette danse.

dans l'allure, du Dirty Dancing —, elle est importée du Brésil où elle est très à la mode et obtient un certain succès en France : « Au bout du compte, écrit Dominique Dreyfus, la lambada, c'est la sensualité retrouvée. Après vingt ans de chacun pour soi, la danse en couple, collé-serré-frotté, mimant — ou préparant —l'acte sexuel reprend le dessus. Il faut croire que le besoin ne s'en faisait pas seulement sentir au Brésil[8]. »

Si ce diagnostic se vérifiait, si la société française et pourquoi pas européenne ressent le besoin de redécouvrir la danse de couple, il n'est pas impossible que l'avenir de la valse soit du côté de la danse métisse. Le rythme à trois temps a d'immenses ressources. Certaines n'ont pas encore été exploitées : l'intégration de l'apport musical et dansant latino-américain à la valse serait une perspective extrêmement vivante et dansante. Le succès de la lambada montre peut-être la fin, pour un temps, de la dominance des danses individuelles nord-américaines. L'Europe renouant avec la valse pourrait y trouver le creuset de son identité. Mais, pour réussir, cette unité devra intégrer le métissage !

Plougrescant, juillet 1977-Paris/Corniglia, août 1989.

8. Dominique Dreyfus, « Mise en boîte », in *Libération* du 7 août 1989, p. 31

Notices biographiques d'auteurs, compositeurs et danseurs cités dans le corps de l'ouvrage

AUBER, Esprit. Musicien français né à Caen en 1782 et mort à Paris en 1871. Sa renommée fut internationale. Connue dès 1806, grâce à Cherubini, son œuvre traverse une grande partie de l'histoire de la valse du XIXe siècle. Wagner admira particulièrement sa *Muette de Portici* (1828). Membre de l'Institut (1829), il fut maître de la Chapelle impériale en 1857.

BRAHMS, Johannes. Pianiste et compositeur allemand né à Hambourg en 1833 et mort à Vienne en 1897. Initié à la musique par son père, contrebassiste dans des orchestres populaires, il joue dès sa quinzième année. En 1853, il rencontre Schumann. Il devient chef de chœur à Hambourg (1859), puis se fixe à Vienne (1862). Son œuvre est romantique. Ses valses sont typiquement germaniques, à la fois dans le style et le caractère.

CELLARIUS. Célèbre professeur de danse parisien qui exerçait rue Vivienne. Sa renommée fut internationale. Il publia en 1847 un livre réédité en 1849 avec une préface de Lamartine, *La danse des salons,* que l'auteur présente comme « le manuel du valseur moderne ». Cellarius donna son nom à une valse-mazurka. C'est lui qui introduisit la polka à Paris en 1844.

DESRAT. Célèbre famille de professeurs de danse français qui domina le XIXe siècle. Le fils, Georges Desrat, né en 1850, est l'auteur de très nombreux manuels et d'un *Dictionnaire de la danse* toujours réédité.

GRETRY, André, Ernest Modeste. Né à Liège en 1741. Meurt en 1813. Après des études à Liège, il part pour Rome (1759) où il reste sept ans, puis pour Genève et enfin Paris (1768), où il s'installe définitivement. Grétry compose deux opéra comiques par an entre

1768 et 1791. Musicien le plus à la mode avant la Révolution, il le reste ensuite. Auteur des *Mémoires ou essai sur la musique* (3 vol., 1789, 1796, 1797). Compose une valse « Air pour valser », en 1784, qu'il insère dans *Colinette à la cour.*

Laborde. Professeur de danse parisien dont le salon, 30, rue de la Victoire, était très impressionnant. Rival dans les années 1844-1848 de Cellarius, il publie, en 1860, le premier ouvrage sur le cotillon, dans lequel il fait une grande place à la valse.

Lanner, Joseph. Compositeur et chef d'orchestre autrichien né à Vienne en 1801 et mort à Oberdöbling en 1843. Il écrivit deux cents valses qui sont de vrais poèmes musicaux. Citons : *Die Werber* et *Die Schönnbrunner.*

Lehar, Franz. Compositeur austro-hongrois souvent associé aux Strauss. Pourtant, il ne s'imposa qu'au tournant du siècle. Né à Komaino en 1870 et mort à Bad Ischl en 1948, il fit ses études au conservatoire de Prague. Il intègre ses valses dynamiques dans ses opérettes viennoises, parmi lesquelles *La veuve joyeuse* (1905), *Amours tsiganes* (1910) et *Le pays du sourire* (1927).

Messager, André (1853-1929). Compositeur, chef d'orchestre et critique musical français. Il dirigea des orchestres à Bruxelles, Paris (Opéra comique), puis Londres (Covent Garden), avant de revenir à Paris. A la suite d'Offenbach, il écrivit de très jolies valses qu'il introduisit dans ses opérettes.

Métra, Olivier. Compositeur et chef d'orchestre français né à Reims en 1830 et mort à Paris en 1889. Ses valses le rendirent davantage célèbre que ses dix-huit opérettes. Il dirigea les bals du Théâtre de la Monnaie de Bruxelles et ceux de l'Opéra de Paris. Auteur de la « Valse des roses ».

Musard, Philippe (Paris 1793-Auteuil 1859). Compositeur et chef d'orchestre parisien qui commença aux Variétés, puis prit la direction de l'orchestre au bal de l'Opéra en 1834. Il y supprima la contredanse pour la remplacer exclusivement par les walses, polonaises, mazurkas et galops. Déficitaire auparavant, le bal devint bénéficiaire. Pour son Concert Musard, établissement spécialisé dans la musique de danse, il écrivit cent cinquante quadrilles et valses sur des airs populaires ou des motifs d'opéras.

Nettl, Paul. D'origine tchèque. Né en 1889, mort en 1972. Musicologue spécialisé dans la musique de danse et dans la musique viennoise. Il enseigne à l'université de Prague jusqu'en 1939, ensuite aux Etats-Unis (Princeton, puis à partir de 1946 et jusqu'en 1959, Bloomington, Indiana). Il publie de nombreux articles et livres, d'abord en allemand puis en anglais.

Offenbach, Jacques. Né à Cologne en 1819, mort à Paris en 1880. Violoncelliste, puis chef d'orchestre à partir de 1850 au Théâtre-Français. En 1855, il fonde les Bouffes-Parisiens. Ses œuvres reflètent la joie de vivre du Second Empire. Compositeur de nombreuses valses. Aujourd'hui, ce sont ses opérettes qui continuent à avoir la faveur d'un public mondial.

Sachs, Curt. Né à Berlin en 1881, mort à New York en 1959. Musicologue et organologue, il a enseigné l'histoire de la musique à l'université de Berlin de 1919 à 1933. Il dirige à Berlin le Musée d'instruments de musique. Il quitte l'Allemagne en 1933. Fonde à Paris en 1934 la collection de disques de l'« Anthologie sonore », puis professe à New York de 1937 à sa mort. Auteur du *Real-Lexikon der Musikinstrumente* (1913), *Musik des Altertums* (1924), *Ein Weltgeschichte des Tanzes* (1933), qui s'imposa dans les années 1930 et qui est à l'origine d'une théorie germanique de l'histoire de la valse. Les Français n'ont eu connaissance de cet œuvre que de manière tronquée. Enfin il publia à New York *The History of Musical Instruments* (1940). Une recension de tous ses travaux est parue dans *Acta musicologica,* n°29, 1959, sous la signature de K. Hahn.

Schumann, Robert (1810-1856). Compositeur allemand d'inspiration romantique. Ses valses représentent un infime partie de son œuvre. Elles sont typiquement germaniques à la fois dans le style et le caractère.

Strauss. Famille viennoise qui domina toute la musique de valse au XIXe siècle, la faisant sortir des rengaines populaires, l'élaborant sur le plan musical, l'éditant et la diffusant dans le monde entier, notamment par des tournées à travers l'Europe et l'Amérique. Le père, Johann I (1804-1849), fut surnommé le « Roi de la valse ». Auteur de deux cent cinquante valses et autres danses, il s'imposa comme compositeur et comme chef d'orchestre. Compositeur de la « Marche de Radetzky » (1848), il eut une dizaine d'enfant dont six d'Anna Strauss et 4 d'Emilie T. Seuls les garçons d'Anna s'imposèrent comme musiciens. Johann II, l'aîné (1825-1899), auteur de quatre cent quatre-vingt pièces, composa les valses les plus élaborées sur le plan musical (le « Beau Danube bleu », « La Valse de l'Empereur », « Vie d'artiste », « Histoires de la forêt viennoise », « Aimer, boire, chanter », « Sang viennois », « Voix du printemps »...). Joseph (1827-1870) et Edouard (1835-1916) dirigèrent tour à tour ou en alternance l'orchestre mis sur pied par Johann II qui fusionna avec celui du père en 1849. Cet orchestre eut jusqu'à deux cents musiciens.

Thoinot Arbeau, anagramme de Jean Tabourot. Chanoine à Langres et maître de chapelle d'Henri III. Auteur de l'ouvrage de danse le plus important du XVIe siècle. Il décrit pour la première fois de façon minutieuse toutes les danses de son temps, en particulier la volte. Il fait preuve d'une excellente compréhension de la danse de couple

Trenis. Chorégraphe, spécialiste de quadrille et valseur du Premier Empire. Lorsqu'il dansait, on se pressait aux portes pour l'admirer, on montait même sur des chaises en plein bal (Boulenger). Il mourut fou à l'hopital Bicêtre.

Waldteufel, Charles Emile Lévy, dit. Né à Strasbourg en 1837 et mort à Paris en 1915. « Roi » français de la valse à l'époque de Napoléon III. Auteur de plus de deux cent cinquante valses, parmi lesquelles « Pluie d'or », « Je t'aime », « Mon rêve », « Le pas des patineurs », etc.

Note sur l'origine des mots « valse » et « walzer »

À une époque où la volta est encore présente à la cour de France, le mot « valse » fait son apparition en français : « Les boiteux et les goutteux ne se peuvent pas empescher de marcher, mais il n'y a rien qui les oblige à danser la valse ou les cinq pas », écrit en 1627 le poète Honorat de Bueil, seigneur de Racan (1589-1670), ami de Malherbe, dans une lettre à Jean Chapelain (1595-1674) qui fut membre fondateur de l'Académie française[1]. Il semble donc difficile de suivre le Larousse qui propose une filiation avec le terme allemand « Walzer » qui n'apparaît que beaucoup plus tard. En France, sous la Révolution, on trouve parfois le mot « waltzer » employé pour « walse ou valse »[2]. Dans le terme français « waltzer » ou dans l'anglais « waltz », la présence du « t » pourrait rappeler le « t » de la volta. À propos du mot anglais « waltz », B. Weigl estime qu'une éthymologie lui donnant pour origine la volta est une erreur, voyant dans le verbe « walzen » la véritable origine du mot.

Mais en Allemagne, le mot « Walzer » n'apparaît qu'en 1754. Auparavant, durant les XVIIe et XVIIIe siècles, on trouve le mot « Dreher » pour désigner la danse de couple tournée à trois temps. Selon le *Grosse Brockhauss*[3], le mot « Dreher » viendrait du Moyen Âge. La notation de Félix von Kurz, un clown de Vienne surnommé Bernardon, semble la référence la plus ancienne au mot « Walzer » (« Der auf das neue begeisterte und belebte Bernardon », dans la *Stegreifkomödie*, 1754). Le nom se répandit alors avec la danse : Goethe dans son poème « Hochzeitslied », emploie le verbe « walzen » pour parler de la danse. En 1760, le mot se rencontre dans une interdiction de danser les danses tournées : « Verbot gegen walzende Tänze. » En vieil allemand, dit Nettl, « walzen » signifie « errer », « flâner ». Un autre sens du mot est tourner, enrouler, glisser. Pourtant, en Allemagne, au tout

1. Cité par Jacques Boulenger, *De la walse au tango*, 1920, p. [illegible] et par le *Dictionnaire alphabétique et analytique de la langue française*, Robert, Paris, 1964, vol. 6, p. 933.

2. Marcelle Mourgues, *La danse provençale, ses origines, ses symboles*, Éditions Cultures provençale et méridionale — Marcel Petit, Raphèle-lès-Arles, p. 165.

3. Article « Walzer », tome 19, Leipzig, 1934, p. 782.

début du XIXe siècle, les désignations de « Deutscher », « Teutscher », « Ländler » (on trouve le mot « Landerli » dans un livre de tablature de luth originaire de Kremsmünster au XVIIe siècle ; « Ländler » dans un livre de tablature de Leipzig en 1681, ainsi que chez Schmelzer, 1623-1680, et Fux, 1660-1741), « Weller », « Schleifer », « Langaus » et « Walzer » sont encore employées l'une pour l'autre. La valse pénètre dans l'opéra avec « Schmertz und Ernst » de P. Hafner (1763-1764). En 1781, selon Rieman[4], l'empereur Joseph II d'Autriche invite à un bal de la cour 3 000 bourgeois et bourgeoises viennoises. Il ne précise pas si ce jour-là on dansa la valse. La « ländler » est jouée plus lentement que la « walzer ». En 1802, paraissent les 12 valses (Op. 36) de Steibelt. Le Tchèque Vincenz Mascheck, qui s'est rendu célèbre par sa première transcription pour piano du Figaro de Mozart, publia une série de ces danses en 1803. La critique d'un journal musical de l'époque suggère que c'est une bonne chose que Maschek ait cru devoir ajouter à ses « ländler » : « À jouer plus lentement que les Deutschtänze. »

En Italie, on trouve d'abord le mot « valzero », puis « valzer » employé aujourd'hui. En Hollandais, le mot « wals ».

4. Rieman, *Musiklexikon*, article « Walzer », p. 1061.

Bibliographie

Il m'a paru intéressant de signaler après certains ouvrages où ils pouvaient être consultés. On a écarté dans cette bibliographie des ouvrages trop spécifiques à tel ou tel chapitre. Ils sont alors cités dans le corps de l'ouvrage.

cBL = consultable à la British Museum Library (Londres).
cBO = consultable à la Bibliothèque de l'Opéra (Paris).
cMSW = consultable à la Musiksammlung (Vienne).
cpa = collection personnelle de l'auteur.

Adshead, Janet et Layson, June, éd., *Dance History*, Dance Books Ltd, Londres, 1983, 2e edit., 1986.

Alerme, *De la danse, considérée sous le rapport de l'éducation phy sique*, Paris, 1830, in-8e .

Ambach, Melchior, *Von Tantzen*, Francfort, 1543.

Ambros, A. W., « Die Tanzmusik seit hundret Jahren », in *Kulturhistorische Bilder aus dem Musikleben der Gegenwart*, Leipzig, 1860, p. 193-225.

Arbeau, Thoinot, *Orchésographie et traicté en forme de dialogue, par lequel toutes personnes peuvent facilement apprendre et pratiquer l'honneste exercice des dances*, Jehan des Preys, Langres, 1589 ; réédition avec une préface sur les danses du XVIe siècle par Laura Fonte, Paris, 1888 ; reprint Arnaldo Forni Editore, Bologne, 1981, cpa. Réédité par Dominique Guéniot, Langres, 1988, avec une préface de Bernard Collin. Trad. allemande : 1878 ; trad. anglaise par Cyril W. Beaumont, avec une préface de Peter Warlock, Londres, 1925 ; traduction espagnole : *Orquestografia*, par T. U. de Lavalle, Buenos Aires, 1946, trad. américaine : 1972 ; traduction japonaise en cours.

Arndt, Ernst Moritz, *Reisen durch einen Teil Teutschlands, Ungarns, Italiens und Frankreich*, Leipzig, 1804.

Beaumont, C. W., *A bibliography of Dancing*, compiled and annoted by C.W. Beaumont, 228 pages, in-8e , Dancing Times, Londres, 1929, cBL.

Bernay (Melle), *La danse au théâtre*, in-8e, Paris, 1890.
Bie, Oskar, *Der Tanz*, Berlin, 1906, 2e ed., 1919, cMSW.
Bie, O., *Tanzmusik*, Berlin, sans date.
Blasis, Ch., *Manuel complet de la danse*, trad. de l'ouvrage anglais publié par M. Barton, par Paul Vergnaud et revu par M. Gardel, Paris, 1830 ; réédit. Paris, Roret, 1866, puis Leonce Laget, 412 pages, avec figures, 1980, cpa.
Blasis et Lemaître, *La danse*, in-12, Paris, 1890.
Blume, F., « Studien zur Vorgeschichte des Tanzes der Orchestersuite des Tanzes », in *Alemannia*, n° 18, 1890.
Boehn, Max von, *Der Tanz*, Volksverband der Bücherfreude, Wegweiser-Verlag GMBH, Berlin, 1925, cpa.
Boccardo, *Feste, giuochi* e spettacoli, in-8e, Gênes, 1874.
Böhme, Franz M., *Geschichte des Tanzes in Deutschland*, 1 und 2 Teil, in-8e, Druck und Verlag von Breitkopf und Härtel, Leipzig, 1886.
Bolte, Joh., « Zur Geschichte des Tanzes », *Alemannia* n° 18, 1890.
Bonnet, Jacques, *Histoire générale de la danse sacrée et profane, ses progrès et ses révolutions depuis son origine jusqu'à présent*, in-12, Paris, d'Houry fils, 1724, réédité en 1972 par Forni, Bologne, cpa.
Boullay, Gustave, *Réforme de la danse de salon*, Paris, 1855.
Boulenger, J., *De la walse au tango*, 1920, 78 pages, in-4e, nom breuses illustrations, cBL, cBO, cpa.
Bourgeois, E., *Traité pratique et théorique de la danse*, Paris, sans date.
Bouteron, Marcel, *Danse et musique romantiques*, Le Goupy, Paris, 1927, cpa.
Boschot, A., *La jeunesse d'un romantique, Hector Berlioz, 1831-1842*, Paris, 1906.
Brant, Seb., *Das Narrenschiff*, Basel, 1494.
Brantôme (P. de Bourdeille, Seigneur de), *Vie des dames galantes*, Leiden, 1666-1667.
Brantôme, *Les danses galantes* (1570), Paris, 1864.
Brieux Saint-Laurent (vicomte de), *Quelques mots sur les danses modernes*, 5e édition, Paris, Douniol, in-8e, 1868.
Brion, Marcel, *La vie quotidienne à Vienne à l'époque de Mozart et Schubert*, Paris, Hachette, trad. anglaise de Jean Stewart, *Daily Life in the Vienna of Mozart and Schubert*, New York, 1962.

Brodszky, Franz, *Wenn Johann Strauss ein Tagebuch geführt hätte*, Budapest, 1967.
Brown, Alfred E., *The Home Waltz Teacher*, Leicester, 1947, fol., cBL.
Brunet, *Théorie pratique du danseur de société, ou l'art d'apprendre sans maître les figures de la contredanse française et de la valse*, Paris, Chamerot, 1832, in-4e .
Cahuzac, L. de, *La danse ancienne et moderne*, Jean Neaulme, La Haye, 1724.
Carner, Mosco, *The Waltz* (avec illustrations et notes), Londres-New York, Chanticleer Press, 1948, 70 pages, in-8e (The World of music, n° 5), cBL, cMSW, cpa.
Carner, M., « Walzer », *Die Musik in Geschichte und Gegenwart*, Bärenreiter, Kassel-Paris-London-New York, 1968, tome 14.
Castle, Vernon, *Modern Dancing*, Harper and Brothers, New York, 1914.
Castil-Blaze, *L'académie de musique*, 2 in-8e , Paris, 1847-1856.
Cellarius, *La danse des salons* (illustrations de Gavarni), Ed. Hetzel, Paris, 1847 ; 2e édit. 1849, cpa. Trad. anglaise : *Fashionable Dancing*, Londres, 1847.
Chambers, E. K., *The Mediaeval Stage*, Oxford, 1903, t II.
Charbonnel, Raoul, *La danse*, Paris, sans date, cpa.
Chujoy, Anatole, *The Dance Encyclopedia*, New York, Barnes, 1949, Ch XV, 546 S, in-8e, cMSW.
Clément, Eugène, *Les danses de salons*, Paris 1881, in-32e , avec figures.
Compan, *Dictionnaire de la danse*, Paris, 1787.
Copeland, Roger and Cohen, Marshall, eds., *What is Dance* ?, New York, Oxford University Press, 1983.
Cox, W., *Valse Amélia, Steps invented and arranged by W. Cox*, Sutton-in-Ashfield, s. sh., in-4e , cBL.
Czech, S., *Franz Lehar*, Berlin, 1940.
Czerwinski, Albert, *Geschichte der Tanzkunst*, Leipzig, 1862.
Czerwinski, A., *Die Tänze des XVI. Jahrhunderts und die alte französische Tanzschule vor Einführung des Menuett*, Danzig, 1878.
Czerwinski, A., *Brevier der Tanzkunst*, in-8e , Leipzig, 1879.
Davies, Sir John, *Orchestra* : a Poem of Dancing, 1596, réédité par E. W. M. Tillyard, Londres, Chatto et Windus, 1945.
De l'Aulnaye, *De la saltation théâtrale*, in-8e , Paris, 1790.

De Cahuzac, *La danse ancienne et moderne ou traité historique de la danse,* La Haye, 1754.
Decsey, Ernst, *Johann Strauss,* Stuttgart-Berlin, 1922.
Decsey, E., *Franz Lehar,* München-Berlin, 2e édit. 1930.
Decsey, E., *Johann Strauss, ein Wiener Buch,* Vienne, 1948.
Decsey, E., « So voll Fröhlichkeit », *Oesterreichische Musikzeitschrift,* Vienne, mai 1949.
Delius, *Tanz und Erotik. Gedanken zur Persönlichkeitsbildung der Frau,* München, Delphin Verlag, 1926.
Delvaux, Alfred, *Les cythères parisiennes, histoire anecdotique des bals de Paris,* Paris, Dentu, 1864 ; réédité à Paris, chez Marcel Valtat, 1979, cpa.
Delvaux, A., *Les plaisirs de Paris,* Faure, 1867, 300 p.
De Soria fils, *Manuel du maintien et de la danse,* Enoch et Flammarion, in-4e , avec gravures, 1894.
Desrat, G., *Méthode de danse complète,* musique de Desgranges, Strauss, Wallestein, etc., Paris, 1863.
Desrat, G., *Traité de la danse,* 1884, réédit. en 1885 ; nouvelle édition, Paris, Delarue, 206 pages, sans date, cpa.
Desrat, G., *Dictionnaire de la danse historique, pratique et bibliographique depuis l'origine de la danse jusqu'à nos jours,* Paris, 1895, avec une préface de ch. Nuitter, 484 pages, reprint Slatkine, Genève, 1980, cpa.
Dolmetsch, Mabel, *Dances of England and France* (1450 to 1600), Routledge and Kegan Paul Ltd., 1949.
Eisenberg, L., *Johann Strauss (Jr.),* Leipzig, 1894.
Endler, Franz, *Das Walzer-Buch, J. Strauss, die Wiener Aufforderung zum Tanz,* mit einem Vorwort von Hans Weigel, 51 Farbbilder, 62 Schwarz-WeissBilder, Wien, Kremayr et Scheriau, 1975, 239 S gr in-8e , cMSW.
Engelmann, C. F., *Die Kunst zu walsen,* Nordhausen, 1824.
Ewen, David, *Tales from the Vienna Woods. The Story of Johann Strauss,* New-York, 1933.
Exposition universelle à Paris, guide pour les visiteurs, Paris, 1867.
Fantel, Hans, *Les Strauss, rois de la valse et la Vienne romantique de leur époque,* Paris, Buchet Chastel, coll. « Musique », 1973, tr. de l'anglais de Christiane de Lisle, cpa ; la version originale est parue en 1972.
Fasching in Wien, 58. Sonderausstellung des Historischen Museums

der Stadt Wien, 14-12-1978 bis 25-02-1979, Wien, Museum der Stadt, 1978, 68 pages ill., cBL.

Félice, Ph. de, *L'enchantement des danses et la magie du verbe,* 3e volume de *Essai sur quelques formes inférieures de la mystique,* Paris, Editions Albin Michel, 1957, 416 pages.

Fertiault, *Histoire anecdotique et pittoresque de la danse,* in-16e, Paris, 1854.

Fetherston, Christopher, *A Dialogue agaynst Light, Lewde, and Lasciuious Dauncing,* London, Thomas Dawson, 1582.

Fétis, François Joseph, *Dictionnaire de musique,* 6 in-4e , Paris, 1860-69.

Feuillet, Raoul Auger, *Chorégraphie, ou l'art d'écrire la danse par caractères, figures et signes démonstratifs,* in-8, Paris, 1700, reprint Forni, Bologne.

Fonta, Laure, *Introduction* à l'*Orchésographie* de Thoinot Arbeau, Paris, 1888, reprint Forni, Bologne, 1982, cpa.

Franks, A. H., *Social Dance, a Short History,* Routledge and Kegan Paul, 240 pages, Londres, 1963.

Fürstenberg, Fl. Danau von, *Tanzteufel,* 1567.

Galloway, Tod, *The Music of the Waltz and its Creators,* Londres, 1930.

Gawlikoski, Philippe, *Guide complet de la danse,* Paris, Taride, 1858, in-18e , réédité par Marpon et Flammarion, 1874.

Geiringer, K., *Johannes Brahms,* Wien, 1935.

Giraudet, Eugène, *Traité de danse,* Paris, 1890, in-8e . La septième édition compte un ajout de 100 pages de partitions de valses, polkas, schottischs, quadrilles et galops de compositeurs français.

Giraudet, E., *La danse, la tenue, le maintien, l'hygiène et l'éducation,* Paris, 55e édition, 1900, 362 pages.

Giraudet, E., *Traité de danse, grammaire de la danse et du bon ton à travers le monde et les siècles, depuis le singe jusqu'à nos jours,* Paris, 1900, 680 pages.

Giraudet, E., *Encyclopédie de la danse de salons, bals de sociétés et ballets dans chaque état,* 200 numéros, 4000 pages, Paris, 1909.

Graham, K.E., *How to Fox Trot (Quick Step, Tango, Waltz),* 4 pt G. Philip, 1933, fol., cBL.

Grasberger, Franz, *Die Wiener Philharmoniker bei Johann Strauss,* Wien, 1963.

Grove's Dictionary of Music and Musicians, New York, 3e édition,

1935, article « Waltz », de W. Barclay Squire. Idem, article « Waltz » de Mosco Carner, éd. de 1954.

Grun, Bernard, *Kulturgeschichte der Operette,* München, 1961.

Guenthar, Helmut, *Vom Schamanentanz zum Rumba. Die Geschichte des Gesellschaftstanzes,* Stuttgart, 1959.

Gysi, F., *Richard Strauss,* Potsdam, 1934.

Hancox, E., *Let's Dance. The Waltz and the Quickstep* (ill.), 56 pages, Hotspur Publishing Cie, Manchester, 1948, in-8e , cBL.

Hanna, Judith Lynne, *Dance, Sex and Gender,* The University of Chicago Press, 1987, 311 p.

Hanslick, Eduard, *Musikalisches Skizzenbuch : Kritiken und Schilderungen,* Berlin, 1896.

Haygarth, Matthew, *The Victorian Waltz,* 12 p., Bury Times, 1949, in-8e , cBL.

Heartz, Daniel, « Volte », *Die Musik in Geschichte und Gegenwart,* Bärenreiter, Kassel-Basel-Paris-London-New York, 1968, tome 14.

Helmke, E. D., *Neue Tanz — und Bildungsschule,* Leipzig, 1829.

Henseler, A., *Jacob Offenbach,* Berlin, 1930.

Herrmann, Willy, *Der Walzer,* vol. 8 de *Musikalische Formen in historischen Reihen,* sous la direction de Martens, Berlin, 1931.

Hess, Remi, « Valse et dialectique », *Quel corps ?* n° 23-24, Paris, 1983, p. 39-45 ; trad. allemande « Walzer und Dialektik », par Gerald Prein.

Hildesley, R. E. A., *Pocket Chart of the Waltz and Reverse,* Londres, 1905, 16e , cBL.

Hildesley, R. E. A., *Full Instructions for Dancing the Boston Waltz, Two-Step and Galop,* 1909, 16e , cBL.

Hoerburger, Felix, *Volkstanzkunde,* 1964.

Hornem H. (Lord Byron), « Waltz : an apostrophic hymn », Londres, 1821.

Houssaye, A., *Les confessions. Souvenirs d'un demi-siècle,* Paris, 1885, 2 tomes.

Institut de France, *Dictionnaire de l'Académie des Beaux-Arts,* voir « Danse », 6 in-4e , Paris, 1896, t. V, p.86-90.

Jacob, Heinrich Eduard, *Johann Straus (Jr.) und das 19. Jahrhundert,* Amsterdam, 1937.

Jacob, H. E., *Johann Strauss und das neunzehnte Jahrhundert : die Geschichte einer musikalischen Weltherrschaft,* Amsterdam, 1937 ;

trad. française de Max Roth, *Les Strauss et l'histoire de la valse*, Paris, Buchet Chastel, 1955, cBO, cpa.

Jäger-Sunstenau, Hans, *Johann Strauss, der Walzerkönig und seine Dynastie* (avec une série de documents concernant la famille Strauss), Vienne, 1965.

Jaspert, Werner, *Johann Strauss: sein Leben, sein Werk, seine Zeit*, Leipzig, 1924.

Jones, Allen A.M., *A Description of the Welsh Waltz*, 1929, cBL.

Journal des arts, des sciences et des lettres et de l'exposition universelle, Paris, 1867.

Journal des Luxus und der Moden, années 1792-1797.

Junk, Viktor, *Handbuch des Tanzes*, Ernst Klett-Verlag, Stuttgart, 1930.

Kattfuss, J. H., *Taschenbuch für Freunde und Freundinnen des Tanzes*, Leipzig, 1800-1802.

Kaiserspergs, *Nachgeschrieben von Frater Paulin*, Strasbourg, 1517.

Katz, Ruth, « The Egalitarian Waltz », 1973, repris dans R. Copeland and M. Cohen, eds., *What is Dance?*, New York, Oxford University Press, 1983.

Katz, R., « Waltz Interlude », in *The Imperial Style: Fashions of the Habsburg*, Era., New York, 1980. p. 65 à 74, cMSW.

Keller, O., *Die Operette*, Leipzig, 1926.

Klingenbeck, Fritz, *Unsterblicher Walzer. Die Geschichte des deutschen Nationaltanzes*, Wien, Wilhelm Frick Verlag, 1940; 2e édition 1943, 190 pages dont 80 pages d'illustration (bibliographie de onze ouvrages allemands), cpa.

Klingenbeck, F., *Unsterblicher Walzer, Historisches u. Bezauberndes vom Wiener Walzer*, 106 Abb., Wien, Deutsche Buchgemeinschaft, 1952, 116 Bl Abb, S. 37-136, 26 Bl. Abb. gr. 8e , cMSW, cpa.

Knosp, Gaston, *Johann Strauss. La vie, une valse*, Bruxelles, 1951.

Kobald, Karl, *Franz Schubert und seine Zeit*, Amalthea-Verlag, Zürich-Leipzig-Wien, 1935.

Kracauer, Siegfried, *Jacques Offenbach und das Paris seiner Zeit*, Amsterdam, 1937; réédition: *Pariser Leben. Jacques Offenbach und das Paris seiner Zeit, eine Gesellschaftsbiographie*, München, 1962.

Kroll, E., *Carl Maria von Weber*, Potsdam, 1934.

Kronberg, Max, *Johann Strauss, König Walzer*, 1938, adaptation française *Johann Strauss, la grande valse,* par L. Gara et E. de Holstein, Paris, Les éditions de France, 1939.

Laborde, *Le cotillon avec théorie et dessins,* avec 60 figures, 1860.

Lach, R., *Zur Geschichte des Gesellschaftstanzes im 18. Jahrhundert,* Wien, 1920.

Lange, Fritz, *Der Wiener Walzer,* Verlag des Volksbildungshauses Wiener Urania, Wien, 1917.

Lange, F., *Josef Lanner und Johann Strauss, Vater: ihre Zeit, ihre Leben und ihre Werke,* Leipzig, 1919.

Länger, Christian, *Terpsichore, ein Taschenbuch der neuesten gesellschaftlichen Tänze,* Etlingersche Buchhandlung, Würzburg, 1838.

Laube, Heinrich, *Reise durch das Biedermeier,* nouvelle édition, Wien, 1946.

Leichtentritt, H., *Friedrich Chopin,* Berlin, 2e édition, 1920.

Loewy, Siegfried, *Johann Strauss, der Spielmann von der blauen Donau,* Leipzig, 1924.

Lussan-Borel, *Traité de danse,* avec musique ; valse et boston, Paris, Flammarion, sans date (début XXe).

Lux, Johan, A., *Der unsterbliche Walzer,* München, sans date.

Magniel, P. D., *A Bibliography of Dancing,* New York, 229 p., 1936, cBL.

Magny, *Principes de chorégraphie,* in-8e , Paris, 1765.

Mainey F.J., *World's Festival of Dancing,* Filey, 1949, avec la « Vi-Dona Waltz » par A. Gray et V. White, cBL.

Mejlich, E., *Iogann Styraus. Iz istorii venskogo valsa,* Izd. 4-e, dop. —, Leningrad, Muzyka, 1975, 206 S, in-8e , cMSW.

Mendelssohn, Ignaz, « Zur Entwicklung des Walzers », in *Studien zur Musikwissenschaft,* vol. 13, Wien, 1926.

Ménil, Félicien de, *Histoire de la danse à travers les âges,* Paris, sans date (fin XIXe), nombreuses éditions. Réédition, Picard et Kaan, Paris, 1906. La dernière édition est un reprint de l'édition de 1905, chez Slatkine, Genève, 1980.

Mersenne, M., *Harmonie universelle,* Paris, 1836.

Miomandre, F. de, *Danse,* Paris, 1935.

Mlejnek, Karel, *O Valciku* a jeho tvurcich, (1. vyd.) Praha, Statni Nakl. Krasné literatury, hubby a umeni 1960, 111 pages, 4 S. Abb. in-8e (sur la valse et ses créateurs), cMSW.

Montaigne, Michel de, *Œuvres,* éditées par Buchon, Paris, 1836.

Münster, Johan von, *Ein Gottseliger Tractat vor dem ungottseligen Tantz,* Hanau, 1594, 2e édition, 1602.
Nettesheim, Agrippa van, *De incertitudine et vanitate scientiarum declamatio invectiva,* 1527.
Nettl, Paul, *Histoire de la danse et de la musique de ballet,* Paris, Payot, 1966, 212 pages, cpa.
Nettl, P., *The Story of Dance Music,* trad. anglaise de *Die Musikgeschichte des Tanzes,* Philosophical Library, 1947, reprint Greenwood, 1969 et 1977, 370 pages, 250 ouvrages en bibliographie dont 5 ouvrages français, cpa.
Nettl, P., « Tanz und Tanzmusik », in Adler, *Handbuch der Musikgeschichte,* Berlin, 2e édition, 1930, vol. 2, p. 973 et suivantes.
Nettl, P., « Zur Vorgeschichte der süd-deutschen Tänze », in *Bulletin de la Société union musicologique,* vol. 3, 1923.
Neuer Tanz — und Ball-Kalender für das Jahr 1801, Berlin, 1800.
Neuwald-Grasse, Anny, *Die Beziehungen von Johann Strauss, Vater, und seinen Söhnen zu Russland.* Der Merkur, Wien, 1917.
Nick, Edmund, *Vom Wiener Walzer zur Wiener Operette* (Zeichn. v. Gerd Werner.), Hamburg, Sikorski, 1954, 124 pages, in-8e , cMSW.
Niecks, Frederik, « Concerning the Waltz », in *Zeitschr. der Intern. Musik Gesellschaft,* vol. 6, 1904.
Niecks, F. « Historical and Aesthetical Sketch of the Waltz », *Monthly Musical Record,* Londres, 1917.
Nicolson, Harold, *The Congress of Vienna,* New-York, 1946.
Norman, F.H., *Complete Dance Instructor and Celebrated ABC Waltz Charts,* 136 pages, Montréal, 1905, in-16e , cBL.
Noverre, Jean Georges, *Lettres sur les arts et sur la danse en particulier,* 2 in-8e , Paris, 1807. Réédition Lieuter, Paris, 1952.
Orel, A., « Wiener Tanzmusik und Operette », in Adler, *Handbuch der Musikgeschichte,* Berlin, 2e édition, 1930, vol. 2, p. 984 et suivantes.
Paradin, Guillaume, *Le blason des dances, « où se voient les malheurs et ruines venant des dances dont jamais homme ne revient plus sage, ni femme plus pudique »,* Beaujeu, 1566, 1 vol., in-16. Réimprimé par Firmin-Didot chez Techner, 1 vol. in-32, 1830. Castil-Blaze et le Père Ménétrier ont beaucoup puisé dans cet ouvrage.
Pastene, Jerome, *Three-Quarter Time: The Life and Music of the Strauss Family of Vienna,* New York, 1951.

Pauli, Ch., *Elémens de la danse,* Leipzig, 1756.

Petermann, Kent, *Tanzbibliographie,* Leipzig, 1966-67.

Pougin, *Dictionnaire historique du théâtre et des arts qui s'y rattachent,* voir « Danse », in-4e , Paris, 1885, p. 260 sq.

Praetorius, Johann, *Blocksberg-Verrichtungen,* 1668.

Praetorius, Michael, *Syntagma Musicum,* Vol. III, Wolfenbüttel, 1619.

Prochaska, R. Freiherr von, *Johann Strauss,* Berlin, 1900.

Reeser, Dr Eduard, *De Geschiedenis van de Wals,* Amsterdam, H. J. W. Becht, sans date (1940-41 environ), 60 pages, 4e avec illustrations (90 ouvrages cités en bibliographie venant de toutes les époques et de tous les pays), cBL, cpa. Traduction anglaise de W. A. G. Doyle-Davidson, mentionnée dans Richardson (1960, p. 45) : *The Story of the Waltz,* Londres, Sidgwick et Jackson, date non indiquée.

Reich, Willi, *Johann Strauss aus Briefen und Erinnerungen,* Zürich, 1950.

Reimers, Gerd och Lennart, *Wienervalsen och familjen Strauss,* Stockholm, 1975, Reimers, 187 p., ill. in-8e , cBL, cMSW.

Richardson, Ph. J. S., *Bibliographical Descriptions of Forty Rare Books relating to the Art of Dancing in the Collection of P. J. Richardson,* 20 pages, in-8e , Dancing Times, Londres, 1954, cBL.

Richardson, Ph. J. S., *The Social Dances of the Nineteenth Century,* Herbert Jenkins, Londres, 1960, cBO.

Rieger, E., « Offenbach und seine Wiener Schule », in *Theater und Kultur* vol. 4, 1920.

Rieman, Hugo, *Musiklexikon,* 1882 ; 8e édition 1914-15, trad. française 1897, 1913, Payot, 1931. Voir l'article « Volta » et l'article « Walzer ».

Ritter, William, *Les dernières œuvres de Johann Strauss,* Magasin littéraire et scientifique, Paris, 1892.

Roland-Manuel, *Maurice Ravel et son œuvre dramatique,* Paris, 1928.

Roland-Manuel, *Maurice Ravel,* Paris, 1938.

Roller, F.A., *Systematisches Lehrbuch der bildenden Tanzkunst,* Weimar, 1843.

Rust, F., *Dance in Society,* London, Routledge et Kegan Paul, 1969.

S..., « Ueber Tanzmusik und ihren Werth », in *Allgemeine musikalische Zeitung,* vol. XII, juin 1810.

Sachs, Curt, *Eine Weltgeschichte des Tanzes,* Verlag Dietrich

Reimer-Ernst Vohsen, Berlin, 1933, rééd. Georg Olms Verlag, Hildesheim und New York, 1976. Traduction anglaise : *World History of the Dance,* George Allen and Unwin Ltd., 1938 ; réédit. W.W. Norton & Company, inc, N-Y.-London, 1963, cpa. Trad. française : *Histoire de la danse,* trad. par L. Kerr, Paris, Gallimard, « L'Espèce humaine », 1938, cpa.

Saint-Laurent, vicomte B. de, *Quelques mots sur les danses modernes,* Paris, 4e édition, 1862.

Salazar, Adolfo, *La danza y el ballet,* Fondo de cultura economica, Mexico, 1949, 2e édition 1950.

Scharp, C et Oppé, A. P., *The Dance,* Londres, 1924.

Schenk, Erich, *Der Langaus,* Budapest, 1962, Aus Zoltano Kodaly octogenario sacrum. *Studia Musicologica* tome 3, fasc. 1-4, S. 301-316, cMSW.

Scherber, Ferdinand, « Die Entwicklung der Walzerform bei Johann Strauss (Jr.) », in *Der Merkur,* vol 11, 1919.

Scherber, F., « Wiener Walzer », in *Eine Sammlung Alt-Wiener Tanzmusik,* 1924, cMSW.

Schnitzer, Ignatz, *Meister Johann* : Bunte Geschichten aus der Johann Strauss-Zeit, Wien, 1920.

Schönfeldt, Christi, *Wiener Walzer,* Wien, Belvedere Verl., 1970, 32 S. 28, Bl. Abb. 8e , cpa ; trad. angl., trad française de Marie-France Aichinger, cMSW, cpa.

Schönherr, Max, *Das Jahrhundert des Walzers.* Von Max Schönherr u. Karl Reinöhl. Bd1, London, Wien, Zürich, Universal Ed., 1954, in-8e , cMSW.

Schönherr, M., « An der schönen blauen Donau », *Marginalien zur 100. Wiederkehr des Tages der Uraufführung, Oesterreichische Musikzeitschrift,* Wien, janüar 1967.

Schönherr, M., *Johann Strauss Vater. Ein Werkeverzeichnis,* Wien, 1954.

Schönherr, Max, *Ästhetik des Walzers,* mit einem Register zu den Publikationen d. OMZ « Modelle der Walzerkomposition » u. « Ästhetik des Walzers » (mit Abb. u. Noten), Wien, 1976, S. 273-286. 57-120. ; 83 Bl. gr. in-8e , cMSW.

Schreyrer, L., *Johann Strauss's (Sr.) musikalische Wanderung durch das Leben,* Wien, 1851.

Schubert, F. L., *Die Tanzmusik dargestellt in ihrer historischen Entwicklung,* Leipzig, 1867.

Schuftan, Werner, *Manuel de aanse,* encyclopédie Roret, Edgar Malfère, Paris, 1938.
Scott, Edward, *Art of Waltzing,* Londres, 118 p., 1885, 16e , cBL.
Scott, E., *Waltz at* a Glance, 32 pages, Londres, 1888, 8e , cBL.
Scott, E., *Dancing in all Ages,* Swan Sonnenschein et Cie, 208 pages Londres, 1899, cpa.
Sigmond, Charles, *La vie parisienne au XIXe siècle,* Paris, 1901.
Sorell, Walter, « Waltz », in *Encyclopedia Americana,* vol. 28, p. 314-315, 1977 (pas de filiation avec la volta).
Spangenberg, Cyriacus, *Ehespiegel oder LXX Brautpredigten,* Stras bourg, 1578.
Specht, R., *Johann Strauss (Jr.),* Berlin, 1909.
Specht, R., *Richard Strauss und sein Werk,* Leipzig-Wien, 1921.
Spencer, Paul, éd., *Society and the Dance, the Social Anthropology of Process and Performance,* Cambridge University Press, New York, 1985.
Skikowski, John, *Geschichte des Tanzes,* Berlin, 1926.
Sradal, Otto, *Ewiger Walzer,* 136 S., 1974, Wien, cMSW, cpa.
Stenger Alfred, *Studien zur Geschichte des Klavierwalzers* (mit Notenbeispielen) Frankfurt/M., Bern, P. Lang, 1978, 166 pages, cMSW.
Steuer, M., « Tanzmusik im 19. Jahrhundert », in *Die Musik,* tome 2, vol. 4, 1903.
Strauss, E., *Erinnerungen,* Leipzig-Wien, 1906.
Stubbes, Ph., « The Anatomy of Abuses », cité dans *Illustrations of early English Literature,* édité par Colier, vol. 1, pages 151 et suivantes.
Sykes, P., *How to dance? Slow fox-trot, Waltz, blues Waltz...,* 63 pages, Foulsham, 1934.
Teetgen, Ada B., *The Waltz King of Old Vienna,* New York, 1940.
Tournez, P. de, *The Art of Waltzing and the Etiquette of the Ball,* p. 16, Montréal, 1908, cBL.
Traité contre les danses et les mauvaises chansons, 1769, anonyme. S'inspire de Guillaume Paradin.
Trollope, Frances, *Vienna and the Austrians,* Londres, 1838.
Ullrich, Hermann, *Vom Wesen und Werden des Wiener Walzers. Ein Stück Wiener Kulturgeschichte,* Wien, Verl. F. Jugend und Volk, in Lebendige Stadt. Almanach 8 (1961), pp. 19-30, cMSW.
Ungewitter, O., *Die Tanzmusik in ihrem Einflusse auf die moderne*

Musik und in ihrer kulturhistorischen Entwicklung, Leipzig, 1868.
Vaeaenaenen, Jorma, *Beobachtungen über Verbreitung und Art der finnischen Volkswalzermelodien, eine Musikwissenschaftl. Studie von J.V.* (mit Notenbeispielen) Helsinski 1945, 68 S. in-8e (Annales Academiae scientiarum Fennicae. Ser. B, 55,3), cMSW.
Vetter, W., *Franz Schubert,* Potsdam, 1934.
Vlad, Roman, *Di storia del Valzer,* dossier de *Musica* n° 25, Florence, Giunti Barèra ed., janvier 1989, p. 23 à 62.
Voiart, Elise, *Essay sur la danse antique et moderne,* Paris, 1823.
Vollet, E. H., « Danse » in *La grande encyclopédie* (1887-1902), vol. 13, p. 869 sur la volta, p. 877 et 878 sur la valse, p. 885 sur l'histoire écclésiastique de la danse avec les dates l'interdisant, 1892, cBL.
« Volta », in *Enciclopedia universal ilustrada europeo-americana,* Espasa-Calpe, Bilbao-Madrid, vol LXIX, p. 1000, cBL.
Vosz, R., *Der Tanz und sein Geschichte,* Berlin, 1869.
Vuiller, G., *La danse,* in-4e , Paris, Milan, 1899.
Wallace, Carol McD., et al., *Dance, a very Social History,* The Metropolitan Museum of Art, Rizzoli, New-York, 1986.
Warnod, André, *Les bals de Paris,* Paris, G. Crès, 1922, 328 p., cpa.
Weigel Hans, *Die Flucht vor der Grösse: Beiträge zur Selbsterkenntnis Osterreichs,* Wien, 1960. L'ouvrage le plus rigoureux sur la psychologie de Strauss.
Weigel, H., *Das kleine Walzerbuch* (illustr.), Salzburg, Residenz Verl., 1965, 88 pages, in-8e , cMSW, cBO.
Weigel, H., *Im Dreivierteltakt durch den Wiener Walzer,* Parnass. JG. 2, 1982, H.5, pp. 16-23, cMSW.
Weigel, H., *Das Walzerbuch,* idem, cMSW.
Weigl, Bruno, *Die Geschichte des Walzers. Nebst einem Anhang über die moderne Operette,* Langensalza, 1910.
Wiesenthal, Grete, *Der Aufstieg,* Ernst Rowohlt-Verlag, Berlin, 1919.
Wilson, Thomas, *The Treasures of Terpsichore,* Londres, 1809.
Wilson, Th., *An Analysis of Country Dance,* 2e édition illustrée par J. Berryman, W. Calvert éd., Londres, 1811.
Wilson, Th., *A Description of the Correct Method of Waltzing,* in *A Companion to the Ball Room,* containing a choice Collection of the most Original and Admired Country Dance (...) and Waltz Tunes (...), Button, Whittaker and Cie, Londres, 1816, cBO.

Witzmann, Reingard, *Der Ländler in Wien. Ein Beitrag zur Entwicklungsgeschichte des Wiener Walzers bis in die Zeit des Wiener Kongresses,* (illust.), Wien, Arbeitsstelle f. den Volkskundeatlas in Osterreich, 1976, III, 111 p., 8 Bl, Abb., gr. 8ᵉ, cMSW.

Witzmann, R., « Ballnach(t)geflüster. Der Walzer war, bevor man begann, ihn zu schweben, ein revolutionärer Tanz », *Falter,* Wien, febr. 1989, cpa.

Wolf, S. J., *Beweis dass das Walzen eine Hauptquelle der Schwäche des Körpers und des Geistes unserer Generation sey,* Halle, 2ᵉ édition, 1799.

Wood, Melusine, *Historical Dances,* C. W. Beaumont for the Imperial Society of Teachers of Dancing, Londres, 1952.

Yates, G., *The Ball : or a Glance at Almack's,* 1829.

Zangen, C. von, *Etwas über das Walzen,* Wetzlar, 1782.

Zorn, Friedrich Albert, *Grammatik der Tanzkunst,* in-8ᵉ et 2 atlas in-4ᵉ, Leipzig, 1888. F. Klingenbeck cite en 1943 une autre édition de cet ouvrage (Verlag von Eduard Bloch à Berlin), mais n'indique pas de date d'édition. Trad. anglaise avec fusion des atlas dans le texte, Boston 1905, reprint « Dance Horizons Republication », New York. En 1895, Desrat appelait une traduction française de ce livre qui n'a jamais été faite.

Zuccolo, *La Pazzia del ballo,* Padova, 1549.

Remerciements

Parmi les personnes qui m'ont aidé à produire ce livre et que je tiens à remercier, tout d'abord les habitants de Poilcourt-Sidney (Ardennes), village où j'ai appris à valser dès l'âge de six ans dans les fêtes patronales et les bals des moissons des années 1950. Ensuite, Gisèle Baudrion qui me fit découvrir Salzburg et l'Autriche, dès 1966, à l'occasion du Festival européen de danse où notre groupe champenois reçut un si bon accueil. Mes remerciements vont encore à M. et Mme Ricardo, de Reims, mes professeurs de danse, ainsi qu'à ma sœur Odile avec qui j'ai animé tant de soirées et de stages. Je remercie toutes mes cavalières. Elles surent partager avec moi la plus haute joie que l'homme se donne à lui-même.

Je remercie également Heike et Gérald Prein, de Dortmund, très vite associés à ma recherche, mon frère Benoit, musicien et compositeur de valse, Lucette Colin, qui m'accompagna et m'aida dans ma recherche, Marco Brunamonti, chef d'orchestre et professeur au conservatoire de Milan, Franz et Martin Herzhoff, de Köln, musiciens passionnés par le folklore, qui stimulèrent mes premiers travaux et leur donnèrent leur dimension européenne. Je remercie les 200 étudiants de Paris VIII-Vincennes qui suivirent avec enthousiasme mon premier cours sur l'ethnologie et la sociologie de la valse en 1979. Je remercie Ewald Brass, de l'Office franco-allemand pour la jeunesse, qui me donna les moyens d'animer de nombreuses rencontres internationales sur la danse depuis 1980. Je remercie Michel Cullin, professeur à l'université de Vienne, qui me permit, lorsqu'il était directeur de l'Institut français de la capitale autrichienne, de développer mes recherches à la Musiksammlung, les Pères de la Bibliothèque les Fontaines à Chantilly où il est si aisé d'avoir accès aux livres les plus rares ; ma sœur Geneviève, viennoise d'adoption, qui me fournit beaucoup d'informations, Lorenzo Giaparizze et Diana de Vigili qui m'invitèrent à Milan, Michaël et Bridget Smith qui m'accueillirent à Londres lorsque mes recherches exigaient le voyage, Freddy Le Saux et les amis du château de Ligoure (Limousin) qui ont accueilli mes stages de recherche sur la danse depuis 1981.

Je remercie encore Anne-Marie Métailié, qui, lors d'une valse dansée ensemble en Bourgogne, en 1981, me demanda cet ouvrage et m'encouragea régulièrement à en poursuivre l'écriture, Michel Authier, Britt Marie Barth, valseuse suèdoise, enseignante à l'Institut supérieur de pédagogie de Paris, Guy Berger, professeur à Paris VIII, Michel Bernard, professeur de théâtre à Avignon puis à Paris VIII, Ingrid Bresnik, de Vienne, Jean-Marie Brohm, professeur à l'université de Caen, le ténor Joseph Cevello, de Los Angeles et enseignant au conservatoire de Vienne, Gilberte Cournand, si longtemps animatrice de la librairie « La danse », rue de Beaune, à Paris, Christine Lamazières, de France-Inter, Cornélia Larrouy, Jacques Demorgon, maître de conférence à Reims, Henri Lefebvre, mon maître en rythmanalyse, Georges Lapassade, Serge Moscovici et Gaby Weigand, de Würzburg, qui prirent au sérieux mes hypothèses et me stimulèrent à les développer, Christian Pociello, professeur à Paris IX, Claude Pujade-Renaud, professeur à Paris VIII, François Raffinot, chorégraphe, Anne Sautereau, bouquiniste quai Malaquais et érudite en danse, Jean-Claude Serre, animateur du Cursus d'études supérieures en danse à Paris IV, Jean et Monique Sicard (CNRS), Denis Taffanel, danseur, Georges Vigarello, professeur à la Sorbonne, Françoise Petitot et Françoise Duroux, du Collège international de philosophie, Thylda Moubayed, professeur de danse à Beyrouth, qui me donnèrent si souvent l'occasion de rêver et parler ce livre avant même de l'écrire.

Sur le plan psychologique, je dois beaucoup à Thoinot Arbeau. Champenois, comme lui, je souhaitais marquer le quatrième centenaire de son *Orchésographie,* ouvrage enjoué, incontestablement l'un des plus grands livres jamais écrit en danse.

Sur le plan technique, je remercie celles et ceux qui m'aidèrent à lire et à traduire certains textes en langue étrangère : Marina Rauber, Andréas Müller et Christine Delory pour l'allemand, Elisabeth Drogosz pour le polonais, ma fille Hélène Hess pour le provençal, Lorenzo Giaparizze pour l'italien, notamment. Enfin, je remercie Pascal Dibie, Nelly Zeitlin, Maria Simao, Stéphane Bouyer et Gaby Weigand qui m'aidèrent dans la mise en forme finale de mon manuscrit.

Table des matières

Table des illustrations

Transcodé et mis en pages par Traitext à Dijon
Imprimé par SEPC à Saint-Amand-Montrond
en octobre 1989

Dépôt légal : 3e trimestre 1989
N° d'édition : 41101
N° d'impression : 2035